Guntram Knapp: Narzißmus und Primärbeziehung

Guntram Knapp

Narzißmus und Primärbeziehung

Psychoanalytisch-anthropologische Grundlagen für ein neues Verständnis von Kindheit

Springer-Verlag
Berlin Heidelberg New York
London Paris Tokyo

Priv.-Doz. Dr. phil. Guntram Knapp
Philosophisches Institut der Universität München
Forschungsbereich medizinische und philosophische Anthropologie
Geschwister-Scholl-Platz 1, 8000 München 22

ISBN 3-540-19231-X Springer-Verlag Berlin Heidelberg New York
ISBN 0-387-19231-X Springer-Verlag New York Berlin Heidelberg

CIP-Kurztitelaufnahme der Deutschen Bibliothek:

Knapp, Guntram:
Narzissmus und Primärbeziehung: psychoanalyt.-anthropolog.
Grundlagen für e. neues Verständnis von Kindheit/Guntram
Knapp. – Berlin; Heidelberg; New York; London; Paris;
Tokyo: Springer, 1988
ISBN 3-540-19231-X (Berlin ...) brosch.
ISBN 0-387-19231-X (New York ...) brosch.

© Springer-Verlag, Berlin Heidelberg New York 1988
Printed in Germany

Dieses Werk ist urheberrechtlich geschützt. Die dadurch begründeten Rechte, insbesondere die der Übersetzung, des Nachdrucks, des Vortrags, der Entnahme von Abbildungen und Tabellen, der Funksendung, der Mikroverfilmung oder der Vervielfältigung auf anderen Wegen und der Speicherung in Datenverarbeitungsanlagen, bleiben, auch bei nur auszugsweiser Verwertung, vorbehalten. Eine Vervielfältigung dieses Werkes oder von Teilen dieses Werkes ist auch im Einzelfall nur in den Grenzen der gesetzlichen Bestimmungen des Urheberrechtsgesetzes der Bundesrepublik Deutschland vom 9. September 1965 in der Fassung vom 24. Juni 1985 zulässig. Sie ist grundsätzlich vergütungspflichtig. Zuwiderhandlungen unterliegen den Strafbestimmungen des Urheberrechtsgesetzes.

Die Wiedergabe von Gebrauchsnamen, Handelsnamen, Warenbezeichnungen usw. in diesem Werk berechtigt auch ohne besondere Kennzeichnung nicht zu der Annahme, daß solche Namen im Sinne der Warenzeichen- und Markenschutz-Gesetzgebung als frei zu betrachten wären und daher von jedermann benutzt werden dürften.

Satz: SatzStudio Pfeifer, München
Druck und Bindung: Druckerei Triltsch, Würzburg
2119/3321-54321

Inhaltsverzeichnis

Einleitung 1

I. Notwendigkeit einer anthropologischen Reflexion psychoanalytischer Grundbegriffe
   A. Methodische Probleme: Ist Psychoanalyse Naturwissenschaft? 9
   B. Anthropologische Probleme der Grundbegriffe 14
      1. Trieb oder Ich als „Naturmoment": Sind die Triebe beim Menschen „natürlich"? 16
      2. Was ist das Triebobjekt beim Menschen? Der problematische Begriff des Objekts 22
         a) Das gebrauchte und gewünschte Objekt 22
         b) Der innere Dämon: das Introjekt 24
         c) Das erkannte Objekt 27
         d) Verinnerlichte oder reale Beziehung: der problematische Begriff der Objektbeziehung 28
      3. Narzißmus: Wie ist der narzißtische Mensch? 32
         Beziehungslos, autark, abhängig, egoistisch, machtgierig, ruhmbesessen, größenwahnsinnig? Ein hilfloser Parasit? Ein realitätsfremder Bewohner des narzißtischen Paradieses?
         a) Beziehungsaspekt 32
         b) Aspekt der „narzißtischen" Bedürfnisse 34
         c) Selbstwert, Sicherheitsgefühl, Wohlbefinden 35
         d) Genetischer Aspekt: Gibt es einen normalen infantilen Narzißmus? 38
         e) Idealisierungsaspekt: Das narzißtische Paradies 39

II. Anthropologie jenseits von Metaphysik
    A. Die Notwendigkeit einer „Human"anthropologie 45
    B. Humanspezifisches Leben 54
       1. Seinsübernahme 56
       2. Bewußtsein und Unbewußtsein: Verstehensstruktur ... 62
          a) Das unbewußt Psychische ist nicht sinnlos 65
          b) Zugänglichkeit 65

		c)	Das dynamisch „Unbewußte" als vorverstandene Motivation	66
		d)	Verschiedenartigkeit von Verstehen	67
		e)	Verstehen und Bewußtmachung	71
	3.	\	Auf-einander-bezogen-sein: die dialogische Struktur	72
	4.	\	Sein oder Nichtsein: Das Selbstgefühl	84

C. Der Begriff des Selbst 90
   1. Überblick: Der Begriff Selbst bei Freud, Hartmann und Kohut 90
      a) Freud 90
      b) Hartmann („Ich-Psychologie") 92
      c) Kohut („Selbst-Psychologie") 95
   2. Das Selbst als anthropologischer Begriff 99
      a) Selbst als Verhältnis, sein Ursprung im Dialog 100
      b) Verfassung des Selbst und Funktionsfähigkeit des Ich 107
      c) Potentielles Selbst 112
      d) Kreatürliches Selbst 115
      e) Regulative Aspekte des Selbst. Lust- bzw. Seinsprinzip 118

III. Die 4 affektiven Bereiche der Primärbeziehung: Aufgehobenheit, Versorgtheit, Vertrauen, Anerkennung
   A. Primärbeziehung und Narzißmus 127
      1. Sphärisches Element; affektives Klima 131
   B. Aufgehobenheit 136
      1. Getragen- und Gehaltensein – der Mensch als „Tragling" . 136
      2. Gefühle und Stimmungen des Getragenseins und des Fallengelassenwerdens 138
      3. Flug- und Fallphantasien (Flugträume) 142
      4. Aufgehobenheit und Oralität 150
         a) Ein Aspekt von Oralität: einverleiben und einverleibt werden 150
         b) In-sich-Aufnehmen als humanspezifisches Beziehungsphänomen 153
         c) Der ganzheitliche Charakter des In-sich-Aufnehmens . 154
         d) Verschlingen (Oralsadismus) und gehemmtes In-sich-Aufnehmen 156
         e) Reale Versagung und der Mensch als fressender Wolf . 158
         f) Einverleibtwerden. Verschlungenwerden 160
      5. Dialektik von Aufgehobensein und Selbstsein 162
         a) Emotionale Erfahrung von Aufgehobenheit und ihr Mangel 164

b) Reale Versagung als Voraussetzung für Strukturbildung
(Ich): eine Ideologie? 165
C. Versorgtheit 169
 1. Oraler Trieb und „narzißtische" Bedürfnisse 169
 2. Kommunikation 170
 3. Beruhigung und Trost 172
 4. Anwesenheit 176
    a) Fähigkeit zum Alleinsein und Tendenz zur Isolierung . 181
D. Vertrauen 184
 1. Urvertrauen (Erikson). Die Entwicklung von Vertrauen in
    der Primärbeziehung (Benedek) 184
 2. Ist Vertrauen angeboren? 187
 3. Vertrauen als Grundvoraussetzung für Beziehungen zu
    anderen und zur Welt 187
 4. Paranoid-schizoide Erlebens- und Verhaltensweisen ... 188
 5. Paranoid-schizoides Syndrom in humanspezifischer Sicht . 191
E. Anerkennung 196
 1. Anerkennung des Kindes. Kindstötung 196
 2. Anerkennung und Narzißmus 201
 3. Der Spiegel – Symbol von Narzißmus 205
 4. Das Körper-Selbst im Spiegel 209
 5. Die narzißtische Spiegelung im anderen 210
 6. Der Spiegel – Symbol von Selbsterkenntnis 214
 7. Exkurs: Spiegelübertragung bei Kohut 218
 8. Anerkennung und Selbstgefühl 224

IV. Das Problem der realen Versagung in der Primärbeziehung 233

Anmerkungen 239
Literatur 254
Autorenregister 268
Sachregister 271

Einleitung

Daß Menschen auf andere angewiesen sind, scheint selbstverständlich zu sein. Man scheut sich beinahe, dies eigens zu erwähnen. Der Stellenwert von Angewiesenheit wird aber deswegen oft verkannt, da der Trennung vom anderen und der Unabhängigkeit in unserer Kultur eine große Bedeutung beigemessen wird. Während im Erwachsenenleben die Angewiesenheit verleugnet oder abgewehrt sein mag, ist dies beim kleinen Kind um so weniger möglich, je kleiner es ist. Daß Kinder auf andere angewiesen sind, wird niemand bestreiten wollen. Die Frage allerdings, auf *was* sie angewiesen sind, ist keineswegs leicht zu beantworten. Die noch immer weit verbreitete Auffassung, daß Kinder für ihr Leben Nahrung, Wärme, Hygiene und Schutz benötigen, ist insofern falsch, als diese Art von Versorgung allein nicht ausreicht. Dies hat bereits der Ausgang des merkwürdigen Experimentes des Stauferkaisers Friedrich II (1221–1288) gezeigt. Auf der Suche nach einer angeborenen Ursprache – er vermutete, es sei Hebräisch – ließ er Säuglinge in der üblichen Weise versorgen, verbot aber den Ammen, mit ihnen zu reden. Der Chronist berichtet, daß er sich vergeblich mühte, „denn alle Kinder starben (Bettelheim 1977, S. 500).

Dieses Experiment ist unbeabsichtigt unzählige Male und mit dem gleichen Ausgang wiederholt worden, und zwar immer dann, wenn Kinder in Waisen-, Findelhäusern oder sonstwie untergebracht wurden und nicht viel Aufmerksamkeit und Zuwendung fanden. Die Wissenschaft hat sich mit diesem Sachverhalt bis in unser Jahrhundert hinein kaum beschäftigt und erst R. Spitz hat 1945 bei einer dieser unbeabsichtigten Wiederholungen des Experiments – man nahm straffällig gewordenen Müttern im Gefängnis die Babys weg und brachte sie in ein Säuglingsheim – auf ihn aufmerksam gemacht. Die Säuglinge, die Spitz beobachtete, entwickelten schwere Pathologien oder starben wie die Versuchskinder Friedrichs II. Auf die Frage, *was* den Kindern gefehlt habe, gibt Spitz verschiedene Antworten, die insgesamt unkonkret bleiben. Er sagt, die Babys hätten nicht genug „emotionale Zufuhr" erhalten oder das „affektive Klima" einer normalen Mutter-Kind-Beziehung sei ihnen nicht geboten worden.

In der Psychoanalyse finden sich an dieser Stelle ähnliche Begriffe wie „narzißtische Zufuhr", „emotionales Auftanken", „holding environment", „mothering", in jüngster Zeit auch „spiegeln" (mirroring), alles Bezeichnungen, die gleichfalls vage bleiben.

Balint hat bereits 1935 darauf hingewiesen, daß Kinder keineswegs beziehungslos oder beziehungsunbedürftig auf die Welt kommen, wie dies die These des primären Narzißmus nahelegt. Später hat er das Erleben des Kindes aus der Sicht einer „primären Objektbeziehung" beschrieben. Das Kind lebe da in einem Weltbild, in dem es noch keine umrissenen Objekte gäbe, in einem Zustand der „freundlichen Weiten" und der „harmonischen Verschränkung". Dem Kind müsse eine Zeitlang diese Beziehungsform geboten werden, der Entzug würde Symptome hervorrufen, wie sie Spitz in seinem Hospitalismussyndrom beschrieben hat. Aus den Beschreibungen von Spitz, Balint und vielen anderen psychoanalytischen Autoren geht hervor, daß der Entzug lebensbedrohlich ist. Daß es die Folgen des Entzugs gibt – durch Abwesenheit einer adäquat versorgenden Mutter –, darin sind sich alle einig, wie aber die Symptome zu verstehen sind und *was* den Entzug veranlaßt, ist keineswegs klar und offenbar auch nicht leicht zu begreifen.

Ein Mangelzustand ist nur dann erklärbar, wenn man weiß, was fehlt. Hunger kann als Mangel- oder Ungleichgewichtszustand definiert werden, der durch das Fehlen bestimmter Stoffe verursacht wird. Wenn aber etwas fehlt, von dem man nicht weiß, um was es sich handelt, dann kann auch der Mangelzustand nur vage bestimmt werden.

Aristoteles hat die Blindheit als eine Seinsweise („ens privativum") beschrieben, bei der etwas fehlt, die aber gleichwohl ein „positiver" Zustand ist. Die Blindheit und ihre höchst wirksamen Folgen können aber nur dann adäquat verstanden werden, wenn man weiß, was Sehen heißt und daß dazu ein funktionsfähiges Auge gehört.

Nehmen wir einmal an, wir hätten es bei den Symptomen, die Spitz bei den Säuglingen beschreibt, mit Erscheinungen analog denen von Blindheit zu tun, wir wüßten aber nicht, was Sehen ist, so wäre die Folge von sehr verschiedenen, vagen und oft unbefriedigenden Erklärungen begreiflich, da das *affirmative* Phänomen unbekannt ist.

Die Analogie, die Balint und nach ihm viele andere verwendet haben, kann diesen Sachverhalt nochmals beleuchten. Er meint, die primäre Beziehung sei etwas, das das Kind benötigt wie die Luft zum Atmen. Luft ist ein lebenswichtiges Element. Bereits ein kurzzeitiger Entzug hat fatale Folgen. Luft zum Atmen wird aber nicht wahrgenommen. Man kann die Analogie weiterführen und sagen, die Luft sei etwas Ungreifbares, nicht Feststellbares, und obgleich man sie nicht sieht, ist sie unabdingbare Voraussetzung zum Leben.

Das in unserer Zeit vorherrschende zweckrationale Denken läßt als Erklärungen allein *objektivierbare* Ursachen zu. Daher ist es für uns heute schwer vorstellbar, daß es Dinge gibt, die nicht auf diese Weise erklärt werden können und trotzdem große Wirkungen haben. Die Primärbeziehung ist nicht objektivierbar, deshalb aber keineswegs mystisch oder etwas, das nicht beschrieben und ausgewiesen werden könnte.

Im folgenden wird die Primärbeziehung als spezifisches menschliches Phänomen beschrieben und die mit ihr verbundenen emotionalen Beziehungsqualitäten in vier Aspekten ausgewiesen. Man kann mit diesem Konzept besser verstehen, was den Kindern im Mangel fehlt und auf was sie angewiesen sind.

In der Primärbeziehung macht das Kind *emotionale Erfahrungen,* die für den Aufbau seines *Selbst* unersetzlich sind. Fehlen sie, dann wird das Selbst nicht oder nicht ausreichend entwickelt, und es entsteht wieder ein Mangelzustand, diesmal als Defizienz im Selbst, der sich dann auch über das Erwachsenenleben erstreckt. Dieser Mangelzustand hat ebenfalls erhebliche Folgen, und es entsteht die gleiche Schwierigkeit, ihn zu begreifen, weil der affirmative Zustand – die Verfassung des „gesunden" Selbst – und die Bedingungen seiner Entstehung nicht bekannt sind.

Da das Kind die grundlegenden emotionalen Erfahrungen nur in der Primärbeziehung machen kann, d. h. in einer realen sozialen Beziehung, hängt von dem Gebotensein und der Qualität dieser Beziehung auch der Aufbau und die Verfassung seines Selbst ab. Die Beziehung selbst, die Angewiesenheit auf Beziehung und die Verfassung des Selbst treten damit als zentrale Probleme ins Blickfeld.

An der psychoanalytischen Theorie wurde von Balint u. a. die monologische, mit dem Triebbegriff und den energetischen Formulierungen verbundene Sicht kritisiert. Diese Kritik hat jedoch zu keiner prinzipiellen Reflexion oder zu einer Änderung der Grundbegriffe geführt.

Die monologische Sicht gründet in der Vorstellung des psychischen Apparates, in der auch noch heute psychoanalytische Begriffe verankert sind. Er ist als Reizbewältigungsapparat gedacht, der innere und äußere Reize zu verarbeiten hat. Diese einer mechanistisch-biologistischen Sicht entstammende Vorstellung kann nicht durch nachträglich eingesetzte Ergänzungsbegriffe abgeändert werden. Sie ist wiederum mit dem Triebkonzept eng verbunden, weil die Hauptanforderung an den Apparat von den 2 Grundtrieben gestellt wird.

Die Begriffe „psychischer Apparat", das Instanzenmodell „Ich – Über-Ich – Es", der „Triebbegriff" und der des „Objekts" bilden untereinander eine Einheit, mit der das festgefügte Gerüst der psychoanalytischen Theorie zusammengehalten wird.

In diesem Gerüst wirkt der Narzißmus seit jeher als Störenfried. Er benimmt sich in dem Theoriegehäuse wie ein ungebetener Gast, der die bewährten Einrichtungen ständig durcheinander bringt. Auch große Anstrengungen, die Einrichtungen umzustellen und den Gast damit zufriedenzustellen, fruchten nicht, weil dazu offenbar ein Umbau des ganzen Hauses erforderlich wäre. Unter den zahlreichen Bedeutungen von Narzißmus betreffen 2 wichtige die Beziehung zu anderen und die Eigenliebe. Beide Phänomene sind nicht im Rahmenkonzept eines psychischen Apparates unterzubringen. Weder kann ein solcher sich selbst zum Triebobjekt nehmen, noch kann er Beziehungen zu anderen aufnehmen.

Der Umbau des Hauses ist zwar in der Psychoanalyse noch nicht geleistet, er ist aber im Gange, auch wenn es heute eher so aussieht, als würde nur das ganze Haus abgerissen. Wie es neu und dem Phänomen „Narzißmus" angemessener gebaut werden müßte, dafür fehlt weitgehend ein Bauplan.

„Narzißmus" in Formen von destruktiver Aggression, in weniger auffälligen von Selbstdestruktion und in vielen von „Asozialität", ist schon längst kein nur individuell-pathologisches Problem mehr. Die Frage, ob das gegenwärtige Erscheinungsbild von „Narzißmus" auch in einem Zusammenhang mit der frühkindlichen Sozialisation steht und damit im Zusammenhang mit gesellschaftlichen Verhältnissen, kann aber erst dann mit Aussicht auf Erfolg beantwortet werden, wenn geklärt ist, was Narzißmus und was Primärbeziehung bedeutet.

Keine der neuen Narzißmustheorien hat die Vieldeutigkeit des Begriffes und die damit verbundene Problematik geklärt. Die bereits bestehende Unklarheit wurde vielmehr vergrößert, indem zu der vorhandenen Bedeutungsvielfalt weitere Gesichtspunkte hinzutraten, ohne daß eine Klärung der alten Bedeutungen erfolgte.

Die innerhalb der Psychoanalyse vorliegenden Konzepte zu Primärbeziehung, Narzißmus und Selbst entbehren sowohl einer allgemeinen Verständlichkeit als auch einer Übereinstimmung und Plausibilität. Dies ist weniger auf sachliche Gründe zurückzuführen, denn in der klinischen Beschreibung und Beobachtung sind sich die Autoren oft viel näher, als es ihre divergenten theoretischen Begriffe und Formulierungen vermuten lassen. Verwirrung und Unübersichtlichkeit ist vielmehr auf den Mangel einer allgemeinen anthropologischen Reflexion zurückzuführen, der sich auch daran zeigt, daß philosophische Leitvorstellungen über den Menschen in den Grundbegriffen wirksam sind, aber unreflektiert bleiben und damit in ihrer Fragwürdigkeit nicht erkannt werden können.

Aus dieser Situation ergibt sich die Notwendigkeit einer anthropologischen Reflexion der Grundbegriffe der Psychoanalyse. Eine der Praxis der Psychoanalyse, ihrer Methode und ihren klinischen Ergebnissen adäquate Anthropologie gibt es bislang nicht. Die im folgenden dem empirischen Aufweis der Primärbeziehung vorausgehenden theoretischen Überlegungen haben daher zum Ziel, in einigen Aspekten eine solche Anthopologie zu entwickeln. Diese unterscheidet sich von anderen vorliegenden Anthropologien v. a. dadurch, daß die Eigenart menschlichen Seins dabei im Mittelpunkt der Betrachtung steht.

Eine Konsequenz dieser Überlegungen ist, daß Narzißmus keiner konstitutionellen Anlage entstammt, daß Menschen nicht beziehungslos auf die Welt kommen und daß damit „narzißtische" Störungen nicht als Regression oder Fixierung auf angeblich primitiv-normale (narzißtische) Entwicklungsphasen oder als ichdefiziente normale Entwicklungszustände erklärt werden können, sondern daß Narzißmus in all seinen Erscheinungsformen immer in einem Verhältnis zur Beziehung zu anderen steht und zum Selbst, das sich allein in einer Beziehung bilden kann. Narzißmus ist dann kein unausweichliches Schicksal, sondern steht in einem Verhältnis zu den Schicksalen der Primärbeziehung.

Die Arbeit gliedert sich in 3 Hauptteile:
Thema des 1. Teils sind die Grundbegriffe Trieb, Objekt, Narzißmus, die mit dem Ziel einer Reflexion ihrer anthropologischen Voraussetzungen erörtert werden. Dem schließen sich im 2. Teil anthropologische Überlegungen an. Hierbei geht es nicht um eine isolierte, weltfremde philosophische Erörterung, sondern um die Erarbeitung einiger Grundbegriffe, die auf das Thema der Untersuchung und auf die im 1. Teil erörterte Problematik bezogen sind. Der Begriff des Selbst und das mit ihm beschriebene Phänomen des Selbstgefühls nimmt dabei einen zentralen Stellenwert ein.

Der 3. Teil beschäftigt sich konkret mit der Primärbeziehung und den mit ihr unzertrennlich verbundenen emotionalen Erfahrungen. Diese sind die Voraussetzung für den Aufbau des Selbst, seiner Verfassung und damit für ein Fundament, auf dem „narzißtische" Phänomene beruhen. Der an theoretischen Überlegungen nicht in erster Linie Interessierte kann mit Gewinn auch allein diesen und den folgenden Teil lesen.

Der Schlußteil ist der Frage nach der realen, nicht der phantasierten Versagung in der Primärbeziehung gewidmet, eine für unsere gesellschaftliche Zukunft nicht unerhebliche Frage, wenn man an die immer mehr um sich greifenden Beziehungsstörungen denkt, die Menschen an einem befriedigenden Leben hindern.

I. Notwendigkeit einer anthropologischen Reflexion psychoanalytischer Grundbegriffe

A. Methodische Probleme: Ist Psychoanalyse Naturwissenschaft?

Die Diskussion um den Wissenschaftsstatus der Psychoanalyse ist kontrovers. Es gibt dazu eine umfangreiche Literatur, ohne daß es zu befriedigenden Ergebnissen oder zu einer Lösung der Probleme gekommen wäre. Im Vordergrund der Diskussion steht die Frage, ob Psychoanalyse Naturwissenschaft ist, was bedeuten würde, daß sie ihre Forschung mit denselben Methoden wie in den naturwissenschaftlichen Disziplinen betreiben und ihre Ergebnisse objektivieren (messen, operationalisieren) müßte. Die Frage wird von vielen wissenschaftstheoretischen Kritikern innerhalb der Psychoanalyse (Gill u. Holzmann 1976; Klein 1976; Schafer 1968) heute mit der gut begründeten Auffassung beantwortet, daß Psychoanalyse Psychologie sei und keine naturwissenschaftliche Disziplin wie Physik, Chemie, Physiologie. Deshalb erfordere sie eigene, ihrem Gegenstand angemessene Methoden. Die Kritik richtet sich in der Hauptsache gegen den theoretischen Überbau der Psychoanalyse, die Metapsychologie Freuds. Sie wird als „szientistisches Selbstmißverständnis" (Habermas) angesehen, als theoretisches Hindernis, das der eigentlichen Erfassung ihres Kernstücks, der klinischen Praxis im Wege steht.[1]

Der Widerspruch zwischen den in der Klinik auftretenden Phänomenen und ihrer theoretischen Erfassung findet sich bereits bei Freud, der sich einerseits als Naturwissenschaftler verstand und andererseits oft genug darauf pochte, daß die von ihm gefundenen Tatbestände, wie etwa die Existenz unbewußter psychischer Vorgänge, allein einer *psychologischen* Betrachtungsweise zugänglich seien.

> Immerhin ist es klar, daß die Frage, ob man die unabweisbaren latenten Zustände des Seelenlebens als unbewußte seelische oder als physische auffassen soll, auf einen Wortstreit hinauszulaufen droht. Es ist darum ratsam, das in den Vordergrund zu rücken, was uns von der Natur dieser fraglichen Zustände mit Sicherheit bekannt ist. Nun sind sie uns nach ihren physischen Charakteren vollkommen unzugänglich; keine physiologische Vorstellung, kein chemischer Prozeß kann uns eine Ahnung von ihrem Wesen vermitteln (Freud 1915, S. 266).

Die breit vorgetragene Kritik an den mechanistischen, biologistischen Voraussetzungen der Metapsychologie, die überdies an Vorstellungen des 19. Jahrhunderts orientiert sind, die längst überholt sind, ist sich in der Auffassung der Unhaltbarkeit dieser Vorstellungen einig. Was aber an ihre Stelle treten soll und welche Methode nunmehr dem Gegenstand der Psychoanalyse adäquat sein soll, darüber gehen die Meinungen jedoch weit auseinander. Ein Grundproblem bestimmt viele dieser kritischen Arbeiten. Wenn, wie gefordert, geisteswissenschaftliche Methoden wie Phänomenologie, Hermeneutik, „Tiefenhermeneutik" usf., die adäquaten Alternativen sein sollen, so tritt das von Dilthey beschriebene Problem zwischen Verstehen und Erklären auf. Eine Wissenschaft, die auf Verstehen und Interpretation von Sinnzusammenhängen ausgerichtet ist, kann nicht gleichzeitig erklären, d. h. objektive Ursachen für Wirkungen angeben. Die Psychoanalyse als Wissenschaft unbewußter Motivation ist aber darauf angewiesen, Ursachen für Störungen, Symptome, praktische Krankheitsbefunde anzugeben, sie kann sich nicht mit Beschreibungen von Phänomenen zufriedengeben.

Das metapsychologische triebenergetische Modell hatte das Bedürfnis nach einer ursächlichen Erklärung befriedigt. Deshalb beharren viele darauf, das Modell weiterhin beizubehalten. Die an sich mechanistischen Begriffe von Energie, Energiebesetzungen und -umsetzungen müßten als Metaphern angesehen werden, als Konstrukte, um Vorgänge verständlich zu machen, die auf andere Weise nicht zu erfassen sind (Grossmann u. Simon 1969; Wurmser 1977, dt. 1983). Überdies würden die metapsychologischen Energiebegriffe in der Psychoanalyse ohnehin seit jeher nur metaphorisch tiefenpsychologische Einsichten widerspiegeln. Solche Sichtweise bleibt aber wissenschaftstheoretisch insgesamt unbefriedigend. Demzufolge besteht das Problem, daß keine bisherige wissenschaftliche Methode der Psychoanalyse gerecht wird.

Der Methodenstreit ist von vielen Momenten bestimmt, wozu auch jene gehören, die nicht die Methode, sondern die Grundbegriffe betreffen. Folgende Aspekte betreffen die Methode:
1) die analytische Praxis, 2) der Unterschied zwischen Ursache und Grund, 3) die Objektivierbarkeit.

1) Das Kernstück der Psychoanalyse ist nicht die Theorie (Metapsychologie), sondern die klinische Praxis. Was in der analytischen Praxis vor sich geht – der analytische Prozeß – ist bis heute nicht oder nicht befriedigend geklärt. Freuds Werk mit seinen fortlaufenden Abänderungen, Unstimmigkeiten und Widersprüchen kann unter dem positiven Aspekt gesehen werden, daß sich in ihm das Ringen um die Erfassung der analytischen Prozesse widerspiegelt. Wenn man den analytischen Prozeß selbst als Methode faßt – er stellt ja die Bedingung für die theoretischen Schlußfolgerungen dar –, ergibt sich zwangsläufig, daß diese Weise der Datenermittlung von der der naturwissenschaftlichen grundsätzlich unterschieden ist.

Die naturwissenschaftliche Methode fordert implizit die Distanz des Beobachters zum Forschungsobjekt. Dies führt zum Ausschluß aller Wahrnehmungen, die von „subjektiven" Meinungen, Vorurteilen und vor allem Gefühlen des Beobachters beeinflußt sind. Die psychoanalytische Praxis ist dazu ein Gegenmodell, denn der Beobachter steht zu seinem „Objekt" in einer Beziehung, die gerade nicht durch Distanz oder Ausschluß von Subjektivität gekennzeichnet ist. Nicht nur der Beobachter hat eine Beziehung zu seinem „Objekt", sondern auch dieses zu seinem „Beobachter". Die gegenseitige Beziehung hat entscheidenden Stellenwert. In den Übertragungs- und Gegenübertragungsphänomenen und deren Bearbeitung ist sie heute unersetzlicher Bestandteil jeder Analyse. Die „subjektiven" Meinungen und vor allem die Gefühle, die der Beobachter für sein Objekt hat und umgekehrt, spielen eine unersetzliche Rolle, während sie bei der quantifizierenden, objektivierenden Einstellung zum „Objekt" von vornherein ausgeschlossen werden müssen. Während die *Beziehung* mit ihren subjektiven Anteilen ein entscheidendes Element in der psychoanalytischen Praxis darstellt, wird sie in der naturwissenschaftlichen Methode eliminiert.

Die therapeutische Intention des Analytikers richtet sich nicht auf Organe oder sonstige Ausschnitte des „Körpers" des Patienten, sondern auf seine „Psyche", d. h. auf das sprachlich vermittelte Erleben. Der Patient wiederum hat ein Interesse an Heilung, allerdings nicht an der Heilung irgendwelcher gestörter Teilpartien seines Körpers, sondern einer, die sein „Leben" betrifft. Beide Momente fehlen sowohl in der Naturwissenschaft als auch in geisteswissenschaftlichen Methoden. Denn selbst in der naturwissenschaftlichen Medizin ist die Heilungstendenz des Arztes auf den Organismus und seinen Störungen gerichtet. Der Patient hat die berechtigte Erwartung, daß der Arzt seinen Körper (Organismus) mit manipulativen Maßnahmen (Chirurgie, Medikamente, Bestrahlung usw.) heilen und seine „Seele" dabei aus dem Spiel lassen wird.

2) Das 2. Moment betrifft den impliziten Wahrheitsanspruch der naturwissenschaftlichen Methode. Die heute weithin geltende positivistische Einstellung, die „Wahrheit" auf objektivierende Feststellung reduziert, hat einen historisch-gesellschaftlichen Aspekt, der rein wissenschaftstheoretischen Argumenten unzugänglich bleibt. Die Auswirkungen dieses Aspekts sind auch in psychoanalytischen Konzepten spürbar, weil die gesellschaftliche Anerkennung des Wissenschaftlers mit diesem Wahrheitsanspruch verbunden ist. Der Druck, der davon ausgeht, wird in der Tendenz sichtbar, für die unbewußte Motivation objektivierbare „Ursachen" zu suchen und zu finden. So galt der Trieb und vor allem die Triebenergie als eine solche Ursache. Obwohl psychoanalytische Praxis ganz eindeutig Deutungskunst in einer Beziehung ist und sprachvermittelte Interpretation und Interaktion in einer gegenseitigen Beziehung stattfinden, werden die auf diese Weise erschlossenen Inhalte des Unbe-

wußten theoretisch als „Ursachen" begriffen, analog zu feststellbaren physikalischen Zuständen. Ist man einmal auf Kausalerklärung festgelegt, dann fällt es schwer einzusehen, daß „unbewußte Kräfte" auch anders und adäquater erfaßt werden können als in dieser Kategorie.

Einen Grund für eine Sache angeben und ihn in einem Begründungszusammenhang ausweisen ist ein legitimes wissenschaftliches Vorgehen auch dann, wenn für diesen Grund kein oder ein nur indirekt objektivierbarer Nachweis möglich ist. Ein „Grund" für etwas kann unbewußte Motivation sein.

Die Vorstellung, daß dieser Grund allein mit Triebenergiebegriffen zu erfassen sei und der damit verbundene Hintergedanke, daß diese Energie eines Tages meßbar sein werde oder in einen Zusammenhang mit neurophysiologischen Prozessen zu verbringen sei, entstammt dem gegenwärtig vorherrschenden naturwissenschaftlichen Weltbild und keiner Notwendigkeit, die sich aus der Sache selbst ergibt.

Das positivistische Ideal einer allgemeinen Nachprüfbarkeit und einer dadurch herstellbaren zwingenden Einsehbarkeit ist durchaus problematisch. Die Voraussetzung für dieses Ideal ist eine weitgehende Reduktion, die durch die Forderung nach Objektivierung entsteht. Alles jedoch, was dem Menschen wesentlich und wichtig ist – Beziehungsfähigkeit, Zufriedenheit, Leidenschaft, Liebe, Kreativität –, läßt sich nicht objektivieren und auch nicht technisch herstellen.

3) In *Jenseits des Lustprinzips* hat Freud sich mit dem Wiederholungszwang beschäftigt, der sich in Schicksalsneurosen, in der negativen therapeutischen Reaktion, in der Tendenz zu selbstschädigenden Erlebens- und Verhaltensweisen nachweisen läßt. Als „Ursache" dieser Erscheinungen postulierte er den Todestrieb als kosmisch-biologisches Prinzip, eine Tendenz zur Wiederherstellung des „toten" anorganischen Zustands. Der Todestrieb wurde zwar von den meisten Analytikern als biologisch-philosophische Spekulation abgelehnt, in manchen Konzepten (M. Klein) spielt er aber auch noch heute eine wesentliche, erklärende Rolle. Mit der Hypothese eines bewirkenden Prinzips wird aber nicht nur das Streben nach einer ursächlichen Erklärung befriedigt, sondern gleichzeitig auch der Weg versperrt, die nachweisbaren Phänomene (Wiederholungszwang) anders zu sehen, d. h. auf andere Weise zu erklären als mit einem *bewirkenden* Prinzip.

In einer wenig einflußreichen Richtung der Psychoanalyse, die v. a. durch Balint, Winnicott u. a. repräsentiert wurde, entstand die Auffassung, daß es Störungen und schwere Pathologien gibt, die nicht auf Triebe oder Triebkonflikte zurückgeführt werden können, sondern auf frühkindliche Mangelzustände (Balints Begriff der Grundstörung). Der Mangel an „emotionaler Zufuhr" wird in dieser Sicht für fundamentale Störungen, auch für Störungen der Entwicklung der Ich-Funktionen, verantwortlich gemacht.

Wie aber soll der Mangel von etwas, das Nichtvorhandensein entscheidende Wirkungen haben? Der alte philosophische Satz „aus nichts wird nichts" scheint hier keine Geltung zu haben. Dieses Problem stellt nicht nur das kausale Denken in Frage, sondern auch unsere gewohnten Vorstellungen vom Menschen. Das kausale Denken insofern, als nun wissenschaftstheoretisch gefragt werden muß, wie ein *Nichtseiendes* erhebliche Folgen nach sich ziehen kann. Eingangs wurde behauptet, daß der Mangel ein defizienter Modus eines affirmativen Zustands ist. Der Mangel kann nur dann adäquat verstanden werden, wenn der affirmative Zustand bekannt ist. Dieses Problem ist bis heute nicht gelöst (s. II.B.4).

B. Anthropologische Probleme der Grundbegriffe

Alle empirische Forschung muß mit Grundbegriffen arbeiten. Ein Grundbegriff ist eine Leitvorstellung oder eine abstrakte Idee, die nicht weiter ableitbar ist oder als nicht hinterfragbar angesehen wird. Beispiele für Grundbegriffe der Physik sind u. a. Materie, Kraft, Energie, solche der Biologie Leben und Organismus, solche der Psychoanalyse psychischer Apparat, Trieb, Objekt, Narzißmus u. a. Grundbegriffe ändern sich in den Einzelwissenschaften nur ausnahmsweise. Werden sie ernsthaft infrage gestellt oder gar durch andere ersetzt, dann hat sich eine bislang gültige paradigmatische Sicht des Forschungsgegenstands geändert. Eine Wandlung der Grundbegriffe der Psychoanalyse ist seit längerer Zeit zu beobachten. Der Prozeß findet innerhalb der Psychoanalyse statt, d. h. er wurde von psychoanalytischen Autoren in Gang gesetzt. Er wird als „revolutionär-anarchische" Lage (A. Freud 1972) als „Theoriekrise" (Thomä u. Kächele 1985) definiert. Zahlreiche provokative Titel von Arbeiten weisen darauf hin: „Zwei Theorien oder eine – oder keine" (Frank 1979), „Krise der psychoanalytischen Theorie" (Mertens 1981a), „Gibt es die Metapsychologie noch?" (Modell 1984). Es gibt nahezu keinen der metapsychologischen Grundbegriffe, der von Kritikern nicht in Frage gestellt worden ist.

Den Gegnern der Psychoanalyse gilt dieser Prozeß als Endstadium eines ohnehin unhaltbaren Konzepts. Im Gegensatz dazu hat die vorliegende Arbeit u. a. auch das Ziel, diesen Umbruchsprozeß als notwendig zu erweisen, als längst fällige Änderung von Grundbegriffen, ein „Paradigmawechsel", der eine andere, adäquatere Sicht als die bislang gültige möglich macht.

Für die Theoriekrise gibt es zahlreiche, auch für die Psychoanalyse spezifische Gründe (Mertens 1981a), von denen einige unter dem methodologischen Aspekt bereits erwähnt wurden. Ein wichtiges Moment sind die in der Nachfolge von Freud entstandenen weiterführenden Arbeiten, die aus Problemen der analytischen Praxis hervorgegangen sind. Die dabei gewonnenen Erkenntnisse haben nicht mehr den spektakulären Glanz der Entdeckung des Unbewußten, obgleich es Sternstunden neuer Einsichten gab, die in ihrer Bedeutung oft unerkannt blieben.

In Helene Deutschs Arbeit über die „Als-Ob-Persönlichkeit" (1922), in Balints Aufsatz „Zur Kritik der prägenitalen Libidoorganisation" (1935), in Spitz'

„Arbeiten über Hospitalismus" (1945), in Paula Heimanns „Überlegungen zur Gegenübertragung" (1950) und in Kohuts Vortrag „Über Narzißmus als Widerstand und Antriebskraft in der Psychoanalyse" (1970) geht es um Entdeckungen in einem Neuland jenseits der Grenzen, die Freud mit seiner triebökonomischen Sicht des Unbewußten gesetzt hatte.

Auch die analytische Forschung auf dem Gebiet der frühen Mutter-Kind-Beziehung hat zu Erkenntnissen geführt, die nicht einfachhin mit dem von Freud geschaffenen Begriffsrahmen in Einklang zu bringen sind.

In all diesen Erkenntnissen zeigte sich mehr oder weniger deutlich, daß es unbewußte Motive (Wünsche, Phantasien, Gefühle) gibt, die nicht triebtheoretisch oder triebökonomisch abgeleitet werden können. Es geht dabei um die Frage, ob es sich bei diesen „Antrieben", wenn sie nicht in den Triebkategorien Sexualität oder Aggression erfaßbar sind, dann noch um ein „Naturmoment" handelt. Da diese Wünsche und Phantasien oft unter den Sammelbegriff „Narzißmus" fallen, kommt es in der Folge zu Gegenüberstellungen von Narzißmus und Trieb. Während einige der Narzißmuskonzepte eine gegenseitige Ergänzung von Narzißmus und Trieb oder eine Wechselwirkung annehmen, rücken in der Selbst-Psychologie Kohuts die „narzißtischen" Phänomene derart in den Vordergrund, daß Triebe nur mehr eine sekundäre Rolle spielen. Nicht zuletzt deshalb wird Kohut ein Rückfall in eine idealistische Sicht des Menschen vorgeworfen, in der seine Triebnatur (Aggression) verleugnet wird.

Diese Problematik wird im folgenden exemplarisch an 3 Grundbegriffen erörtert, die wiederum zum Thema der Untersuchung in enger Verbindung stehen. Leitender Gesichtspunkt ist die Frage nach den jeweiligen anthropologischen Voraussetzungen. Gleichzeitig wird aber auch die oft und mit Recht beklagte Verwirrung, Widersprüchlichkeit und Unverständlichkeit dieser Grundbegriffe deutlich. All dies dokumentiert auch die Uneinheitlichkeit der psychoanalytischen Theorie. Obwohl in der Beurteilung klinischer Details oft weitgehende Übereinstimmung besteht, bieten die allgemeinen Formulierungen und begrifflichen Konzepte ein eher chaotisches Bild. Eine Orientierung und Übersicht über den heutigen Stand psychoanalytischer Theorie ist unter diesen Umständen auch wohlwollenden außenstehenden Interessenten kaum mehr möglich. Eine allgemeine Reflexion auf die Voraussetzungen der Grundbegriffe ist nicht zuletzt auch aus diesem Grund notwendig geworden.

1. Trieb oder Ich als „Naturmoment": Sind die Triebe beim Menschen „natürlich"?

Der Begriff des Triebs ist bei Freud zwar biologisch oder „naturwissenschaftlich" bestimmt. Freud gibt genug Hinweise für eine solche Ansicht. Er hat jedoch mit den Begriffen des Triebschicksals und der Triebrepräsentanzen weitere Bestimmungen vorgelegt, die die „natürliche" wieder weitgehend, wenn nicht überhaupt, aufheben. Triebrepräsentanz bedeutet, daß der Trieb nicht unmittelbar in Erscheinung tritt, sondern in einer affektiven und kognitiven Repräsentanz, d. h. er ist immer *vermittelt*. Man könnte auch sagen, er ist schon immer interpretiert, was weiterhin bedeutet, er ist von den Beziehungen, in denen die Menschen notwendigerweise leben, von Kultur und gesellschaftlichen Verhältnissen nicht unabhängig. Ein interpretierter oder vermittelter Trieb ist aber kein „natürlicher" Trieb, wenn man darunter ein vorgegebenes fixes Verhaltensmuster verstehen will.

Als *Quelle* des Triebs bestimmte Freud das Soma, den Körper. Wie diese Quelle zu bestimmen sei, blieb für ihn entweder eine offene Frage oder keine, die die Psychoanalyse betreffe. Er äußerte die Hoffnung, daß sich eines Tages diese Quelle naturwissenschaftlich (biologisch) bestimmen lasse, etwa in Form chemischer Stoffe.

Die Frage nach der Quelle des Triebs berührt einen entscheidenden Gesichtspunkt. Wenn in der Sicht des Triebschicksals alle Triebe beim Menschen immer durch Kultur, Gesellschaft, Sprache (Geist) vermittelt sind, dann erhebt sich die anthropologische Frage nach der Grundlage des Triebs.

In naturwissenschaftlicher Sicht ist diese Frage überflüssig, ein Scheinproblem. Das „Naturmoment" ist hier die biologische Ausstattung des Menschen, seine in der Evolution entstandene, in den Genen verankerte organismische Organisation. Die Reduzierung psychischer Phänomene auf naturwissenschaftlich feststellbare Prozesse oder Zustände ist aber eine typische Variante von Antimetaphysik, d. h. einer impliziten Philosophie, mit der „Geist" aus „Natur" erklärt wird. Sie ist Ideologie, wenn diese Aussagen als wissenschaftlich ausgegeben werden, denn die Rückführung ist keineswegs wissenschaftlich beweisbar.

Die biologische Ableitung des „Naturmoments" des Menschlichen hat 2 Quellen, die oft ununterschieden bleiben. Die eine entstammt dem bereits erwähnten Totalanspruch auf wissenschaftliche Wahrheit, d. h. die Gleichsetzung von objektivierbaren Ergebnissen mit „Wahrheit" schlechthin. Aus dieser Quelle rührt der Denkfehler, daß *allein* naturwissenschaftlich festgestellte Zustände und Prozesse etwas über *psychische* Vorgänge aussagen können, aus dem sich der weitere und schwerwiegendere ergibt, daß die naturwissenschaftlichen Ergebnisse als die Wirklichkeit der subjektiven Erlebensweisen angesehen werden. Es ist eigenartig, wie hartnäckig dieser an sich gar nicht schwer erkennbare Denkfehler sich hält, wie häufig er immer wieder reproduziert wird, obwohl er schon längst bekannt ist. In keinem Röntgenbild, in keinem EEG, in keinem noch so subtil erforschten metabolischen Prozeß im Gehirn, in keiner noch so präzisen Lokalisierung von Hirnzonen wird man je Triebe, Gefühle, Haß, Liebe oder Gedanken finden, sondern immer nur feststellbare physikalische, chemische usf. Zustände und Prozesse u. ä.

Die andere Quelle für die biologische Ableitung ist ein Vorurteil. Es besteht darin, daß die Evolution als „Grund" für die Entwicklung aller Lebensformen angesehen wird. Evolution gilt als mechanistischer (zufälliger, nichtteleologisch bestimmter) Prozeß. Das Prinzip, nach dem die Evolution verläuft, ist die bestmögliche Anpassung an die jeweilige Umwelt. „Biologisch" bedeutet daher immer auch eine bestimmte Auslegung von Leben. Leben bzw. genauer in diesem Verständnis: organismisches Leben ist Lebensreproduktion im Rahmen optimaler Anpassung an die Umwelt.

In diese Sicht wird das menschliche „Leben" zwangsläufig eingebracht und auch die Funktion der Bewußtseinsformen von daher interpretiert.

Die Vermischung der beiden Quellen der biologischen Auslegung des Menschen läßt oft nicht mehr erkennen, daß eine die andere verstärkt. Alle biologischen Aussagen sind „naturwissenschaftlich", d. h. objektiv „richtig", weshalb die biologische Auslegung des Lebens auch wiederum wahr sein muß, obwohl letztere niemals naturwissenschaftlich begründet werden kann.

Das Freudsche Triebkonzept weist in der Frage „Naturmoment" jenen oben erwähnten bemerkenswerten Widerspruch auf, der schon oft herausgestellt wurde. Die Triebe werden dabei einerseits biologistisch abgeleitet, andererseits wird ihnen ein lebensgeschichtliches „Triebschicksal" zugedacht. Freud hat in dieser Hinsicht keine eindeutige Antwort gegeben.

Aus marxistischer Sicht wird behauptet, daß es Natur als solche nicht gäbe, sie sei immer *gesellschaftlich* vermittelt. Lorenzer (1973), der sich um eine Verbindung von Freud und Marx bemüht, sieht zu Recht diese Vermittlung bis in Körperprozesse hinein wirksam. Aber die Frage nach dem „Naturmoment" bleibt mit der abstrakt-dialektischen Vermittlungskategorie von Natur – Kultur nicht befriedigend beantwortet. Was das Substrat ist, an dem sich die Vermittlung abspielt, ist mit Begriffen wie „Körperbedarf" u. ä. nicht geklärt. Die „erste" Natur kann nicht aus dem gesellschaftlichen Produktionsprozeß hervorgegangen sein, sie liegt ja schon vor. Wenn man der Dialektik der Natur, wie sie Engels entworfen hat und wie sie später im dialektischen Materialismus ausgebaut wurde, nicht folgen will, dann bleibt die Frage als harte Nuß für die marxistische Position offen.

Die von H. Hartmann (1972b) in wesentlichen Grundzügen entwickelte Ich-Psychologie bildet heute weithin einen festen Bestandteil moderner psychoanalytischer Theorie. Vom Standpunkt der ichpsychologischen Autoren aus gilt sie als eine konsequente Weiterentwicklung des Freudschen Konzepts, insbesondere seiner im Spätwerk zu beobachtenden Hinwendung zum Begriff und System des Ich gegenüber der Betonung der Triebe und des Es in der frühen und mittleren Phase. Die Auffassung wird innerhalb der Psychoanalyse weitgehend geteilt, obwohl sie nicht unwidersprochen geblieben ist (Drews u. Brecht 1975; Fürstenau 1979, S. 139; Apfelbaum 1966, Lichtenstein 1961; Bauriedl 1982; Zilmanowitz 1971).

Im folgenden wird am Aspekt des Naturmoments gezeigt, daß die Ich-Psychologie eine entscheidende Änderung der Freudschen Sicht vornimmt, was sich auch in einer Wandlung des Grundbegriffes Trieb niederschlägt. Die gravierende Veränderung wird meist übersehen, weil Freuds Begriffe mehrdeutig, mitunter widersprüchlich sind und dadurch sehr verschiedene Interpretationen zulassen. In der Ich-Psychologie wird die Mehrdeutigkeit zwar zugunsten präziserer Begriffsdefinitionen verringert, gleichzeitig wird aber damit auch die positive Qualität der Widersprüchlichkeit eingeebnet. Freuds Hang zu mechanistischen und objektivistischen Vorstellungen ist unverkennbar, und auf diese Tendenz beruft sich Hartmann. Die dieser Tendenz gegenläufigen Ideen, Beschreibungen, Begriffe werden dagegen aufgegeben, womit die beabsichtigte Angleichung an objektivierenden Methoden und die biologische Betrachtungsweise erreicht werden soll.

Die Veränderung der Grundbegriffe zeigt sich an den bekannten neuen Leitvorstellungen der Ich-Psychologie:

1) Anstelle der Freudschen Vorstellung der Entwicklung des Ich aus dem Es, der bleibenden Abhängigkeit des Ich von den Trieben, der Umwandlung (Sublimierung) der Triebziele, nicht nur ihrer Energie, in andere, kulturelle, geistige usw., tritt in der Ich-Psychologie die These der primären (und sekundären) Autonomie des Ich und einer konfliktfreien Sphäre. Genetisch wird das Ich als biologische Anlage begriffen, die Ich-Organisation als Instrument der Anpassung. Mit dieser Auslegung wird der von Hartmann in seinen früheren Schriften geforderte Anschluß an die naturwissenschaftlichen Nachbardisziplinen prinzipiell hergestellt (Hartmann 1927). Dem in der Biologie maßgebenden Prinzip der Anpassung eines Organismus an die Umwelt wird auch die menschliche Ich-Organisation unterstellt, die sich – wie alle anderen Funktionen des Organismus auch – aus diesem Prinzip entwickelt haben sollen.

2) Freuds komplexe Triebtheorie wird auf die Triebbegriffe Libido und Aggression reduziert. Inhaltliche Bestimmungen verlieren zusehends an Bedeutung, die abstrakt-energetische Formulierung tritt in den Vordergrund.

Die auch schon bei Freud nachweisbare Auffassung eines prinzipiellen Konflikts zwischen Trieb und Ich (Triebabwehr) wird zur Leitvorstellung erhoben. Das Gegeneinander von Trieb und Ich zeigt sich in der als biologische Notwendigkeit begriffenen Kontroll-, Steuerungs-, Abwehrfunktion des Systems Ich. In Entsprechung dazu erhält der Begriff der *Neutralisierung* der Triebenergien entscheidende Bedeutung. Der aus der Chemie stammende Begriff soll eine für das Ich frei verfügbare Energieform erfassen, während die nichtneutralisierte Energieform den primären, nichtstrukturierten und unkontrollierten Zustand kennzeichnet. Dem im psychologischen Bereich ohnehin fragwürdigen Energiebegriff werden qualitative Bestimmungen zugeschrieben, inhärente Beweglichkeit, Richtung, Abfuhrqualitäten. Genetisch gesehen soll am Anfang des Lebens die nichtneutralisierte Form beider Triebe vorherrschen, welche dann durch den Aufbau von Ich-Strukturen und der organisierten Tätigkeit in die neutralisierte übergeführt wird. Mitunter wird eine primär vorhandene neutralisierte Ich-Energie angenommen. Die Neutralisierung des Destruktionstriebs (Entaggressivierung) gilt aber als Hauptquelle der Energieversorgung des Systems Ich (Hartmann 1950; Hoffmann 1972).

3) Das Lustprinzip und das von ihm abgeleitete Realitätsprinzip konnte bei Freud – wenn auch nicht unproblematisch – mit biologischer Ausstattung im Sinne von Art- und Selbsterhaltungstrieben in Verbindung gebracht werden. Hartmann nimmt auch hier eine entscheidende Korrektur vor. Er argumentiert, daß das Realitätsprinzip niemals aus dem Lustprinzip allein hervorgegangen sein könnte. Das Verhältnis der beiden Prinzipien sei allein unter der Voraussetzung begreifbar, daß es ein System gäbe, das Gratifikation (Lust) antizipieren kann, und dazu sei einzig ein Ich-System in der Lage. Daher müßte ein solches System *unabhängig vom Lustprinzip* als Anlage vorgegeben und im Sinne der Anpassung modifizierend wirksam sein.

In *Jenseits des Lustprinzips* änderte Freud seine bis dahin vertretene Auffassung der durchgängigen Regulation des seelischen Lebens durch das Lustprinzip. Die von ihm nunmehr postulierten Grundtriebe Eros und Thanatos sind mit einem biologischen Anpassungkonzept kaum noch vereinbar. Freud ist beeindruckt von der „Kraft, die sich mit allen Mitteln gegen die Genesung wehrt und durchaus an Krankheit und Leiden festhalten will". Sie erscheint ihm „ursprünglicher, elementarer, triebhafter" als das von ihr zur Seite geschobene Lustprinzip. Freud kann sich diese rätselhafte Kraft nicht anders als mit einem kosmisch-biologischen Prinzip erklären, das auf die Wiederherstellung eines früheren, leblosen, anorganischen Zustands abzielt.

Es geht hier nicht um die Frage des spekulativen Charakters des Todestriebs, sondern darum, daß Freud mit der letzten Fassung seines Triebkonzepts einem Phänomen Rechnung zu tragen versucht, das erhebliche, wenn nicht zentrale klinische Relevanz hat.

In der Ich-Psychologie wird mit der Reduzierung des Todestriebs auf den Destruktionstrieb jedoch auch das klinische Phänomen verdeckt. Der Destruktionstrieb wird kongenital angesetzt, eine Reflexion auf seine Ableitung unterbleibt. Die Vorstellung einer „archaischen" Verfassung der Triebe und insbesondere ihrer nichtneutralisierten Energieform erscheint als Erklärung ausreichend.

4) Freud hat zwar die von Hartmann aufgegriffene Vorstellung eines Gegeneinander von Es und Ich wiederholt vertreten. „Das Ich vertritt im Seelenleben Vernunft und Besonnenheit, das Es aber die ungezähmten Leidenschaften", welche Auffassung er der in unserer Tradition üblichen populären Anschauung zurechnet. Seine Beschreibung des Es als Chaos wird oft zitiert:

> Wir nähern uns dem Es mit Vergleichen, nennen es ein Chaos, einen Kessel voll brodelnder Erregungen. Wir stellen uns vor, es sei am Ende gegen das Somatische offen, nehme da die Triebbedürfnisse in sich auf, die in ihm ihren psychischen Ausdruck finden, wir können aber nicht sagen, in welchem Substrat. Von den Trieben her erfüllt es sich mit Energie, aber es hat keine Organisation, bringt keinen Gesamtwillen auf, nur das Bestreben, den Triebbedürfnissen unter Einhaltung des Lustprinzips Befriedigung zu schaffen (Freud 1935, S. 80).

Neben dieser Vorstellung gibt es jedoch noch eine andere, die mit der ersteren oft verquickt ist. Sie wird selten klar herausgestellt, ihre Unverträglichkeit mit der prinzipiellen Konfliktvorstellung bleibt unreflektiert. Es ist die Vorstellung einer Einheit von Trieb und Ich:

> Um zum Problem des Ichs zurückzukehren: Der Anschein des Widerspruchs kommt daher, daß wir Abstraktionen zu starr und aus einem komplizierten Sachverhalt bald die eine, bald die andere Seite allein herausgreifen. Die Scheidung des Ichs von Es scheint gerechtfertigt, sie wird uns durch bestimmte Verhältnisse aufgedrängt. Aber andererseits ist das Ich mit dem Es identisch, nur ein besonders differenzierter Anteil desselben. Stellen wir dieses Stück in Gedanken dem Ganzen gegenüber, oder hat es sich ein wirklicher Zwiespalt zwischen den beiden ergeben, so wird uns die Schwäche dieses Ichs offenbar. Bleibt das Ich aber mit dem Es verbunden, von ihm nicht unterscheidbar, so zeigt sich seine Stärke (Freud 1926, S. 124).

Der Gedanke einer einheitlichen Verfassung von Trieb und Ich würde das „Ganze" und die Stärke des Ich würde sich in der Einheit oder Übereinstimmung mit dem „Trieb" zeigen. Jedenfalls ist diese mögliche Einheit etwas anderes als eine durch Steuerung und Kontrolle erreichte Zähmung chaotischer Triebe. Der Begriff der Ich-Stärke in der Ich-Psychologie beruht dagegen überwiegend auf dem Organisationsgrad und der damit verbundenen Steuerungsfunktion des Ich zum Zweck der Triebbeherrschung.

Anpassung erfährt bei Freud wiederum keine einlinige biologische, sondern eine komplexe Interpretation. Anpassung gilt ihm keineswegs als Ideal schlechthin. Er vertritt einerseits die Auffassung, daß Kultur notwendigerweise durch Triebverzicht zustandekommt: „Gefesselte Sklaven tragen den Thron der Herrscherin". In seinen kulturkritischen Betrachtungen zeigt er andererseits unmißverständlich, daß Ich-Kontrolle in Form von einschränkenden und verbietenden Über-Ich-Strukturen nicht nur individuelle, sondern auch gesellschaftliche Pathologie bedeutet. In der Ich-Psychologie tritt dagegen die Vorstellung von Kontrolle und Triebbeherrschung und die grundsätzliche Bedrohtheit des Ich durch nichtneutralisierte Triebe in den Vordergrund.

> Die von Anna Freud stammende Aussage einer „primären Triebfeindlichkeit des Ich" wird von Hartmann aufgenommen und öfters explizit angeführt. „Ich glaube, daß wir von hier aus einen Zugang zu der Frage finden, die von Anna Freud aufgeworfen worden ist: der Frage nach der primären Feindseligkeit des Ichs gegen den Trieb. Denn viele Ich-Apparate sind Hemmungsapparate; und wenn, was wir gesagt haben – und was sich im Grund von selbst versteht –, richtig ist, daß nämlich die Ich-Leistungen nicht nur von den sozusagen mobilen Ich-Tendenzen bestimmt werden, sondern auch von den Apparaten, deren das Ich sich bedient – dann werden wir schon allein danach voraussetzen können, da jenes „Mißtrauen des Ichs gegen die Triebansprüche" als ein primärer Faktor zum Ausdruck kommt" (Hartmann 1970, S. 86 f.). Für Rapaport sind die Triebe „nicht recht geheuere Dinge". Das Ich ist den Trieben „feindlich gegenübergestellt"; seine Funktion ist es, „sie zu bekämpfen" (zit. nach Zilmanowitz 1971, S. 405).[2]

Die von Freud angedeutete Möglichkeit einer potentiellen Einheit von Trieb und Ich entfällt im ich-psychologischen Konzept genauso wie die Reflexion auf qualitative Eigenbedeutung oder Eigenentwicklung der Triebe.[3] Die prinzipielle Bedrohtheit des Ich durch ungezähmte und unkontrollierte Triebenergie wird dagegen der Leitgedanke, der implizit in zahlreichen Begriffen und Vorstellungen enthalten ist. Auch die Entwicklung des Kindes wird in dieser Sicht gesehen. Das Kind befindet sich danach infolge seines noch nicht entwickelten Ich-Systems in einer prekären Lage, weil die in nichtneutralisierter Form auftretenden Triebenergien eine prinzipielle Bedrohung (in seinem Erleben) darstellen und darüber hinaus die Entwicklung des Systems beeinflussen und schädigen können. Die noch nicht ausgereifte Strukturbildung wird als Mangel interpretiert, dem das Kind nur durch psychotische Verarbeitung – übermäßige Angst, Panik, verzerrte Eigen- und Objektwahrnehmung – begegnen kann. Diese theoretischen Vorstellungen werden auch entwicklungspsychologischen Konzepten zugrundegelegt (Mahler et al. 1975).

Die Behauptung der prinzipiellen Autonomie des Ich, die Betonung der kognitiven Prozesse, die ausführliche Erforschung der Ich-Organisation und die Vernachlässigung der emotionalen und triebhaften Dimension in Verbindung mit der Vorstellung vom Gegeneinander von Trieb und Ich sind alles typische Momente der traditionellen Aufteilung des Menschen in Natur und Geist und der damit verbundenen Abwertung des emotional-sinnlichen Bereichs. Lichtenstein kommt daher in seiner kritischen Auseinandersetzung mit der Ich-Psychologie zu dem Schluß, daß die

> „Reformulierungen der psychoanalytischen Theorie, die durch Hartmann eingeführt wurden, trotz ihrer scheinbar operationalen Vorzüge letztlich zur Wiedereinführung eines Ich-Konzepts führen, das der Cartesischen res cogitans viel näher kommt als das Freudsche Ich-Konzept der ‚zwei Prinzipien'" (Lichtenstein 1961, S. 240; Übersetzung von mir).

Bei Descartes ist das Ich noch metaphysisch abgeleitet. Das trifft für Hartmann nicht mehr zu. Er bestimmt die Anlage des Ich biologisch, als Entwicklungsprodukt zum Zweck der instrumentalen Anpassung. Das Ich mit seiner Steuerungs- und Kontrollfähigkeit und der Fähigkeit des zweckrationalen Denkens tritt an die Stelle der instinktiven Regulierung der Triebe bei den tierischen „Verwandten" des Menschen. Die Menschen weisen keine dem Tier vergleichbare instinktive Regulierung ihres Verhaltens auf, dieser biologische Mangel wird aber durch das System Ich ausgeglichen. Der These der primären autonomen Steuerungs- und Beherrschungsfunktion des Ich entspricht die der „Entartung" der Triebe, die sich nicht mehr selbst, auf „natürliche" Weise, regulieren und deswegen vom System Ich gesteuert werden müssen. Als „Naturmoment" wird daher das Ich angesetzt, der Anpassungsapparat an die „durchschnittlich zu erwartende Umwelt". Die Triebe werden in dieser Sicht „unnatürlich", „entartet".

2. Was ist das Triebobjekt beim Menschen? Der problematische Begriff des Objekts

a) Das gebrauchte und gewünschte Objekt

Der Begriff Objekt entstand im Rahmen des Freudschen Triebkonzepts. Das Objekt ist insofern auf den Trieb bezogen, dient der Abfuhr von Triebspannungen. Objekt ist Sexualobjekt, indem der Sexualtrieb in seinen verschiedenen Formen sich in ihm sein Ziel und seine Befriedigung sucht, und in gleicher Weise gilt dies für das Aggressionsobjekt. Im Narzißmus tritt dann das eigene Ich (Selbst) als primäres oder sekundäres Objekt auf.

> Das Objekt des Triebes ... ist das variabelste am Triebe, nicht ursprünglich mit ihm verknüpft, sondern ihm nur infolge seiner Eignung zur Ermöglichung der Befriedigung zugeordnet (Freud 1915 a, S. 215).

Diese Objektbestimmung hat weitere meist implizite Auffassungen zur Folge:
1) Die menschliche Qualität des Triebobjekts erhält keinen besonderen Stellenwert. Die beobachtbare Austauschbarkeit des Objekts und die Vielfalt der Formen, in denen es auftritt und sich zur Befriedigung eignet – Körperteile, der eigene Körper, der gleichgeschlechtliche Körper, Kinder, Tiere, selbst unbelebte Objekte (Fetisch) – scheinen die formale Bezeichnung Objekt zu rechtfertigen.
2) Die vom Trieb her bestimmte Sicht entspricht einer monologischen Auffassung von Subjektivität.

Das Objekt des Triebes ist dasjenige, an welchem und durch welches der Trieb sein Ziel erreichen kann (Freud 1915a, S. 215).

Das Objekt erscheint hierbei nur in seiner Brauchbarkeit zur Triebbefriedigung, die Beziehung zu ihm wird vom solipsistisch angesetzten Trieb bestimmt. Der orale Partialtrieb etwa sucht und findet sein Objekt in Gestalt der Brust, um dort seine Spannungsabfuhr zu erreichen. Insofern kommt bereits bei Freud, Abraham u. a. der Begriff einer oralen Objektbeziehung vor, bei der das Subjekt erwartet, daß sich das Objekt wie eine Mutterbrust verhält: versorgend, beruhigend, schützend.

Dabei wird sowohl der Tatbestand ausgeklammert, daß sich die Brust an einem menschlichen Individuum vorfindet, als auch derjenige, daß dieses Individuum in einer konkreten Beziehung zum Triebbefriedigung suchenden Subjekt steht, z. B. Interesse oder Nichtinteresse an der Befriedigung hat, den Erwartungen entsprechen kann oder auch nicht und sich deswegen in einer Machtposition befindet, auf die das Subjekt wiederum reagiert.
3) Da der Trieb sein Ziel nicht immer sofort und häufig gar nicht erreicht, wird diese Leerstelle durch die Phantasie aufgefüllt. Das phantasierte (gewünschte, gefürchtete) Objekt tritt anstelle des realen Objekts und die phantasierte Wunscherfüllung anstelle der realen. Das phantasierte (innere) Objekt hat in der psychoanalytischen Theorie einen besonders wichtigen Stellenwert, weil angenommen wird, daß die psychische Realität beim Menschen infolge des Lustprinzips Übergewicht über die Wahrnehmung der äußeren Realität hat. Das Lustprinzip reguliert in der Entwicklung zunächst nahezu ausschließlich die psychischen Prozesse und wird später durch das Realitätsprinzip zwar modifiziert, verliert aber nie ganz seine Geltung.

Im „Naturschutzpark" der Phantasie können sich die Menschen für die versagende und beeinträchtigende tatsächliche Realität entschädigen, in Träumen und Tagträumen sich die gewünschten „Objekte" und Befriedigungssituationen selbst erschaffen.

Die Diskrepanz zwischen phantasierten, gewünschten „inneren" Objekten und den tatsächlichen realen spielt auch deshalb eine erhebliche Rolle, weil die realen Objekte im Licht dieser Phantasien und Triebwünsche gesehen und damit verkannt oder verzerrt wahrgenommen werden. Diese entscheidende Erkenntnis Freuds hat sich bis heute bewährt. Gleichwohl hat auch dieser Gesichtspunkt zur Vernachlässigung der realen Verhältnisse und der Eigenbedeutung des Objekts und seiner Beziehung zum Subjekt beigetragen. Die Problematik wird am Beispiel der Verführungsphantasien deutlich. Freud hatte in einer frühen Phase die Phantasien seiner Patienten über sexuelle Verführung seitens der Eltern oder Verwandten als Erinnerung tatsächlich vorgefallener Ereignisse gewertet. Später kam er zu der Auffassung, daß es sich bei diesen Erinnerungen regelmäßig um phantasierte Szenen und Objekte handele, Phantasien, die durch nichterfüllte inzestuöse Triebwünsche der Kinder im Rahmen des Ödipuskomplexes entstanden seien. Nun gibt es unmittelbare und mittelbare Verführung und Mißbrauch der Kinder durch Eltern und andere Erwachsene. Es fragt sich daher, inwieweit Phantasien oder Erinnerungen der faktischen Realität entsprechen und inwieweit sie inzestuösen Wünschen oder sonstigen unerfüllbaren, irrealen Phantasien entstammen. In der psychoanalytischen Theorie überwiegt die Annahme einer vorgegebenen Diskrepanz zwischen konstitutioneller Triebdisposition und möglicher Erfüllung in der Realität. Dies bedeutet, daß der Trieb niemals seine volle Befriedigung finden kann und immer ein Verzicht erforderlich ist.

> Und so lange auch das Kind an der Mutterbrust genährt wurde, es wird nach der Entwöhnung die Überzeugung mit sich nehmen, es sei zu kurz und zu wenig gewesen (Freud 1938, S. 115)... So groß ist die Gier der kindlichen Libido (Freud 1931, S. 527).

Die Problematik, inwieweit die „Überzeugung" des Kindes einer realen Erfahrung entspricht und inwieweit die realen Verhältnisse dazu Anlaß gegeben haben, kann bei dieser Annahme ausgeklammert bleiben.

b) Der innere Dämon: das Introjekt

Eine sonderbare Verwendung des Begriffes Objekt findet sich im Bereich der Identifizierung und Internalisierung. Wenn man unter Identifizierung psychische Vorgänge versteht, bei denen sich ein Individuum nach dem Vorbild eines anderen (einer Gruppe oder Normen) verändert und sich ihm angleicht, liegen Prozesse vor, die allgemein bekannt und in verschiedenen Wissensgebieten thematisiert worden sind. Freud hatte allerdings den kognitiven Aspekt der Ich-Veränderung infolge Identifizierung durch einen triebpsychologischen erweitert. Er unterschied 2 verschiedene Typen von Objektbeziehungen. Bei der einen will man das Objekt „haben", d. h. in der bereits beschriebenen Weise als Triebobjekt besitzen, gebrauchen, es lieben oder hassen. Bei der anderen will man so wie das Objekt „sein". Im Rahmen des Ödipuskomplexes findet nach Freud ein bedeutsamer Übergang zwischen diesen beiden Formen von Objektbeziehungen statt, indem das Kind auf die bislang als Triebobjekte begehrten Eltern infolge ihrer Unerreichbarkeit und durch den Druck der Kastrationsangst verzichten muß. Anstelle der bislang begehrten oder gehaßten Triebobjekte tritt jetzt das Ich, das sich mit Mutter und Vater identifiziert. Das Es wird auf diese Weise hintergangen, das Ich bietet sich als Ersatzobjekt an: „Sieh, du kannst auch mich lieben, ich bin dem Objekt so ähnlich" (Freud 1923, S. 258). Auf diese Weise findet gleichzeitig eine „Desexualisierung" der Libido statt, die vorher auf das Objekt gerichtet wird in narzißtische – auf das Ich gerichtete – Libido umgewandelt. Der Verzicht auf die inzestuösen Triebobjekte hat zur Folge, daß das Ich nunmehr mit stabiler Energie versorgt wird, d. h. es kann seine adaptiven Funktionen relativ selbständig und ungestört von nicht realitätsorientierten (inzestuösen) Triebwünschen ausführen.

Gegenüber diesem noch verständlichen Konzept der Identifizierung findet sich in den modernen Richtungen der Psychoanalyse eine andere Bestimmung, die sich auf frühe Formen von „Identifikation" bezieht. Zur Abhebung von der erstgenannten wird sie häufig primäre Identifikation genannt. Diese Bezeichnung ist mißverständlich, da Identifikation ein funktionsfähiges Ich mit entsprechender Organisation voraussetzt, das auf Vorbilder oder Vorgaben anderer zu reagieren vermag und sich diesen gemäß bilden kann. In frühen Phasen gibt es jedoch nach übereinstimmender Auffassung dieses Ich nicht. Das kleine Kind erlebt sich selbst als nicht getrennt von der Mutter und verfügt auch nicht über eine selbständig funktionierende Ich-Organisation. Nach der Geburt bleibt es für relativ lange Zeit mit der Mutter „psychisch" verbunden.

Trotz dieser Auffassung scheint es Formen einer „Verinnerlichung" des Objekts in dieser undifferenzierten Phase zu geben, die sich von der späteren „sekundären" Identifikation in ihrem Zustandekommen und auch in ihrer Wirkungsweise erheblich unterscheidet.

Der Prozeß der „Verinnerlichung" wird auch Introjektion genannt, eine Bezeichnung, die wieder auf das Freudsche Triebkonzept zurückgreift. Für Freud galt die orale Einverleibung als frühes Vorbild jeder Identifikation. In der oralen Objektbeziehung besteht „das Sexualziel ... in der Einverleibung des Objektes, dem Vorbild dessen, was späterhin als Identifizierung eine so bedeutsame psychische Rolle spielen wird" (Freud 1905, S. 98). Freud begnügt sich mit dem Hinweis auf das „Vorbild". Wir erfahren wenig darüber, wie man sich eine Verbindung von physischer oraler Einverleibung als Triebbefriedigung und psychischer, ich- oder strukturbildender Prozesse vorstellen soll. Aber auch in der Nachfolge Freuds bleibt diese Frage unbeantwortet. Anstelle einer Aufklärung tritt der Begriff des „Introjekts" oder des „inneren Objekts". Zwar wird mitunter die Inkorporation der oralen physischen Einverleibung und Introjektion der psychischen „Verinnerlichung" zugeschrieben, was jedoch nur eine formale Unterscheidung, aber keine Erklärung bringt. Dabei wird angenommen, daß das geliebte, gebrauchte, gehaßte Triebobjekt in einer der primitiven Organisationen entsprechenden Weise „einverleibt", ins „Innere" aufgenommen wird und dann als Introjekt oder inneres Objekt das psychische Erleben in vielfältiger Weise bestimmt. Auch die Frage nach der Lokalisation des Introjekts im psychischen Innenraum wird häufig behandelt, eine befriedigende Antwort darauf fehlt.

Phänomenologisch-klinisch dient der fragwürdige Begriff des Introjekts der Erfassung eines weiten Feldes von Erscheinungen. Primär reflektiert er eine subjektive Erfahrung vieler Patienten, die sich von einem personähnlichen Etwas (Stimme, Blick, Gefühl) bestimmt erleben, entweder durchgängig oder in bestimmten ausgegrenzten Bereichen und Situationen. Das Introjekt wird im „Inneren" lokalisiert empfunden, manchmal aber auch als Vision oder Halluzination erlebt. Das „Introjekt" beeinflußt, kontrolliert und reguliert das Erleben und Verhalten oft in einer so umfassenden und ridigen Weise, daß es als ein bestimmendes Zentrum der Person angesehen werden muß. Meist ist es unbewußt und wird erst durch die analytische Arbeit als lebensbestimmendes Moment aufgedeckt und in seiner Wirksamkeit erkannt. Es gibt aber zahlreiche Fälle, bei denen es als bestimmender innerer Fremdkörper von vornherein bewußt erlebt und manchmal sogar mit einem Namen versehen wird. Mit Introjekten können Verhältnisse bestehen wie mit realen Personen, sie können aber auch in kaum wahrnehmbarer Weise Erleben und Verhalten nachhaltig bestimmen.

In fortgeschrittenen Analysen zeigt sich überdies häufig, daß Introjekte als nicht zum eigenen Selbst gehörig erlebt werden. Ein Teil des Selbst stellt sich dem als fremd erlebten Teil gegenüber, setzt sich zur Wehr und versucht, seinem Einfluß zu entkommen, meist jedoch vergeblich.

Die bestimmende Kraft des „Introjekts" ist meist unbeeinflußbar, auch wenn es bewußt wahrgenommen wird und ist rationalen Überlegungen und Einsichten selbst dann unzugänglich, wenn es selbstzerstörerische Tendenzen aufweist. Zur Fragwürdigkeit des Begriffes Introjekt bemerkt Schafer:

> Zu oft wird über Introjekte geschrieben (und in der Klinik über sie diskutiert), als wenn sie aktuale Personen wären, die ihr eigenes Leben führen, eigene Kräfte desselben und unabhängige Tendenzen hätten, die gegen das Subjekt gerichtet werden. Das ist das, wie sie Patienten oft erfahren und beschreiben, aber ist das gute Metapsychologie? Und spezifischer, ist es eine ausreichende Erklärung oder eine systematisch vernünftige, diese subjektive Erfahrung in Begriffen von Besetzungen, von Repräsentanzen zu übersetzen? (Schafer 1968, S. 83; Übersetzung von mir).

Von ichpsychologischer Seite aus wird behauptet, daß es in frühen Stadien weder (psychisch strukturierte) Erlebensfähigkeit noch Organisation geben kann, sondern vielmehr physiologische Prozesse und Zustände das Leben des Kindes bestimmen. Dem gegenüber stehen andere Meinungen, insbesondere Autoren, die der Schule von M. Klein angehören, auf dem Standpunkt, daß es psychisches Erleben, Phantasien, frühe Formen eines Ich bereits unmittelbar nach der Geburt, wenn nicht schon vorher gibt. Aus diesem Grund spielen im Konzept von Klein die Introjekte und die Introjektion eine besonders wichtige Rolle.

Die klinisch beobachtbare frühe Erlebensfähigkeit des Kindes und die Erforschung von Verhaltensweisen, die auf „Verinnerlichung" und auf frühe aktive Beziehungsformen zur Mutter schließen lassen, geben zunehmd Anlaß für Überlegungen und verschiedene Konzepte. Die damit zusammenhängenden Fragen sind jedoch weitgehend unbeantwortet, wenn überhaupt gestellt.

In welchem Verhältnis steht das „einverleibte" Triebobjekt mit seinen befriedigenden und versagenden Eigenschaften zum lebensbestimmenden (strukturanalogen) Introjekt? Woher bezieht es seine bestimmende Kraft, wenn es sich doch nur um ein unreales, phantasiertes Objekt handeln kann? Ist die ichpsychologische Erklärung, daß es sich bei Introjekten um Relikte (Fixierungen) einer ichdefizienten infantilen Entwicklungsstufe handelt, für die klinischen Phänomene ausreichend?

c) Das erkannte Objekt
Obwohl das Triebobjekt Hauptgegenstand der Psychoanalyse ist, findet sich neben dieser Bestimmung der formale Objektbegriff in seiner traditionellen philosophischen Bedeutung. Hierbei ist das Objekt der Gegenstand des erkennenden Subjekts, der mit sensorisch-kognitiven Funktionen wahrgenommen wird. Objekt in diesem Sinn wird oft als das „reale" oder „äußere" bestimmt, das unabhängig von Wünschen, Phantasien, Triebansprüchen in der Wirklichkeit existieren soll. Das heißt, man nimmt implizit an, daß eine „realitätsgerechte" der tatsächlichen Wirklichkeit entsprechende Erfassung des Objekts möglich ist. Paradigmatisch gilt für Freud hier die objektive nüchterne wissenschaftliche Erforschung des Gegenstandes. Die implizite Annahme einer objektiv-realen Wirklichkeit findet ihren Ausdruck auch in der Diskrepanz, die Freud zwischen der unerbittlichen „Ananke", der realen, von Wünschen und Bedürfnissen der Menschen unabhängigen, nach eigenen Naturgesetzen ablaufenden materiellen Realität und der psychischen Realität des wünschenden Subjekts annimmt.

Die wichtige und unvermeidliche Frage nach dem Verhältnis der beiden Objektbestimmungen, der des gebrauchten und des erkannten Objekts, wird im folgenden in einigen Aspekten erörtert (II.B.2).

In der praxisbezogenen Psychoanalyse wurden 2 umgrenzte Themen in diesem Zusammenhang relevant. Zum einen ist es die in genetischer Sicht wichtige Erkenntnis, daß das Kind die versorgende Person zunächst nicht von sich selbst unterscheiden kann. Das Objekt existiert für das Kind daher weder als Triebobjekt noch als erkanntes Objekt. Ob es ein Objekt (im Erleben des Kindes) in frühen Phasen überhaupt gibt, und wenn ja, in welcher Weise, ist eine der zentralen und bis heute noch nicht befriedigend gelösten Fragen gegenwärtiger psychoanalytischer Theorie.

Zum anderen wird der kognitiven Unterscheidung zwischen Selbst und Objekt große Bedeutung beigemessen. Die Fähigkeit zur *Objektkonstanz*, d. h. die Fähigkeit auch in Abwesenheit des bedürfnisbefriedigenden Objekts eine Vorstellung von ihm zu haben und damit die Trennungs- und Verlustangst zu bewältigen, wird als wesentlicher Schritt zur Individuation angesehen. Die im Verlauf einer normalen Entwicklung erworbene Fähigkeit einer immer deutlicheren und klareren Abgrenzung zwischen Selbst- und Objektrepräsentanzen gilt als Kennzeichen seelischer Gesundheit und Voraussetzung für adaptive Funktionen.

Der Begriff Objekt in der Psychoanalyse, sowohl in der Bedeutung Triebobjekt als auch in der des erkannten Objekts, ist von der impliziten Grundannahme eines beziehungslosen Subjekts beeinflußt. Diese nicht mehr reflektierte Voraussetzung teilt sie mit der traditionellen Philosophie, die bei den Bestimmungen des erkannten Objekts von einem beziehungslos begriffenen Ich (als Bewußtsein überhaupt) ausgeht. Das bedeutet gleichzeitig, daß die Beziehungen des Objekts zum Subjekt und vor allem die *gegenseitige* Beziehung bei der Konstitution von Subjektivität keinen primären Stellenwert erhalten.

Mit der Frage nach der Beziehung kommen wir zur 3. Bedeutung von Objekt, die sich mit dem Begriff Objektbeziehung verbindet. Es bleibt zu prüfen, ob dieser Begriff die zuletzt genannte Problematik trifft und auflöst.

d) *Verinnerlichte oder reale Beziehung: der problematische Begriff der Objektbeziehung*

Der Begriff Objektbeziehung legt zunächst den Gedanken nahe, daß damit gegenüber einer isolierten Betrachtung des Individuums die Beziehung zu anderen die Gegenseitigkeit und Aufeinanderbezogenheit von 2 oder mehreren Personen in den Mittelpunkt rückt. Dies ist jedoch in der üblichen Bedeutung und Verwendung des Begriffes keineswegs der Fall.

Eine Gruppe von Objektbeziehungstheoretikern – Sullivan (1953), Fairbairn (1963), Guntrip (1961, 1968, 1971), Winnicott (1960, 1965b), Balint (1966), Bowlby (1969) – haben allerdings einen eindeutigeren Standpunkt vertreten und sich damit im Gegensatz zu Freuds Objektbegriff gestellt.

Gemeinsam ist diesen Autoren, daß sie das Bedürfnis des Kindes nach einer menschlichen Beziehung oder nach einem „Objekt" als ganzer Person in den

Mittelpunkt stellen. Diese Bedürfnisse werden als primär und auch als primäre Motivationsquelle für das Verhalten angesehen. Übereinstimmend wird behauptet, daß optimale Entwicklung und Individuation allein durch eine gute frühe Beziehung, bei der eine Person ausreichend zur Verfügung steht, garantiert werden kann. Eine von dieser Voraussetzung abgeleitete Bestimmung ist die Behauptung, daß Psychopathologien auf die Verhältnisse der *realen* (externalen) Objektbeziehung zurückzuführen ist, die im Lauf der Entwicklung notwendigerweise internalisiert werden. Die biologische Basis dieser Objektbeziehungstheorien wird in angeborenen Bedürfnissen nach „Bindung" (Bowlby), nach „Objektsuche" (Fairbairn), nach personalen Beziehungen (Guntrip), nach „haltender Umwelt" (Winnicott), nach „primärer Liebe" (Balint) gesehen.

Freuds Objektbestimmung hat demgegenüber einen anderen Charakter, weil das „Objekt" allein den „Trieben" entsprechen muß. Es muß die Spannungsabfuhr sicherstellen, eine Spannung, die durch die Triebe physiologisch immer wieder aufgebaut wird. Das Objekt ist entweder zu dieser Funktion geeignet und damit (lustvoll) befriedigend, oder es ist nicht geeignet, ermöglicht die Spannungsabfuhr nicht und ist damit „unlustvoll" versagend. Nach diesem Konzept sind „bedürfnisbefriedigende Objekte" (d. h. triebbefriedigende) in der Primärbeziehung ausreichend.

Das erste erotische Objekt des Kindes ist die ernährende Mutterbrust, die Liebe entsteht in Anlehnung an das befriedigte Nahrungsbedürfnis. ... Hierbei hat die phylogenetische Begründung so sehr die Oberhand über das persönliche akzidentelle Erleben, daß es keinen Unterschied macht, ob das Kind wirklich an der Brust gesaugt hat oder mit der Flasche ernährt wurde und nie die Zärtlichkeit der Mutterpflege genießen konnte. Seine Entwicklung geht in beiden Fällen die gleichen Wege, vielleicht wächst im letzteren die spätere Sehnsucht um so höher (Freud 1922, S. 115).

Bowlby kritisiert das Triebkonzept Freuds und reiht es unter die Rubrik der Theorien vom *Sekundärtrieb* ein. Sekundärtrieb bedeutet, daß die *Beziehung* als (Trieb)verhalten von einem primären Trieb her begriffen wird. Der orale Trieb sei von Freud als primär angesetzt und von ihm sei die Beziehung (die „Liebe") abgeleitet. Er lehnt diese Auffassung als unbewiesene Hypothese ab und stellt dagegen, daß das Bindungsverhalten („attachment behavior") bei höheren Säugetieren unabhängig von der Fütterung auftrete und daß diese biologische Anlage auch für das menschliche Kind anzunehmen sei. Balint hat in wenig abweichender Weise bereits 1935 die gleiche Position vertreten und behauptet, daß Kinder von Anfang an Beziehung zur Mutter aufnehmen und daß diese Beziehungen einen anderen Charakter als den von Oralität, Analität usw. hätten.

Entscheidend ist die Position dieser Autoren auch im Hinblick auf kindliche Motivation. Als primäre Motivationsquelle wird das Bedürfnis nach der Beziehung angenommen und nur unter der Voraussetzung, daß eine solche adäquat geboten wird, kann das Kind Ich-Funktionen, Ich-Organisation, sexuelle und aggressive „Triebe" entwickeln. Freuds Annahme dagegen ist weitgehend auf dem Konzept einer Biologie primärer Triebe (Sexualität, Aggression) aufgebaut, die unabhängig von Umweltbedingungen als Anlage gegeben sind und sich auch weitgehend unabhängig von den Umweltbedingungen als primäre Motivationsquelle erweisen und fungieren.

Weit weniger eindeutig ist der gängige Begriff der Objektbeziehung im Hauptfeld psychoanalytischer Literatur. Hier bezieht sich der Begriff in erster Linie auf subjektive, intrapsychische Vorstellungen (Repräsentanzen) von *Beziehungsformen* zu anderen.

Kernberg gibt in seiner Definition von Objektbeziehung dieser Bedeutung unmißverständlich den Vorzug.

> Bei diesem Ansatz wird der Nachdruck auf die Konstituierung dyadischer oder bipolarer intrapsychischer Vorstellungen (Selbst- und Objektbilder) gelegt, die die ursprüngliche Mutter-Kind-Beziehung und ihre spätere Entwicklung zu dyadischen, triadischen und multiplen inneren und äußeren zwischenmenschlichen Beziehungen reflektieren. ... Aus theoretischen und klinischen Gründen gebe ich der zweiten Definition den Vorzug. Sie beschränkt sich auf das, was für die Objektbeziehungstheorie innerhalb der gesamten psychoanalytischen Theorie spezifisch ist, und umfaßt einen häufig vorkommenden Typ der „Internalisierungseinheit", welche es gestattet, die Werke von Autoren verschiedener Schulen mit einander zu verbinden (Kernberg 1981, S. 55 f.).

Daß der Aspekt der Objektbeziehung überhaupt Beachtung findet, muß zwar als Erweiterung des Blickfeldes gewertet werden, zumal dadurch auch die Aktionen bzw. Reaktionen des befriedigenden und versagenden Objekts einen Stellenwert erhalten. Die Beziehung wird in typische Beziehungsformen zergliedert, die sich von Beziehungslosigkeit bzw. Beziehungsunfähigkeit zu Beziehungsaufnahme und Beziehungsfähigkeit aufbauen. Charakteristisch dafür ist der Begriff des Niveaus von Objektbeziehungen.

Nach diesem Konzept verfügt das kleine Kind normalerweise noch nicht über die Möglichkeit einer Beziehungsaufnahme, da es durch Mangel einer Ich-Organisation keine Objekte außerhalb seiner selbst unterscheiden und wahrnehmen kann. Die sich erst später entwickelnden Selbst-Objekt-Repräsentanzen befinden sich in einem undifferenzierten Stadium. Viele Autoren wie Mahler, Spitz oder Kernberg sprechen deshalb von einem objektlosen Stadium, von primärem Narzißmus oder Autismus.

Auf einem höheren Niveau entstehen primitive Objektbeziehungen mit diffusen Wahrnehmungen. Die Perzepte werden ungenügend vom eigenen Selbst unterschieden, und das Kind erlebt die Verbindung zur realen Mutter als „halluzinatorisch-illusorische somatopsychische omnipotente Fusion", die von der

„illusionären Vorstellung einer gemeinsamen Grenze der in Wirklichkeit physisch getrennten Individuen" begleitet ist (Mahler et al. 1978, S. 63 f.).

In späteren Stadien kann das Kind durch die Reifung seiner kognitiven Funktionen das Objekt von sich selbst getrennt erkennen, ein neues Niveau seiner Objektbeziehungsorganisation ist somit erreicht. Infolge der beständigen und (vom Selbst) getrennten Repräsentanten des Objekts kann es auch ohne seine unmittelbare Anwesenheit auskommen und eigenständige Aktionen ohne das Objekt ausführen.

In diesem Konzept erhalten Ich-Funktionen einen eindeutigen Vorrang, der Triebbereich tritt in den Hintergrund. Das Bedürfnis nach der Beziehung selbst und die damit verbundenen Gefühle werden kaum mehr beachtet. Die reale Beziehung, die den zuerst genannten Objektbeziehungstheoretikern wichtig ist, gerät hier aus dem Blickfeld, da die Organisation der internalisierten Objektbeziehungen durch das Ich normativ geregelt wird.

Eine diesbezügliche Kritik an Kernbergs Position trifft nicht nur die wesentlichen Momente seiner Objektbeziehungstheorie, sondern den ichpsychologischen Ansatz überhaupt:

> Während er [Kernberg] uns einerseits ein ausgeklügeltes System präsentiert, wie die innere Welt organisiert wird, vermeidet er andererseits jegliche Diskussion darüber, wie die basale Natur des menschlichen Kindes beschaffen sein muß, damit spezifische Arten von Erfahrung wichtig für es werden, und umgekehrt vermeidet er jegliche Diskussion von Erfahrungen, die die Umwelt betreffen, er jagt vielmehr schon immer Begriffen nach, die die innere Organisation betreffen, und seine Objektbeziehungen sind immer schon „internalisierte" Objektbeziehungen. Sicherlich erhält unsere infantile Welt, wenn wir sie einmal internalisiert haben, primäre Bedeutung dafür, wie wir auf spätere Beziehungen antworten und diese dann internalisieren. Aber: was internalisiert wird, war einst äußere Realität (external), und während Kernberg richtig erkennt, daß die Mutter-Kind-Beziehung große Bedeutung hat, wird nirgends klar, in welcher Hinsicht sie bedeutungsvoll sein soll (Klein u. Tribich 1961, S. 32 f.; eigene Übers.)

Einem ganz anderen Ansatz entstammt der Begriff der Selbst-Objekt-Beziehung bei Kohut, der weder der erstgenannten Objektbeziehungstheorie noch der ichpsychologischen zuzuordnen ist. Der Begriff des Selbstobjekts bezieht sich zwar auch auf die notwendige Trennung des Selbst vom Objekt in der Entwicklung. Bei Kohut geht es jedoch nicht um eine ichfunktionale Trennung, sondern der Schwerpunkt seiner Betrachtungsweise liegt auf der Verbundenheit und Bezogenheit des Selbst zum Objekt. Das Selbst ist nur dann lebensfähig und unter dem Aspekt des funktionalen Ich funktionsfähig, wenn als Selbstobjekte fungierende Andere zur Verfügung stehen, was in erster Linie für das Kind gilt, aber in relativierter Weise auch für den Erwachsenen. Die Beziehungsqualitäten, die Selbstobjekte bieten müssen, gehören zum Bereich des „Narzißmus" und betreffen hauptsächlich Bestätigung, Anerkennung, Billigung, Bewunderung und Empathie.

Der Begriff des Selbstobjekts nimmt bei Kohut eine Zwischenstellung zwischen einem internalisierten Objekt (idealisierte Elternimago) und einem äußeren realen Objekt (Selbstobjekt) ein, und es ist nie eindeutig, welche der beiden Bedeutungen jeweils gemeint ist. Dies gilt auch für die Objektbeziehung. Die Bedingungen und Verhältnisse der realen Mutter-Kind-Beziehung werden auch bei Kohut nicht eigens reflektiert, weil er der empathischen Methode allein den Vorzug gibt und die Funktionsweisen des Selbstobjekts hinsichtlich der Stabilität, Fragilität, des Selbst im Mittelpunkt seiner Selbst-Psychologie stehen.

3. Narzißmus: Wie ist der narzißtische Mensch? Beziehungslos, autark, abhängig, egoistisch, machtgierig, ruhmbesessen, größenwahnsinnig? Ein hilfloser Parasit? Ein realitätsfremder Bewohner des narzißtischen Paradieses?

a) Beziehungsaspekt

Narzißmus[4] betrifft zunächst Phänomene der Beziehung zu anderen oder, negativ formuliert, solche der Beziehungslosigkeit. Letztere zeigt sich in Selbstbezogenheit, Nichtinteresse an oder Nichtberücksichtigung von anderen Menschen oder der Umwelt. Unter dem Stichwort Selbstliebe werden viele Aspekte von Selbstbezogenheit verstanden, und auch der Mythos von Narzissus bezieht sich darauf.

Freuds Begriff des Narzißmus beruht in einer wesentlichen Hinsicht auf der Vorstellung eines primär *beziehungslosen Menschen*. „Primärer Narzißmus" besagt, daß es ein Stadium und einen Zustand gibt, bei dem das Kind allein auf sich selbst bezogen ist und infolge seiner kognitiven Unreife keine Beziehung zu anderen haben kann. Erst in einer spätere Phase, in der die Entwicklung seiner psychischen Fähigkeiten fortgeschritten ist, soll es dazu befähigt sein. Der selbstbezogene Zustand bleibt jedoch auch dann noch bestehen. Freuds bekanntes Amöbengleichnis bringt dies anschaulich zum Ausdruck. Danach nehmen die Menschen von einem primär selbstbezogenen Zustand aus erst Beziehungen zu anderen und zur Welt auf und ziehen sich auch von diesen „Besetzungen" wieder auf sich selbst zurück – wie etwa im Schlaf oder in pathologischen Zuständen.

Das energetische Konzept der Libidoverteilung, mit dem Zustände von Beziehungslosigkeit und Beziehungsaufnahme theoretisch erfaßt und erklärt werden, hat an dieser Vorstellung entscheidend mitgewirkt. Danach wird im Ich

(Es) ein Libidovorrat – ein Triebenergiereservoir – angenommen, das in Form von „Besetzungen" der Objekte Energie abgibt. Die „narzißtische" (Ich)libido verwandelt sich in Objektlibido. Werden die Besetzungen ins Ich zurückgenommen, entsteht der Zustand des sekundären Narzißmus. In Freuds Hypothese, daß je mehr Libido in die Objekte investiert wird, um so weniger davon im Ich verbleibt, wird die Vorstellung der Libidoverteilung im Zusammenhang von Narzißmus besonders deutlich.

Mit dieser abstrakt-energetischen Formulierung wird, kaum erkennbar, jedoch eine alte philosophische Vorstellung reproduziert. Eine Vorstellung von Subjektivität, bei der Menschen als beziehungslose, weltlose Subjekte begriffen werden, die erst nachträglich durch Entwicklung und Gebrauch kognitiver Fähigkeiten Beziehungen zur Welt und zu anderen aufnehmen. Diese so vorgestellten Subjekte stattet Freud unter dem Einfluß von Schopenhauer mit konstitutionellem Egoismus aus: Narzißmus ist auf weite Strecken hin mit Egoismus identisch.

In der Nachfolge von Freud wurde durch Ergebnisse der analytischen Kindertherapie und die genetische Sicht der Ich-Psychologie die Vorstellung von Primärem Narzißmus durch die These der Abhängigkeit des Kindes ergänzt. Dies führte zu dem Widerspruch von Selbstbezogenheit und Abhängigkeit. Infolge des dogmatischen Stellenwertes der Libidotheorie unterblieb jedoch eine Reflexion. Der Widerspruch zwischen der empirischen Beobachtung, daß das Kind von der Mutter abhängig ist und deshalb mit ihr in einer Beziehung stehen muß und der gegenläufigen theoretischen Behauptung, daß es „narzißtisch", d. h. selbstgenügsam, selbstbezogen ist, wurde durch folgende Argumentation scheinbar aufgelöst. In der *deskriptiven* Betrachtung sei das Kind von der (oralen) Versorgung durch die Mutter abhängig, könne ohne sie nicht leben, in der *metapsychologischen* Erklärungsebene sei dies jedoch nicht der Fall. Metapsychologisch gesehen befände es sich im Zustand des infantilen Narzißmus, es hat seine „Mutter" narzißtisch „besetzt", d. h. es erlebe die Mutter nicht als von sich getrennt, meine illusorisch oder halluzinatorisch, es befriedige sich selbst, sei omnipotent und autark. Von dieser hypothetischen Annahme wird die Aussage abgeleitet, daß das Kind die Mutter „als bedürfnisbefriedigendes Objekt" benütze, sich „parasitär" verhalte, ohne Rücksicht auf das Objekt, zu einer „wahren Objektliebe" (A. Freud) nicht fähig.

In der späteren Ich-Psychologie (Hartmann) verlagert sich der Schwerpunkt der theoretischen Betrachtung auf das funktional bestimmte Ich. Der Entwicklungs- und Organisationsprozeß der Ich-Funktionen wird der Verständnishorizont, in dem „Narzißmus" definiert wird.

Beziehungsaufnahme und Beziehungslosigkeit werden ichfunktional bestimmt, d. h. sie sind davon abhängig, inwieweit das Kind fähig wird, zwischen sich selbst und dem Objekt zu unterscheiden. Mit dem Aufbau einer intrapsychischen Welt von Selbst- und Objektrepräsentanzen entwickle das Kind die Fähigkeit, Vorstellungen von sich selbst und den anderen und der Beziehung zu ihnen zu haben. Die Qualität und das Niveau der intrapsychischen „Objektbeziehungen" würden über seine Fähigkeit oder Unfähigkeit, Beziehungen zu anderen aufzunehmen und zu unterhalten, entscheiden. Der affektive Aspekt von Narzißmus, die Selbstliebe, tritt infolge der Betonung der ichfunktionalen Aspekte in den Hintergrund und erscheint nur noch in Form affektiver „Besetzungen" der Selbst- und Objektrepräsentanz. Von Hartmann (1972, S. 131) wird Narzißmus als libidinöse Besetzung des Selbst definiert.

b) Aspekt der „narzißtischen" Bedürfnisse
In Begriffen wie „narzißtische Zufuhr" oder „narzißtische" Bedürfnisse wird deutlich, daß es hierbei nicht in erster Linie um Beziehungsaufnahme geht, sondern um etwas, was benötigt wird, u. U. in intensiver Weise. Narzißmus rückt hier in die Nähe eines „Triebs", der Anforderungen nach Befriedigung stellt.

Die konkrete Bestimmung, um welche Bedürfnisse es sich hier handelt, ist nicht leicht, denn es kommt eine ganze Anzahl infrage. In der Hauptsache sind es 2 Bereiche, die sich z. T. überschneiden.

Der eine betrifft die Versorgung, wobei die orale im Vordergrund steht, es kommen jedoch auch Bedürfnisse nach Wärme, leiblich-sinnlicher Nähe, Berührung, Beruhigung und Trost in Betracht. Sie werden „narzißtisch" genannt, weil das Kind die Befriedigung dieser Bedürfnisse ohne Gegenleistung, ohne Berücksichtigung oder gar ohne Wahrnehmung des versorgenden Objekts erwartet.

Der andere betrifft Bedürfnisse, Wünsche, Sehnsüchte nach Beachtung, Bestätigung, Billigung, Lob, Bewunderung. Narzißtisch meint auch hier nicht nur die als Selbstliebe begriffenen Phänomene, sondern auch die oben genannte Beziehungslosigkeit. Vom anderen wird Beachtung, Bestätigung, Bewunderung des eigenen Selbst erwartet, er soll es reflektieren (spiegeln), nur diese Funktion ausüben, ohne als Eigenperson in Erscheinung zu treten.

Vom Triebkonzept Freuds her gesehen ist der Begriff eines oralen Triebs viel zu eng, um diese Bedürfnisse zu erfassen. Deshalb bleiben sie in der Triebtheorie weitgehend unbestimmt oder gar unerwähnt. In manchen der zahlreichen Narzißmuskonzepte stehen die zuletzt genannten Bedürfnisse dagegen im Vordergrund. Sexualität und Aggression, die zentralen Triebe Freuds, werden davon abgegrenzt, so daß dann zwei separate Konzepte bestehen, entweder nebeneinander, Narzißmus und Trieb, oder gegeneinander, Narzißmus vs. Trieb. Kohut plädiert für zwei gleichberechtigte Konzepte und nimmt für die Entwicklung des Narzißmus und der Triebe zwei voneinander unabhängige Entwicklungslinien an.

Die Gegenüberstellung von Trieb und Narzißmus ist aber eine Folge der mangelnden Kritik der Triebtheorie Freuds. Sie kam selbst dann nicht zustande, als der Bereich der frühen Mutter-Kind-Beziehung in das Blickfeld der Forschung trat und die hier erreichten Ergebnisse genügend Anlaß dafür geboten hätten. Statt dessen entstand ein theoretisches Erweiterungssystem, das man „präödipales Begriffssyndrom" nennen könnte, d. h. die Begriffe Freuds, die sich auf ein späteres Entwicklungsniveau – das ödipale – beziehen, werden mit unzähligen Erweiterungen, Zusätzen, Umformulierungen versehen, was nicht selten in Begriffsakrobatik ausartete.

c) Selbstwert, Sicherheitsgefühl, Wohlbefinden

Identität, Selbstwert, seelisches Gleichgewicht werden entweder in Zusammenhang mit Narzißmus gebracht oder synonym mit diesem Begriff verwendet. Ebenso eine spezifische Klasse von Gefühlen, die zu diesem Bereich gehören: Identitätsgefühl, Selbstwertgefühl, Sicherheitsgefühl, Wohlbefinden. Der Zusammenhang dieser bekannten Phänomene mit Narzißmus ist alles andere als geklärt, ganz abgesehen von der Frage, in welcher Verbindung sie zu den erstgenannten Bedeutungen stehen. Die Ausdehnung des Begriffes „narzißtisch" auf diesen Bereich führt zwar immer wieder zu erheblichen theoretischen Schwierigkeiten, und die Unableitbarkeit dieser Phänomene von den Freudschen Triebbegriffen wird zunehmend erkannt. Dies führte aber keineswegs zu einer längst fälligen Neufassung der Triebtheorie.

Der *formal-logische* Begriff von Identität bezieht sich auf den Sachverhalt, daß ene Entität – Zahl, Ding, Person – mit sich selbst identisch bleibt, obwohl räumliche, zeitliche oder sonstige Veränderungen eintreten.

Der *psychologische* Begriff von Identität betrifft zumeist das Ich, das, obwohl es sich in verschiedenen Bezugssystemen befindet und Veränderungen in der Zeit und im Raum erleidet, als dasselbe erlebt oder empfunden wird (Ich-Identität). Psychopathologische Zustände – Depersonalisation, Derealisation, multiple Persönlichkeiten – zeigen, daß Ich-Identität keine feste Größe sein muß, sondern vorübergehend oder chronisch beeinträchtigt sein kann.

Der *soziologische* Begriff von Identität schließlich verdankt seine Entstehung den Rollentheorien (Mead 1934). Identität („self") wird zunächst als Fähigkeit definiert, sich zu sich selbst wie zu einem anderen Individuum zu verhalten. Soziales Handeln kommt für Mead dadurch zustande, daß die Subjekte die Einstellung der Anderen antizipieren und damit ihr eigenes Selbst bestimmen („taking the role of the other"). Die Instanz, die aus der Summe der Erwartungen, die die anderen an das Subjekt stellen, entsteht, ist ein Teil der Identität („me"), der „verallgemeinerte andere", der sehr an das Freudsche Über-Ich erinnert. Die Rollentheorien (symbolischer Interaktionismus) haben allerdings durch ihre Grundannahme, daß Identität allein durch gesellschaftliche Erwartungen – soziale Rollen (soziales Selbst) – gebildet wird, zahlreiche durch sie selbst gestellte Probleme geschaffen. Erikson hat einige dieser Themen psychoanalytisch behandelt. Sein Begriff der Ich-Identität wird in der Literatur häufig verwendet.

Alle Varianten des Begriffs der Identität lassen aber kaum einen unmittelbaren Zusammenhang mit Narzißmus erkennen, vielmehr scheinen sie eher zum Thema Selbst und Identität zu gehören.

Selbstwert läßt eine solche Verbindung zu. Selbstwert und Selbstwertgefühl beziehen sich in erster Linie auf jene Gruppe narzißtischer Bedürfnisse, die die Bestätigung des eigenen Selbst zum Ziel haben. Beim Selbstwert handelt es sich um das Verhältnis des Subjekts zu sich selbst, um die Einschätzung, Achtung, Bewunderung des eigenen Selbst. Wie immer diese im einzelnen ausfallen mag und welcher Wert dabei eine Rolle spielt, gibt es über diese inhaltlichen Bestimmungen hinaus ein qualitatives Moment des Selbstwerts, was sich daran zeigt, daß die Menschen in dieser Hinsicht sehr unterschiedlich ausgestattet sind. Die einen verfügen über ein sehr geringes Selbstwertgefühl, schätzen sich selbst eher als „minderwertig" ein, andere dagegen halten sehr viel von sich, der Wert ihrer Einschätzung ist hoch, in den Augen anderer wird sie oft als „überwertig" beurteilt. Die qualitative Größe des Selbstwerts schwankt, sie ist von unterschiedlichen Bedingungen abhängig. Eine wesentliche ist die Bestätigung durch andere. Der Begriff der „narzißtischen Kränkung" bezieht sich auf diesen Phänomenbereich, der durch das Verhältnis von eigenem Selbstwertgefühl zu der Anerkennung oder auch Nichtanerkennung der anderen bestimmt ist. Die erste Gruppe wird durch Infragestellung, Kritik, Nichtbeachtung, Bloßstellung, Verachtung viel anfälliger sein als die zweite.

Durch Nichtanerkennung kann aber in jedem Fall das „seelische Gleichgewicht" beeinträchtigt oder beeinflußt werden. Seelisches Gleichgewicht wird häufig „narzißtisches Gleichgewicht" genannt oder pauschal als „Narzißmus" bezeichnet, etwa in der Formulierung: „sein Narzißmus wurde verletzt".

Der Verzicht auf eine globale, undifferenzierte Verwendung des Begriffes „Narzißmus" hätte zur Folge, daß der Begriff der Identität (Selbst), des Selbstwerts und der des seelischen Gleichgewichts auseinandergehalten und jeweils geklärt werden müßte.

Selbstwert kann zwar mit Selbstliebe in Verbindung gebracht werden. In der Achtung, Schätzung, Bewunderung des eigenen Selbst ist ein wichtiger Aspekt von Narzißmus berührt. Diesem entspräche die theoretische Fassung der libidinösen Besetzung des Selbst.

Was aber heißt hier Libido? Libido gilt als Triebenergiebestimmung von Sexualität, auch im erweiterten Sinn, prägenitale, orale, anale Sexualität ist in dem Begriff enthalten. Selbstliebe hieße dann sexuelle Liebe des Selbst. Die Perversionen, bei denen der eigene Körper Gegenstand sexueller Handlungen wird, sind Beispiel für eine Pathologie, die Anlaß zum Begriff des Narzißmus vor Freud gab. Alle autoerotischen, masturbatorischen Verhaltensweisen sind „narzißtische", indem sexuelle Lustspannung durch Manipulation des eigenen Körpers abgeführt wird.

Selbstliebe kann aber auch Egoismus heißen, wobei das eigene Ich, seine Interessen und Bedürfnisse im Mittelpunkt stehen und der sexuelle Aspekt wegfällt.

Beide Bedeutungen von Selbstliebe sind bei Freud vermischt, was durch die abstrakte energetische Formulierung verdeckt bleibt.

Zum Verständnis des Selbstwerts tragen beide Bestimmungen der (narzißtischen) Selbstliebe allerdings wenig bei. Der Selbstwert läßt sich nicht aus autoerotischen Verhaltens- und Erlebensweisen ableiten. Ebenso ist der Selbstwert eher eine Voraussetzung für egoistische Verhaltensweisen. Nichtsdestoweniger erweckt die energetische Formulierung der libidinösen Besetzung des Selbst den Eindruck, als würde damit Selbstwert und seelisches Gleichgewicht erklärt und als wäre die Bezeichnung „Narzißmus" für diese Phänomene damit legitimiert.

> Wenn man all dies im Auge hat, dann sollte klar sein, daß die Behauptung, das Selbstwertgefühl sei einfach libidinöse Besetzung des Selbst in jämmerlicher Weise unzulänglich ist. Man erklärt einen komplexen Ich-Zustand mit Triebbegriffen, und noch dazu mit höchst unspezifischen Triebbegriffen. Damit wird nicht nur die Erwägung der vielen anderen Faktoren, die das Selbstwertgefühl bestimmen, ausgeschlossen, sondern auf Umwegen auch versucht, Affekte durch Triebe zu erklären (Pulver 1972, S. 50).

Fragwürdig ist auch die energetische Formel, die besagt, daß je mehr Libido auf die Objekte abgegeben wird, desto weniger im Ich (Selbst) verbleibe. Die Kritik an dieser Vorstellung kann schlüssig nachweisen, daß erhöhtes Selbstwertgefühl die Beziehungen zu anderen und zur Welt intensiviert (Joffe u. Sandler 1967).

Mit Sicherheitsgefühl und Wohlbefinden (Sandler 1961) schließlich wird noch ein anderer und entscheidender Aspekt von Narzißmus beschrieben. Beim Sicherheitsgefühl handelt es sich um eine Gefühlsqualität, die im Normalfall meist so selbstverständlich ist, daß sie nicht bemerkt wird. Sandler führt dieses Gefühl auf die erfolgreiche Meisterung von Reizen und Erregung zurück, die in der Wahrnehmung strukturiert (symbolisiert) und mit einem Sinngehalt versehen (interpretiert) werden.

Das Sicherheitsgefühl, das von dem Gefühl des eigenen abgegrenzten Ich betont unterschieden wird, hat nach Sandler seinen Ursprung in „primären narzißtischen Erlebnissen und muß in rudimentärer Form seit der Zeit der frühesten Bedürfnisbefriedigung existieren" (S. 127).

Zu Recht wird behauptet, daß dieser Gefühlszustand mit Triebbegriffen und den von ihnen abgeleiteten Affekten wie Lust und Unlust nicht erfaßt werden kann. Es gibt bereits beim kleinen Kind ein elementares Streben nach Aufrechterhaltung oder Wiederherstellung dieses Zustands, das keineswegs als sexuell oder aggressiv zu begreifen ist. Die Autoren erklären dann narzißtische Störungen als „Abweichung von dem Idealzustand des Wohlbefindens". Diese reaktive Bestimmung von Narzißmus wird jedoch wieder durch die Behauptung unterlaufen, daß dieser Idealzustand des Wohlbefindens und des Sicherheitsgefühls die „Gefühlskomponente" des primären Narzißmus sei, wofür Freud als Gewährsmann zitiert wird.

> Ein großer Teil der Dynamik der Ich-Tätigkeit kann als das Bestreben des Ichs, den Zustand des Wohlbefindens zu erhalten oder zu erlangen, aufgefaßt werden; dieser Zustand ist selbst bei einem Kind, das von Geburt an unglücklich war, als biologisches Ziel vorhanden. Freud sagt dazu: „Die Entwicklung des Ichs besteht in einer Entfernung vom primären Narzißmus und erzeugt ein intensives Streben, diesen wieder zu gewinnen ..." (Joffe u. Sandler 1967, S. 162).

d) *Genetischer Aspekt: Gibt es einen normalen infantilen Narzißmus?*
Mit Freud beginnend wird narzißtisch auch zur Bezeichnung *normaler* infantiler Zustände und Entwicklungsphasen verwendet. Der Begriff des primären Narzißmus nimmt hierbei einen besonderen Stellenwert ein.

Die psychoanalytische Theorie fungiert auch als genetisches Interpretationsmodell. Es ist ein historisches, archäologisches Modell, das Freud entworfen hat. Freud vergleicht den Psychoanalytiker häufig mit einem Archäologen oder mit einem Historiker, der die oft nur kümmerlichen Zeugnisse und Spuren der Vergangenheit erschließt, um sich ein Bild von der Grundlage zu machen, auf der die Formen der Gegenwart aufruhen. Die Methode, menschliches Erleben (das Selbst) als historisch gewachsenes Gebilde zu begreifen, hat sich als ungemein fruchtbar erwiesen.

Freud hat diese Methode jedoch mit seinem Triebkonzept verbunden. Die Grundlagen, die der Psychoanalytiker in der Analyse erschließt, sind danach theoretisch in Form der Partialtriebe vorbestimmt. Der entscheidende Mangel daran ist die konstitutionell-biologische Festlegung. Die Befriedigung und Versagung der „Triebe" *in einer Beziehung und das diese bestimmende soziale Umfeld* wird dadurch nebensächlich. In dem Begriff eines infantilen oral-sadistischen Triebs, um nur diesen als Beispiel zu nennen, bleibt verdeckt, daß Oralsadismus auch als Folge erheblicher realer Versagungen verstanden werden kann.

Freud und erst recht die nachfolgende Ich-Psychologie arbeiten mit einem *Konzept primitiver Triebe*, die unabhängig von den gesellschaftlichen Verhältnissen – zunächst in archaischer Form – auftreten sollen und dann in einem Sozialisationsprozeß beherrscht, kontrolliert, „gezähmt" werden müssen. Die dafür zuständige Instanz ist das funktionale Ich. Diese Betrachtungsweise bestimmt auch den Begriff Narzißmus. Auch im narzißtischen Bereich gäbe es danach konstitutionell festgelegte „archaische", „primitive" Formen von Narzißmus. In verschiedenen Aspekten und je entsprechend zu den psychosexuellen Entwicklungsstufen werden dem Kind konstitutionell maßlose, unrealistische, idealisierte Ansprüche zugeschrieben, die sich einerseits in grandiosen Selbstrepräsentanzen (Größenselbst), andererseits in Objektrepräsentanzen (idealisierte Imagos) niederschlagen sollen. In dieser Weise kann Kohut beim Erwachsenen auftretende unrealistische Größenphantasien – etwa als berühmter Musiker auf der Bühne stehen und von begeisterten Zuschauern gefeiert werden – als Abkömmlinge infantilen Größenwahns interpretieren, die abgespalten, nicht vom Real-Ich integriert und kontrolliert werden konnten. Auch Flugphantasien werden nach diesem Modell als Abkömmlinge narzißtischer Allmachtsvorstellungen begriffen, die der Kontrolle des realitätprüfenden Ichs entzogen bleiben.

Neben dieser Theorie, mit der normale narzißtische Zustände für frühe Entwicklungsphasen postuliert werden, gibt es eine zweite, bei der narzißtischgrandiose Ansprüche und Erwartungen als *Abwehr* oder *Reaktion auf Versagungen* interpretiert werden.

Da es letzten Endes bei der konstitutionellen Festlegung eines archaischen Narzißmus des Kindes bleibt, dieser nicht infrage gestellt wird, wird in der Folge die Abwehr- oder Reaktionsbildung von Narzißmus als Entwicklungsdefekt des Ich begriffen.

Bei beiden Interpretationsmodellen von Narzißmus bleibt – wie beim Triebmodell – die Beziehung und die Rolle der Anderen bei Befriedigung und Versagung theoretisch ausgeklammert. Analog zum Beispiel des oralsadistischen Triebs könnte auch im narzißtischen Bereich die Qualität der Beziehung und die Rolle der Anderen eine entscheidende Vorgabe für Größenphantasien und Allmachtsvorstellungen sein. Diese mögliche Sichtweise wird aber durch Begriffe von infantilem Narzißmus und normalen narzißtischen Entwicklungszuständen von vornherein verhindert.

e) Idealisierungsaspekt: Das narzißtische Paradies
Ganz allgemein versteht man unter Idealisierung eine Tendenz nach Vollkommenheit, Absolutheit, Grenzenlosigkeit, die sich in verschiedenen Bereichen manifestieren kann. Vollkommene Befriedigung, großartige Ausstattung, Macht, Besitz, Leistung usw.

In der Idealisierung einer Person wird diese (projektiv) mit vollkommenen und großartigen Eigenschaften ausgestattet. Dies kann ebenso auch das eigene Selbst (Idealselbst) betreffen.

Idealisierung kann sich überdies auf geistige Größe, Normen, Werte, Bilder oder Weltanschauungen beziehen, die dann ebenfalls als einzigartig und großartig erlebt werden.

Zur Realität steht die Idealisierung allemal in einem diskrepanten Verhältnis. Die idealisierten anderen, das Idealselbst und auch Ideale entsprechen faktisch nicht immer den Qualitäten, mit denen sie ausgestattet wurden. Es ist nicht schwer, die Idealisierung an vielen Phänomenen nachzuweisen, im Verhältnis der Menschen zu sich selbst und in den Beziehungen spielt sie eine erhebliche Rolle.

Die Verbindung der Idealisierung zum Narzißmus besteht in der Selbstliebe, dem erhöhten Wert, der dem eigenen Selbst als Idealselbst zukommt. Hinsichtlich des anderen ist die Verbindung nicht mehr so leicht herzustellen, denn die Bewunderung anderer und ihre Ausstattung mit vollkommen Qualitäten hat wenig mit Selbstliebe zu tun. Dasselbe gilt für die Idealisierung von Normen und Weltanschauungen. Der Begriff der „narzißtischen Objektbeziehung" schließlich ist ebenso mehrdeutig und verwirrend wie der Begriff „narzißtisch".

Das wesentliche Moment der Verbindung von Idealisierung und Narzißmus liegt in der *genetischen Herleitung*. Das Konzept des primären Narzißmus oder des infantilen Narzißmus beinhaltet auch die Vorstellung eines einstigen Idealzustands. Demnach herrscht in der Intrauterinexistenz ein Zustand vollkommener Befriedigung und auch noch die frühe Symbiose mit der Mutter wird mit dem Bild des „narzißtischen Paradieses" beschrieben. Man versteht darunter einen vollkommen Befriedigungszustand des Fetus oder des Säuglings. Der (narzißtische) Vollkommenheitszustand wird – analog der Austreibung aus dem Paradies – durch ein katastrophales Ereignis unterbrochen, das an verschiedenen Momenten festgemacht wird: am Trauma der Geburt, am Trauma der Trennung aus der Symbiose und den damit aufkommenden Gefühlen der Hilflosigkeit und Verlassenheit, am Trauma der Wahrnehmung von Objekten, von denen man abhängig ist.

> Die Konsequenz ist, daß auf eine Phase großartigen und selbstverständlichen Behagens, von Harmonie und innerer Sicherheit, die überwältigende Erfahrung des Gegenteils erfolgt: die Erfahrung von Machtlosigkeit und schwer zu bewältigenden Affekten, wie sie sich in den Mythen vom Himmelssturz der Engel und von der Ausweisung aus dem Paradies niedergeschlagen haben. Dieser Erfahrung und ihrer traumatischen Wirkung scheint kein Mensch zu entgehen, obwohl es große Unterschiede in der Häufigkeit und dem Ausmaß dieser Erfahrungen geben muß. Die enormen Anstrengungen, die nicht nur das Kind, sondern jeder Mensch sein ganzes Leben lang unternimmt, um seine innere Sicherheit, sein Selbstgefühl zu schützen, und die relative Leichtigkeit, mit der Menschen – jedenfalls in unserer Kultur – zu verunsichern sind, sprechen für den katastrophalen Charakter dieser Urverunsicherung (Henseler 1976, S. 458).

In dem Begriffsdickicht Narzißmus spielt die Hypothese, daß nicht nur das Kind, sondern die Menschen ganz allgemein, jenen einstigen Vollkommenheitszustand wieder herstellen wollen, eine wichtige Rolle. Zu den verschiedenen Praktiken, die dazu eingesetzt werden, gehört auch die Idealisierung. Das eigene Selbst oder die anderen werden mit unrealistischen Qualitäten ausgestattet, um dieses Ziel zu erreichen.

Die Hypothese des narzißtischen Paradieses setzt voraus, daß sich das Kind in diesem Vollkommenheitszustand einmal befunden hat oder zumindest einen solchen phantasiert.

Die Beschreibung des vollkommenen Befriedigungszustands im Mutterleib oder in der frühen Mutter-Kind-Beziehung läßt oft nicht erkennen, da es zur Voraussetzung der Folgerungen nötig ist, daß das Kind einen solchen „narzißtischen Zustand" auch erlebt hat und sich daran erinnert. Ein derartiger Nachweis ist unmittelbar nicht möglich.

Bilder und Mythen eines verlorenen Paradieses, eines Goldenen Zeitalters, einer Insel der Seligen beziehen sich zwar auf einen einstigen, gegenüber den bestehenden Verhältnissen besseren, befriedigenderen, glücklicheren Zustand, der weit in der Vergangenheit zurückliegt. Doch handelt es sich dabei um Bilder, die sich auf die menschliche Existenz als solche und ihre jeweilige historische Verwirklichung beziehen. Deshalb fallen sie auch je nach Kultur verschieden aus. Als Ursprungsmythen werden sie überdies in jeder historischen Epoche anders interpretiert.

Die gängige Auslegung der biblischen Sage, bei der die Austreibung aus dem Paradies als notwendiger Schritt der Emanzipation des Menschen aus der Natur, als Symbol des Bewußtseinserwerbs gedeutet wird, entspricht dem neuzeitlichen Verständnis des Menschen in der westlichen Kultur.

In jedem Fall ist es fragwürdig, solche Bilder in die Ontogenese des Menschen einzutragen und unter diesen Leitvorstellungen die frühkindlichen Verhältnisse zu erklären. Selbst die Annahme, daß das Kind ein narzißtisches Paradies auch dann phantasiert, wenn es dies nie gegeben hat, ist eine unzulässige Übertragung von Wunschphantasien Erwachsener in die kindliche Erlebenswelt (s. III.B, IV).

Ebenso steht es mit den Traumatheorien, die die Vorstellung eines vollkommenen Zustands zur Voraussetzung haben. Allein der Tatbestand, daß Traumatheorien in verschiedenen Fassungen immer wieder auftauchen, sollte Anlaß zu der Frage geben, ob sie nicht den Stellenwert eines Erklärungsmythos annehmen, andere mögliche Sichtweisen verdecken und damit auch eine Funktion haben. Traumatheorien erklären Versagungen in der Kindheit konstitutionell. An einem durch ein unvermeidliches Trauma verlorenen Paradies kann man nichts ändern, man kann nur darauf verzichten.

Pathologien oder Widersprüche können ihren Ursprung auch in anderen

Quellen haben als in einem hypothetisch angesetzten Vollkommenheitszustand des Kindes. Auffallend an diesen Hypothesen ist, daß sie regelmäßig mit der Ausblendung der realen Beziehungsverhältnisse verbunden sind, denn auch das narzißtische Paradies soll jenseits der realen Verhältnisse jedem menschlichen Kind beschieden sein.[5]

II. Anthropologie jenseits von Metaphysik

A. Die Notwendigkeit einer „Human"anthropologie

Anthropologie bedeutet wörtlich die Lehre vom Menschen. Sieht man sich nach einer solchen um, so findet man in erster Linie *biologische* Anthropologien. Ein Spezialfach der Biologie wird explizit Anthropologie genannt, in dem sich die Forschung mit dem Körperskelett, dem Schädel usw. und dem Vergleich der verschiedenen Formen beschäftigt – ein wichtiger Zweig für Erkenntnisse der Evolutionsgeschichte. Neben diesem Spezialfach gibt es zahlreiche andere, die nicht eigens Anthropologie genannt werden, die aber jeweils einen Ausschnitt des Naturwesens Mensch behandeln: Anatomie, Physiologie, Neurophysiologie, Genforschung, Molekularbiologie, Ethologie, neuerdings Soziobiologie.

Eine genauere Prüfung all dieser Anthropologien zeigt, daß der Mensch in zahlreichen *Ausschnitten* erforscht wird, nicht als einheitliche, konkrete Lebensgestalt, und vor allem, daß in all diesen Ausschnitten der Mensch vom Tier oder sonstigen *außermenschlichen* Lebensformen her begriffen wird. Man müßte diese biologischen Anthropologien daher eigentlich Veterinäranthropologie oder organismische Anthropologie nennen, denn sie gehen alle davon aus, daß es etwas spezifisch Menschliches nicht gibt.

Sprache, Bewußtsein, Kultur, Religion usw. werden in der biologischen Betrachtung von dem stammesgeschichtlichen Erbe abgeleitet und damit zwangsläufig im Horizont der Leitvorstellung der organismischen Anpassung interpretiert. Ob diese Ableitung und Auslegung empirisch beweisbar ist oder eine Vorannahme, dies wird in biologischen Anthropologien nicht thematisiert.

Andere Anthropologien, philosophische, metaphysische, idealistische haben dagegen ein anderes Vorverständnis. Hier wird der Mensch als „Geistwesen" begriffen. Sprache, Bewußtsein, Lernfähigkeit, Freiheit werden als qualitative Momente angesehen, die von „Natur" nicht ableitbar sind. Die menschliche Vernunft wird als Teilhabe (Platon) oder Nachvollzug (Aristoteles) einer göttlich-kosmischen Vernunft begriffen, was bedeutet, daß auch idealistische Anthropologien auf einem außermenschlichen Prinzip beruhen.

Dem Menschen wird eine Zwischenstellung zugewiesen. Die für unsere Tradition entscheidende philosophische Definition „homo est animal rationale" bringt diese Zwischenstellung zwischen Gott und Tier oder zwischen Geist und

Natur präzise zum Ausdruck. Seit dieser metaphysischen Bestimmung des Menschen durch Platon und Aristoteles gibt es das dualistische Problem von Natur-Vernunft, Natur-Kultur, Körper-Seele.

In der metaphysischen Bestimmung wird die Vernunft als das primäre Prinzip angesehen, weswegen die Animalität zum Epiphänomen wird, was sich in allen metaphysischen Aussagen über den Menschen mühelos nachweisen läßt. Die Entwertung der Animalität (Natur) ist dabei nur ein Aspekt, denn auch die „Sinnlichkeit" in der Bedeutung von unmittelbarer Wahrnehmung oder in der der Gefühle und Leidenschaften wird gegen das vernünftige Denken abqualifiziert.

Neben diesen zwei Formen von Anthropologien gibt es noch eine dritte, die *soziologische,* bei der die gesellschaftlichen Verhältnisse einen primären Stellenwert erhalten. Dieser Bereich teilt sich in zwei Richtungen: die „bürgerliche" Soziologie, die letzten Endes ihr anthropologisches Vorverständnis den biologischen Athropologien entnimmt und auch mit den gleichen Methoden arbeitet wie die Naturwissenschaften, und die marxistisch orientierte Soziologie.

Für Marx sind die „Individuen" Produkte der jeweiligen gesellschaftlich-ökonomischen Verhältnisse, d. h. eine Reflexion auf den „Menschen" muß von dieser Position aus als Irrweg angesehen werden. Wo bleiben hier aber die Menschen als Naturwesen? Auf diese naheliegende Frage wird von marxistischer Seite geantwortet, daß alle „Natur", sei es nun die des Menschen oder die der objektiven Natur immer vermittelt sei – ein Erbe der idealistischen Philosophie – wobei im Unterschied zu dieser die Vermittlung nicht im Bewußtsein, sondern im (noch nicht bewußt eingeholten) gesellschaftlichen Produktionsprozeß vor sich geht und dieser sich erst sekundär im „Kopf" der Individuen niederschlägt. Wenn alle „Natur" immer gesellschaftlich vermittelt ist, dann muß in marxistischer Sicht eine Bestimmung von Natur außerhalb dieser Vermittlung immer „ideologisch" sein, weil sie von den jeweiligen gesellschaftlichen Produktionsverhältnissen absieht. Von der marxistischen Betrachtungsweise ist keine „Human"-Anthropologie zu erwarten, weil alles „Menschliche" aus Produktionsverhältnissen begriffen und abgeleitet wird.

Auf unserer Suche nach einer menschlichen Anthropologie bleiben nur noch die *psychologischen* übrig.[6] Von diesen ist nur die Psychoanalyse Freuds interessant, denn die sich davon abhebende „akademische" Psychologie ist entweder dem Typ der idealistischen oder heute fast ausschließlich den biologischen Anthropologien zuzurechnen, denen sie im Vorverständnis und der Methode folgt. Es gibt zwar keine explizit psychoanalytische Anthropologie, denn eine Reflexion der Grundbegriffe in dieser Hinsicht ist nicht erfolgt, ein kurzer Blick auf Freud scheint jedoch für die Behauptung zu genügen, daß das Vorverständnis dasselbe ist, wie in den biologischen Anthropologien: „Der Mensch ist nichts anderes und besseres als die Tiere" sagt Freud, und sein vielzitierter Satz über die 3 narzißtischen Kränkungen der Menschheit, die kopernikanische, die biologische und die psychologische, die jeweils den Anmaßungen eines angenommenen autonomen oder transzendenten Geistprinzips infrage stellten, geht ganz in diese Richtung. Auch die weitverbreitete Auffassung, daß Freud den Menschen als (sexuelles) Triebwesen bestimmt und den „Geist" von diesen Trieben abgeleitet habe, etwa im Begriff der Sublimation, führt in die gleiche Richtung.

Neben der Bedeutung „Metaphysik" als Transzendenzphilosophie, die sich mit letzten Fragen beschäftigt, gibt es noch eine andere, die sich auf das Verhältnis von Natur und Geist bezieht. So gesehen bedeutet *Metaphysik* eine Weltsicht, die ein übernatürliches und *übermenschliches* Prinzip annimmt und dadurch notwendigerweise zu einer Aufteilung von Natur und Geist gelangt. Das Wort verdankt seinen Ursprung einem Buchtitel. Aristoteles hatte seinen Schriften über die Physik eine weitere folgen lassen, die später mangels eines Titels des Autors als die bezeichnet wurde, die „nach" denen folgte („meta ta physika"). Da „meta" auch „über etwas hinaus" bedeutete, wurde aus diesem Buchtitel die Bezeichnung für eine Weltsicht. Die von Platon und Aristoteles geschaffenen Grundbegriffe gingen mit dem Christentum eine enge Verbindung ein, weil die jüdisch-christliche Botschaft mit diesen Grundbegriffen ausgelegt und dogmatisiert wurde. Aus dieser Verbindung entstand die metaphysische Bestimmung des Menschen in all ihren zahlreichen Varianten.

In einer früheren Arbeit (Knapp 1973) habe ich gezeigt, daß Darwin, Marx und Freud trotz der erheblichen Unterschiede ihrer Konzepte eines gemeinsam haben: daß sie zu einer dem 19. Jahrhundert eigentümlichen Gegen- oder Protestbewegung gehören, die sich gegen die metaphysische Bestimmung des Menschen richtet. Die erbitterten Kampfschriften, Proteste und leidenschaftlichen Auseinandersetzungen um all diese 3 Autoren beweisen, daß ein bislang gültiges Konzept des Menschen fragwürdig wurde und ein anderes an seine Stelle trat. Die Gegentendenz habe ich *antimetaphysischen Impuls* genannt. Er zeichnet sich durch eine alle Konzepte bestimmende Umkehrung aus. Der in idealistischer Sicht als Epiphänomen angesehene „natürliche" oder „materielle" Bereiche gilt nunmehr als der primäre, während die „Vernunft" das abgeleitete Phänomen wird.

Bei Darwin steht die *natürliche* Abstammung anstelle der von Gott. Die biblische Schöpfungsgeschichte der Welt und des Menschen wird durch die natürliche Evolutionsgeschichte ersetzt. Der bislang als autonom angesehene Vernunftbereich wird prinzipiell aus außermenschlichen Vorstufen des Lebens abgeleitet. Bei Marx ist es die gesellschaftliche Produktion als „materiale" Basis, auf die alle Phänomene des Überbaus zurückgeführt werden. Die Umkehrung der idealistischen Philosophie Hegels, den er „auf den Kopf stellen" wollte, ist von ihm selbst erwähnt und von vielen anderen Autoren nachgewiesen worden, indem er Hegels dialektische „Arbeit" des Geistes in die materielle Produktion umsetzte. Bei Freud schließlich sind es die Triebe und das mit ihnen verbundene Umbewußte (Es), das als psychisch faßbare Quelle der Triebe oder als triebverdrängtes Unbewußtes nunmehr die Basis für „Vernunft" darstellt, eine Auffassung, die in vieler Hinsicht an Schopenhauer und Nietzsche erinnert, die ebenfalls der antimetaphysischen Tendenz zuzurechnen sind. Die Vorstellung, daß sich das Ich aus dem Es entwickelt, die Abhängigkeiten des Ich vom Es, die Begriffe der Verdrängung und Sublimierung verweisen mit aller Deutlichkeit auf die Umkehrung. Bei der Kennzeichnung der Gegenbewegung als antimetaphysische Tendenz ging es mir nicht um eine Erneuerung der metaphysischen Position, auch nicht um eine bloße Feststellung. Mein eigentliches Anliegen bestand und besteht darin, zu zeigen, daß die Umkehrung am Bekämpften festhält, indem die metaphysische Zweiteilung beibehalten wird. Wir denken immer noch in Kategorien Natur-Geist, Natur-Kultur und vor allem in Körper-Seele, als sei das nicht anders möglich.

Die Umkehrung besteht in dem in allen 3 Konzepten nachweisbaren Moment, daß aus einem Bereich – der als fundierend angesetzt wird – etwas anderes abgeleitet wird. War es in der metaphysischen Bestimmung ein Übermenschliches, so ist es jetzt ein Vormenschliches, von dem her der konkrete Mensch ausgelegt wird. Das Vormenschliche tritt in 3facher Gestalt auf. Bei Darwin sind es die *animalischen Vorformen* des Menschen. Bei Marx ist es die gesellschaftlich noch nicht menschlich betriebene *Produktion*, bei Freud sind es die ungezähmten *Triebe*.

Allein Freud hat in weiser Beschränkung gesagt, daß das Triebkonzept zwar das zentrale Element der Psychoanalyse darstelle, daß aber die Triebe keineswegs befriedigend bestimmt sind. Freud bezeichnete daher sein Konzept in dieser Hinsicht selbstkritisch als Triebmythologie. In den beiden anderen Bestimmungen des Menschen finden wir eine solche Selbstbeschränkung nicht, obwohl die Leitvorstellungen für eine Totalerklärung des Menschen genauso unbefriedigend sind wie das der beiden Triebe bei Freud. Analog dazu könnte man die biologischen Anthropologien als Anpassungsmythologie und die von Marx als Produktionsmythologie bezeichnen.

In der metaphysischen Bestimmung, sowohl in ihrer übermenschlichen als auch in ihrer vormenschlichen Version, wird das Leben des Menschen außerhalb seiner selbst begriffen. Nicht das *menschliche* Leben, das an sich genug Anhaltspunkte bietet, von ihm selbst her gesehen und interpretiert zu werden, steht im Mittelpunkt, sondern etwas anderes. Ich vertrete damit keineswegs eine solipsistische Position, die alles auf den Menschen als isoliertes Einzelsubjekt zurückführen will. Im folgenden wird die für das menschliche Sein zentrale Kategorie der Angewiesenheit auf anderes und andere deutlich genug zeigen, daß die Menschen nicht als autonome, isolierte, beziehungslose Subjekte begriffen werden dürfen. Die Art der Angewiesenheit ist für den Menschen spezifisch. Weder findet man eine solche in Vorstufen menschlichen Lebens noch in einer wie immer ausgelegten Vernunft.

Das konkrete menschliche Leben wird in den biologischen, marxistischen und in den idealistischen Anthropologien gleichermaßen übersprungen und ausgeklammert, als ob es diesen Tatbestand nicht gäbe.

Die naturwissenschaftliche Methode und die mit ihr unzertrennlich verbundene Forderung nach Objektivierung des Gegenstandes trägt als solche zur Entwirklichung des konkreten menschlichen Lebens bei. Alle naturwissenschaftlich objektivierten Ergebnisse, die den „Menschen" betreffen, bedeuten bereits formal – vom Inhalt der Aussagen abgesehen –, daß unsere unmittelbar erlebte Subjektivität nicht als wirklich angesehen werden darf. Allein die objektiven Ergebnisse, etwa in Form neurophysiologischer Vorgänge können wissenschaftlich etwas über Subjektivität aussagen. Unsere unmittelbar erlebte Wirklichkeit ist nur eine „subjektive Widerspiegelung" der objektiv-naturwissenschaftlich festgestellten Prozesse oder Zustände. Nicht unser gefühltes und erlebtes Leben gilt, sondern die Informationsbotschaften der Gene, deren Marionetten wir sind: Biologie als Schicksal (Wilson 1979; Dawkins 1978).

Man muß sich heute geradezu gewaltsam von dem Vorurteil befreien, daß die erlebte Wirklichkeit unseres Selbst eine Fiktion sei, nur „subjektive" Täuschung, denn in „Wirklichkeit", so wird behauptet, gibt es nur die objektivierte „Wahrheit" der wissenschaftlichen Ergebnisse. Aber selbst der aufgrund seiner neuesten Erkenntnisse gefeierte Soziobiologe muß neben der von ihm festgestellten Wirklichkeit des Genpools am Abend nach Hause gehen und dort ein menschliches Leben führen, er muß sich weiterhin mit den Problemen und Konflikten *seines* konkreten Lebens, mit Liebe, Haß, Beziehungen, Krankheit, Alter usw. beschäftigen. Er führt demnach ein Doppelleben, eines, das er in den wissenschaftlichen Kategorien erfaßt und eines das er selbst lebt. Kierkegaard hat diesen Sachverhalt einmal gegenüber der idealistischen Sicht in seiner Auseinandersetzung mit Hegel herausgestellt. Gegenüber dessen System stellte er den Satz: „Die Subjektivität ist die Wahrheit". Er hatte damit gemeint, in dem beeindruckenden Gedankengebäude Hegels würde die Subjektivität – als menschliches konkretes Leben – nicht vorkommen, sie sei darin ausgeklammert, was er mit einem Bild beschrieb: Der Erbauer eines großartigen Schlosses würde selbst nicht darin wohnen, sondern im Keller desselben.

Freud stellt in dieser Hinsicht eine Ausnahme dar, weil in der von ihm entwickelten analytischen *Praxis* das konkrete menschliche Leben im Mittelpunkt steht. Dieses ist eigentlicher Ausgangspunkt seiner Forschung. Sein Spruch, „unser Leben mag nicht viel wert sein, es ist aber das einzige, was wir haben", verweist zwar nur indirekt, aber unmißverständlich darauf hin. Freud hat das Faktum des konkreten menschlichen Lebens nie eigens reflektiert.

In der Praxis der Psychoanalyse wurde die metaphysische Bestimmung des Menschen überwunden, in der Theorie nicht.

Die Aufgabe einer humananthropologischen Reflexion ist daher eine 2fache: Ansätze in diese Richtung in der Psychoanalyse aufzuzeigen und die weit schwierigere, Grundbegriffe zu entwickeln, die dieser Sicht angemessener sind als die bislang gebrauchten.

Die folgenden Ausführungen haben zum Ziel, die metaphysische Aufteilung zu überwinden, sie als für den Menschen inadäquat zu erweisen, eine Anthropologie jenseits von Metyphysik zu entwickeln. Diese Sichtweise wird humanspezifisch genannt. Das menschliche Sein wird nicht mehr von einem außermenschlichen Prinzip her begriffen, d. h. weder von einem als „vormenschlichen" wie immer begriffenen materialistischen Sein oder „Leben" noch von einem „übermenschlichen" Vernunftprinzip.

In einer humanspezifischen Betrachtung müssen die menschlichen Phänomene den Vorrang haben, was nicht bedeutet, daß die Menschen keine „natürlichen" oder keine „vernünftigen" Wesen sind. Nur ihre „Natur" ist eben zunächst menschlich und ebenso ihre „Vernunft". Der Vorrang des Menschlichen bedeutet auch nicht eine Isolierung des Menschen vom sonstigen außermenschlichen Sein. Seine „Stellung im Kosmos" kann aber erst dann bestimmt werden, wenn seine Eigenart zur Sprache kommt.

Eine Überwindung von Metaphysik hat die weitere Folge, daß das menschliche Leben als Ganzes gesehen werden muß und nicht in einer vorgängigen Aufteilung in bestimmte Bereiche, denen dann, je nach Weltanschauung, primäre Bedeutung zugewiesen, andere dagegen als Epiphänomen angesehen werden.

Eine solche Aufteilung liegt in der Bestimmung des Menschen als Triebwesen ebenso vor wie in der, in der das menschliche Sein von der „materialen" Produktion oder vom animalischen Leben her begriffen wird.

Im Triebkonzept Freuds werden isolierte Triebe angenommen, die in einer „biologischen" Natur verankert sein sollen. Die metaphysische Aufteilung kommt in diesem Konzept dann in der Setzung eines steuernden, kontrollierenden, adaptiven Systems Ich wieder zum Vorschein, unbeschadet dessen, ob dieses System wie bei Freud als den ursprünglichen Trieben entstammend oder wie für Hartmann als autonomes Ich begriffen wird. Mit dem im folgenden verwendeten Grundbegriff der *dialogischen Struktur* menschlichen Seins, mit dem das Aufeinander-bezogen-sein menschlichen Lebens erfaßt wird, wird die Existenz von „Trieben" keineswegs geleugnet oder ihre zentrale Bedeutung verkannt. Die „Triebe" werden dann nicht als isoliert, von außermenschlichem Leben ableitbares, sondern als ein Moment verstanden, das der prinzipiellen Beziehungsstruktur menschlichen Lebens zugehört. Wenn man „Triebe" – etwa Sexualität und Aggression – von der Beziehung und den Beziehungsbedürfnissen des Menschen her und nicht als außermenschlich vorbestimmt begreift, dann verlieren sie nicht an Bedeutung, sondern ihre Erscheinungsformen können besser und vor allem „menschlicher" verstanden werden.

In der neuzeitlichen Philosophie entstand der Begriff des Subjekts als „ich denke" (Descartes), das Ich als „Bewußtsein überhaupt" (Kant), das Ich als mit dem objektiven Geist dialektisch vermittelter subjektiver Geist (Hegel). Allen diesen Ich-Begriffen ist die *Selbständigkeit des Individuums* gemeinsam, philosophiegeschichtlich eine Folge der Emanzipationstendenzen in der Renaissance, Reformation und Aufklärung. Mit der Selbständigkeit des Individuums korreliert der Begriff eines abstrakt gefaßten Selbstbewußtseins, dem ein Gegenstandsbewußtsein gegenübersteht. Das Verhältnis zwischen Mensch und Welt, Mensch und anderen wird somit auf den abstrakten Begriff der Subjekt-Objekt-Beziehung eingeschränkt.

Daß dabei das erkennende Subjekt – das „ich denke" – in den Vordergrund rückt und das wünschende, bedürftige, leidenschaftliche in den Hintergrund, ist ein Tatbestand, der von Schopenhauer und Nietzsche herausgestellt und „entlarvt" wurde.

Der andere damit verbundene Aspekt ist weit weniger beachtet worden: daß das Ich als *denkendes, vernünftiges Bewußtsein* gleichzeitig in seinem Sein unabhängig, von vornherein als existierend, *nicht angewiesen in seinem Sein*, bestimmt wurde.

Mit diesem Ansatz wurde die *Beziehung zu anderen Menschen* zu einem sekundären Phänomen. Das Ich als „ich denke" ist schon immer konstituiert, es liegt schon immer vor, weswegen es auch als „fundamentum inconcussum" gilt. Damit wird der ausweisbare Sachverhalt, daß jedes „Ich" sich in einer Beziehung zu einem „Du" befindet, randständig und das noch wichtigere Phänomen ausgeklammert, daß das Ich nicht als vernünftiges „ich denke" auf die Welt kommt, sondern in dem (Ich)sein auf eine soziale Beziehung angewiesen ist, ohne die es *nicht sein könnte*.

Dieser für die Untersuchung zentrale Aspekt ist zwar auch Gegenstand philosophischer Kritik geworden, sie hat aber in der Folgezeit die offizielle Geschichte der Philosophie kaum beeinflußt.

Als erster ist hier Feuerbach zu nennen, der in seiner Philosophie der Zukunft programmatisch das „Humane" in den Mittelpunkt stellt:

Die Philosophie zur *Sache der Menschheit* zu machen, das war mein erstes Bestreben. Aber wer einmal diesen Weg einschlägt, kommt notwendig dahin, den Menschen zur Sache der Philosophie zu machen (Feuerbach 1846, Bd. II, S. 413).

In der kritischen Auseinandersetzung mit der idealistischen Philosophie findet Feuerbach seine beiden Grundprinzipien. Ein methodischer Sensualismus, bei dem die sinnliche Bezogenheit zu Welt und Mitmensch den Vorrang vor der theoretischen hat und einen methodischen „Altruismus", bei dem die Ich-Du-Beziehung eine das Ich konstituierende Bedeutung erhält gegenüber der idealistischen Sicht, die den anderen Menschen als *wesentlichstes Objekt* übersieht.

Feuerbach ist der erste Denker, der sagt, daß das konkrete Ich kein „geschlechtsloses Das" ist, sondern immer ein männliches und weibliches, womit er die Geschlechtlichkeit des Menschen philosophisch ernstnimmt.

Seine zentrale These betrifft die dialogische Beziehungsstruktur:

> Ich bin auch im Denken, auch als Philosoph Mensch mit Menschen. Die wahre Dialektik ist kein Monolog des einsamen Denkers mit sich selbst, sie ist ein Dialog zwischen Ich und Du (Feuerbach 1846, Bd. II, S. 49).

Der zentrale Gedanke, daß eine Ich-Bestimmung ohne Du, welche gleichermaßen dialogisch auch für das Ich des Du gilt, nicht möglich ist, hat erst bei Buber eine weitere und vertiefte Ausarbeitung gefunden. Buber verleiht der Beziehung zwischen Menschen den Rang einer anthropologischen A-priori-Bestimmung:

> Im Anfang ist die Beziehung: als Kategorie des Wesens, als Bereitschaft, fassende Form, Seelenmodell; das A-Priori der Beziehung; *das eingeborene Du* (Buber 1954, S. 31).

Das Ich-Du-Verhältnis hat für ihn nicht nur für die Bestimmung des Ich primären Stellenwert, sondern auch für die Bestimmung der Objekte (der Welt), indem er die Auffassung vertritt, daß alle außermenschlichen Objekte nach dem Vorbild der Beziehung und der in ihr stattfindenden Wahrnehmung des menschlichen Du gebildet werden. Die Ich-Du-Beziehung als menschliche Begegnungs- und Bestätigungssphäre gilt bei Buber als Dimension aller eigentlichen und befriedigenden menschlichen Verwirklichung.

Buber unterscheidet 2 Beziehungsebenen, die primäre der der Ich-Du-Beziehung und eine die er Ich-Es-Beziehung nennt. Sie bezeichnen jeweils grundverschiedene Qualitäten. Die zweitgenannte ist die Beziehung zu „Objekten", die für Zwecke gebraucht, verbraucht, und in dieser Qualität auch wahrgenommen und erkannt werden können. Auch die Welt der wissenschaftlich erforschten Objekte gehört dazu. Es ist die Dimension der „instrumentellen Vernunft", des „zweckrationalen Denkens", die von Horkheimer, Heidegger u. a. hervorgehobene Welt der Dinglichkeit, Zuhandenheit, Vorhandenheit, die Welt der technischen Manipulation. Während die Objekte der Ich-Es-Beziehung objektiviert werden können, ist dies bei der Ich-Du-Beziehung nicht der Fall. Was in dieser Hinsicht geschieht, ist zwar dasjenige, was den Kern menschlichen Lebens ausmacht, es ist jedoch nicht objektivierbar. Sobald Versuche dazu gemacht werden, verwandelt sich die Erfassung der Ich-Du-Beziehung wieder in die objekthafte der Ich-Es-Dimension.

Heideggers Existentialphilosophie (1927) ist ebenfalls von der Intention bestimmt, den Begriff des isolierten, weltlosen und bezugslosen Subjekts zu überwinden. In der ihn beherrschenden Frage nach dem Sein kommt er zu dem wichtigen Ergebnis, daß sich menschliches Sein schon in seiner Seinsart von außermenschlichem unterscheidet. Der in Anlehnung an Kierkegaard gebrauchte Begriff der Existenz soll zunächst nichts anderes als die Eigenart menschlichen Seins erfassen, im Unterschied zum traditionellen Begriff der Essentia, dem Wesen, bei dem es um das Was (des Menschen) geht. Heidegger fragt nicht nach dem „was ist der Mensch", sondern nach dem (Ich) bin, (Du) bist, nach dem „Ist", weil er der Meinung ist, daß alle Was-Bestimmung bereits eine nicht mehr reflektierte Auslegung des Seins enthält.

Er bestimmt die Existenz formal als In-der-Welt-sein. Letztere Bestimmung besagt, daß sich das Sein des Menschen dadurch auszeichnet, daß es sich immer schon in einer Welt vorfindet, die vorwissenschaftlich in verschiedener Hinsicht, z. B. in der des praktischen Umgangs ausgelegt ist.

Eine seiner „Existenzialien" (zum Unterschied von Kategorien, die er als Grundbestimmungen des dinglichen Seins bezeichnet) ist auch das „Mit-Sein". Das „Mit-Sein" ist zwar gleichursprünglich angesetzt, so daß das menschliche Sein immer schon Sein mit anderen ist. Damit wird die Vorstellung eines von anderen isolierten Subjekts abgewiesen. Die formale Bestimmung wird jedoch in der Hauptsache in der Gegenüberstellung von eigentlichem und uneigentlichem Selbstsein konkretisiert, indem das Miteinandersein zunächst als das unterschiedslose Man gefaßt wird. Die Konstitution des Selbst (als Subjektivität) kommt dabei nicht ins Blickfeld. Mit der Bestimmung des Miteinanderseins als Man, vor dem sich das eigene einzelne Selbstsein abhebt – die Grundthematik Kierkegaards, seine Kategorie des einzelnen – wird die Frage nach der Beziehung zwischen Ich und Du und vor allem nach der Konstitution des Selbst durch das Du ebenfalls ausgeklammert.

Die Daseinsanalyse (Binswanger 1962; Boss 1954, 1971), die Psychiatrie, Psychoanalyse und Medizin mit den Begriffen Heideggers auf eine andere Grundlage als die naturwissenschaftliche stellen will, hat diesen Mangel mit seinen Begriffen übernommen. In der Daseinsanalyse finden wir keine anthropologische Reflexion des genetischen Aspekts, der in der Psychoanalyse einen entscheidenden Stellenwert besitzt. Die Existenz des Subjekts wird immer schon vorausgesetzt, die Bedingungen der existierenden Subjektivität nicht reflektiert. Die Beziehung als solche rückt nicht ins Blickfeld.

B. Humanspezifisches Leben

In der traditionellen metaphysischen Bestimmung wird menschliches Leben so verstanden, daß es außermenschliche Formen in sich enthält. Humanes Leben ist demnach auch vegetatives, animalisches (sensomotorisches) Leben. Diesem Leben kommt dann ein weiteres Prinzip zu, Verstand und Vernunft als „geistiges Leben", das sich im sonstigen natürlichen Lebensbereich nicht vorfindet.
  Aristoteles' Stufenlehre, die so das menschliche Leben (Psyche) begreift und eine Hierarchie von vegetativen, animalischen, sinnlich-wahrnehmenden Formprinzipien des Lebens annimmt, hat nicht nur die Philosophie und philosophische Anthropologie (Scheler 1928; Plessner 1928; Rothacker 1938) und Psychologie, sondern auch die Biologie des Menschen nachhaltig bestimmt. Auch heute noch sprechen wir vom vegetativen Nervensystem, von einer animalischen Sensomotorik, einem Schichtenaufbau des Gehirns, einer Vitalseele usw.
  Auch in negativen Definitionen des Menschen findet sich die metaphysische Aufteilung. Fromm bestimmt den Menschen als „Freak", als eine Art Mißgeburt, weil er einerseits „in bezug auf seinen Körper und seine physiologischen Funktionen ... dem Tierreich zugehört", andererseits durch Vernunft, Phantasie, Sprache, Natur transzendiert und ihr gegenübersteht. „Er [der Mensch] ist aus der Natur herausgefallen und ist doch in ihr verhaftet; er ist zum Teil göttlich und zum Teil ein Tier" (Fromm 1960, S. 27). Diese Zwischenstellung habe zur Folge, daß die „Harmonie", die das tierische Leben kennzeichne, durchbrochen wird, und ein Wesen mit „existentiellen Widersprüchen" entsteht.

Gehlen kritisiert die dualistische Aufteilung von Körper und Seele als traditionelles Denkschema und behauptet: „Die vegetativen, sensorischen und motorischen Funktionen arbeiten offenbar viel geistreicher als der Idealismus zugeben wollte und der Materialismus zugeben konnte" (Gehlen 1962, S. 20). Im Menschen läge ein „ganz einmaliger, sonst nicht versuchter Gesamtentwurf von Natur vor". Diese Bestimmung wird aber mit dem Begriff „Mängelwesen" wieder unterlaufen. Die Mängel des menschlichen Lebens werden im Rückgriff auf die tierische Vollkommenheit und Angepaßtheit definiert, was bedeutet, daß das tierische Leben weiterhin als Ausgangspunkt der Betrachtung dient.

Ähnlich steht es mit der Auffassung, die das Charakteristikum Mensch erst ab einer bestimmten Entwicklungsstufe auftreten sieht. Das vorhergehende „Leben" wird als nur physiologisch, als „somatopsychisch" bestimmt, jedenfalls vor- oder untermenschlich.

In einer Übertragung der phylogenetischen Vorstellung eines allmählichen Übergangs von animalischen Lebensformen zu menschlichen wird in der Ontogenese angenommen, daß es zunächst nur „physiologisches" Leben gibt, ohne psychologische Struktur.[7] Der „physiologischen" folgt erst in geraumem Abstand die „psychische Geburt" des Menschen (Mahler et al. 1975).

Nach Fromm ist die Geburt des Menschen „ontogenetisch wie phylogenetisch ein *negatives* Ereignis":

> Als der Mensch eine gewisse Schwelle der minimalen instinktiven Anpassung überschritten hatte, hörte er auf, ein Tier zu sein; aber er war ebenso hilflos und für die menschliche Existenz ebenso wenig ausgerüstet wie das individuelle Kleinkind beim Erblicken des Tageslichts (Fromm 1960, S. 28).

Spezifisch äußert sich diese Einstellung in der Auffassung, bei der frühe Formen des Erlebens, der Wahrnehmung, der Beziehung als unreif beurteilt werden. Die Warte, von der aus diese Beurteilung erfolgt, ist die Vorstellung eines erwachsenen, reifen, vernünftigen Ich, das mit seiner Funktion die Realitätsanpassung und die Integration des Individuums in die gesellschaftlichen Verhältnisse garantiert.

Die Disqualifizierung früher Entwicklungsstufen unter dieser Sicht hat auch eine normativ-moralische Bedeutung: sie ist implizit oder explizit mit der Forderung verbunden, daß diese frühen Stufen aufgegeben oder, sollten sie in „archaischen" Formen weiter bestehen, kontrolliert werden müssen. Die Ausdrücke „infantil", „narzißtisch", usw. als Qualitätsbezeichnungen für kindliches Sein haben alle die Konnotation eines Defizits, wenn nicht gar die einer abwertenden Einschätzung. In dieser Auffassung verbirgt sich eine historisch-gesellschaftliche Einschätzung, bei der frühe Entwicklungsstufen als archaisch, primitiv angesehen und gegenüber einer als Norm oder als Vollentwicklung angesehenen Stufe disqualifiziert werden. Die Einschätzung verbindet sich mit der Hochschätzung intellektueller Fähigkeiten, wobei das zweckrationale Denken gegenwärtig einen besonderen Stellenwert erhält.[8]

Die im folgenden angewandte ganzheitliche Betrachtungsweise gründet in der Auffassung, daß menschliches Leben eine eigene Gestalt oder ein Formprinzip aufweist, das als solches von anderen Lebensgestalten nicht ableitbar ist. Wie die humane Lebensform in Evolution entstanden ist, ist eine bis heute ungelöste Frage.

In evolutionistischer Sicht werden die unterschiedlichen Lebensformen unterdem abstrakten Prinzip der selektiven Anpassung beurteilt, erforscht und voneinander abgeleitet, wodurch die Unterschiede der jeweiligen Lebensgestalten, die sich ja bereits im Außermenschlichen vorfinden, eingeebnet werden und nicht mehr relevant sind.

Das ungelöste Problem der Evolutionsgeschichte besteht nicht darin, *daß* Menschen von anderen Lebensformen „abstammen", sondern *wie,* d. h. wie ihre spezifische Lebensgestalt zustandekam. Die Wie-Frage betrifft die Eigenart humanen Lebens.

Menschliches Leben wird im folgenden mit einigen wesentlichen Strukturmerkmalen näher bestimmt. Damit wird nicht nur der Forderung nach einer ganzheitlichen Erfassung nachgekommen, sondern auch gleichzeitig gezeigt, daß diese Merkmale bei anderen Lebensformen nicht vorkommen. Die ganzheitliche Sicht bietet weiterhin die Möglichkeit, kindliches Leben als vollmenschlich zu verstehen und nicht, wie es in den Entwicklungstheorien meist geschieht, als vor- oder untermenschliches Leben.

Die Strukturmerkmale gelten auch und vor allem bereits für das kindliche Leben, sie umfassen sämtliche wie immer unterscheidbare Phasen oder Entwicklungsstufen menschlichen Lebens.

Die folgenden Ausführungen sind bestimmt und begrenzt durch das Thema der Untersuchung.

1. Seinsübernahme

Menschliches Leben lebt sich nicht von selbst. Menschen müssen ihr Leben übernehmen.

Alle Formen eines „natürlichen" humanen Lebens sind bereits davon bestimmt, daß dieses gelebt werden muß, und insofern ist es nicht mehr „natürlich" in der Sinnbedeutung des außermenschlichen Lebens. Pflanzen und Tiere stehen jenseits der Möglichkeit, sich um ihr Leben sorgen zu müssen.

Daß Menschen für ihr Leben aufkommen müssen, hat die eigenartige Verdoppelung ihres Seins zur Folge, die in Selbsterleben, im Sich-um-das-Lebenkümmern, in Sorge-tragen-für, in Vorstellungen vom Leben usw. offenkundig wird.

Das Besorgen des Lebens, die Bereitstellung, Bewahrung von Lebensmitteln, Kleidern, Unterkunft, ist in dieser spezifischen *Lebensart* begründet. Bewältigung des Lebens, Lebensaufgabe, Lebensführung, kann es nur unter dieser Voraussetzung geben, ebenso daß das Leben schwer, leicht, etwas wert, sinnvoll oder sinnlos sein kann, daß man es verlieren, zerstören, aufs Spiel setzen kann.

Die dem menschlichen Leben inhärente Bestimmung wird *Seinsübernahme* genannt.

Der praktische Umgang mit Dingen, das Ergreifen, Begreifen, Spüren, das Anhalten an, Festhalten, Behalten von etwas, die Bearbeitung und Veränderung sind zwar auch aus dieser Struktur abgeleitete Phänomene, sie verweisen aber viel unmittelbarer darauf als die pure Wahrnehmung oder Erkenntnis von Gegenständen. Alles praktische Wissen von Naturbearbeitung und Naturveränderung gründet in der Seinsübernahme und nicht in einem Bewußtsein von Erkenntnisgegenständen. Welche Lebensmittel zuträglich sind, wie sie haltbar gemacht werden, welche Pflanzen giftig, welche als Heilmittel dienen, wie Tiere erbeutet werden usw. kann mit einem intuitiven „Wissen" gewußt werden, einer spezifischen Verstehensart, die sich vom rational-logischen Denken wesentlich unterscheidet. Aus diesem Grund konnten Menschen existieren, ohne rational-logische Verstehensformen ausgebildet oder gar eine Wissenschaft entwickelt zu haben.

Es geht hier jedoch nicht um einen Beweis des längst bekannten Vorrangs der Lebenspraxis vor der Theorie, sondern um einen Aufweis der Struktur von Lebensübernahme, die viel weiter reicht und das Leben der Menschen weitaus grundlegender bestimmt und kennzeichnet als das Feld der Lebensreproduktion.

Im folgenden wird humanes Leben mit dem Begriff *Selbst* beschrieben. Das Selbst wird allein faßbar in Verhältnissen zu, d. h. menschliches Leben *ist* als Selbstverhältnis (zu sich selbst), als Verhältnis zu anderen und als Verhältnis zur Welt (Natur) zu begreifen. Alle 3 Verhältnisse bilden untereinander eine Einheit.

Wenn unter Seinsübernahme der Aspekt verstanden wird, daß Menschen sich um ihren Lebensunterhalt kümmern, ihr Leben „reproduzieren" müssen, so betrifft das nicht nur das Verhältnis zur Welt, sondern ebenso das Verhältnis zu anderen und das zu sich selbst.

Das diesbezügliche Verhältnis zur Natur ist am auffälligsten und das Besorgen des Lebens, bei dem Natur als Quelle fungiert oder für diese Zwecke bearbeitet und umgeändert wird, ist ein Ausgangspunkt für ein unübersehbares Feld der Forschung.

Das Verhältnis zu anderen wird Thema in dem soziologischen Aspekt der Lebensreproduktion. Hier bedeutet Seinsübernahme, daß einer oder eine Gruppe für andere Funktionen übernimmt. Den anderen wird damit in irgendeinem Bereich oder Aspekt ihr Leben abgenommen, sie brauchen dann in dieser Hinsicht nicht selbst dafür aufkommen. Alle Arbeitsteilung ist in Seinsübernahme gegründet. Sowohl die Austauschbarkeit als auch die Differenzierung der Funktionen scheint in dieser Hinsicht unbeschränkt zu sein. Die Aufgliederung von Funktionen in immer spezialisiertere Berufe und Kompetenzen ist ein typisches Kennzeichen der neuzeitlichen westlichen Industriegesellschaft.

Arbeitsteilung scheint unaufhebbar zu sein. Selbst in „primitiven" Gesellschaften gibt es keine Individuen, die Kompetenz für sämtliche Funktionen besitzen oder alle für den Lebensunterhalt nötigen Funktionen allein ausführen können. Die Vorstellung von Marx, daß in der zukünftigen klassenlosen Gesellschaft jeder das machen könnte, wozu er Lust hat, trifft eher eine humanspezifische (historische) Wunschphantasie als die konkrete Wirklichkeit. Marx hat allerdings darauf verwiesen, daß die Arbeitsteilung am Geschlechtsunterschied eine „natürliche" Grenze findet. Insofern hat die Aufteilung und Austauschbarkeit von Funktionen – bislang wenigstens – an der Geschlechtspezifität eine Grenze gefunden, da allein Frauen gebären und Männer zeugen können.

Die natürlich-leibliche Verschiedenheit von Mann und Frau spielt in diesem Bereich eine zwar beachtete, aber kaum ausreichend erforschte Rolle. Die Verschiedenheit des kindlichen Daseins von dem der Erwachsenen ist im Bereich von Seinsübernahme noch überhaupt nicht ins Blickfeld getreten.

Die unumgängliche Notwendigkeit von Seinsübernahme durch andere ist mit dem Problem der „sozialen Gerechtigkeit" eng verbunden. Ein ausgedehntes Feld sozialen Lebens betrifft die „gerechte" Verteilung der jeweiligen Übernahme von Funktionen, Mittel und Wege eines Ausgleichs. Die gesellschaftliche Einschätzung und Bewertung der „Rollen" ist ein zentrales Element von Anerkennung, das auch das Selbstverhältnis der Individuen in entscheidender Weise betrifft. Das Monopol der Ausübung bestimmter Funktionen ist mit dem Bereich gesellschaftlich-politischer Macht, mit der Möglichkeit von Ausbeutung, Unterdrückung usw. verknüpft. Auseinandersetzung, Streit, Kampf, nicht zuletzt zwischen den Geschlechtern, entsteht um die jeweilige Funktionsübernahme und Verteilung von Funktionen, und dies selbst dann, wenn gesellschaftliche Normen dies bereits geregelt haben. Typisches Beispiel dafür ist Thema und Problem einer Emanzipation der Frau, was nur unter der Voraussetzung entstehen kann, daß die natürliche Verschiedenheit zur gesellschaftlichen Abwertung, Unterdrückung führt, wenn die aus dieser Verschiedenheit resultierende spezifische Funktionsübernahme – hier Kinder gebären und betreuen – keine adäquate gesellschaftliche Anerkennung erhält.

Geld spielt als abstraktes „unpersönliches" Ausgleichsmittel im Bereich gegenseitiger Seinsübernahme eine entscheidende Rolle, die insofern humanspezifisch ist, als der distanzierte Ausgleich von „Dienstleistungen" und die damit verbundenen Beziehungsphänomene allein beim Menschen möglich sind.

Marx' Idee einer „menschlichen" Aneignung der Produktion hatte 2 Zielaspekte: Die Produktionsweise solle den „menschlichen" Bedürfnissen nicht zuwiderlaufen, etwa in Form hochgradiger Spezialisierung von Arbeit (Fließbandproduktion), und die Produktion solle für den „Menschen" betrieben werden und nicht um Willen eines abstrakten Prinzips, der Kapitalvermehrung.

Der Kern der Lehre von Marx, daß das Prinzip der Kapitalvermehrung als das die Produktion letztlich beherrschende „unmenschlich" sei und der damit verbundene „Warenfetischismus" schließlich auch den Menschen zur Ware degradieren läßt, und daß durch die mit diesem Prinzip verbundenen Machtverhältnisse die menschlichen Beziehungsmöglichkeiten extrem eingeschränkt werden, ist bis heute gültig.

Marx war aber der seiner Lehre zumindest implizit zugrundeliegenden irrigen Auffassung, daß die Abschaffung des kapitalistischen Prinzips der Produktion und die Abschaffung der damit verbundenen Machtverhältnisse die soziale Gerechtigkeit und die Lösung der Machtproblematik von Unterdrückung und Ausbeutung mit sich bringen würde. Ein wesentlicher Grund für diesen Irrtum war die Ausklammerung des 3. Verhältnisses von Seinsübernahme, die das Individuum betrifft. Die Bestimmung der Individuen als „Ensemble der gesellschaftlichen Verhältnisse" entspringt einem unreflektierten Verständnis des Menschen, bei dem nicht berücksichtigt wird, daß jedes Individuum auch je selbst sein Leben übernehmen muß. Wie und zu welchem Grad jedes Individuum sein eigenes Leben übernimmt, hängt von vielen Bedingungen ab. Eine wesentliche ist die Art seiner Erfahrungen in der Primärbeziehung, eine Sphäre, die nicht nur von „Liebe", sondern in ganz entscheidender Weise von Machtverhältnissen bestimmt ist. Diese hängen von der „natürlichen" Verschiedenheit kindlichen und erwachsenen Daseins ab und nicht oder nicht in erster Linie von den gesellschaftlichen Verhältnissen. Das bedeutet, daß jedes Individuum bereits mit einer ihm nicht bewußten Auffassung und Einstellung zu Macht, Überlegenheit und Unterlegenheit, mit Antrieben zur Machtausübung und zur Unterwürfigkeit in die gesellschaftliche Rollenübernahme eintritt.

Insofern hat das Selbstverhältnis im Bereich von Seinsübernahme eine fundamentale Bedeutung, denn das Ausmaß der Regelung von Machtverhältnissen und der damit verbundenen Antriebe im „Innenverhältnis" der Individuen wird deren Erleben und Handeln im gesellschaftlichen Bereich nachhaltig und, was noch wichtiger ist, „unbewußt" bestimmen, d. h. ihr diesbezügliches Verhalten ist einer rationalen Reflexion und Veränderung nur sehr bedingt zugänglich.

Das Thema der Seinsübernahme im Selbstverhältnis steht im Mittelpunkt der Untersuchung. Es ist von mehreren Momenten bestimmt. Das menschliche Kind kommt in einem Zustand auf die Welt, in dem es sein eigenes Sein in umfassender Weise nicht übernehmen kann. Es ist auf die Seinsübernahme durch andere um den Preis seines Überlebens angewiesen. Die Angewiesenheit als eine zentrale Kategorie menschlichen Lebens trägt bereits die Merkmale von

Macht, indem in einer Beziehung der eine sich in prinzipieller Machtposition befindet und der andere in der der Ohnmacht.

Je mehr das Kind im Lauf seiner Entwicklung die Funktionen selbst übernehmen lernt, die bislang der andere für ihn ausgeführt hat und je mehr es sein leibliches Selbst-sein-können beherrscht, um so relativer wird seine Angewiesenheit und um so mehr wächst seine Macht.

Wenn die Übernahme von Funktionen und die Reifung von kognitiven und motorisch-sinnlichen Fähigkeiten unabhängig von der Beziehung und ihren Qualitäten gesehen wird, wie das in sämtlichen Theorien der Fall ist, die das menschliche Leben analog dem außermenschlichen bestimmen, dann ist die Abhängigkeit von Funktionsübernahme und Funktionsreifung von der Beziehung ausgeblendet. Die Betreuung des Kindes wird dann als kaum vom Tierreich unterschieden verstanden, und die Begriffe Aufzucht, Brutpflege, Fütterung, Versorgung, Abhängigkeit, Bindung werden in diesem Sinne verwendet. Die Eltern versorgen das Kind, solange seine angelegten Verhaltenssysteme noch nicht entwickelt, erlernt oder eingeübt sind.

Im Gegensatz dazu wird hier die Entwicklung der Funktionen und der Funktionsübernahme in einem Verhältnis zur Beziehung und ihrer emotionalen Qualitäten begriffen. Die einzige Theorie, die die Abhängigkeit von Funktionsübernahme und ihrem Niveau von den affektiven Verhältnissen der Beziehung zu den Eltern ins Blickfeld gebracht hat, ist die Psychoanalyse.

Seinsübernahme unter dem Aspekt des Selbstverhältnisses bedeutet, daß das Individuum für sein Leben aufkommen muß, das ihm letztlich kein anderer abnehmen kann.

Wenn Freud dies als „ökonomische Aufgabe" des Ich bezeichnet und sagt:

> So vom Es getrieben, vom Über-Ich eingeengt, von der Realität zurückgestoßen, ringt das Ich um die Bewältigung seiner ökonomischen Aufgabe, die Harmonie unter den Kräften und Einflüssen herzustellen, die in ihm und auf es wirken, und wir verstehen, warum wir so oft den Ausruf nicht unterdrücken können: Das Leben ist nicht leicht! (Freud 1933, S. 84 f.),

bezieht er sich auf notwendige eigene Seinsübernahme im Selbstverhältnis.

Das menschliche Kind kommt in einem Zustand auf die Welt, bei dem ein anderer sein Leben nahezu total übernehmen muß. Das heißt, es wird in einem Zustand geboren, bei dem ein anderer (oder andere) an die Stelle des potentiellen „Ich" tritt, das später die Bewältigung der „ökonomischen Aufgabe" ohne den anderen übernehmen muß. Daß die Primärbeziehung als Sozialisationssphäre das Wie als Bereich der Übernahme in Form von „verinnerlichten Normen" nachhaltig bestimmt, ist immer gesehen worden. Daß die Primärbeziehung eine *Voraussetzung für die Funktionsübernahme als solche* darstellt, ist jedoch eine Betrachtungsweise, die neu ist, bisher meist nur implizit in klinischen

Phänomenbeschreibungen zum Vorschein gelangt und noch keine befriedigende theoretische Formulierung gefunden hat.

Eigene Seinsübernahme ist von daher gesehen nur unter bestimmten Voraussetzungen möglich:
1) Daß das Kind in einer Beziehung aufwächst, die einerseits Aufgehobenheit bietet und andererseits sein potentielles Selbst-sein-können (als eigener Seinsübernahme) anerkennt und bestätigt. Der Dialektik zwischen Aufgehobenheit und Selbstsein ist ein eigener Abschnitt (III.B.5.) gewidmet.

2) Das Ausmaß des Selbst-sein-könnens ist zwar von gesellschaftlichen Leitvorstellungen geprägt – etwa in welchem Ausmaß Kinder ihr eigenes Selbst leben, etwa „aggressiv" und spontan sein dürfen –, es geht hier aber nicht um die immer gegebene Einschränkung, sondern darum, ob Selbstsein und damit Funktionsübernahme in der Beziehung überhaupt zugelassen wird und ob es überhaupt zustandekommen kann. Wenn die erste Bedingung, Aufgehobenheit, in einer Beziehung nachhaltig fehlte, dann hat das Kind keine Chance, sein Selbstsein zu leben. Sein Selbst ist dann vom Mangel an Selbstgefühl geprägt, was zur Folge hat, daß auch noch der Erwachsene diesen Mangelzustand dauernd kompensieren muß. Die Pathologie des Selbstsein-könnens als mangelnder eigener Funktionsübernahme zeigt am besten, um was es hier geht. Psychotische Krankheitsbilder zeichnen sich zwar unter anderem, aber in wesentlicher Hinsicht auch dadurch aus, daß die Individuen zur eigenen Seinsübernahme nicht in der Lage sind und auf eine solche durch andere angewiesen bleiben. Die heute sich in den Vordergrund drängenden Borderline- oder „narzißtischen" Störungen sind ebenfalls von einer mehr oder weniger umfassenden Einschränkung der eigenen Seinsübernahme gekennzeichnet, was immer bedeutet, daß diese Menschen auf andere angewiesen sind, aber auch daß sie zu Gemeinschaftsregelungen, die eigene Seinsübernahme voraussetzen, in Widerspruch geraten (Asozialität) oder von anderen erwarten – oder sie zwingen wollen –, daß sie für sie Funktionen übernehmen, die sie selbst ausführen müßten. Dieser Aspekt betrifft zwar „Narzißmus" in einer wesentlichen Hinsicht, er wird aber weder durch Eigenliebe, sei sie nun sexuell oder egoistisch, noch durch Selbstwert begreifbar.

Von daher kann mit Recht gefragt werden, welche Qualität die Primärbeziehung aufweisen muß, um welche emotionale Bedürfnisse es sich handelt, die die Voraussetzung für eine mögliche Funktionsübernahme sind. Die Frage kann allerdings erst dann gestellt werden, wenn das Problem eigener Seinsübernahme ins Blickfeld kommt.

Eigene Seinsübernahme muß von Individuation als Selbstverwirklichung oder Selbstfindung streng unterschieden werden. Über sein Leben selbst bestimmen können, in der Form „eigener" Berufswahl oder als Wahl einer Lebensform in einer pluralistischen Gesellschaft, ist als breite Möglichkeit erst in der Neuzeit aufgetreten. Die damit in Zusammenhang stehenden Begriffe eines privaten, bürgerlichen oder sonstwie bezeichneten Individuums beziehen sich auf die historisch sich wandelnde Möglichkeit von Identität in einer gegebenen Gesellschaft. Eigene Seinsübernahme ist dagegen ein Strukturmerkmal menschlichen Lebens. Sie liegt als Möglichkeit vor jeder Form von individueller Selbstbestimmung und gesellschaftlicher Rollenübernahme und stellt die unumgängliche Basis für jene dar.

Seinsübernahme in frühen Stadien der Primärbeziehung hat einen besonderen Stellenwert, weil sie hier in nahezu reiner Form auftritt. Daß das Kind leben kann, ist nur unter der Voraussetzung möglich, daß ein anderer für sein Leben aufkommt. Dies ist am Anfang in einer solch umfassenden Weise der Fall, daß zwischen dem „Leben" der Mutter und dem des Kindes kaum ein Unterschied zu bestehen scheint. Die Mutter „lebt" nicht nur ihr eigenes Leben, sondern auch das des Kindes und umgekehrt: Das Kind lebt nicht sein eigenes „Sein", sondern sein Leben wird von der Mutter gelebt.

2. *Bewußtsein und Unbewußtsein: Verstehensstruktur*

Alle Lebensreproduktion als Bearbeitung, Veränderung von Natur, die dazu erforderliche Werkzeugverwendung und -herstellung usw. muß „verstanden" sein, in welch historisch-gesellschaftlichen Formen auch immer. Ebenso ist das Leben, das besorgt und unterhalten wird, in einem Sinnzusammenhang allemal schon verstanden: wie das Leben besorgt, eingerichtet, geführt, worauf es hingelebt wird. Das gleiche gilt für das Leben mit anderen, wie Produktion betrieben, wie die Funktionen, die Rollen in einer Gesellschaft verteilt sind, wie die Rollen selbst interpretiert sind, daß und wie ich mich gegenüber anderen verhalte usw. usw., setzt Verstehensstruktur voraus.

Verstehen wird meist umstandslos mit dem neuzeitlichen Begriff Bewußtsein gleichgesetzt, wobei die Bedeutung des wissenden, erkennenden, bestimmenden Bewußtseins im Vordergrund steht. Der Ansatz von Subjektivität als „ich denke", die kognitive Vergewisserung des „Ich selbst" als Selbstbewußtsein und die Beziehung zu potentiell erkennbaren Objekten (der Welt) ist der weithin geltende Horizont, in dem Bewußtsein begriffen wird.

Bewußtsein wird dabei als ein Vermögen verstanden, das dem „Leben" hinzukommt. Der Mensch *hat* Bewußtsein. Sein Leben ist *Träger* des Bewußtseins. Das Großhirn ist die anatomisch-physiologische Grundlage für das Bewußtsein. Das „Leben" kann als vegetatives, animalisches Leben vom bewußten Leben isoliert werden usf.

Gegenüber dieser Sicht wird hier die Verstehensstruktur als dem Leben inhärent, als humanspezifisches Moment angesehen. Von daher kann etwas verstanden sein, ohne daß dies bewußt ist, weder in dem Sinn, daß es einem Bewußtsein „gegeben" ist, noch daß es „erkannt" ist.

Die Verstehensstruktur kann an vielen Phänomenen aufgewiesen werden, die bereits vor Freud bekannt waren. Der praktische Umgang mit Dingen des alltäglichen Lebens ist schon immer verstehend, hat eine eigene Kompetenz, ohne daß dies reflexiv bewußt oder theoretisch erkannt wäre. Der Sachverstand eines Handwerkers kann dem theoretischen Wissen eines Physikers bei weitem überlegen sein, obwohl der erstere keine theoretischen Kenntnisse und keine bewußte Reflexion auf sein verständiges Handeln besitzen muß. Im Gegenteil, bewußt-reflexive Prozesse und theoretische Kenntnisse sind nicht selten geradezu hinderlich in einem sachgerechten Umgang mit lebensnotwendigen Einrichtungen.

Um die „Lebensführung" des verständigen Verhaltens und Handelns ist es nicht anders bestellt. Die Aussage „er handelte in dieser Situation aus einer natürlichen Überzeugung", oder „er handelte gegen seine innere Überzeugung", bezieht sich auf den nachweisbaren Tatbestand, daß es nichtbewußtes, nicht reflexiv bestimmtes Verhalten und Erleben gibt, das gleichwohl „verstehend" ist, in mancher Hinsicht positiv, d. h. situationsgerecht, den Umständen entsprechend „richtig".

Auch hier finden wir den Sachverhalt, daß reflexives Wissen, rationale Überlegungen, Selbstbeobachtung in einer komplexen Situation durchaus hinderlich sein, nicht nur einer Entscheidung, sondern auch einer adäquaten Einschätzung und einem spontan richtigen Verhalten im Wege stehen können.

Menschliche Sinne sind keine mechanischen Registrierapparate, die irgendwelche Reize beliebig aufnehmen. Alle Wahrnehmung beruht auf einem Vorverständnis. Wir hören nicht zuerst unbestimmte akustische Töne, die nachträglich mit Bedeutungen versehen werden, sondern wir hören jemanden reden, ein Fahrzeug fahren, einen Hund bellen, das Wasser rauschen. Ein unbekanntes Geräusch wirkt unheimlich, weil es nicht vorverstanden ist.

Nur dann, wenn etwa als bedrohlich vorverstanden ist, kann es Berührungsängste geben, und umgekehrt können Wünsche nach Berührung und Berührtwerden nur auftreten, wenn das befriedigende Ziel und die sinnliche Berührung, die dazu führt, verstanden worden ist.

Die blinden Flecken oder Lücken in unserer Wahrnehmung, die womöglich entscheidender für unser Leben sind als das, was wir wahrnehmen, können nur dadurch entstehen, daß wir schon verstanden haben, was wir nicht sehen oder hören können oder wollen. „Unbewußte" Fehlleistungen im Bereich sinnlicher Wahrnehmung beruhen darauf, daß etwas nicht gehört, nicht gesehen, nicht gespürt wird, obwohl es „objektiv" da ist, „einem vor der Nase liegt", d. h. es ist vorverstanden.

Das Vorverständnis ist die Folge davon, daß Menschen nicht mit einem instinktiven Regulations- und Verhaltenssystem auf die Welt kommen, sondern als angewiesene Kinder. Sie bringen zwar die Verstehensstruktur als dem menschlichen Leben inhärent (Anlage) mit, sie muß sich aber allemal in einer Beziehung entwickeln. Sie ist insofern am Anfang des Lebens nur potentiell (das potentielle Selbst), noch nicht aktualisiert. Alle Aktualisierung von Verstehen (die Entwicklung sinnlich-kognitiver Systeme) erfolgt notwendigerweise in der Primärbeziehung, und dies vom ersten Lebenstag an. Nicht nur inhaltliche Momente des Verstehens sind daher von der „Sozialisation" abhängig; wesentlich ist, daß das Kind bereits in frühen Phasen „verstehen lernt". Das heißt, das „andere" – das sog. primitive Weltbild – und die anderen – die sog. Präobjekte, Objektvorläufer, die Introjekte – und das eigene (Körper)selbst sind immer schon frühzeitig verstanden, bevor sich ein rational-logisches Denken bildet.

Das gewachsene Vorverständnis löst sich nicht auf, es bleibt als „Erinnerung" erhalten, auch wenn später mit anderen Verstehensarten (etwa zweckrational-effektiv) Welt, andere und das eigene Selbst wahrgenommen und begriffen wird.

Vorverständnis ist daher Ausdruck des anthropologischen Sachverhalts, daß das Selbst (als Selbstverhältnis) allemal in einer Geschichte geworden und gewachsen ist, die vom 1. Lebenstag an beginnt, und daß dieses Werden auch ein wachsendes Verstehen beinhaltet. Das so (immer in einer Beziehung) gewordene Selbst ist später, wenn das Selbstverhältnis als Selbstbewußtsein, Selbstreflexion, Selbsterforschung usw. relevant wird, nie ganz einholbar, d. h. der bewußten Reflexion zugänglich.

Bewußtsein als praktisches, logisches oder theoretisches Denken ist ohnehin ein von der Verstehensstruktur abgeleitetes Phänomen. Der Begriff des „reinen" Bewußtseins ist in besonderer Weise fragwürdig, da damit das Vorverständnis (als gewordenes Selbst) ausgeklammert wird oder die Auffassung vorherrscht, daß dieses durch ein adäquat denkendes Bewußtsein eingeholt werden könnte.

Im Rahmen der Untersuchung müssen diese wenigen Hinweise genügen. Im folgenden werden einige spezifische Gesichtspunkte von Verstehen erörtert, die für das Thema der Primärbeziehung relevant sind.

a) Das unbewußt Psychische ist nicht sinnlos
Freud schrieb 1898:

> Ich bin gar nicht geneigt, das Psychologische ohne organische Grundlage schwebend zu erhalten. Ich weiß nur von der Überzeugung aus nicht weiter, weder theoretisch noch therapeutisch, und muß mich also benehmen, als läge mir nur das Psychologische vor.

Das „Psychologische" oder das „Psychische" ist hier für Freud weder vom „Physischen" oder „Physiologischen" ableitbar, noch ist es mit Bewußtsein gleichzusetzen. „Das Psychische der Philosophen war nicht das der Psychoanalyse." Freud sagt im Hinblick auf die traditionelle Bewußtseinsbestimmung völlig zu Recht: „Die Philosophen heißen in ihrer überwiegenden Mehrzahl psychisch nur das, was ein Bewußtseinsphänomen ist. Die Welt des Bewußtseins deckt sich ihnen mit dem Umfang des Psychischen" (Freud 1925, S. 103). Das Psychische ist dagegen für ihn prinzipiell „unbewußt", das Bewußtsein wird als Qualität aufgefaßt, die den psychischen Vorgängen unter bestimmten Bedingungen hinzukommen kann. Seine bekannten Unterscheidungen von unbewußt, vorbewußt und bewußt beziehen sich darauf.

Auf die Frage, was wir unter dem „Psychischen" zu verstehen haben, finden wir bei Freud zwar verschiedene Hinweise, aber keine befriedigende Antwort. Im Gegenteil, der substantivische Begriff des „Unbewußten" (der topische Aspekt), der Vorstellungen eines abgegrenzten und dinglich vorhandenen Bereiches nahelegt, verschleiert die ursprüngliche Intention, das Psychische als einheitliches und unableitbares Phänomen anzusetzen.

Im folgenden werden einige Aspekte von „unbewußt" in der Sicht von Verstehensstruktur beschrieben. Unbewußt bedeutet hierbei nicht bewußtlos, sinnlos und bezieht sich nicht auf etwas Unbestimmtes, Chaotisches, das erst durch bewußte Formung Gestalt gewinnt, sondern bedeutet: *vor*verstanden, nicht einfach zugänglich, un*ge*wußt.

b) Zugänglichkeit
Ich kann mich verhalten, ohne daß mir bewußt ist, aus welchem Grund und mit welcher Intention. Das Verhalten ist deswegen nicht sinnlos oder ohne Verstehen. Es ist vorverstanden, im Selbstverhältnis nicht eigens angeeignet oder gewußt.

Mit gewissen Einschränkungen kann ich mich normalerweise an etwas erinnern, kann Auskunft über mein Erleben und Verhalten geben, es begründen usw. (vorbewußt). Es gibt jedoch eine davon zu unterscheidende erhebliche Einschränkung dieser Zugänglichkeit, die nur unter spezifischen Bedingungen, worunter unter anderem die Psychoanalyse fällt, aufgehoben werden kann (unbewußt).

c) Das dynamisch „Unbewußte" als vorverstandene Motivation
Unbewußt in diesem Sinn bedeutet, daß ich in meinem Erleben und Verhalten von etwas bestimmt werde, das mir nicht bewußt, d. h. nicht zugänglich ist. Die ursprünglich kreatürliche Motivationsquelle ist das Selbstgefühl (Lebensgefühl). Alle „natürlichen" Antriebe (nach Nahrung, Bewegung, „Aggression", „Sexualität" usw.) sind mit Selbstgefühl, seiner Aufrechterhaltung und seinem Mangel verbunden. Da das Selbstgefühl von mehr Bedingungen abhängt als nur von der Befriedigung von „Trieben" und in einem Verhältnis zur jeweiligen Verfassung des Selbst steht, sind alle „Antriebe" immer vorverstanden, d. h. interpretiert, vermittelt, „repräsentiert" – auch in Hinsicht auf ihre Energiemomente, die als Kraft, Drang und Antrieb empfunden werden.

Das „verdrängte" Unbewußte als pathogene Quelle der neurotischen Symptome bedeutet, daß ein kreatürlicher Antrieb infolge seiner unbewußten vorverstandenen Bedeutung nicht zugelassen wird. Die Tendenz zur Aufrechterhaltung des Selbstgefühls erzwingt aber eine wie auch immer ausfallende (unerwünschte, asoziale, krankmachende) Ersatzbefriedigung oder Kompensation.

Was bewirkt die Verdrängung? In der Psychoanalyse ist es das Ich, aber wiederum nicht in erster Linie das bewußte Ich, sondern seine „unbewußten" Anteile (Über-Ich) und Strategien (unbewußte Abwehrmechanismen).

Beim „Unbewußten" des Ich handelt es sich ebenfalls nicht um etwas Sinnloses, sondern um verstehbare Inhalte und intentionale Strategien, die im Detail als Mechanismen wie Verleugnung, Verdrängung, Spaltung, Introjektion, Projektion, Rationalisierung usw. beschrieben werden. Die unbewußte Ich-Abwehr ist demnach auch vorverstanden, d. h. in ihrer Wirkung „verstehend".

Von der Verstehensstruktur her gesehen entfällt die dadurch entstehende Problematik eines doppelten Unbewußten, des Es als unbewußter Triebrepräsentanz und des Ich als unbewußter Abwehr.

Eine Aufteilung der Person in Bereiche oder Instanzen mag eine für das Verständnis klinischer Phänomene hilfreiche Konstruktion sein. Falls ein solches Modell jedoch nicht mehr hinterfragt wird, erhält es schließlich die Funktion einer Zerteilung des Menschen. Die Sicht auf den einfachen Sachverhalt, daß Ich, Über-Ich und Es *einem* Individuum zugehören, daß das Es nicht etwas anderes ist als das Ich, wird damit verstellt.

Der „Trieb" ist vorverstanden, etwa als einer, der in seiner kreatürlich-spontanen Weise zugelassen oder als einer, der nur in bestimmter Weise zugelassen werden kann, wobei diese Umwege oder Schicksale eine große Mannigfaltigkeit aufweisen. Hinsichtlich der Triebstärke bedeutet dies, daß die Intention oder das Triebziel allemal verstanden sein muß, d. h. es besteht eine Motivation für etwas. Es gibt schwächere und stärkere Motive, und je unzugänglicher vorverstandene Motive sind, um so mehr werden die stärkeren die Oberhand gewinnen, auch dann, wenn sie zu bewußten Motiven im Gegensatz stehen sollten.

In der humanspezifischen Betrachtung gibt es keine isolierte, wie auch immer verstandene „Natur" (innere Natur) des Menschen. Das „natürlich" Vorgegebene wird hier als Kreatürlichkeit (das kreatürliche Selbst) bezeichnet und immer in einem Verhältnis zu den anderen Strukturmerkmalen gesehen.

Das Selbstgefühl steht zum kreatürlichen Selbst in einem wichtigen Bezug, ist aber niemals unmittelbarer Ausdruck desselben, sondern immer durch die Verfassung des Selbst vermittelt. Aus diesem Grund gibt es beim Menschen weder „natürliche" Triebe noch ein „natürliches" Anpassungssystem.

d) Verschiedenartigkeit von Verstehen
Die Philosophie hat sich seit jeher mit dem Problem verschiedener Verstehensarten beschäftigt. Plato und Aristoteles unterscheiden je auf ihre Weise die sinnliche Wahrnehmung (αἰσθάνεσθαι) von unsinnlichem Vernehmen (νοεῖν). Kant grenzt die sinnliche Anschauung von Verstand und Vernunft ab. Der praktische oder pragmatische Zugang zur Wirklichkeit wird gegen den theoretischen abgehoben, in bestimmten Richtungen dem ersteren der Vorrang eingeräumt. Scheler (1960) unterscheidet verschiedene Wissensformen, wie Herrschaftswissen (Naturbeherrschung), Bildungswissen, Erlösungswissen. Die aktuelle Diskussion über den wissenschaftstheoretischen Status der Psychoanalyse wird zu einem großen Teil mit dem Unterschied von Erklären und Verstehen (als hermeneutische Auslegung) bestritten.

Freud hat in dem hier angedeuteten Feld mit seinen Begriffen Primärprozeß und Sekundärprozeß ein Novum geschaffen. Der Ausdruck Prozeß oder Vorgang bezieht sich auf den psychischen Apparat, der Reize und Erregungen zu bewältigen hat, was auf verschiedene Weise und in verschiedenen Systemen geschieht. Der Primärprozeß gehört zum System Es (Unbewußtes), der Sekundärprozeß zum System Ich (Bewußtsein).

Von der Verstehensstruktur her gesehen handelt es sich bei den beiden „Prozessen" um verschiedene Verstehensarten. Die primäre Verstehensart untersteht dem „Lustprinzip", d. h. sie wird von einem Gefühl bestimmt. In der Unterscheidung verschiedener Verstehensarten ist dies eine neue Variante. Sie übergreift alle üblichen Trennungen von Sinnlichkeit und Verstand, von affektiven und kognitiven Prozessen. Die sekundäre Verstehensart ist vom „Realitätsprinzip" geleitet. Das Lustprinzip hat zwar auch hier noch Geltung, da letzten Endes das Streben nach Lust erhalten bleibt. Es wird aber durch den Einschub eines Hiatus zwischen Antrieb (nach Sofortbefriedigung) und Befriedigungsziel relativiert. „Realistisches" Wahrnehmen wird leitendes Erkenntnisinteresse, um das Erreichen von Zielen, die der Befriedigung dienen, sicherzustellen. In der primären Verstehensart spielen Raum und Zeit keine Rolle, der Satz vom Widerspruch hat keine Geltung, Gegensätze schließen sich nicht aus. In der sekundären werden Raum- und Zeitgrenzen gesetzt, sich ausschließende Sachverhalte anerkannt, verschiedene Bedeutungen voneinander unterschieden, Vor- und Nachteile von Befriedigung gegeneinander abgewogen usw. In der primären Verstehensart ist dagegen vieles möglich. Da es keine oder eine andere Zeitvorstellung gibt, gibt es keinen Tod, keinen Unterschied zwischen Tod und Leben, keine zeitliche Begrenzung, keine Vergänglichkeit als abgeschlossenes Gewesensein und keine Zukunft als Noch-nicht-sein, nur die Gegenwart zählt. Da räumliche Koordinaten fehlen, gibt es auch keine räumliche Begrenzung. Etwas kann hier und dort zugleich sein, Entfernungen werden entweder spielend überwunden, oder sie existieren nicht. In der Verdichtung werden verschiedenen und u. U. sich ausschließende Inhalte vereinigt, etwa in einem Bild oder in einem Wort. Die Fabelwesen eines Pferdes mit Menschenkopf oder eine Meerjungfrau vereinigen Aspekte von Mensch und Tier und von männlicher und weiblicher Sexualität. In der Verschiebung wird ein Vorstellungsinhalt auf einen anderen übertragen. Obwohl der erstere mit dem zweiten wenig oder gar nichts gemeinsam haben muß. Vom Standpunkt des logischen Denkens aus kann mit Recht gefragt werden, was beispielsweise ein Kirchturm mit einem Phallus zu tun hat oder ein Holzstoß vor dem Haus mit einer weiblichen Brust.

In frühen Phasen der Entwicklung tritt die primäre Verstehensart ausschließlich oder vorwiegend auf, wird allmählich durch die sekundäre überformt oder ersetzt, ohne je ganz an Wirksamkeit zu verlieren. Das Verhältnis der beiden Verstehensarten zum Lustprinzip und ihre jeweilige Eignung zur adäquaten Erfassung von Realität in den Aspekten des erkannten Objekts (auch der eigenen Realität) und der Wahrnehmung der anderen (Objektbeziehung) spielt in der Psychoanalyse eine entscheidende Rolle. Problematisch ist dabei die Einschätzung und Bewertung der beiden Verstehensarten.

Einerseits gibt es die weitverbreitete Auffassung, daß primäres Verstehen „primitiv" sei, in frühen Phasen der Ontogenese (infantil-primitiv) als auch in der Phylogenese (archaisch-primitiv) auftrete. Primitiv bedeutet dabei inadäquate, unreife, verzerrte oder gar wahnhafte Wahrnehmung und Interpretation von „Realität". Diese Auffassung ist mit der normativen Forderung verbunden, daß die sekundäre Verstehensart als unabdingbare Voraussetzung für realitätsgerechte Erfassung und Anpassung die primäre zu ersetzen oder zu modifizieren habe.

Die primäre Verstehensart hat mit kreativen Prozessen viele Gemeinsamkeiten. Auch hier ist die freie, „spontane" Beweglichkeit von Vorstellungen, Gedanken, Gefühlen – die schöpferische Phantasie – und die Beziehung zu Gefühlen wesentlich. An der „Traumarbeit", der Symbolbildung, am neurotischen Symptom – alles Ergebnisse, die in erster Linie durch primäres Verstehen zustandekommen –, wird immer wieder ein erstaunliches „Wissen" um eine Lösung hervorgehoben, die mit zweckrational-logischem Denken nie zustandekommen könnte. Sogar wissenschaftliche Neuentdeckungen werden dieser Dimension zugerechnet. Da all diese Qualitäten eher dem „Bewußtsein" als dem Ich zugehörig erachtet werden, kommt es zu einer Interpretationstendenz, die das primäre Verstehen dem Vorbewußten und damit dem Ich, und nicht dem Unbewußten zuordnet. Das Unbewußte erhält in dieser Sicht dann allein eine pathogene Qualität, indem seine Inhalte symbol- und sprachvermittelnden Prozessen entzogen bleiben und als nicht korrekturfähige stereotype Muster oder Klischees Erleben und Verhalten nachhaltig bestimmen.[9]

Primäres Verstehen hat in einer Untersuchung der Primärbeziehung eine wichtige Bedeutung. Es geht dabei u. a. um die wichtige Frage, inwieweit das Kind „Realität" bereits adäquat erfassen kann. Wenn dies der Fall ist, dann haben kindliche Aussagen u. U. einen eigenen Wahrheitsgehalt, was in der Verständigung zwischen Erwachsenen und Kindern eine große Rolle spielt.

Freud berichtet von einem 3jährigen Knaben, der in einem dunklen Zimmer liegt und seine Tante bittet, sie solle mit ihm sprechen: „Ich fürchte mich, weil es so dunkel ist." Die Tante antwortet: „Was hast du denn davon? Du siehst mich ja nicht!" „Das macht nichts", antwortet das Kind, „wenn jemand spricht, wird es hell" (Freud 1905, S. 126, Anm.).

Die Aussage des Kindes ist offenkundig vom primären Verstehen geleitet. Es behauptet, daß es durch das Sprechen im Zimmer hell werde, was dem realitätsgerechten und kontrollierten Wahrnehmen und Denken widerspricht. Es hat das Sprechen mit dem Licht in eins zusammengebracht (Verdichtung). Die Aussage ist vom Lust-Unlust-Prinzip geleitet und gefühlsbestimmt von der Angst vor der Dunkelheit. Der Berichterstatter behauptet jedoch, daß er der Aussage die Aufklärung über die *kindliche* Angst verdanke, was bedeutet, daß sie sich auf eine (in einer bestimmten Weise) verstandene und interpretierte „Realität" bezieht. Wenn man kindliches Dasein nicht als „unreif" oder ichdefizient vom Erwachsenendasein abtrennt, dann betrifft die Aussage das Phänomen der menschlichen Angst überhaupt. Die Aussage hat einen eigenen Wahrheitsgehalt, der zu dieser Verstehensart gehört. Das logisch-rationale Denken hat auch einen Wahrheitsgehalt, der aber von anderer Art und auf andere „Dinge" bezogen und zur Erfassung des infrage stehenden Phänomens der Angst ganz untauglich ist. Nach den Regeln der Logik müßte der Satz, der Reden und Licht zusammenbringt, als unzulässige Verbindung betrachtet werden, die den objektiven Verhältnissen aus mehreren Gründen widerspricht. Wird die Aussage jedoch symbolisch verstanden, dann hat der bildliche Ausdruck eine eigene Qualität, die durch das logische Zusammenbringen der verschiedenen Inhalte niemals erreicht werden kann. Die bildliche Rede, das Symbol, kann als solches verstanden werden und vielleicht besser als die nachfolgende Interpretation, immer unter der Voraussetzung, daß der Verstehende ebenfalls über diese Verstehensart verfügt. Aber auch die vom diskursiv-logischen Denken bestimmte Interpretation hat zur Voraussetzung, daß das Symbol erst einmal verstanden worden ist, was wieder nur mit der ersteren Verstehensart möglich ist.

Dunkelheit macht Angst, wenn man eine geliebte, vertraute, Sicherheit gebende andere Person, zu der eine bestimmte Beziehung besteht, nicht mehr unmittelbar sinnlich (körperlich-taktil) spürt und in der Weise mit ihr verbunden ist. Wenn sie aber mit einem redet, so kann das Sprechen dieselbe Beziehungsfunktion übernehmen und Angst auch zum Verschwinden bringen, wobei keine logischen Inhalte übermittelt und auch keine Aussage gemacht werden muß, sondern allein die Sicherheit gebende, vertraute Nähe durch das Sprechen sphärisch vermittelt wird. Deswegen kommt es auf den Tonfall an und weniger darauf, was inhaltlich geredet wird. Das Verschwinden der Angst macht die vorher dunkle, unheimliche Welt hell, d. h. vertraut, überschaubar, sicher.

Diese Aussage über die Angst gilt prinzipiell nicht nur für eine ausgegrenzte kindliche Entwicklungsphase, sondern in gleicher Weise für den Erwachsenen. Sie müßte für diesen lediglich durch dem Erwachsenendasein gemäße Bestimmungen ergänzt werden.

Die vom primären Verstehen geleitete Aussage des Kindes ist weder primitiv noch realitätsfremd. Sie bezieht sich auf einen elementaren anthropologischen Tatbestand, daß Menschen sich in der Dunkelheit ängstigen und daß diese Art Angst durch die Nähe eines vertrauten anderen aufgehoben werden kann. Dieser schlichte Tatbestand wird in der wissenschaftlichen Erforschung von Angst, die allein mit objektivierenden Methoden arbeitet, mit Sicherheit verfehlt, und selbst umfangreiche Abhandlungen über diesen Gegenstand werden das Phänomen der Angst in dieser Weise nicht in den Blick bekommen. Insofern hat das 3jährige Kind „unbewußt" mehr verstanden als der erwachsene Gelehrte, der bewußt über den Gegenstand reflektiert und in logisch korrekten Begriffen und Begründungszusammenhängen die Angst aus bedingten Reflexen erklärt. Das Beispiel soll verdeutlichen, daß zur adäquaten Erfassung eines „Gegenstandes" jeweils eine Verstehensart gehört, die diesem angemessen ist. Primäres Verstehen ist für die Herstellung zweckrationaler Zusammenhänge (Kausaldenken) sicher ungeeignet. Die naturwissenschaftliche (objektivierende)

Methode ist für das Verständnis eines Kunstwerks ebenso ungeeignet. Wird primäres Verstehen daran gemessen, ob es „objektive" Realität erfassen kann, dann muß dies notwendigerweise zu einem negativen Ergebnis führen. Das bedeutet aber, daß eine bestimmte Weise von „Realität" als allein maßgebend angesehen wird, und daß von da aus andere Verstehensarten disqualifiziert werden.[10]

Mit dieser Auslegung ist nicht die Auffassung verbunden, daß es keine wahnhafte oder verzerrte Wahrnehmung gäbe, die nicht auch mit primärem Verstehen in Zusammenhang steht. Dies bedürfte aber einer eingehenden Untersuchung.

e) Verstehen und Bewußtmachung

Unbewußte Inhalte sollen bewußt gemacht werden, „aus Es soll Ich werden", dem Ich nicht verfügbare Vorstellungen sollen seiner bewußten Kontrolle unterstellt werden.

Begreift man diese Aussagen im Horizont des üblichen Bewußtseinsbegriffes, so bedeutet dies, daß bislang *Ungewußtes* bewußt gemacht wird. Die Formulierung „aus Es soll Ich werden" legt eine solche Auffassung besonders nahe. Das Ungewußte wären etwa verdrängte Triebwünsche, die aus verschiedenen Gründen vom Bewußtsein abgehalten werden, damit aber auch einer Korrektur, Kontrolle und Steuerung des bewußten Ich entzogen bleiben.

Diese Auffassung, die z. T. die psychoanalytische Theorie bis heute beherrscht und in der Ich-Psychologie eine verstärkte Neuauflage mit der These der Autonomie des Ich gefunden hat, ist nur unter der Voraussetzung möglich, daß die Unterscheidung Bewußtsein-Unbewußtsein vom Ideal des verfügenden, kontrollierenden, steuernden Wissens, des rationalen „ich denke" beurteilt wird. Der Ausdruck das „Unbewußte" ist als Negativbegriff mißverständlich, weil er nahelegt, das Unbewußte als etwas anzusehen, was noch nicht bewußt ist und damit auch nicht kontrolliert und rational gesteuert werden kann. Das „Unbewußte" ist jedoch kein unkontrolliertes Triebchaos, sondern bedeutet, daß der „Trieb" in einer spezifischen Weise vorverstanden wurde, die dem Ich nicht zugänglich ist. Das Nichtbewußte hat einen „Sinn" und gerade dieser Sinn ist der Grund, warum es nicht (im „Bewußtsein") zugelassen werden kann.

Bewußtmachung im psychoanalytischen Sinn müßte dann als eine Interpretation des schon vorverstandenen Sinnes begriffen werden, der aus näher zu untersuchenden Gründen nicht zugänglich, nicht bewußt erlebt und explizit verständlich werden kann. Er kann nicht ohne weiteres angeeignet werden.

Wissen und Wissen ist nicht dasselbe; es gibt verschiedene Arten von Wissen, die psychologisch gar nicht gleichwertig sind. Das Wissen des Arztes ist nicht dasselbe wie das des Kranken und kann nicht dieselben Wirkungen äußern (Freud 1916/17, S. 290 f.).

Freuds Überlegungen zu dem Problem beziehen sich auf den Tatbestand, daß das Wissen des Therapeuten um den Sinn des Symptoms nicht informativ vermittelt werden kann und damit das Unbewußte gewußt würde. Auch wenn der Arzt dem Patienten seine Interpretation des unbewußten Sinnes mitteilt und selbst wenn dieser sich seiner Autorität unterwirft und ihm „glaubt", führt das nicht zu einer Veränderung, weil das Wissen nicht angeeignet wird und damit zu einem umfassenderen Wissen führt. Verstehen als Aneignung des bislang Ungewußten ist nur unter bestimmten Voraussetzungen möglich. Sie stehen in einem Zusammenhang mit dem Selbstgefühl, da das „Unbewußte" dessen Aufrechterhaltung garantiert. Erst wenn andere Möglichkeiten anstelle dessen treten, kann diese Stützfunktion entfallen. Die anderen Möglichkeiten betreffen emotionale Erfahrungen im Bereich von Aufgehobensein und Selbstsein (s. dazu II.B.4.).

3. Auf-einander-bezogen-sein: die dialogische Struktur

Die Beziehung zwischen Menschen unterscheidet sich prinzipiell von Relationen zwischen Dingen oder Verhältnissen zwischen außermenschlichen Lebewesen. Die Eigenart dieser Beziehung wird dialogische Struktur genannt.

Dialogische Struktur bedeutet rein formal und wertfrei *Auf-einander-bezogen-sein*. Menschen sind in einer Weise aufeinander bezogen, daß diese spezifische Beziehungsart dem menschlichen Leben inhärent ist, nicht etwa, daß ihm diese als ein Vermögen oder als qualitative Beschaffenheit hinzukommt, die genauso gut fehlen könnte. Menschliches Sein ist als solches beziehungshaft.

Dialogische Struktur soll insbesondere die Wechselseitigkeit von Beziehung herausstellen und erfassen, den Sachverhalt, daß zu Beziehungsphänomenen allemal mindestens zwei gehören, die in ein *gegenseitiges* Verhältnis treten. Obwohl der Begriff Dialog sich auf das Verhältnis von zwei Individuen bezieht, ist der hier verwendete Begriff nicht auf duale Verhältnisse beschränkt. Die wechselseitige Bezogenheit kann auch drei oder mehr Personen betreffen.

Die Bestimmungen des Menschen als soziales Wesen, als gesellschaftliches Wesen (ξῶον πολίτιxον bei Aristoteles), als eines, das die Qualität der Rede hat (ξῶον λόγον ἔχων), als Gattungswesen (Marx) verweisen zwar auf das Aufeinander-bezogen-sein, aber in einer äußerlichen Weise. In ihnen werden empirisch vorfindbare Tatbestände verallgemeinert, so z. B., daß Menschen allemal in Gesellschaften leben, daß sie das auffallende Merkmal der Sprachfähigkeit besitzen, daß sie gesellschaftlich produzieren. In all diesen zutreffenden Bestimmungen ist jedoch die essentielle Beziehungsstruktur immer schon übersprungen, indem das diesen Bestimmungen zugrundeliegende „Leben" unbestimmt bleibt oder implizit als „pures" vegetatives oder animalisches Leben ausgelegt wird.

„Das Soziale" als Grundbegriff bestimmt den Verständnishorizont von „Soziologien". Werden die gesellschaftlichen Verhältnisse mit objektivierenden empirischen Methoden Gegenstand der Forschung, dann werden die Menschen von ihrem „sozialen Selbst" her betrachtet. Dieses Selbst wird als unbestimmte Matrix verstanden, die von den gesellschaftlichen Strukturen geprägt wird. Werden die gesellschaftlichen Verhältnisse in marxistischer Sicht „erforscht", geht es um ein Selbst, das von den jeweiligen historischen Widersprüchen einer in Klassen produzierenden Gesellschaft bestimmt wird. Hier hofft man auf ein zukünftiges Selbst, das einst in einer nicht von Klassen und damit nicht von Ausbeutung und Unterdrückung beherrschten Gesellschaft bestimmt sein soll. Affirmative Aussagen über dieses Selbst können nicht gemacht werden, weil diese erhofften Verhältnisse noch ausstehen.

Sowohl beim ersten sozialen Selbst als auch im letztgenannten ist die dialogische Beziehungsstruktur ausgeklammert, weil das „Leben" des Menschen beim ersteren als „natürliches", von der Biologie festgestelltes Leben begriffen wird oder beim zweiten als „materialistisch" unbestimmt bleibt.

Nur Menschen können für andere *da* sein (s. dazu III.C.4.). Wenn wir jemanden lieben, hassen, ablehnen oder fürchten, dann ist der andere in dieser Weise für uns anwesend und wir für ihn. Selbst Gleichgültigkeit, Interesselosigkeit setzt voraus, daß uns *andere etwas angehen können*. Ein Stein kann für einen anderen Stein weder Interesse noch kein Interesse haben, das Sein der Dinge steht jenseits einer solchen Möglichkeit. Attraktiv bzw. abstoßend kann nur ein Wesen sein, das für andere da ist. Attraktion und Abstoßung als menschliche Beziehungsphänomene können nicht von physikalischen Naturgesetzen abgeleitet werden. Tiere können sicher Interesse füreinander haben, dies ist allerdings in festen Begegnungsschemata und Umweltsituationen verankert und auf bestimmte Beziehungsbereiche beschränkt. Allein beim Menschen findet sich eine Mannigfaltigkeit von nicht festgelegten Weisen des Auf-einander-bezogen-seins und Von-einander-angegangen-seins.

Zur Illustration gebe ich einige Beispiele:
1) Im Bereich von Beziehungsaufnahme und Beziehungsverweigerung finden wir die Modi des Auf-einander-zugehens, des Eingehens, der Aufgeschlossenheit, der Offenheit, der Beziehungsfähigkeit und die des Nicht-auf-andere-eingehens, der Verschlossenheit, der Verstecktheit, des Rückzugs, der Distanz, der Beziehungsunfähigkeit.
2) Im Bereich des Aufnehmens gibt es die Modi des Halt- bzw. Schutz- oder Trostbietens, des Zusammenhalts, der Solidarität, der Bestätigung, der

Anerkennung, des Für-den-anderen-da-seins, Anwesend-seins, des Fallenlassens, des Ausschließens, des Ausstoßens, der Nichtanerkennung, der Verachtung, Beleidigung, Demütigung, des Nicht-da-seins.

3) Im Bereich von Liebe und Haß gibt es die Modi der Zuneigung, der Zuwendung, der Anteilnahme, der Rücksicht, der Attraktion, der Sympathie, der Verbundenheit, der Nähe, der Intimität und die von Abneigung, Abwendung, Nichtinteresse, Gleichgültigkeit, Antipathie, Getrenntheit, Ferne, Distanz, Abstand, Rücksichtslosigkeit.

4) Im Bereich der Seinsübernahme: Hilfe, Unterstützung, Fürsorge, Einspringen für andere ebenso wie die stillschweigende oder explizite Ablehnung von Seinsübernahme oder Ausnützen, Benützen, Ausbeutung.

5) Im Bereich der Konfrontation und Begegnung: Auseinandersetzung, Streit, Rivalität, Wettkampf, Intoleranz, Kampf und Vertragen, Versöhnung, Duldsamkeit, Harmonie, Übereinstimmung, Wohlwollen, Toleranz, Friede.

6) Im Bereich von Macht: Stärke, Gewalt, Zwang, Überlegenheit, Tyrannei und Unterlegenheit, Ohnmacht, Unterwerfung, Schwäche, Vergewaltigung, Unterdrückung.

Sämtliche hier skizzierten Phänomene verweisen auf die Beziehungsstruktur.

Alle Zu- und Abwendung, alle Aufnahme, alle Liebe und aller Haß, alle Seinsübernahme, alle Machtphänomene, alle Begegnung ist auf andere bezogen, wobei die wechselseitige, die dialogische Struktur eigens hervorgehoben werden muß, weil man sie leicht übersieht.

Die einzige Ausnahme scheint dabei der Narzißmus zu machen.

Ist aber Selbstbezogenheit ein konstitutionelles Moment menschlichen Lebens? Gibt es tatsächlich in der Ontogenese des Menschen einen auf sich bezogenen Urzustand, wie es die Thesen des primären und infantilen Narzißmus nahelegen? Wie die prähistorischen Phasen der Menschheit bietet auch die individuelle Frühgeschichte ein dankbares Feld für Spekulation. Sie sind auch Spiegelflächen für die jeweils geltenden Vorstellungen vom Menschen. Da die unmittelbare Erforschung beider früher Dimensionen vor erheblichen Schwierigkeiten steht, liegt es nahe, daß Leitbilder in diese Vergangenheit eingetragen werden.

Zu diesen gehört die Vorstellung eines primär auf sich bezogenen, isolierten Subjekts, das erst nachträglich Beziehungen zum anderen und zur Welt aufnimmt. Diesem Bild entstammen die Begriffe des primären und infantilen Narzißmus. Dem griechischen Mythos, dem der Begriff seinen Namen verdankt, sind keine Hinweise für einen primär auf sich selbst bezogenen Menschen zu entnehmen. Im Narziß-Mythos geht es um die Selbstbespiegelung, die verhängnisvolle Folgen nach sich zieht, weil sie die Beziehung zu anderen ausschließt.

Von der dialogischen Struktur her gesehen erweisen sich alle normativ-genetischen Bestimmungen eines primären oder infantilen Narzißmus als wie immer weit entfernte Ausläufer einer monologischen Bestimmung des Menschen.

Die begriffliche Relation, die zur theoretischen Erfassung von menschlichen Beziehungen überwiegend verwendet wird, ist die Subjekt-Objekt-Beziehung. Sie verstellt aus mehreren Gründen die dialogische Struktur:
1) Der Ausgangspunkt der Betrachtung in allen Subjekt-Objekt-Begriffen ist das *Subjekt,* das Beziehungen zum Objekt hat, aufnimmt oder nicht hat. Das für die dialogische Struktur entscheidende Moment der Gegenseitigkeit bleibt ausgeklammert.
2) Die Subjektivität des Subjekts wird implizit oder explizit als potentiell vernünftig bestimmt. Die kognitiven Entwicklungstheorien von Piaget (1959, 1974), Kohlberg (1981), Habermas (1983) u. a. kommen darin überein, daß sie sich auf ein potentielles Ich-Bewußtsein richten, das sich in verschiedenen Aspekten eines erkennenden, gefühls- und triebkontrollierenden moralischen Bewußtseins allmählich nach vermuteten inhärenten Gesetzen entwickelt. Die Entwicklung durchläuft verschiedene *Niveaus,* die in ihrer Niveauqualität – niedriger oder höher – von dem antizipierten Endziel eines vernünftigen Bewußtseins bewertet werden. Dieser vorgängige Ansatz von „Vernunft" oder „Bewußtsein" ist vom monologischen Denken bestimmt, und selbst die von Habermas (1981) als kommunikative Vernunft angesetzte, macht davon keine Ausnahme.

Die dialogische Struktur bleibt ausgeklammert, weil das Ich des Ich-Bewußtseins nicht vom Du oder vom anderen her oder von der Beziehung her, sondern als isoliertes „ich denke", „ich handle", „ich kommuniziere" verstanden wird.
3) Die Psychoanalyse Freuds hat zwar der „vernünftigen" Auslegung von Subjektivität die „triebbestimmte" gegenübergestellt und der letzteren dynamisch-motivationell den Vorrang gegeben. Mit der Festlegung auf einen biologistischen, d. h. einen wiederum von der Beziehungsstruktur isolierten Triebbegriff, wird die Subjekt-Objekt-Relation jedoch nicht aufgehoben oder infrage gestellt, sondern die potentiell „vernünftige" wird um den Trieb- oder Affektaspekt erweitert. Das Objekt fungiert für das Subjekt prinzipiell in gleicher Weise wie beim vernünftig erkannten oder vernünftig-moralischen Objekt. Beim Triebobjekt fehlt die Gegenseitigkeit genauso wie beim erkannten Objekt. Es erscheint als „Objekt" der Begierde.

Nach der gängigen psychoanalytischen Theorie benutzt das Kind die Mutter als „bedürfnisbefriedigendes Objekt". Es gilt als narzißtischer Parasit, der die Mutter zur eigennützigen Aufrechterhaltung seines Lebens benötigt. Welchen Beziehungsstatus hat dabei das bedürfnisbefriedigende Objekt? Hat die Mutter keine Beziehung zu ihrem Kind? Aus welchem Grund wird sie theoretisch ausgeschlossen? Wie verhält sich der Wirt zu seinem Parasiten? Diese Fragen können unter dem Blickwinkel der kognitiven Unreife des Kindes niedergehalten werden. Das Kind, so heißt es dann, könne die Mutter als ein von ihm in Wirklichkeit getrenntes Objekt nicht wahrnehmen, sein ichdefizienter Entwicklungszustand hindere es daran. Es mag zutreffen, daß das Kind die Mutter mit einer bestimmten Verstehensart (Sekundärprozeß) nicht „erkennen" kann. Das bedeutet jedoch nur, daß sie nicht auf diese Weise wahrgenommen wird, keineswegs, daß sie überhaupt nicht für das Kind *da* ist. Die Theorie der Subjekt-Objekt-Beziehung wird hier nicht nur vom „erkannten" Objekt geleitet, sondern auch von der unreflektierten Vorrangstellung einer bestimmten Verstehensart, der allein die korrekte Erfassung von „Objekten" zugetraut wird, womit sie zur Voraussetzung für „wahre Objektliebe" wird.

Das Aufeinander-bezogen-sein zeigt sich in einer unübersehbaren Mannigfaltigkeit und in allen Lebensphasen. Ein Sektor ist aber von besonderer Bedeutung. Es ist der Bereich der *ersten* Erfahrungen von Beziehung, die Menschen machen, wenn sie auf die Welt kommen, die Primärbeziehung. Sie gehören zu einer besonderen Verstehensart und „Erinnerung", die weiter unten mit dem Begriff der emotionalen Erfahrung erfaßt werden. Ein Aspekt der emotionalen Erfahrung ist, daß sie im späteren Leben in der doppelten Bedeutung „unbewußt" ist: sie ist nicht zugänglich, und sie ist als „unbewußte" Erinnerung ein entscheidender Motivationsfaktor für Art und Qualität von Beziehung und Beziehungsfähigkeit überhaupt.

Die emotionale Erfahrung betrifft zwei elementare Bereiche menschlicher Beziehung, die Sphäre von Aufgehobenheit und die von Selbstsein (Selbstsein-können). Es wird sich erweisen, daß auch die letztere nicht unabhängig von der Beziehung gedacht werden kann.

Die Erfahrung von Aufgehobenheit kann allein in und durch die Beziehung zu einem anderen gemacht werden. Da sie gleichzeitig der erste und unersetzliche Garant für das Selbstgefühl ist, entscheidet die Beziehung selbst und ihre Qualität über Sein und Nichtsein (S. dazu II.B.4.).

Aus der dialogischen Struktur läßt sich auch die Beziehungskategorie von *Angewiesenheit* ableiten. Menschen sind auf andere in vielfältiger Weise angewiesen. In der Primärbeziehung findet sich jedoch eine spezifische Form von Angewiesenheit, die sich von allen späteren dadurch unterscheidet, daß das Kind um den Preis des Überlebens auf den anderen angewiesen ist. Wir bleiben zwar zeitlebens auf andere angewiesen, u. U. auch auf Leben und Tod, in späteren oder anderen Beziehungsformen ist die Angewiesenheit jedoch in jedem Fall durch das Selbstsein relativiert. Dies ist in der Primärbeziehung nicht oder nur bedingt der Fall. Die Angewiesenheit des Kindes ist umfassend, weil sein potentielles Selbst allein durch die Beziehung aktualisiert wird.

Alle empirisch feststellbare Abhängigkeit, Hilflosigkeit, Bedürftigkeit, „Angewiesenheit" auf Triebbefriedigung beruht auf Angewiesenheit auf Beziehung, weswegen auch eine mechanische Fütterung beim Beispiel der Versuchsanordnung des Stauferkaisers Friedrich zum Tod der Kinder führte.

Die Angewiesenheit des Kindes steht in einer Entsprechung zur Beziehung und es erhebt sich die Frage, ob der Angewiesenheit bestimmte Beziehungsqualitäten entsprechen.

In der üblichen Betrachtungsweise wird die Angewiesenheit des Kindes mit Abhängigkeit[11] gleichgesetzt und seine Bedürfnisse als Ansprüche auf nutritive, hygienische, schutzspendende Versorgungsleistungen analog der Versorgung der Säugetierjungen interpretiert. Die Abhängigkeit wird als Hilflosigkeit deklariert, als allein das Kind betreffende isolierte Qualität, die überdies dann noch näher als Defizienz eines funktionalen Ichs, das sich noch nicht entwickelt hat, bestimmt wird. Im Gegensatz dazu bedeutet hier Angewiesenheit, daß das Kind als potentielles Selbst existiert, das zunächst nur leben kann, wenn ihm spezifische Beziehungsqualitäten angeboten werden, deren Hauptmoment die Seinsübernahme durch andere ist.

Angewiesenheit ist deshalb nicht als Defizienz zu verstehen, die durch Versorgungsleistungen – etwa mechanischer Art – ausgeglichen wird und bei der die Beziehung keinen besonderen Stellenwert hat. Angewiesenheit muß von der Beziehung her begriffen werden, nicht von einem isolierten Pol. Angewiesenheit ist dann nicht Abhängigkeit und nicht Hilflosigkeit, sondern ein dialogisches Beziehungsphänomen.

Die umfassende Angewiesenheit des Kindes in den frühen Phasen der Primärbeziehung ist aus mehreren Gründen als fundierend anzusehen, denn sie enthält bereits die wesentlichen Elemente der späteren Beziehungsmodi zu anderen und zur Welt. Angewiesenheit auf andere, Machtposition des einen, Ohnmacht des anderen, primäre Formen von Liebe und Haß auf beiden Seiten, spezifische Formen von Liebe und Haß seitens der Eltern, spezifische Verstehens- und Kommunikationsmodi, spezifische Formen von Seinsübernahme.

In der Primärbeziehung kommen alle diese Modi seitens des Kindes in der umfassenden Form von Angewiesenheit und in spezifischen inhaltlichen Momenten zum Vorschein.

In der Primärbeziehung macht das Kind die ersten und damit grundlegenden Erfahrungen im Bereich von Angewiesenheit. Das bedeutet hinsichtlich der Eigenart menschlichen Seins (Verstehensstruktur), daß die Ausbildung der konkreten Beziehungsfähigkeiten und der konkreten Beziehungsmodi primär durch die emotionalen Erfahrungen erfolgt. Das heißt, wie das Kind das Angewiesensein auf andere in der Primärbeziehung erlebt und erfährt, so wird es in einer fundierenden Schicht seines Selbst auch später das Angewiesensein auf andere erleben, wie immer dies durch kognitive Lernprozesse und spätere Erfahrungen auf reiferen Niveaus ausgebaut und differenziert werden mag.

Angewiesenheit zeigt sich u. a. in dem elementaren Anspruch, getragen und gehalten zu werden. Dies muß hinsichtlich der Eigenart menschlichen Seins verstanden werden. Menschliches Leben bedarf allemal eines Halts, einer Sicherheit. Im Erwachsenenleben kann dieser Halt auf verschiedene Art gefunden werden. In der Primärbeziehung ist jedoch die Beziehung der einzige Halt, der das Kind vor dem Fallen ins Nicht-sein-können bewahrt.

Die Mutter vermittelt in frühen Phasen im emotionalen Bereich Halt und Orientierung. Später werden Normen, Werte, Ideale diese Funktion übernehmen, ohne daß die primär emotional bestimmte Dimension ihren Einfluß verliert. Das bedeutet, daß die ersten und damit grundlegenden Erfahrungen, die auch das Wie betreffen, in den späteren Beziehungsbereichen wirksam bleiben und auch über die Rezeption der späteren Halt und Orientierung bietenden Normen, Ideale, gesellschaftlichen Rollen usw. entscheiden.

Nicht nur die Beziehung zu realen Objekten, sondern auch die zu ideellen wird von der Art, *wie* Angewiesenheit ursprünglich erfahren wurde, bestimmt. Ein noch kaum erforschtes Feld ist die emotionale Beziehung zu Idealen, Werten, Weltanschauungen, Ideologien und Religion. Es fällt nicht schwer zu zeigen, daß sie den Stellenwert des Haltgebens, der Orientierung, der Sicherheit übernehmen, der zweifellos zu dem der Primärbeziehung in einem Verhältnis steht. Nicht wenige Menschen reagieren beim Verlust der Infragestellung ihrer grundlegenden Orientierung (System, Weltanschauung, Religion) ähnlich wie das Kind, das durch den Verlust der Mutter in den Zustand des Nicht-sein-könnens gerät. Andere bewältigen den durch historisch-gesellschaftliche Veränderung bedingten Wechsel von weltanschaulichen Systemen mit konformistischer Anpassung an das neue System und erwarten dann von ihm dieselben haltbietenden und Orientierung vermittelnden Funktionen.

Weit weniger auffällig ist der Tatbestand, daß die „irrationale" Attraktivität von Idealen, Systemen und Weltanschauungen und ihr Stellenwert für Handlungsanweisungen und Lebensführung zum geringsten Teil aus dem jeweiligen logischen Gehalt zu begreifen sind. Dies zeigt sich nicht zuletzt an der, rationalen Argumenten unzugänglichen Einstellung von Anhängern einer bestimmten Weltsicht, an der diese offenbar unter allen Umständen festhalten müssen, und man kann sich fragen, ob Hoffnungen auf eine zukünftige kommunikative Vernunft (Habermas 1981, 1983) vergeblich sind, wenn „unvernünftige" Motivation zu diesem Festhalten besteht. Es gibt überdies genug historische Beweise, daß manchen Anhängern das Festhalten an ihrem Grundideal nicht genügt, sondern Anlaß dazu gibt, andere, die nicht davon überzeugt sind, mit Gewalt zu der Überzeugung zu zwingen oder sie wegen ihrer anderen Einstellung zu vernichten. Wie soll man dies verstehen, wenn man sich weder auf eine unleibliche Vernunft noch auf eine materialistisch-biologisch entstandene Vernunft verlassen will?

Ein weiteres Moment von Angewiesenheit in der Primärbeziehung bezieht sich auf den Bereich der Anerkennung in einer Beziehung. Menschen sind auf Bestätigung, Anerkennung *ihres Seins* angewiesen, weil ihr Leben infolge des ihm inhärenten Momentes, daß es gelebt werden muß und deswegen erlebt wird, einer prinzipiellen Sicherheit entbehrt. Menschen müssen die Sicherheit ihres Lebens immer wieder suchen und finden, wenn sie ein einigermaßen befriedigendes Leben führen wollen. Die durch die Verstehensstruktur bedingte Offenheit hat eine breite Mannigfaltigkeit von Methoden, Mitteln, Beziehungsmodi zur Folge, mit denen diese Absicherung bewerkstelligt wird. Sie reicht von der romantischen Sehnsucht, eine solche Sicherheit in einer beständigen, gleichbleibenden Beziehung zu einem anderen zu finden, der einem ewige Treue schwören muß, bis hin zu Illusionen einer Lebensversicherung, die in Wirklichkeit nicht das Leben, sondern den Tod versichert.

Wie immer wieder betont, ist das Selbst-sein-können in dieser Hinsicht ein wichtiger Faktor, der letztlich aus der emotionalen Überzeugung herrührt, auch aus eigener Kraft das Schicksal meistern zu können. Es gibt jedoch viele Formen, die kompensatorisch an die Stelle des Vertrauens in das eigene Selbstsein-können treten und dann die Funktion übernehmen, die Sicherheit des eigenen Seins und damit des Selbstgefühls zu garantieren.

Dazu gehören u. a. körperliche Ausstattungen und Vorzüge, Schönheit, Gesundheit, Jugend, Kraft, mentale Begabungen, Wissen, aber auch gesellschaftliche Macht, Besitz, Einfluß und Fähigkeiten, die einen gesellschaftlichen hochbewerteten Rang einnehmen. Ein Beispiel für letzteres ist die perfekte, zuverlässige Ausführung von aufgetragenen Aufgaben, die pflichtmäßige Erfüllung von Arbeitsfunktionen in einer Leistungsgesellschaft. Alle die genannten Bereiche können die Absicherungsfunktion übernehmen, womit immer eine gewisse Pervertierung verbunden ist. Denn auch Arbeit und zuverlässige Leistung können echte emotionale Befriedigung und Sicherheit bieten, was aber nur möglich ist, wenn sie nicht als Absicherungsfunktionen für das Selbstgefühl eingesetzt werden müssen und Arbeitsleistung und Pflichterfüllung allein oder überwiegend für Anerkennung und Bestätigung fungieren. In der Primärbeziehung bestehen alle diese späteren Möglichkeiten, durch irgendeine Funktion, Ausstattung oder sonstige Qualität akzeptiert zu werden, zunächst nicht. Das Kind hat nichts anderes zu bieten als sein nacktes Sein. Nehmen wir einmal an, daß auch für das Kind die Beziehungsstruktur von Anerkennung gilt, weil es ein menschliches Kind von Anfang an ist, dann wird es zunächst erwarten, daß es so, wie es ist, anerkannt wird. Konkret bedeutet dies die Erwartung, daß seinen (banalen) spontanen Gefühlen und Bedürfnissen, für die es nichts kann und die es mit auf die Welt bringt, entsprochen, und daß es damit in seinem Sein bestätigt wird.

In Analysen narzißtischer Persönlichkeiten trifft man wiederkehrend und erst nach langer Zeit auf eine gut gehütete emotionale Überzeugung, daß sie so, wie sie sind, nicht akzeptiert werden können, und diese Überzeugung kommt auch im Selbstverhältnis zum Tragen. Sie finden sich auch selbst als nicht akzeptabel und stimmen deswegen mit der entsprechenden Einstellung anderer überein oder provozieren sie. Diese Überzeugung wird nicht selten fanatisch verteidigt und mit rationalen Argumenten bewiesen. Aus den konkreten Hinweisen kann manchmal das komplexe Gewebe rekonstruiert werden, in welchem die Nichtbestätigung stattfand. Etwa als Aspekt, daß das Kind weiblich und nicht männlich war, daß es unerwünscht auf die Welt kam oder in ökonomischen Verhältnissen, die ein befriedigendes Klima der Beziehung verhinderten. In der Verteidigung einer solchen Grundüberzeugung kommt die elementare Sehnsucht nach einer Bestätigung zum Vorschein, die sich nicht auf irgendwelche körperlichen Ausstattungen, Leistungsbeweise, Fähigkeiten, auf Wissen, Besitz, Macht, Einfluß, sondern auf das bezieht, was man einfach ist. Dazu gehört nicht zuletzt der Tatbestand der Geschlechtsspezifität, daß Menschen allemal nur als weibliche und männliche Kinder auf die Welt kommen und nicht als neutrale potentielle Ich-Bewußtseinsträger.

Das gleiche Phänomen zeigt sich, wenn im fortgeschrittenen Lebensalter die durch Altersprozesse, äußere Veränderungen und Wechselfälle des Lebens die bislang wirksamen Absicherungen fragwürdig werden und dann eine Leerstelle entsteht, die zu „Lebenskrisen" Anlaß gibt.

Historisch-gesellschaftlich gesehen hat die westliche Kultur in der Neuzeit die Beziehungskategorie von Angewiesenheit unter der Leitidee eines unabhängigen ichautonomen Individuums zunehmend in den Hintergrund gedrängt. Diese Leitidee ist nicht unabhängig von dem Leistungsprinzip einer auf freien Wettbewerb beruhenden Marktwirtschaft, in dem die isolierte Leistungs- und Funktionsfähigkeit des Individuums zum zentralen gesellschaftlichen Wert wird und dieser Wert das Kriterium der gesellschaftlichen Anerkennung abgibt.

Auch das Verhältnis zur Natur ist von dem Autonomiestreben des modernen Menschen bestimmt. Die Angewiesenheit auf eine den menschlichen Bedürfnissen entsprechende „natürliche" Natur rückt gegenüber dem Ziel der Naturbeherrschung, Manipulation und Ausbeutung in den Hintergrund. Die Möglichkeit eines dialogischen Verhältnisses zur Natur, bei dem der Gesichtspunkt eines wechselseitigen Auf-einander-bezogen-seins zur Geltung käme, wie etwa noch bei Goethe und Herder, wird nicht gesellschaftswirksam. Das einseitige, monologische Verhältnis der technischen Manipulation gewinnt die Oberhand. Eine der Folgen dieses Naturverhältnisses ist, daß die Primärbeziehung als „natürlich-primitiv" disqualifiziert wird. Sie erhält den Rang einer abgewerteten gesellschaftlichen Randerscheinung.

Die Behauptung, daß auch schon das Leben des Kindes von der dialogischen Struktur bestimmt wird, wirft mehrere Fragen auf.

1) Wenn eine Beziehung von Anfang besteht, wie verständigen sich Mutter und Kind, wenn das Kind noch nicht sprechen kann?
2) Wie steht es um die Beziehung der Mutter zu ihrem Kind? Welche Beziehungsmodi und welche Bedürfnisse bestehen auf der Seite der Mutter?
3) Welche Kriterien gibt es für eine adäquate Qualität der Primärbeziehung, wenn ihr fundierende Bedeutung im Hinblick auf Sein oder Nichtsein zugewiesen wird? Müssen nicht alle Gesellschaften und Kulturen diese Dimension respektiert haben, wenn sie überleben wollten?

Zu 1): Der Pionier der analytischen Kinderforschung, R. Spitz, hat einen spezifischen Wahrnehmungs- und Kommunikationsmodus herausgestellt, der für die frühe Beziehung charakteristisch ist. Er bezeichnet ihn als *zönästhetisch* und grenzt ihn gegen einen anderen, entwicklungsgeschichtlich späteren ab, den er *diakritisch* nennt (S. III.A.1.). Der zönästhetische Wahrnehmungs- und Kommunikationsmodus ist in vielen Aspekten dem von Freud beschriebenen Primärprozeß analog. Es handelt sich hier um eine spezifische Verstehensart, mit der sich Mutter und Kind verständigen, einen „Dialog" führen. Während das Kind über diese Verstehensart normalerweise verfügt, muß die Mutter zu ihm erst wieder hinfinden, was nach Spitz (1985) und Winnicott (1960) während der Schwangerschaft und der unmittelbar auf die Entbindung folgenden Zeit geschieht. In einer nicht weiter ausgeführten kulturkritischen Anmerkung über das Verhältnis der beiden Verstehensarten stellt Spitz fest, daß im westlichen Kulturbereich die erstere beim Erwachsenen nahezu verschwunden scheint und nur bei einem spezifischen Personenkreis noch anzutreffen ist:

> Der Durchschnittsmensch des Westens hat sich dafür entschieden, die diakritische Wahrnehmung sowohl in bezug auf die Kommunikation mit anderen als auch auf die Kommunikation mit sich selbst in den Vordergrund zu stellen (1985, S. 153).

Weder Spitz noch Winnicott stellen die naheliegende Frage, wie gerade die Mütter zu einer solchen Verstehensart zurückfinden und sie v. a. in einer Gesellschaft praktizieren sollen, die von dem Vorrang der diakritischen Verstehensart – dem diskursiv-rationalen Denken – durch und durch beherrscht ist und von diesem Vorrang aus andere Verstehensarten disqualifiziert oder verleugnet.

Auf eine besondere Verstehensart beruft sich auch Kohut, der ihr primären Rang im Verstehen des anderen einräumt. Das *empathische* Verstehen zeichnet sich in besonderer Weise dadurch aus, daß sich der „Beobachter" in das Erleben des anderen „hineinversetzt", von seinen eigenen Vorstellungen, Erwartungen, Vormeinungen absieht und auf den anderen „hinhört". Im übrigen weist die Empathie, wie sie Kohut beschreibt, bemerkenswerte Ähnlichkeit mit dem zönästhetischen Wahrnehmungs- und Kommunikationsmodus auf. Das bedeutet, daß in Analysen von Erwachsenen, Bedürfnisse und Erwartungen von Beziehungsformen wahrgenommen werden können, die der Primärbeziehung entstammen und die der Verhaltensbeobachtung der Mutter-Kind-Beziehung notwendigerweise entgehen.

Die Verstehensart ist mit der Beziehungsform des Sich-in-den-anderen- hineinversetzens eng verbunden, die einen völlig anderen Charakter hat als das distanzierte Verhältnis des Beobachters zu seinem Objekt, wie etwa in der Naturwissenschaft.

Die Empathie wäre allerdings auch wieder eine einseitige, monologische Verstehensart, wenn man den dialogischen Aspekt beiseite ließe. Die zur empathischen Wahrnehmung gehörige gegenseitige Beziehung hat aber ebenfalls wesentliche Aspekte der Primärbeziehung aufzuweisen, die bei Kohut mit den Begriffen der „narzißtischen Übertragung" oder „Spiegelübertragung" nicht unmißverständlich erfaßt werden.

Empathie hat auch große Ähnlichkeit zu der von Freud bezeichneten „gleichschwebenden Aufmerksamkeit". Auch hier finden wir die Forderung, daß in dieser Einstellung Vormeinungen, Erwartungen, eigene Probleme und Konflikte in der Beziehung zum anderen keine unreflektierte Rolle spielen dürfen, was keineswegs Distanz bedeutet, sondern einen eigenartigen Beziehungscharakter, der überdies auch nicht monologisch ist, sondern einer, auf den der andere vorgängig reagiert (s. III.E.6.).

Zu 2): Aufgehobenheit ist ein Begriff, der viele Phänomene gleichzeitig umfaßt. Wenn man das kindliche Selbstgefühl in Betracht zieht, dann kann analog zur erwachsenen Erfahrung gesagt werden, das Kind fühlt sich aufgehoben, wenn ihm sein Sein (Leben), das es noch nicht selbst leben kann, von der Mutter abgenommen wird. An die Stelle seines potentiellen Selbstseins tritt die Mutter, die Primärbeziehung ist davon formal gekennzeichnet.

Als materialer Aspekt der Seinsübernahme galt in der Tradition vornehmlich die orale Versorgung. Das Kind muß danach in erster Linie gefüttert werden, und diese Art der Versorgung unterscheidet sich nicht grundsätzlich von der Aufzucht der Tiere. Faßt man das orale Bedürfnis unter den Begriff eines oralen Triebes seitens des Kindes und die Befriedigung dieses Triebes als Hauptsache, dann sind damit wesentliche Grundweichen für die Interpretation von Primärbeziehung gestellt. Mit dieser Art von Triebbefriedigung wird auch die Beziehung und ihr Charakter festgelegt.

In der hier vorgelegten Sicht von Aufgehobenheit stellt die orale Versorgung und die Nahrungsaufnahme jedoch nur einen Aspekt dar, der überdies nicht isoliert, als pure Nahrungsaufnahme oder pure orale Triebbefriedigung interpretiert werden darf.

Angewiesenheit wird oft mit Begriffen wie Abhängigkeit, Hilflosigkeit, Unfertigkeit, Unreife, d. h. mit ichdefizienten Begriffen beschrieben. Die Betrachtung richtet sich auch hier auf das Subjekt, das Kind, das isoliert als hilfloses Wesen aufgefaßt wird, als Parasit, der die Versorgungsleistungen der Mutter egoistisch oder „narzißtisch" empfängt, bis es die nötige Ich-Organisation entwickelt hat, um sich von der Mutter zu trennen. Auf diese Weise wird die Betrachtung auf Versorgungsleistungen eingeschränkt und die Mutter als lebendiger Bezugspol in der Beziehung ausgeklammert.

In einer Betrachtung, die die Beziehungsstruktur nicht aus dem Auge verliert, steht jedoch Angewiesenheit des Kindes in einer kompensativen Ergänzung zu den „Bedürfnissen" der Mutter. Nicht nur das Kind braucht die Mutter, sondern auch die Mutter das Kind. Angewiesenheit ist unabhängig vom Auf-einander-bezogen-sein von Mutter und Kind nicht zu begreifen. Die Mutter „befriedigt" die kindlichen Bedürfnisse keineswegs uneigennützig, uninteressiert oder beziehungslos, und die Art, wie sie für das Kind *da* ist, wird von dem Kind „verstanden" und von Geburt an beantwortet.

In einer wenig beachteten Arbeit (1937) hat A. Balint anders als in der auf das Kind zentrierten Theorie, die Beziehung der Mutter zu ihrem Kind ins Auge gefaßt und diese als *triebhafte Mütterlichkeit* beschrieben. Sie kommt dabei zu dem Ergebnis, daß in dem Auf-einander-bezogen-sein von Mutter und Kind die Erfüllung der Bedürfnisse des einen auch die Erfüllung der Bedürfnisse des anderen bedeute. Jeder komme auf seine Kosten und befriedige gleichzeitig den anderen. Sie meint, daß nicht nur das Kind die Eigeninteressen der Mutter nicht wahrnehme, sondern auch die Mutter das Kind als Teil ihres Selbst erlebe, dessen Interessen mit den ihren identisch seien.[12] Die „triebhafte" Mütterlichkeit entspreche der „triebhaften" Angewiesenheit. Diese Beziehungsverhältnisse seien allerdings nur so lange gültig, wie das Kind auf die Mutter in umfassender Weise angewiesen sei und keine „Eigeninteressen", im Sinne des hier thematisierten Selbst-seins zeige, denn dann sei das Kind nicht mehr oder nicht mehr allein „ihr" Kind.

Wie immer die Frage nach einer natürlichen Anlage, einer „triebhaften" Konstitution zu beantworten ist, so ist angesichts des Angewiesenseins des Kindes auf die Beziehung, die sich aus seiner natürlichen Verfassung nach der Geburt ergibt, keineswegs ausgeschlossen, daß es eine „natürliche" (kreatürliche) Entsprechung seitens der Mutter gibt. In einer beziehungstheoretischen Betrachtung der Primärbeziehung können affirmative Möglichkeiten einer gegenseitigen Entsprechung ausgewiesen werden.

Mit dem hier verwendeten Begriff der Aufgehobenheit befriedigt die Mutter – im affirmativen Fall – mit den Bedürfnissen des Kindes nach Aufgehobenheit gleichzeitig eigene; auch sie fühlt sich mit dem Kind eins, harmonisch verbunden, nimmt mit Befriedigung wahr, daß sie das Kind in seinen Bedürfnissen „versteht" und sie erhält durch die Kompetenz, es zu verstehen und seine Bedürfnisse zu erfüllen und durch das Gedeihen des Kindes eigene Anerkennung.

Zu 3): Eine Betrachtung der Primärbeziehung kann von den Verhältnissen nicht absehen, in denen die Mutter und der Vater (soweit er präsent ist) leben. Es entsteht das Problem, inwieweit individuelle, familiäre und gesellschaftliche Verhältnisse den „natürlichen" Erfordernissen der Primärbeziehung entsprechen.

Diese Frage wird im folgenden unter III.B.5. und im Schlußkapitel in einigen Aspekten erörtert.

4. Sein oder Nichtsein: Das Selbstgefühl

Selbstgefühl ist ein theoretisch-anthropologischer Begriff. Der unmittelbarste Ausdruck von Selbstgefühl sind Gefühle, lebendig, wirklich, da zu sein.[13]

Selbstgefühl kann auch fehlen, was sich in Gefühlen von Unlebendigsein, Nicht-wirklich-sein, in Gefühlen oder Stimmungen der Leere zeigt.

Das Selbstgefühl entzieht sich in solchen Zuständen. Begrifflich wird dies als Mangelzustand oder als defizienter Modus von Selbstgefühl erfaßt.

Selbstgefühl als Voraussetzung für Gefühle des Lebendigseins ist keine feste Größe, sondern von Bedingungen abhängig. Selbstgefühl zeigt sich daher – psychologisch beschreibbar – in einer weiten Bandbreite von Stimmungen und Gefühlen, an dessen einem Ende sich gesteigerte Formen und am anderen Mangelzustände vorfinden.

Beispiele für die ersteren sind Gefühle reiner Daseinsfreude, gehobene, enthobene, ekstatische Stimmungen, für einen mittleren „normalen" Bereich glückliche, lustbetonte, freudvolle Zustände, Gefühle von Wohlbefinden, Zufriedenheit, Zuversicht, Kraft, Sicherheit, und für die letzteren unlustvolle, freudlose, hoffnungslose, unsichere, depressive, verzweifelte Stimmungen.

Normale affirmative Zustände sind so selbstverständlich, daß sie nicht eigens bemerkt werden. Der Mangel des Selbstgefühls wird dagegen als bedrückend erlebt. In besonderer Weise tritt der Entzug von Selbstgefühl in Gefühlen der Leere, in inhaltslos-depressiven oder verzweifelten Stimmungen, in Gefühlen, den „Boden unter den Füßen zu verlieren", in intensiven Gefühlen von Scham, Selbstverachtung, in Entfremdungsgefühlen, die die eigene Person (Depersonalisation) und die Welterfahrung (Derealisation) betreffen, in Erscheinung. Selbstgefühl als anthropologisch-theoretischer Begriff muß von Begriffen wie Selbstbewußtsein, Identität, Identitätsgefühl, Selbstwertgefühl unterschieden werden.[14]

Der Begriff *Selbstbewußtsein* hat verschiedene Bedeutungsvarianten. Meistens wird damit ein Bewußtsein vom eigenen Ich verstanden und dieses Ich dann näher als kognitives Ich bestimmt. Ein Prototyp dieser Bestimmung ist Descartes' „cogito ergo sum". Die Reflexion richtet sich auf das *denkende Ich* und findet dort den nicht mehr hinterfragbaren Grund.

Das gemeinsame Moment aller dieser Bestimmungen von Selbstbewußtsein als Reflexion des Denkens auf das Ich (Selbst) besteht darin, daß es um eine *Vorstellung des Selbst* geht, wie immer die dann ausfallen mag. Insofern gehören auch psychologische Begriffe wie der der Selbstrepräsentanz zu dieser Bestimmung von Selbstbewußtsein. Auch hier geht es um eine *Vorstellung* des Selbst und um eine kognitive Ich-Funktion, die diese Vorstellung erzeugt.

Der Begriff Selbstgefühl bezieht sich dagegen nicht auf eine Vorstellung, sondern auf das gefühlte *Sein* des Selbst.

Der Begriff Selbstbewußtsein kann auch die Bedeutung haben, daß sich jemand selbstbewußt „gibt", daß er ein „Wissen" um die eigene Bedeutung, Macht, Wirksamkeit hat. Hier geht es nicht um eine Vorstellung von sich selbst, sondern um ein meist unbewußtes Gefühl von Sicherheit und Kraft, um eine nicht weiter begründbare Überzeugung, etwas zu sein, etwas „darzustellen", Wirkungen zu haben. Diese Bedeutung verweist auf das Selbstgefühl, ist ein möglicher affirmativer Ausdruck desselben.

Im englischen Sprachgebrauch bedeutet selbstbewußt „self-conscious" nahezu das Gegenteil: nicht sicher, befangen, unsicher, ungeschickt, eine Bedeutung, die einen besonderen Bezug zum Selbstgefühl hat. Hier geht es um einen typischen Ausgleichsversuch des Mangelzustands. Infolge eines Mangels an Selbstgefühl wird die Sicherheit des Verhaltens und Handelns in der selbstbezogenen Beobachtung und Kontrolle (Ich-Vigilanz) gesucht, was ein sicheres Verhalten und Handeln gerade ausschließt.

Beim Begriff *Identität* handelt es sich ebenfalls um eine *Vorstellung* des Ich, die sich auf seine gleichbleibende Verfassung bezieht. Die Hauptbedeutung von Identität, daß etwas in räumlichen und zeitlichen Veränderungen dasselbe bleibt, ist eine logisch-abstrakte Bestimmung von Bestand und Konstanz. Sie kann sich auf alle möglichen Seinsarten beziehen. Ein Baum, ein Haus, ein Tisch kann in Raum und Zeit dasselbe bleiben.

Selbst und Selbstgefühl sind jedoch Begriffe, die sich auf die Eigenart menschlichen Seins beziehen. Bestand und Konstanz gibt es zwar auch hier, beides hat jedoch gegenüber dinglichem oder naturhaftem Sein einen völlig anderen Charakter.

Der soziologische Begriff Identität bezieht sich auf die gesellschaftliche Rolle (soziales Selbst). Die gesellschaftliche Einschätzung und Erwartung hinsichtlich der Rollenübernahme steht in einem Verhältnis zum Selbstgefühl. Hier handelt es sich um Zusammenhänge, die erstmals in der Adoleszenz relevant werden, einer Lebensphase, in der das individuelle Selbst bereits weitgehend konstituiert ist. Gefühle der eigenen Bedeutung, der Sicherheit und Anerkennung im Verhältnis zu sozialen Rollen sind daher ebensowenig wie Selbstwertgefühle primäre Phänomene.

Selbst*wert*gefühl und Selbstgefühl werden häufig synonym verwendet. Selbstgefühl als psychischer Erlebensbegriff bedeutet dann das Gefühl des eigenen Wertes oder Unwertes. Dies setzt wiederum Vorstellungen und Bestimmungen voraus, in welcher Hinsicht man etwas wert oder minderwertig oder nichts wert ist. Selbstgefühl als anthropologischer Begriff bezieht sich dagegen auf das Sein, das empirisch (psychologisch) am unmittelbarsten in Gefühlen des Lebendig- und Wirklichseins faßbar wird und bei den Qualitäten und Bewertungen zunächst keine Rolle spielen.

Selbstgefühl als Begriff für den Grund von Erleben überhaupt ist nicht angeboren. Seine Entstehung und seine Aufrechterhaltung ist von Bedingungen abhängig, die im Mittelpunkt der vorliegenden Untersuchung stehen.

Entwicklung und Bedingung von Selbstgefühl ist allein von der Eigenart menschlichen Seins her begreifbar, das nicht einfach nur ist und Bestand hat, sondern auf Halt, Sicherheit, Orientierung, Bestätigung, Versorgung (Triebbefriedigung) angewiesen ist. Fallen diese Momente aus, dann ist das Sein nicht mehr „gehalten", was aber noch nicht bedeutet, daß es deswegen aufhört zu sein, sondern es tritt dann der defiziente Modus des Nichtseins auf,[15] der hier konkret mit dem Begriff des mangelnden Selbstgefühls erfaßt wird.

Nichtsein muß von Nicht-vorhanden-sein unterschieden und als Seinszustand begriffen werden. Nichtsein ist auch nicht mit Tod gleichzusetzen, sondern als Nicht-sein-können eine alltägliche Erscheinungsform menschlichen Lebens, die sich nur nach Graden der Intensität von eindeutig pathologischen Formen unterscheidet. Menschliches Leben spielt sich daher immer zwischen Sein und Nichtsein ab, und der Begriff Selbstgefühl dient zur Erfassung dieses Spielraums.

Seinkönnen ist keine Leistung oder Fähigkeit, die man sich durch Bildung oder Information aneignen könnte und bezieht sich auch nicht auf einen bestimmten Sektor, sondern auf das Leben selbst. Das Leben „leben" können ist mit Seinkönnen gemeint.

Sobald die Halt bietenden Momente von Sicherheit, Orientierung, Bestätigung, Versorgung infrage gestellt oder beeinträchtigt werden, dann entstehen Zustände des Nichtseins oder des Nicht-sein-könnens. Nicht-sein-können manifestiert sich grundlegend als Angst. In der Angst wird nicht ein bestimmtes, beeinträchtigendes Etwas gefürchtet, sondern das Nicht-sein-können, weil haltbietende Momente – aus welchen Gründen auch immer – ausfallen oder auszufallen drohen.

Angst als anthropologischer Begriff ist kein pathologisches Phänomen, sondern gehört zum menschlichen Sein wie der Schatten zum Licht. Menschliches Sein ist auf die genannten Halt bietenden Momente unausweichlich angewiesen. Da sie letzten Endes trotz aller Anstrengungen, die in diese Richtung unternommen werden, nicht abgesichert werden können, bleibt Angewiesen- und damit die Möglichkeit von Nichtsein bestehen.

Angst in diesem Sinn liegt allen abgrenzbaren Ängsten und auch dem Katalog der pathologisch kodifizierten Ängste zugrunde: Angst vor Objektverlust, Trennungsangst, Angst vor Liebesverlust, Verlustangst, Verfolgungsangst, Kastrationsangst, Eifersuchtswahn, Verarmungswahn, Angst vor Verhungern usw. sind letzten Endes in der Angst begründet, nicht sein zu können, weil sich haltbietende Momente, in welchem Sektor auch immer, entziehen oder zu entziehen drohen.

Angst als Nichtsein kann auch Vernichtungsangst heißen. Die Vernichtung betrifft dann aber Leben als Sein-können, nicht ein pures oder animalisches Leben. Vernichtungsangst muß daher von Todesangst unterschieden werden. Bereits kleine Kinder geraten in Vernichtungsangst, wenn haltbietende Momente ausfallen. Sie haben dann nicht Angst zu sterben, weil dies Vorstellungen vom Tod, von Dauer, Ende und Zeit voraussetzt, sondern Angst, nicht sein zu können, was als lebensbedrohlicher Zustand erlebt wird.

Normalerweise sind aufkommende Zustände eines Mangels an Selbstgefühl Anlässe zur Motivation, diesen Zustand zu beheben. Wer Hunger hat, beschafft sich etwas zu essen. Das Sich-etwas-beschaffen allerdings setzt die grundlegende Qualität von Seinkönnen voraus. Ist sie gegeben, dann sind Mangelzustände des Selbstgefühls Anzeichen und Anlaß für ihre Aufhebung.

Es gibt jedoch Menschen, bei denen die Qualität von Seinkönnen fundamental beeinträchtigt ist. Die für andere selbstverständliche und meist gar nicht beachtete Fähigkeit ist für sie ein grundlegendes Problem. Sie müssen sich dauernd damit beschäftigen, sein zu können, „zu überleben", und können deswegen nicht (richtig) leben. Sie befinden sich gegenüber anderen, bei denen Zustände von Nicht-sein-können vorübergehend auftreten, in einem permanenten Zustand von Nicht-sein-können. Der kontinuierliche Mangel an Selbstgefühl führt auch hier zum Antrieb und Wunsch nach Eliminierung dieses Zustands. Versuche, dieses Ziel zu erreichen, sind aber meist vergeblich, weil infolge des erheblichen Mangelzustands an Selbstgefühl eine adäquate Weltorientierung fehlt und Verhaltensweisen, die Halt, Sicherheit, Versorgung und Befriedigung realisieren könnten, beeinträchtigt oder blockiert sind.

Wer sich in einer paranoiden Grundstimmung befindet – eine mögliche Manifestation mangelnden Selbstgefühls – erlebt die Umwelt nur als bedrohlich und beeinträchtigend. In einer solchen Welt, die für den Betreffenden eine reale Welt ist, kann man sich nicht orientieren, und man findet auch nirgends einen verläßlichen Halt.

In einer permanenten depressiven Grundstimmung fehlen die für andere selbstverständlichen Gefühle von Lebendigsein, von Kraft, von Antrieb und Lust, etwas zu unternehmen, in einem so erheblichen Ausmaß, daß auch die Welt farblos, unattraktiv, leer erscheint. Leben ist dann nur Last und Bedrückung. Auch hier verhindert die Stimmung eine Orientierung, und adäquate Verhaltensweisen, die diesen Zustand aufheben könnten, sind infolge der Antriebslosigkeit blockiert – dies auch dann, wenn Fähigkeiten entwickelt sind und zur Verfügung stünden.

Manifest psychotische Zustände bedeuten umfassenden Ausfall an Seinkönnen. Sie stellen deswegen noch keine völlige Abweichung vom „Normalen" dar. Im breiten Übergangsfeld von Pathologie zum „Normalen" gibt es partialen Ausfall von Seinkönnen, verbunden mit Formen, in denen die Mangelzustände an Selbstgefühl durch Halt, Sicherheit, Befriedigung bietende Kompensation zugedeckt wird.

Phobien kommen häufig dadurch zustande, daß die Fähigkeit zum Alleinsein-können fehlt. Allein-sein-können ist eine wichtige empirische Manifestation von Seinkönnen. Fehlt diese Fähigkeit, dann wird (unbewußt) Alleinsein gefürchtet wie Gift, und es werden Abwehrformen entwickelt, mit denen derartige Situationen unter allen Umständen vermieden werden. Treten sie trotzdem ein, entsteht der unerträgliche Angstzustand, der panikartigen Charakter hat. Auch der Aufenthalt auf öffentlichen Plätzen oder in geschlossenen Räumen ist von der Angst bestimmt, weil man sich auch dort und erst recht in einer Menge unvertrauter, nicht haltbietender anderer alleingelassen fühlt. Die anderen können dadurch sogar beeinträchtigende und damit angstmachende Qualität erhalten. In geschlossenen oder engen Räumen ist überdies die Fluchtmöglichkeit aus der bedrohlichen Situation verhindert. Die Flucht, das Davonlaufen, hat in solchen Fällen einen im Hinblick auf das Nicht-sein-können erhellenden Charakter, denn die panikartige Flucht hat kein Ziel, nur die von heftigen Affekten begleitete Intention, der als vernichtend erlebten Situation zu entkommen. Vom logischen Verstand erscheint dann das Fluchtverhalten als doppelt sinnlos, weder ist eine rational begreifbare Ursache für Angst zu finden, noch hat die Flucht ein Ziel.

Halt, Sicherheit, Orientierung, Versorgung, Befriedigung können vieles bieten. Eine der auffallenden Eigenarten menschlichen Seins besteht darin, daß sowohl ganz verschiedene Schwerpunkte „gewählt" werden, als auch, daß ein Moment für ein anderes eintreten kann. Die Aufrechterhaltung des Selbstgefühls ist dabei die zentrale Motivationsquelle. Die mannigfaltigen Mittel, Wege, Umwege und Ziele, die für die Aufrechterhaltung, die Steigerung, für die Kompensation des Mangels eingesetzt, begangen und gesetzt werden, entstammen dem kreativen Potential des Selbst.

Sein als Seinkönnen im Unterschied zu Nicht-sein-können muß hinsichtlich der Angewiesenheit in einem doppelten Sinn begriffen werden.
Seinkönnen ist allemal abhängig von haltbietenden Momenten. Am Anfang des Lebens wird der Halt allein durch die Primärbeziehung geboten. Dies wurde schon mit dem Begriff Seinsübernahme gezeigt. In der Beziehung wird dem Kind zunächst sein Sein und damit sein eigenes Seinkönnen von einem anderen abgenommen. Im Lauf der Entwicklung – schon innerhalb der Primärbeziehung – aktualisiert sich das potentielle Selbst in Formen von Möglichkeiten des *Selbstseins*. Das bislang umfassend von anderen übernommene Sein wird nun naturgegebenerweise vom Kind selbst übernommen. Es ist zwar weiterhin auf haltbietende Momente der Beziehung angewiesen, aber der entscheidende Unterschied zum umfassenden Zustand von Aufgehobenheit besteht in der nunmehr faktisch eingetretenen Möglichkeit des Selbstseins, was eine relative Trennung vom anderen bedeutet.

Der wichtige Unterschied innerhalb von Seinkönnen wird terminologisch durch den Begriff des Selbstseins (Selbst-sein-könnens) erfaßt. Seinkönnen hängt in der Primärbeziehung zunächst allein vom anderen ab, die Angewiesenheit relativiert sich im Lauf der Entwicklung durch zunehmende eigene Seinsübernahme. Beim Erwachsenen gibt es zwar auch noch Angewiesenheit, der erwachsene Modus von Selbstsein ist keineswegs „autonom". Die Art von Angewiesenheit ist jedoch von der in der Primärbeziehung und insbesondere von jenen Formen in den frühen Phasen unterschieden. Es müssen daher in den mannigfaltigen Formen des Nichtseins diejenigen, die zum kindlichen Dasein gehören, von solchen, die das Erwachsenendasein betreffen, unterschieden werden. Das kindliche Dasein ist aufgrund seiner Seinsverfassung auf den anderen in spezifischer Weise angewiesen. Für das Erwachsenendasein gilt, daß sich Formen von Angewiesenheit auf andere durch die Möglichkeit des Selbstseins spezifisch verändern.

C. Der Begriff des Selbst

1. Überblick: Der Begriff Selbst bei Freud, Hartmann und Kohut

a) Freud

Freud verwendet Selbst und Ich oft gleichbedeutend. Selbst steht dabei für Person, Subjekt, Ich, im Gegensatz zu Nicht-Ich. Davon unterscheidet sich der Ich-Begriff, der sich auf sein Trieb- und Strukturkonzept bezieht. Das Ich fungiert dabei als Vermittlungsinstanz zwischen Es, Über-Ich und Realität und ist deshalb in der Hauptsache ein *funktionales Ich*. Dies kommt auch in der Vorstellung des psychischen Apparates zum Ausdruck, der zur Bewältigung der inneren und äußeren Reize dient und diese verarbeiten muß. In der realitätsgerechten Ausübung seiner Funktionen beweist das Ich seine Stärke, die allzu oft beeinträchtigt wird, wenn unbewußte Triebregungen, unbewußte Verbote, Normen oder reale Gefahren das Ich bedrohen und zu (neurotischen) Kompromissen veranlassen.

Neben dem funktionalen Ich gibt es jedoch noch ein anderes, weniger auffälliges, das begrifflich nie hervorgehoben wird. Es ist das *pathische,* das erlebende Ich, das Ich, das wünscht, fühlt, leidet, sich ängstigt, das Ich der Leidenschaften. In der Theorie ist es eher eine Randerscheinung, findet Ausdruck in Überlegungen, die die Abhängigkeit, die Schwäche des Ich zum Gegenstand haben. Das pathische Ich ist aber auch nicht zuletzt das Es. Wenn Freud meint, das System Es könne nur wünschen und sei rationalen Überlegungen, dem Sekundärprozeß des funktionalen Ich nicht zugänglich, so könnte man genauso gut sagen, es handle sich hier um das pathische oder das irrationale Ich. Ebenso beim Traum: Welches Ich „geht schlafen", welches Ich zieht seine Besetzungen ein, welches Ich träumt? Offenbar ist es das *funktionale* Ich, das im Traumbewußtsein ausgeschaltet ist oder zumindest seine Kontroll- und Steuerfunktionen einbüßt, und das pathische Ich, das träumt. Auch die Formulierung, daß das Ich aus dem Es hervorgeht, verweist auf den gleichen Sachverhalt. Zuerst gibt es das pathische Ich, das nach Lust strebt, unbeherrschbare Ängste hat, leidenschaftlich begehrt, liebt und haßt, aber nicht denkt, das „purifizierte Lust-Ich", wie Freud es manchmal nennt. Und später, mit der Entwicklung des funktionalen Ich, gibt es das pathische Ich, das auf Befriedigungsformen und Äußerungsformen beharren will, und das sozialisierte, kultivierte, angepaßte Ich.

Die Funktionsfähigkeit des Ich kann zwar durch das Es beeinträchtigt, gehemmt werden, das Es bringt das Ich auf Umwege (das Pferd trägt den Reiter dahin, wohin er nicht will). Im Rahmen der Neurosentheorie Freuds bleibt das

Ich des psychischen Apparates jedoch intakt. Die analytische Therapie setzt die Funktionsfähigkeit des Ich voraus. Psychoanalyse in der Ära Freuds beruht auf der Vorstellung einer Ich-Spaltung, bei der es neben dem neurotischen Ich ein gesundes, normales (introspektives) gibt, das mit dem Analytiker kooperiert, mit ihm ein Arbeitsbündnis eingeht. In der Nachfolge von Freud werden jedoch zunehmend pathologische Verhältnisse relevant, bei denen es nicht oder nicht in erster Linie um Triebabwehr geht, sondern um die Funktionsfähigkeit des Ich selbst.

Ein Fremdkörper in diesem Konzept ist der Narzißmus, zu dessen „Einführung" der geniale Beobachter Freud sich relativ spät genötigt sieht. Die Erkenntnis, daß das Ich nicht nur Objekte, sondern auch sich selbst lieben kann, bringt das ansonsten abgesicherte und bewährte Konzept durcheinander. Das Phänomen der Selbstliebe paßt schlecht zum biologistisch konzipierten psychischen Apparat. Wie soll man sich die Funktionsweise eines Reizbewältigungsapparates vorstellen, bei der Eigenliebe vorkommt? In den Rahmen dieser Vorstellung paßt zwar noch, daß das Ich Libido auf Objekte setzt, um die innere Triebspannung abzuführen. Was aber, wenn der Trieb sich auf das Ich selbst richtet? In der Verhaltensregulation der Tiere ist das nicht der Fall, und man vermißt eine begreifbare Vorstellung, wie ein solches Verhalten biologisch nützlich oder adaptiv sein soll. Freud gibt zwar eine pathologische Deutung und sagt: Wenn das Ich nicht erkranken will, muß es Libido auf Objekte setzen, es muß lieben lernen. Hier geht es aber bereits um eine ganz andere Thematik als um die eines reizbewältigenden funktionalen Ich und um einen ganz anderen, *Selbst und Objekt* betreffenden Begriffsrahmen. Die Libido, die als Triebenergie für Triebobjekte noch verständlich wäre, wird jetzt zur narzißtischen Libido, die sich auf das Ich (Selbst) richtet. Das ist eine Sichtweise, die mit dem Ich und der Libido des psychischen Apparates nicht mehr vereinbar ist. Um welches Ich handelt es sich jetzt? Das funktionale Ich kann es nicht sein, die Selbstliebe ist keine Ich-Funktion. Wenn das Ich sich selbst zum Triebobjekt nimmt, dann kann es sich nur um das pathische Ich handeln.

Die Unvereinbarkeit von Narzißmus mit Triebkonzept und Instanzenmodell läßt sich noch an vielen Aspekten zeigen. Es gibt bereits bei Freud und erst recht in der Nachfolge Anlaß zu Begriffserweiterung und Abänderungen, die wieder Grund für endlose Diskussionen werden. So ist der im Instanzenmodell noch verständliche und brauchbare Begriff des Über-Ich, der die internalisierten kulturellen Verbote und Normen als Regulationsfaktor erfaßt, durch das Ideal-Ich (Ich-Ideal, Ideal-Selbst) ergänzt worden, dessen Bedeutung mit der ersteren nicht konform geht. Die Libidoformen „oral", „anal", „phallisch", die von Organzonen abgeleitet sind, werden durch die narzißtische Libidoreihe ergänzt: „primärnarzißtisch", „autoerotisch", „homosexuell", die die Beziehung zwischen Selbst und Objekt und damit einen ganz anderen Gesichtspunkt betreffen.

In den Narzißmuskonzepten wird der Begriff des Selbst relevant. Das Phänomen der Selbstliebe erzwingt die Berücksichtigung eines Selbstverhältnisses oder eines Verhältnisses von Ich zu Ich, das in dem Instanzmodell nicht unterzubringen ist. Der Einbau der Verhältnisse führt aber zu Begriffsverwirrung und unlösbaren Problemen. Narzißmus bleibt bei Freud weitgehend eine offene Frage, der damit verbundene Begriff des Selbst bleibt dunkel.

b) Hartmann („Ich-Psychologie")

Hartmann erkannte den schwachen Punkt in der Doppeldeutigkeit des Begriffes Ich und nahm einen klärenden Kunstgriff vor. Er beanstandet zu Recht, daß Freud zwischen dem funktionalen System Ich und dem Ich als Person (Selbst) nicht klar unterschieden habe. Beim „Narzißmus" würde aber nicht das funktionale Ich geliebt, sondern die Person als Ganzes, das Selbst.

Mit dieser entscheidenden Neuformulierung von Narzißmus erreicht Hartmann eine auf den ersten Blick eindrucksvolle Klärung. Er unterscheidet nunmehr zwischen dem funktionalen Ich und dem Ich als Person.

Das Problem der Selbstliebe im psychischen Apparat wurde weniger elegant mit dem abstrakten Energiemodell gelöst. Narzißmus bedeutet hier, daß die Systeme Ich, Über-Ich, Es jeweils mit psychischer Energie „besetzt" werden können. Inwieweit diese Energie libidinös, aggressiv und jeweils neutralisiert ist, woher sie stammt und welche Folgen dies für die Funktionsfähigkeit des Ich oder der anderen Systeme hat, ist dann Gegenstand zahlreicher theoretischer Abhandlungen.

Die daraus hervorgehende Definition: Narzißmus ist libidinöse Besetzung des Selbst, bildet das Fundament des ichpsychologischen Verständnisses von Narzißmus.

> In der Analyse wird nicht immer klar zwischen Ich, Selbst und Persönlichkeit unterschieden. Aber eine solche Trennung der Begriffe erscheint wesentlich, wenn wir diese komplizierten Probleme konsequent im Lichte der Freudschen Strukturpsychologie sehen wollen. Tatsächlich scheinen aber bei der Anwendung des Begriffes Narzißmus oft zwei verschiedene Gegensatzpaare in eins verschmolzen zu sein. Das eine bezieht sich auf das Selbst (die eigene Person) im Gegensatz zum Objekt, die andere auf das Ich (als psychologisches System) im Gegensatz zu den anderen Teilstrukturen der Persönlichkeit. Das Gegenteil von Objektbesetzung ist jedoch nicht Ich-Besetzung, sondern Besetzung der eigenen Person, das heißt Selbstbesetzung ... Es trägt deshalb zur Klärung bei, wenn wir Narzißmus als Libido-Besetzung nicht des Ichs, sondern des Selbst definieren (Hartmann 1972, S. 131 f.).

Die Erwartung, daß der neue Begriff Selbst nunmehr zu einer Klärung des alten Problems führt, wird jedoch enttäuscht. Der Begriff Selbst als umfassender und den konkreten Menschen betreffender wird nicht reflektiert, sein Verhältnis zum psychischen Apparat wird nicht zum Problem. Das pathische Ich tritt völlig in den Hintergrund. Selbst wird vielmehr zum Abgrenzungs- und Trennungsbegriff gegenüber dem Objekt. Hartmann und die ihm nachfolgenden Autoren übernehmen damit das Freudsche Erbe der Erklärung von Narzißmus im Rahmen von Energiebesetzungen des Ich (Selbst) und dem Objekt.

Innerhalb des Gegensatzes oder der wechselnden Besetzung von Selbst und Objekt wird allerdings ein wichtiger neuer Gesichtspunkt relevant, der bei Freud noch nicht vorkam: die Abgrenzung des Selbst von Objekten und die Unterscheidungsfähigkeit von Selbst und Objekt im Zusammenhang mit der Funktionsfähigkeit des Ich. In genetischer Sicht wurde erkannt, daß das Kind zwischen sich selbst und dem Objekt nicht unterscheiden kann, das Objekt so erlebt, als wäre es dieses selbst oder umgekehrt. Die Begriffe „projektive Identifikation" oder „identifikatorische Projektion" sollen diese Erlebensformen erfassen.

Das Phänomen der „Verschmelzung", „Symbiose", „Dualeinheit" mit der Mutter wird allerdings unter einem normativen Blickwinkel gesehen. Das Kind ist unfähig, das zu leisten, zu dem später das normale Ich imstande ist: zwischen sich selbst und dem Objekt zu unterscheiden, wozu die Trennung vom Objekt Voraussetzung ist. Die Abgrenzung und Trennung in kognitiver und emotionaler Hinsicht wird mit dem Begriff Selbst erfaßt.

In der Arbeit von Jacobson *Das Selbst und die Welt der Objekte* kommt die Abgrenzungsbedeutung des Begriffes klar zum Ausdruck.

Der Terminus „Selbst" wurde von Hartmann (1950) eingeführt und wird in Übereinstimmung mit ihm angewandt. Er bezieht sich demnach auf die gesamte Person des Individuums, einschließlich seines Körpers und seiner Körperteile, wie auch seiner psychischen Organisation und deren Teilen. Wie der Titel dieses Buches zeigt, ist das „Selbst" ein auxiliärer deskriptiver Begriff, der auf die Person als Subjekt verweist mit Unterschied zu der sie umgebenden Welt der Objekte (Jacobson 1978, S. 17).

Welche Begriffe nun immer konstruiert werden – „gesamte Person eines Individuums", „Körper-Selbst", „physisches Selbst" – sie fungieren alle als Trennungsbegriffe, indem alle diese Selbste gegenüber der „Welt der Objekte" abgegrenzt werden. Zu diesem Auslegungshorizont gehört auch die subjektive Version des Selbst, die Selbstrepräsentanz. Selbstrepräsentanzen stehen den Objektrepräsentanzen gegenüber.

Die Entstehung des Selbst wird ebenfalls in diesem Vorstellungsrahmen begriffen. In der ichpsychologischen Entwicklungstheorie gibt es beim Neugeborenen kein Selbst. Das Selbst oder, subjektiv formuliert, die Vorstellung des Selbst, entwickelt sich ganz allmählich im Organisationsprozeß des Ich, der im Rahmen von konstitutionell festgelegten Reifungsvorgängen und im Kontext von Befriedigung und Versagung von Triebbedürfnissen stattfindet. Erst an der Stelle, wo das Ich fähig wird und beginnt – in welchem Ausmaß immer – eine Unterscheidung zwischen dem eigenen Selbst und den Objekten vorzunehmen, konstituiert sich das Selbst.

Die Konstitution des Selbst geschieht danach im Bereich und als Ergebnis von kognitiven Ich-Funktionen, wie Wahrnehmung, Erinnerung, Denken. Die Verfassung des Selbst als organisierte Summe von Selbstrepräsentanzen ist vom Niveau der Ich-Entwicklung abhängig. Das Selbst gilt als Subsystem des funktionalen Ich.

Welche Rolle spielen in diesem Konzept die Triebe? Wie werden die Triebe bestimmt und welchen Einfluß haben sie auf die Verfassung und die Konstitution des Selbst?

Befriedigung und Versagung von Trieben wird begriffen als Besetzung der Selbst- und Objektrepräsentanzen mit psychischer Energie, womit eine konkrete Bestimmung ausfällt. Die Bedeutung befriedigender (lustvoller) Erfahrungen in frühen Phasen wird nicht selten betont und als wichtiger Faktor für eine normale Ich-Entwicklung angesehen. Um welche Triebe es sich dabei handelt, um welche Befriedigung und um welche Beziehung, in der die Befriedigung und Versagung stattfindet, bleibt infolge der abstrakten Energieformulierung unaufgeklärt.

Die Konstitution des Selbst erfolgt im Rahmen von Abgrenzung und durch ichfunktionale Prozesse, die schließlich das „erkannte" Selbst zum Ergebnis haben.

> Die Bedeutung der Konzepte des Selbst und der Selbstrepräsentanzen im Unterschied zu denen des Ichs wird klar, wenn wir uns daran erinnern, daß die Errichtung des Systems Ich mit der Entdeckung der Welt der Objekte und der zunehmenden Unterscheidung zwischen dieser und dem eigenen physischen und psychischen Selbst einsetzt. Aus den stetig sich vermehrenden Erinnerungsspuren lustvoller und unlustvoller triebhafter, emotionaler, ideationaler und funktioneller Erlebnisse aus den Wahrnehmungen, mit denen sie assoziativ verknüpft werden, erwachsen Imagines der Liebesobjekte wie auch des körperlichen und seelischen Selbst. Anfänglich vage und veränderlich, erweitern sie sich allmählich und entwickeln sich zu konsistenten und mehr oder weniger realistischen intrapsychischen Repräsentanzen der Welt der Objekte und des Selbst (Jacobson 1978, S. 30).

Der Begriff Selbst wird auf diese Weise zu einer Funktion des Ich deklariert, zur Fähigkeit des Ich, eine abgegrenzte Vorstellung von sich selbst und dem Objekt zu haben. Falls diese Fähigkeit ausfällt, kommt es zu ichstrukturellen Störungen.

Der Kern, um den die ichpsychologische Betrachtungsweise kreist, ist die realistisch-kognitive Einschätzung des Objekts, was nur möglich ist, wenn man von diesem getrennt ist und es von sich selbst unterscheiden kann, und die realistische Einschätzung des Selbst. Die realistische Einschätzung und die Unterscheidung vom Objekt ist auch der Horizont, in dem „Narzißmus" interpretiert wird.

Im Umkreis des Begriffes Selbst nimmt Hartmann mit der Position der primären Autonomie des Ich eine weitere entscheidende Umformulierung des Freudschen Konzeptes vor. Er argumentiert damit gegen die Vorstellung Freuds, daß sich das Ich aus dem Es entwickelt habe und dagegen, daß zunächst allein das Lustprinzip die psychischen Vorgänge reguliere und erst allmählich vom Realitätsprinzip überformt werde. Hartmann stellt das Anpassungsprinzip als primäres in den Vordergrund und behauptet, daß unter biologischem Aspekt nur ein System überleben könne, das Befriedigung *antizipieren kann,* und dazu sei nur ein Ich-System in der Lage. Daher müßte ein solches System konstitutionell angelegt sein, unabhängig von Triebbedürfnissen, um die für den Menschen spezifischen Gefahren bewältigen zu können, die daraus resultieren, daß Menschen kein präformiertes Anpassungs- und Regulationssystem besitzen. An dessen Stelle trete das System Ich, das innere und äußere Gefahren vorwegnimmt, mit rationalen Mitteln kontrolliert und bewältigt.

Mit der Behauptung einer „konfliktfreien Sphäre im Ich", gewinnt die ichfunktionale Anpassung gegenüber den Trieben einen prinzipiellen Vorrang. Primäre Triebe können von da aus der Anpassung nur hinderlich oder entgegenwirkend sein. Das System Ich rückt an die Stelle des verlorengegangenen Instinktes und wird damit zum *natürlichen* Anpassungsapparat. Die Triebe dagegen wirken der Anpassung entgegen.

Mit dieser Auslegung wird der Anschluß an das biologische Menschenverständnis endgültig vollzogen, ein Schritt, den Freud trotz seiner Vorliebe für Darwin nie getan hat. Dies hat nicht zuletzt für den Begriff Selbst entscheidende Bedeutung. Das Selbst wird als ein vom Objekt getrenntes Selbst begriffen, ein Selbst, das erst von Ich-Funktionen konstituiert wird. Das Selbst verdankt seine Entstehung der funktionalen Anpassung.

c) *Kohut („Selbst-Psychologie")*
Der Begriff Selbst bei Kohut wird ausschließlich im Kontext von „Narzißmus" relevant. Alle Bedeutungen des Begriffes beziehen sich bei Kohut letzten Endes auf „narzißtische" Phänomene, die fundierend sowohl für Triebverhalten als auch für das funktionale Ich angesehen werden. Der Begriff Selbst erhält damit eine Bedeutung, die der in der Ich-Psychologie fast diametral entgegengesetzt ist. Er erhält schließlich einen zentralen Stellenwert in einem gegenüber Freud neuen oder umfassenderen Ansatz, den Kohut „Selbst-Psychologie" nennt (Kohut 1977a).

Der Begriff „Selbst" wird jedoch von Kohut nicht eigens reflektiert, ähnlich wie Kants unerkennbares Ding an sich, das X, das allen Erscheinungen zugrundeliegt, aber selbst kein Gegenstand möglicher Erfahrung werden kann, ist das Selbst nur in seinen Manifestationen, aber nicht als „Essenz" bestimmbar. „Forderungen nach einer exakten Definition der Natur des Selbst lassen die Tatsache außer acht, daß ‚das Selbst' kein Konzept einer abstrakten Wissenschaft ist, sondern eine von empirischen Daten abgeleitete Verallgemeinerung" (Kohut 1979, S. 299).

Die Methode, die empirischen psychologischen Manifestationen des Selbst zu erfassen, ist Empathie (als einfühlende Beobachtung des psychischen Erlebens eines anderen) und Introspektion, in der sich die Empathie auf das eigene Selbst richtet. Empathie als spezifische Verstehensart gilt als einzig adäquate Erkenntnisart des Selbsterlebens, die gegenüber der Verhaltens- und den objektivierenden Methoden der Sozialpsychologie abgehoben wird. Kohut setzt sich damit eindeutig gegenüber der naturwissenschaftlichen Methode ab.

Im ersten Ansatz (Kohut 1971) erscheint das Selbst noch weitgehend im Gewand von Ich-Begriffen. „Grundstrukturen des Ich" oder "Grundstruktur der Psyche" und das „idealisierte Über-Ich" sollen „Kernstrukturen der Persönlichkeit" bezeichnen, die durch ihre spannungsregulierenden, triebregulierenden, triebkontrollierenden, neutralisierenden Funktionen bestimmt sind. Insofern ist ein Unterschied zum funktionalen Ich kaum erkennbar. Das Selbst wird jedoch im Gesamtzweck dieser Funktionen manifest, sie dienen zur Aufrechterhaltung des „narzißtischen Gleichgewichts". Um was es sich dabei handelt, wird eher negativ formuliert.
1) Wenn die Struktur fehlt, sind die Folgen Objekthunger, das heißt Bedürfnisse nach Personen oder Figuren, die das Fehlende ersetzen, indem sie die Funktionen übernehmen, die das Individuum selbst nicht ausüben kann. Das Gleichgewicht ist gesichert, wenn eine „empathische" Person zur Verfügung steht, in der Übertragung ist es der Analytiker. Die als „Selbstobjekte" fungierenden Personen müssen tröstende, beruhigende, regulierende, bestätigende, bewundernde, mit einem Wort „spiegelnde" Funktionen ausführen. Sie werden „narzißtisch besetzt", d. h. sie werden mit ihren Eigenleben nicht wahrgenommen und ihre Eigenbedürfnisse nicht berücksichtigt: sie werden nicht mit „Objektlibido besetzt".
2) Mangel oder Beeinträchtigung der psychischen Grundstruktur ist der Grund genereller „narzißtischer Kränkbarkeit". Das „narzißtische" Gleichgewicht ist dann prekär.
3) Der Prozeß, in dem sich die psychische Grundstruktur bildet, wird „umwandelnde Verinnerlichung" genannt. Kohut meint, daß das Kind in einer bestimmten Entwicklungsphase den „ursprünglichen Narzißmus" zu erhal-

ten sucht, indem es „narzißtische" Befriedigung oder Versorgung einem Phantasieobjekt zuweist, das Kohut idealisierte Elternimago nennt. Diese Imago wird mit allmächtigen, allwissenden, vollkommenen Zügen ausgestattet und insofern idealisiert.

Der Begriff der Elternimago wird häufig nicht eindeutig genug gegen den Begriff des Selbstobjektes abgehoben. Handelt es sich bei dem ersteren um den Versuch – wie sonst im Repräsentanzenkonzept auch – die Diskrepanz zwischen dem subjektiven Erleben des Objekts und seiner (reifen) objektiv-realistischen Wahrnehmung und Einschätzung auf den Begriff zu bringen, so ist das letztere ein Zwischenbegriff zwischen dem realen und dem erlebten Objekt.

Unter günstigen Umständen kann das Kind in der Folge von nichttraumatisierenden Versagungen in Verbindung mit der fortschreitenden Ich-Entwicklung die realistische Begrenzung seiner Eltern erkennen. Es gibt die Idealisierung auf und bildet gleichzeitig (anstelle dieser) eine psychische Struktur, die nunmehr die Funktionen übernimmt, die zuvor den idealisierten Objekten zugeschrieben worden war. Umwandelnd meint, daß zunächst das idealisierte Objekt die Funktion ausübt, die dann die Struktur des Selbst übernimmt.

„Narzißtisch" bekommt zusehends eine inhaltliche Bedeutung im Sinn von „narzißtischen" Bedürfnissen und Beziehungen. Die ersteren sind solche nach Bestätigung, Billigung, Bewunderung nach „emotionalem Widerhall", „emphatischer Zuwendung", wobei sich diese Bedürfnisse in ihrer archaischen Form – analog zu den Trieben – durch maßlosen Anspruchscharakter auszeichnen sollen. Diese Maßlosigkeit steht wiederum in einem Verhältnis zu dem idealisierten Objekt und dazu, daß diesem kein Eigenleben und Eigenrecht zugebilligt werden kann, weil seine Berücksichtigung den „Narzißmus" beeinträchtigen und dies als „narzißtische" Kränkung erlebt werden müßte.

Auch der Begriff der „narzißtischen" Libido erhält eine andere Bedeutung. „Narzißtische" oder, was gleichbedeutend eingeführt wird, „idealisierende", „exhibitionistische" Libido, meint nun eine bestimmte Qualität und dient nicht mehr als Kennzeichen dafür, ob das Objekt oder das Selbst libidinös besetzt wird.

Gleichzeitig mit der idealisierten Elternimago wird eine zweite „narzißtische" Konfiguration gebildet: das Größenselbst, das von Kohut zeitweise auch das „narzißtische" Selbst genannt wird. Auch dem Größenselbst wird eine überragende, idealisierte Stellung zugeschrieben, die sich im Selbsterleben offenbart: das größte, beste, mächtigste, allwissende Selbst zu sein. Das Größenselbst muß nach Kohut in gleicher Weise wie die erste Konfiguration allmählich in realitätsgerechter Weise modifiziert werden. Führt die Modifikation der idealisierten Elternimago auf dem Weg der umwandelnden Verinnerlichung in einer Entwicklungslinie zu den idealisierten Aspekten des Über-Ich, so führt Modifikation des Größenselbst zu realistischem Selbstwertgefühl, realistischer Selbstschätzung und Freude am Erfolg.

Der Bedeutungsschwerpunkt von „Narzißmus" verlagert sich bei Kohut auf ein Konzept, bei dem es um emotionale Bestätigung und Anerkennung des Selbst durch die „empathische Resonanz" der Selbstobjekte geht und um die Schicksale von Idealisierung und Entidealisierung.

Im ersten Ansatz ist der Begriff Selbst auf die Regulationsfunktion einer „Grundstruktur" bezogen. Das Selbst kann in dieser Hinsicht stabil, kohärent sein, seine Regulationsfunktion im Bereich von Selbstwertgefühl ausüben oder, wenn dies nicht der Fall ist, brüchig sein, es kann fragmentieren oder gar zerstört werden. Die Abhängigkeit des Selbst hinsichtlich seiner Konstitution und seiner Stabilität von der Bestätigung und der Empathie seitens der Selbstobjekte wird entscheidender Gesichtspunkt einer „narzißtischen" Objektbeziehung. Neben diesem Begriff des Selbst im engeren Sinn als Subsystem des psychischen Apparates gibt es dann einen weiteren, der als Grundbegriff für das Konzept der „Selbst-Psychologie" fungiert, eines neuen Rahmenkonzeptes (Kohut 1977a), das dem Strukturmodell des psychischen Apparates und den damit verbundenen Vorstellungen von Triebkonflikten, Triebabwehr, nicht mehr ein- oder zugeordnet werden kann. Die Stabilität, Kohärenz des Selbst und seine Defekte – das brüchige, fragmentierte Selbst – bleiben zwar ein wichtiges Thema; die Entstehung von Störungen wird weiterhin im Kontext von Selbstobjekt-Beziehungen gesehen. Der neue Begriff des bipolaren Selbst verweist jedoch auf andere Gesichtspunkte, die, obwohl auch schon früher erwähnt, jetzt in den Vordergrund treten. Die beiden Pole erinnern zwar noch an die Grundstruktur des Größenselbst und der idealisierten Elternimago. Sie gelten als Kernselbststrukturen, die jetzt aber gegenüber früher in einem Verhältnis gedacht werden, einem Spannungsbogen, dessen Ausdruck die psychische Aktivität der Person (das „Getriebensein") ist.

Der eine Pol betrifft die *„Selbststrebungen"* als Ehrgeiz, Streben nach Eigenbedeutung, der andere die *„Selbstzielstrukturen"* als Ideale, Werte, Normen. Beide Pole des Selbst können Stabilität verbürgen und das Kind, das etwa in einem ersteren Bereich der mütterlichen Selbstobjektbestätigung sein „narzißtisches" Selbst nicht ausreichend konsolidieren konnte, kann dies mit dem anderen Pol ausgleichen, etwa mit der bewundernden Orientierung in der Selbstobjekt-Beziehung zum Vater.

Das Verständnis der Begriffe Kohuts wird dadurch erschwert, daß er einerseits an Freud und vielen seiner von ihm geschaffenen Begriffe festhält, andererseits in zunehmender Weise sich von ihnen absetzt und andere oder neue Perspektiven der Psychoanalyse entwickelt, die dem Freudschen oder erst recht dem ichpsychologischen Konzept nicht einzuordnen sind. Die neue Betrachtungs-

weise wird mit alten Begriffen und Vorstellungen formuliert, eine eindeutige Konfrontation und Klärung oder gar Infragestellung entscheidender Grundbegriffe unterbleibt. Das gilt in besonderem Ausmaß für den Begriff „Narzißmus", der durch Kohut eine nahezu uferlose Ausdehnung erfährt. Die dadurch hervorgerufene Verständigungsschwierigkeit und Begriffsverwirrung zeigt sich unter anderem an den folgenden Momenten:
1) In seinem ersten Ansatz wir der ichpsychologische Energiebegriff „narzißtische Libido" beibehalten, obwohl dieser nunmehr „narzißtische" Bedürfnisse nach „empathischem Widerhall" seitens eines Selbstobjektes betrifft.
2) „Narzißmus" wird von den Trieben getrennt, dem „Narzißmus" eine eigene, von den Trieben (Libidoentwicklung) unabhängige Entwicklung eingeräumt.
3) Der Triebpsychologie Freuds wird schließlich die Selbst-Psychologie gleichberechtigt zur Seite gestellt. Es gibt dann 2 Psychologien, eines des „schuldigen Menschen" und eine des „tragischen Menschen". Auch hiermit wird eine Konfrontation der beiden Konzepte vermieden.

Kohuts Begriff des Selbst ist von seiner Methode her gesehen eher einem geisteswissenschaftlichen Konzept zuzuordnen. Eine eindeutige Einordnung in bekannte Vorstellungen ist allerdings schwierig, weil eine generelle Reflexion über das Rahmenkonzept der Selbst-Psychologie fehlt. Besonders gravierend macht sich der Mangel einer Reflexion über das „Naturmoment" bemerkbar. Die Triebe und Ich-Funktionen werden von der Verfassung des Selbst gleichermaßen abhängig erklärt, ohne daß die natürliche Vorgegebenheit der Triebe oder die der Ich-Organisation reflektiert wird.

2. *Das Selbst als anthropologischer Begriff*

„Selbst" ist ein anthropologisch-theoretischer Begriff, der die Eigenart menschlichen Lebens erfaßt. Er bezieht sich auf das *Leben* (Sein). Die nahezu grenzenlose Komplexität der konkreten Erscheinungen des Lebens ist damit formal auf einen Nenner gebracht, „Selbst" bedeutet dann „Leben" oder „Sein"; das besagt jedoch alles oder auch nichts. Der Hinweis auf das lebendige *Sein* soll aber bereits die Substanzbestimmung abweisen, in welcher Form der Begriff Selbst meist auftritt. Selbst wird dann insgeheim als eine Substanz verstanden, die mit attributiven Bestimmungen versehen wird, während die Substantialität selbst unausgewiesen bleibt.

Dieses ontologische Mißverständnis ist durch die Sprache vorgegeben, die allemal einer Substanz Qualitäten zuschreibt. Die Aussage: „Das Selbst ist kohärent", oder „das Selbst fragmentiert", die Rede von Bestandteilen des Selbst,

von einem wahren und falschen Selbst, einem geteilten Selbst sind wissenschaftstheoretisch fragwürdig, denn ein Selbst, das aufgeteilt, zerlegt, schwach oder kohärent ist oder sonstige Eigenschaften aufweist, gibt es nicht. Das Selbst ist kein Ding, kein möglicher Gegenstand.
   Wir können auf Sprache jedoch nicht verzichten, wenn wir uns verständigen wollen. Degeneriert Sprache zu einem abstrakt-theoretischen Formalismus, dann hat sie keine Aussagekraft mehr. Konkrete Sachverhalte können dann weder adäquat beschrieben noch vermittelt werden. Metaphorische, bildliche, analoge Begriffe und Formulierungen haben gegenüber formalisierten Begriffshülsen ein Vorrecht, wenn sie Sachverhalte zum Ausdruck bringen, die allein auf diese und keine andere Weise gesagt werden können.
   Im folgenden wird dem Sachverhalt, daß das Selbst eine eigene *Seinsweise* hat, die weder mit dinglichem Sein (Substantialität) noch mit außermenschlichem Sein (Animalität) verwechselt werden darf, durch laufende Hinweise Rechnung getragen. Das durch die Sprache vorgegebene Mißverständnis kann damit nicht grundsätzlich ausgeschlossen werden.

Der bekannte Sachverhalt, daß es nicht nur ein Selbst, Ich oder Ego, sondern viele gibt – beinahe jede Theorie hat eine andere Vorstellung vom Selbst zur Voraussetzung –, zeigt, daß es mannigfaltige Formen und Verhältnisse gibt, in denen das „Selbst" erscheint. In theoretischen Abhandlungen herrscht die monokausale Ableitung vor, die sich auf ein Erklärungsmodell festlegt, ohne andere, etwa gleichermaßen berechtigte, zu berücksichtigen.
   Eine anthropologische Betrachtung müßte eine umfassende Darstellung der verschiedenen Aspekte des Selbst zum Ziel haben. Dies würde jedoch den Rahmen dieser Untersuchung bei weitem überschreiten. Im folgenden werden – meist in skizzierender Weise – einige die frühe Konstitution des Selbst betreffende Aspekte beschrieben.
   In den Perspektiven wird jeweils eine andere Seite des Selbst erfaßt. Der Begriff erhält dadurch verschiedene Bedeutungen, die sich bei isolierter Betrachtung nicht unbedingt decken. Das Selbst als Verhältnis ist ein anderer Aspekt als die Verfassung des Selbst und beim regulativen Aspekt geht es um etwas anderes als beim potentiellen Selbst. Dennoch ist keiner dieser Aspekte von anderen unabhängig und keiner schließt den anderen aus, sondern sie ergänzen sich, falls sie zusammen gedacht werden, zu einem Gesamtbild.

a) Selbst als Verhältnis, sein Ursprung im Dialog
Das Selbst ist kein Ding oder statisches Etwas, da es Leben bedeutet. Menschliches Leben verläuft in der Zeit, es ist niemals das, was es ist, als statischer Punkt. Will man es festhalten wie auf Photos oder Filmen, so hat man immer die Vergangenheit vor sich, nicht die konkrete Gegenwart. Letztere scheint

sich einer begrifflichen Bestimmung zu widersetzen, denn entweder ist sie schon gewesen, oder sie läuft in die Zukunft hinein.

Eine der genialen Erkenntnisse Freuds betrifft die negative Macht der Vergangenheit, die als unzugängliches Unbewußtes (Triebschicksal) die konkrete Gegenwart bestimmt, weil sie die zukünftigen Möglichkeiten des Lebens zur Erstarrung bringt, einengt, und damit das Leben eines seiner Vorzüge beraubt. Der genetische Aspekt in der Psychoanalyse bezieht sich auf den generellen Sachverhalt, daß menschliches Leben lebensgeschichtlich „ist", d. h. das Selbst ist immer ein Gewachsenes, Gewordenes.

Die Seinsweise des Selbst ist als Verhältnis zu sich selbst, als Verhältnis zu anderen und zur Welt. Das Verhältnis zu sich selbst hat einen Vorrang, da es dabei immer um das eigene Leben geht.

Das Selbstverhältnis zeigt sich in der Selbstbeurteilung, Selbstforderung, Selbstkontrolle besonders deutlich. Das „Ich" bezieht sich hier auf sich „selbst". Diese wie immer psychologisch erfaßbare Polarität, etwas als Verhältnis von Ich zu Über-Ich, von Ich zu Ideal-Ich oder als intrasystemisches von Ich zu Ich in der therapeutischen Ich-Spaltung, entstammt dem Selbst, das eben in dieser eigenartigen Weise „ist", sich zu sich selbst zu verhalten.

Das Selbstverhältnis ist aber in diesen Phänomenen, beispielhaft in der Selbstverurteilung, besonders auffällig. Es zeigt sich auch in ganz einfachen, scheinbar unmittelbaren Erlebnisweisen. Das „ich erlebe mich" hat bereits diese duale Struktur und alle Gefühle, Antriebe, Strebungen sind davon gekennzeichnet, nicht erst die bewußt-kognitive Selbstreflexion. Das Selbstverhältnis steht in einer wesentlichen Verbindung zum Verhältnis zu anderen, worauf schon der duale Charakter hinweist.

Am Anfang des Lebens ist das Selbst nur als potentielles. Zu seiner Aktualisierung bedarf es der dialogischen Beziehung. Um ins Leben gerufen zu werden, muß es angesprochen werden, und ist dies der Fall, dann antwortet das Selbst. Nur so kann es sein und leben.

Das potentielle Selbst des Kindes aktualisiert sich im frühen Dialog mit der Mutter, der von Geburt an (wenn nicht früher) beginnt. Das Kind ist auf diese „Stimulation" um den Preis seines Überlebens angewiesen. Die Mutter und andere reden mit dem Kind, als könnte es die Sprache verstehen und antworten. Obgleich dies zunächst nicht der Fall ist, versteht das Kind die Mutter mit einer primären Verstehensart und umgekehrt. Die Versorgung, die damit verbundene leiblich-sinnliche Stimulierung des Kindes, seine Aktionen und Reaktionen gehören zu diesem Dialog und machen seinen Inhalt aus.

Mit der konkreten Beziehung wird Leben überhaupt in Gang gebracht, was zur Folge hat, daß die Modi und emotionalen Qualitäten der Beziehung das daraus erwachsende Selbstverhältnis in fundamentaler Weise bestimmen.

Die in der Psychoanalyse gebräuchlichen Begriffe der primären Identifikation, Inkorporation und Introjektion beziehen sich zwar auf diesen Sachverhalt, sie erfassen ihn aber nur unzureichend und mißverständlich. Sie sind einerseits von dem irreführenden Begriff eines oralen Triebs beherrscht, dem die konkretistische Vorstellung zugrundeliegt, daß das Kind die Mutter oder Teile von ihr (Brust) verschlingt und sich mit diesen „verinnerlichten" Objekten und deren Eigenschaften identifiziert. Andererseits bezieht sich Identifikation auf das Ich, das in unterentwickelten Formen dazu tendiert, dasselbe wie das andere zu sein, es aber nur verzerrt oder im Licht von drängenden und unbeherrschbaren Trieben wahrnehmen kann. Sowohl die „natürliche" orale Triebvorstellung als auch der „mentale" Ich-Begriff verfehlen das Angesprochensein, das leiblich und seelisch zugleich ist und damit eine eigenartige Qualität besitzt, die weder in physiologisch-biologischen noch in psychologisch-mentalen Begriffen adäquat erfaßbar ist. Was in das Selbst eingeht, „verinnerlicht" wird, ist die dialogische beidseitige Beziehung. Das bedeutet, daß weder das andere monologisch das Selbst bestimmt, noch das Kind allein mit der Entwicklung seiner konstitutionellen Anlage ein Selbst aufbaut. Es ist also niemals die Mutter (der Vater) allein, die das sich entwickelnde Selbstverhältnis formt, sondern immer auch die Antwort des Kindes. Da Kinder mit verschiedenen Anlagen (kreatürlichem Selbst) auf die Welt kommen, werden die Antworten jeweils unterschiedlich ausfallen. Der Spielraum für die spontanen Antworten des Kindes wird allerdings durch pathologische – den Bedürfnissen des Kindes nicht entsprechende Verhältnisse – eingeschränkt, u. U. in erheblicher Weise, so daß spontane Antworten weitgehend ausfallen können.

Formen des Selbstverhältnisses, bei denen Gebote (Idealforderungen) oder Verbote (Triebkontrolle) eine Rolle spielen, entstammen Phasen der Entwicklung, in denen sich bereits Vorstellungen vom eigenen Selbst und vom anderen gebildet haben und die Trennung von Selbst und anderem ein fortgeschrittenes Stadium erreicht hat. In einem frühen Bereich gibt es jedoch eine spezifische Art von Erfahrung, die dem frühen Dialog entspricht, obwohl differenzierte Wahrnehmung des eigenen Selbst und des anderen nicht möglich ist.

Diese fundamentale Schicht des Selbst – das Kernselbst – ist von emotionalen Qualitäten bestimmt, die sich weniger auf ein personähnliches Etwas oder auf eine umrissene Gestalt beziehen, sondern *medialen* Charakter haben. Sie haben die Struktur des Sichbefindens in Etwas, Sichaufhaltens bei, oder des von diesem Etwas Getragenseins, in welchen Qualitäten zwar auch noch das duale Moment erkennbar ist, aber weder das Selbst noch das Medium, in dem es sich befindet, in klaren Grenzen erfaßbar sind. Aus diesem Grund ist beides begrifflich schwer definierbar. Symbole, Bildersprache, metaphorische Beschreibungen scheinen hierbei eine unersetzliche darstellende Funktion zu haben. Die vorsokratischen Urelemente (Luft, Wasser, Erde, Feuer) treten in Umschreibungen vornehmlich auf, und mannigfaltige Weisen des Sich-befindens-in finden darin ihren Ausdruck, etwa im Wasser schwimmen, in der Luft schweben oder fliegen, im Atmen von Luft (Sauerstoff), im Aufenthalt in Höhlen auf und unter der Erde, im Aufenthalt im Licht und in der Wärme, um nur einige im affirmativen Modus zu nennen. Das Sich-befinden-in ist nicht „Identität", „Einheit", absolute Indifferenz. In diesen Begriffen kommen weder dualmediale noch inhaltliche Momente zur Gegebenheit. Sich-befinden-in, Sich-aufhalten-bei oder Getragen-sein-von ist allemal von dem Selbst und dem Medium bestimmt, in dem es sich befindet. Im affirmativen Modus trägt das Medium das Selbst, versorgt und schützt es, erkennt seine Eigenexistenz an und läßt es insofern „sein". In einem umfassenden Sinn werden die verschiedenen Aspekte des Sich-befindens-in mit dem Begriff Aufgehobenheit erfaßt. Aufgehobenheit beinhaltet auch Versorgtsein, Beruhigt- und Getröstetsein, Nicht-allein-sein, Vertrauenkönnen, Sich-sicher-fühlen, Anerkanntsein.

Die defizienten Modi von Aufgehobenheit betreffen Nicht-aufgehobensein, das von seinem Ursprung her bedeutet, daß haltbietende, tragende, sicherheitsverbürgende und versorgende Momente fehlen, was in Bildern und Symbolen des Untergangs, Fallens, Abstürzens, der Auflösung in verschiedenen Medien, des Begrabenseins, Erstickt- und Eingeschlossenseins in Höhlen, im Verbrennen usw. in großer Mannigfaltigkeit zum Ausdruck gelangt.

Anthropologisch gesehen bedeutet Aufgehobenheit im affirmativen Sinn, sich in seinem Sein gehalten und getragen „wissen", was allein bei einem Wesen möglich ist, dessen Sein auf haltbietende und tragende Momente angewiesen ist.[16]

Dieses humanspezifische Wesensmerkmal kommt beim kleinen Kind in besonderer Weise zum Vorschein, weil es auf die haltbietenden und tragenden Momente der Beziehung ganz und gar angewiesen ist. Ebenso sind kindliche Formen von Angst Hinweise auf die menschliche Lebensangst als Angst vor Vernichtung (des Seins), ein Zustand, der eintritt, wenn haltbietende Momente in nicht bewältigbarer Weise ausfallen. Der Angewiesenheit des Kindes entspricht seine spontane phasenspezifische Fähigkeit, sich dem anderen ganz und gar anzuvertrauen, sich von ihm „tragen" zu lassen.

Kontinuierlich affirmative Erfahrungen bestimmen das Selbstverhältnis in der Weise des *sich bei sich selbst aufgehoben Fühlens,* d. h. die Erfahrung wird „verinnerlicht" und „erinnert" und bestimmt somit die Verfassung des Kernselbst. Sich selbst beruhigen, trösten, sicher fühlen, vertrauen und damit warten können, sind Grundkomponenten des Selbstgefühls, die auch schon in frühen Phasen die umfassende Angewiesenheit relativieren. Je mehr sie den Aufbau des Kernselbst prägen, um so weniger ist das Kind auf Sofort- oder Direktbefriedigung angewiesen, d. h. es ist entsprechend seines Entwicklungsganges dadurch in der Lage, relativ selbständig zu existieren, eine wesentliche Voraussetzung zum Selbstsein im Sinn eigener Seinsübernahme.

Ein weiterer Sektor des Kernselbst betrifft emotionale Erfahrungen im Bereich des Selbstseins. Es handelt sich dabei um die Erlebensdimension *des eigenen Standes,* des Laufens, Gehens und Stehens, des Zugehens auf andere und auf die Welt, des Zugreifens, Ergreifens, der eigenen Beherrschung von (Körper-) funktionen usw. Das Selbstsein steht in einem dialektischen Verhältnis zum Aufgehobensein. Während das letztere immer Verbundenheit mit einem anderen bedeutet, beinhaltet Selbstsein Trennung und Distanz. Man kann nicht gleichzeitig im Schoß der Mutter sitzen und eigenständig laufen, auf andere und auf die Welt zugehen. Der aufrechte Gang, häufig verwendetes Symbol des Menschlichen, wird jedoch allein in einer „tragenden" Beziehung „gelernt" und erworben. Das Auftreten der *eigenständigen* Erlebensdimension bedeutet nicht, daß das Kind nicht mehr auf die Beziehung angewiesen wäre. Es findet nur eine Modifikation des bislang vorherrschenden Modus statt. Die Mutter muß nicht nur körperlich unterstützend bei den ersten Schritten anwesend sein, sie muß auch in der Form von Bestätigung, Billigung, Anteilnahme „da" sein.

Das gleiche gilt für das Zugehen auf die Welt – adgredi (Schultz-Hencke 1940) – für spontane Äußerungen des Nichtwollens, das dem späteren Wollenkönnen vorausgeht. Das eigene Wollenkönnen, die Kompetenz in verschiedenen Bereichen von Wahrnehmung, des Benennens, der Erinnerung, des eigenen Zugreifens usw. hat eine für das Kind ungemeine Attraktivität, als handle es sich um völlig autonome Verhaltensweisen. Es kann leicht übersehen werden, daß all diese Äußerungen und Manifestationen des Selbstseins allemal in eine gegenseitige Beziehung eingebettet und ohne sie nicht möglich wären. Die Mutter muß, wenn sie diese Äußerungen bejaht, sich selbst vom Kind trennen, d. h. den bislang bestehenden Modus der primären Verbundenheit im Bereich von Aufgehobenheit modifizieren, genauso wie das Kind sich in dieser Hinsicht von der Mutter trennen muß. Diese entscheidende Veränderung geschieht innerhalb eines komplexen Dialogs, bei dem beide oder auch mehrere (z. B. der Vater) beteiligt sind.

Die primären emotionalen Erfahrungen im Bereich des Selbstseins sind unzertrennlich mit billigenden, bestätigenden, einschränkenden und verbietenden, strafenden Interaktionen seitens der Mutter und anderer verbunden, wobei der „Liebesentzug" in unserer Kultur nicht selten als Mittel eingesetzt wird, um Geboten und Verboten Nachdruck zu verhelfen. Liebesentzug bezieht sich auf Aufgehobenheit, die in den verschiedenen Aspekten dann nicht mehr gewährt wird.

Die mit den Äußerungen des Selbstseins untrennbar verbundenen Einschränkungen, Hemmungen, Strafen, Drohungen, die jeweiligen Formen des „Liebesentzugs" und die darauf erfolgende Antwort des Kindes führen zu entsprechenden Bestimmungen im Selbstverhältnis. Das bedeutet, daß nicht nur die „positiven" Erfahrungen des Auf-die-Welt-zugehens, sondern auch die in der Beziehung erlebte Einschränkung die emotionale Grunderfahrung bestimmt und damit das Kernselbst. Die in der Psychoanalyse üblichen Begriffe von primitiven Abwehrmechanismen, wie Verleugnen, Spaltung oder primitiver Über-Ich-Vorläufer beziehen sich auf diesen Sachverhalt, wobei die Theorie immer die Dichotomie eines „Ich" und eines „Abgewehrten" (Triebe, Es) voraussetzen muß.

Die Auffassung, daß das Kind die Mutter oder andere infolge seiner ichdefizienten Ausstattung nur verzerrt und im Licht seiner eigenen drängenden und unbeherrschbaren Triebe wahrnehmen und sie deswegen notwendigerweise verkennen muß, ist eine Hypothese, die der monologischen Betrachtungsweise entstammt. Es mag sein, daß Kinder die Eltern als allmächtig erleben, als Figuren, von denen ihr Leben abhängt, daß sie sie mit Fähigkeiten ausstatten, die sie nicht besitzen, und daß sie Frustrationen ihrer Triebbefriedigung nicht realen Hindernissen und Grenzen zuschreiben, sondern den als omnipotent erlebten Objekten die Schuld geben, und daß sie sich in der primären Identifikation mit den allmächtigen Figuren auch selbst so ausgestattet erleben. Abgesehen von der Frage, inwiefern diese Vorstellungen konkreten Verhältnissen und Erlebensweisen entsprechen, ist entscheidend, daß all diese verzerrten Wahrnehmungen und die sie begleitenden Gefühle von den Eltern verstanden und in einem Dialog korrigiert und modifiziert werden könnten. Die realen Beziehungsverhältnisse könnten allerdings bereits der Anlaß für die „Wahnvorstellungen" der Kinder sein, und dann ist eine Korrektur schwer möglich.

Für das Verständnis menschlichen Erlebens und Verhaltens ist ganz entscheidend, daß das Selbst in der beschriebenen Weise bereits gebildet ist, bevor sich selbstbewußte Ich-Funktionen in vollem Umfang entwickeln. Ansätze eines dem Erwachsenen selbst vergleichbaren bewußten Ich gibt es beim Kind erst ab dem 3. Lebensjahr, voll ausgebildete Ich-Funktionen bilden sich weitaus später.

Mit der Konstitution des Kernselbst werden jedoch bereits Grundmuster und Grundgestimmtheiten des Erlebens und Verhaltens ausgebildet, die alle wesentlichen Antriebsbereiche, das Selbstverhältnis und das Verhältnis zu anderen und zur Welt bestimmen.

Von der Verstehensstruktur her gesehen, bildet sich das Kernselbst zu einer Zeit, in der Raum- und Zeitkategorien, logische und kausale Verstandesformen noch nicht ausgebildet sind. Das bedeutet jedoch nicht, daß in diesem Bildungsprozeß das eigene Selbst, die anderen und die Welt nicht verstanden würden, sondern nur, daß sie mit einer anderen primären Verstehensart interpretiert werden. Diese primäre Verstehensart wird später vom „Bewußtsein" als den bekannten und unsere Kultur prägenden „logischen" Denken überformt, was zu den begrifflichen Unterscheidungen eines Bewußtseins und eines Unbewußten, eines Primärprozesses und eines Sekundärprozesses Anlaß gibt. Die historisch-gesellschaftlich bedingte Einschätzung der Verstehensarten spielt dabei eine wichtige Rolle. Unsere Tradition ist seit geraumer Zeit von der Vorherrschaft des rationalen Denkens geprägt, das in der Form des zweckrationalen Denkens, der „instrumentellen Vernunft", heute überwiegend als „richtiges" Denken angesehen wird. Andere mögliche Verstehensarten in der Geschichte und in anderen Kulturen gelten von diesem Standpunkt aus als primitiv, archaisch, als Vorstufen zu der jetzt hochentwickelten Form, ebenso die Produkte, wie etwa Mythen, Weltbilder, philosophische und religiöse Lehren, die auf diese Weise zustandekamen.

In dieser Sicht werden auch die heute noch bei Kindern in frühen Phasen vorherrschende Verstehensart als primitiv-infantil, als irrational, für die realistische Lebensbewältigung und Anpassung untauglich erklärt und damit disqualifiziert.

Das mit zweckrationalen Denkkategorien nicht begreifbare „Unbewußte" ist jedoch nicht chaotisch, irrational oder ohne Sinn, sondern *vorverstanden*, d. h. es ist mit einer Verstehensart zustandegekommen, die auf ihre Weise Selbst, andere und Welt interpretiert. Die vorverstandenen Grundmuster bilden die Grundlage von späterer Erfahrung und späterem Denken.

Die einseitige Vorherrschaft von logisch-rationalem Denken und die ihm entsprechenden Kategorien beeinflußt bereits die Kommunikation mit Kindern, die dann unter dieser Vorgabe abläuft. Der therapeutischen Veränderung des Kernselbst sind daher von mehreren Seiten her Grenzen gesetzt. Will man die Verfassung des Kernselbst verstehen, so ist dafür zweckrationales Denken ebenso ungeeignet wie die naturwissenschaftliche Methode zur Erklärung eines Kunstwerks oder eines Traums.

Die Beziehungsverhältnisse, in denen sich das Selbst allein bilden kann, entsprechen häufig nicht den primären Bedürfnissen. Die mit ungemein schmerzlichen Erfahrungen verbundene Versagung hat massive Verleugnungen und Verdrängungen und kompensierende Idealphantasien zur Folge, was ebenfalls einer „Erinnerung" oder „Bewußtmachung" ganz erhebliche Hindernisse bietet. Schließlich stößt die sprachliche Vermittlung an Grenzen, da frühe Erfahrungen präverbal gemacht werden, was nicht heißt, daß sie nicht verstanden würden. Die dementsprechende Ebene wird dann mitunter als Körpergedächtnis oder als Körpersprache erfaßt, und es entsteht das Problem, ob diese Ebene mit dem üblichen psychoanalytischen Verfahren erreicht und beeinflußt werden kann (Moser 1987).

Entscheidendes Moment einer möglichen Veränderung des Kernselbst ist eine „tragende" und umfassend „verstehende" Beziehung, die analoge Qualitäten zu einer affirmativen Primärbeziehung aufweisen muß, und diese Beziehungsart kann erfahrungsgemäß nicht willkürlich oder rational-manipulativ hergestellt werden, sondern kommt allein in einem nicht verfügbaren gegenseitigen Dialog zustande.

b) Verfassung des Selbst und Funktionsfähigkeit des Ich

In einem primären Bereich ist das Selbst bereits konstituiert, bevor es in der Weise eines bewußt funktionalen Ich zu existieren beginnt. Daraus entsteht jene Form des Selbstverhältnisses, die philosophisch oder psychologisch als Relation zwischen Leben (Lebenswille) und Verstand, Unbewußtem und Bewußtsein, Selbst und Ich oder zwischen Es und Ich begriffen wurden. Ein wesentlicher Gesichtspunkt in diesem Verhältnis ist die *unbewußte Motivation*.

Der primäre Bereich wird hier als Kernselbst bezeichnet. Seine Verfassung ist von emotionalen Qualitäten bestimmt, die Aufgehobensein und Selbstsein betreffen. Wie gezeigt, relativiert sich die Angewiesenheit bereits im Bereich von Aufgehobenheit, indem affirmative Erfahrungen in das Selbstverhältnis eingehen und in Formen des sich bei sich selbst Aufgehobenfühlens eine Basis für relative Selbständigkeit abgeben. Dennoch bleibt in diesem Bereich die Angewiesenheit zeitlebens bestehen. Auch als Erwachsene sind wir auf versorgend-tragende, haltbietende, orientierende und anerkennende Qualitäten angewiesen, die allein durch „Zufuhr von außen" zustandekommen, also nicht aus eigener Kraft hergestellt werden können.

Ein gewisses Maß von affirmativen Erfahrungen im ersten Bereich ist beim Kind die Voraussetzung dafür, daß der entscheidende Übergang von Aufgehobenheit zum Selbstsein im Sinne eigener Seinsübernahme und eigenen Lebenkönnens (Ich-Funktionalität) gelingt. Ist dies nicht der Fall, dann kommt es zu Formen, bei denen die primäre und unmodifizierte Angewiesenheit auf Aufgehobenheit durch andere oder anderes ein Übergewicht behält und eigene Seinsübernahme davon beeinträchtigt oder unmöglich gemacht wird. Zum ersten Bereich gehört eine spezifische Klasse von Stimmungen und Gefühlen. Beispiele dafür sind ruhige, entspannte Stimmungen, bei denen die Problematik, Anforderung und Bewältigung des Lebens keine Rolle spielt. Prototypisch treten diese in Zusammenhang mit Ermüdung, Erschöpfung, Rückzug und v. a. beim Schlaf in Erscheinung. Sich-fallen-lassen, Loslassen (von der Ich-Funktionalität), sich in einen problemlosen und spannungslosen Zustand versetzen, sind Fähigkeiten, die angstfreies Sich-aufgehoben-fühlen zur Voraussetzung haben. Hier kommt es darauf an, ob diese Fähigkeiten relativ autonom ausgeübt werden können und damit ein Spielraum für eigenes Selbstsein besteht, oder inwieweit Angewiesenheit auf andere und anderes auch im Erwachsenenleben in so großem Umfang bestehen bleibt, daß das Selbstsein dadurch beeinträchtigt oder blockiert wird.

Prinzipiell ist die Funktionsfähigkeit des Ich von der Verfassung des Kernselbst abhängig. Genetisch gesehen müssen der Entwicklung von Ich-Funktionalität ein Mindesausmaß an affirmativen Erfahrungen von Aufgehobenheit vorangehen und sie begleiten. Im Erwachsenenleben ist alle Funktionsfähigkeit nur aufgrund einer affirmativen Befindlichkeit möglich, d. h. von einem Mindestmaß des Sich-bei-sich-selbst-aufgehoben-fühlens abhängig, genauso wie von der Gestimmtheit zum Selbstsein. Auch voll entwickelte und gekonnte Funktionsfähigkeit kommt zum Erliegen, sobald durch Ausfall haltbietender, versorgender und ähnlicher Momente in beträchtlichem Ausmaß Zustände und Stimmungen von Nicht-aufgehoben-sein auftreten oder depressive Stimmungen das Selbstsein blockieren.

Sicherheit im Selbstverhältnis wird auch durch Ich-Funktionalität erreicht. Das Gefühl der Kompetenz, verbunden mit Erfolg und Bestätigung auf verschiedensten Bereichen und das Gefühl, der unvermeidlichen Problematik der alltäglichen Lebensanforderungen gewachsen zu sein, sind wesentliche Komponenten des Selbstgefühls, die allerdings erst in späteren Entwicklungsphasen und vollgültig erst ab der Adoleszenz relevant werden. In vielen Entwicklungstheorien gilt die „Ich-Stärke" als Grund für Sicherheitsgefühl, Selbstvertrauen, Selbstanerkennung, und die Wurzel des „Selbstwertgefühls" wird allein hierin gesehen. Zur Ich-Stärke würde danach auch noch die Fähigkeit gezählt, Stimmungen zu kontrollieren oder zu verdrängen und sich durch geeignete Maßnahmen Versorgung und Anerkennung zu verschaffen. In dieser allein auf Ich-Funktionalität ausgerichteten Sicht bleibt der Kernbereich des Selbst mit seinen emotionalen Qualitäten und die von bewußten Ich-Funktionen unbeeinflußbaren affirmativen und defizienten Gestimmtheiten ausgeklammert.

Die dem Bereich von Aufgehobensein zugehörige Pathologie zeigt sich darin, daß Tendenzen nach Ruhe, Problemlosigkeit, Konfliktlosigkeit derart überwiegen, und Phantasien eines Lebens, das nicht selbst bewältigt werden muß, im Mittelpunkt stehen. Eigenes Selbstsein wird dadurch eingeschränkt, erscheint unattraktiv und unbefriedigend.

Typisch dafür sind z. B. Erlebens- und Verhaltensweisen, die von der Tendenz, in Ruhe gelassen zu werden, und der korrespondierenden Ungestimmtheit für Konfrontation und Konfliktbewältigung überwiegend bestimmt sind. Spannungslosigkeit soll um jeden Preis erreicht werden, man gibt nach, unterwirft sich anderen auch mit der Preisgabe des eigenen Selbst.

Sieht man diese heute häufig auftretende pathologische Konstellation im Licht einer Fixierung oder Regression auf „narzißtische" oder „symbiotische" Entwicklungsphasen und allein als „Arretierung" und Defekte von Ich-Funktionen, dann gerät der Kernbereich des Selbst in seiner unersetzlich fundierenden Qualität nicht mehr ins Blickfeld. Die produktive Veränderung von Pathologie geschieht danach dann allein in der bewußten Strukturierung von Erlebens- und Verhaltensweisen, in der Bewußtmachung der Notwendigkeit und der Einübung adäquater Lebensbewältigung.

Die Beeinträchtigung von Ich-Funktionalität muß jedoch primär von deren Verhältnis zur Verfassung des Kernselbst begriffen werden. Von daher ist auch die Aggression und Destruktion zu verstehen, die latenter Vernichtungsangst entspringt und sich sekundär verschiedenste Ziele sucht, nicht zuletzt in Form primärer Wut auf diejenigen richtet, die illusionär als mögliche seinsübernehmende Figuren erlebt werden.

Die *individuelle* Verfassung des Selbst stellt eine jeweils eigentümliche und unverwechselbare Mischung verschiedener Erfahrungen von Aufgehobensein im affirmativen und defizienten Modus dar, welche sich alle mit ebensolchen des Selbstseins verbinden. Insgesamt erwächst aus der Verfassung des Kernselbst der persönliche Lebensstil und Charakter in Form bestimmter Antriebe, Grundgestimmtheiten und Grundmuster der Lebensbewältigung.

Anthropologisch gesehen steht die Verfassung des Selbst immer auch in einem Verhältnis zu geschichtlichen Epochen und ihren gesellschaftlichen Verhältnissen. Das jeweils vorherrschende Menschenbild spielt dabei eine wichtige Rolle. Die Verfassung des Selbst hat daher einen *kollektiv-historischen* Anteil und unterliegt in dieser Hinsicht entscheidenden Veränderungen. Seine emotionale Struktur bleibt davon jedoch unberührt. Bedürfnisse nach Aufgehobenheit hat es – soweit historische Zeugnisse zurückreichen – immer gegeben, was nicht heißt, daß ihre historisch-gesellschaftlichen Formen sich nicht ändern. Bedürfnisse nach Aufgehobenheit gibt es auch im technischen Zeitalter. Sie mögen in den systemorganisierten Gesellschaften weitgehend verleugnet sein, was nicht heißt, daß sie ihren humanspezifischen Anspruch verlieren.

Die gegenwärtigen westlichen Gesellschaften sind von dem Ideal eines autonomen und funktionsfähigen Individuums geprägt, das zu unbegrenzter Anpassung an das ständig sich ändernde ökonomisch-gesellschaftliche Umfeld befähigt sein soll. Das Vertrauen in grenzenlose technische Manipulation und Beherrschung von Natur und Gesellschaft – die eigene Natur des Menschen nicht ausgenommen – ist hierfür eine wesentliche Voraussetzung. Das Menschenbild, wie es uns die Evolutionstheorie vorführt, steht dazu in einer Entsprechung. Das durch Zufall und Notwendigkeit entstandene Leben hat sich danach durch das Prinzip der *optimalen Anpassung an die jeweilige Umwelt* bis zur menschlichen Lebensform höherentwickelt. Die Anpassungfähigkeit und die Reproduktion des Lebens bilden auch den Lebenszweck des menschlichen Organismus.

Unter diesem Ideal wird die Sicherheit des Selbst in die Funktionsfähigkeit und Anpassungfähigkeit des Ich verlegt. Gefühle und Stimmungen und gar Bedürfnisse nach Aufgehobenheit sind dabei nur hinderlich, weil sie die Funktionsfähigkeit infrage stellen könnten.

Diese gesellschaftlich sanktionierten Ideale hinterlassen sicher Spuren in der Konstitution des Kernselbst, da die Verhältnisse der Primärbeziehung davon beeinflußt werden. Die zunehmende Zahl von „narzißtischen" und „Borderline-störungen" kann auch unter diesem Gesichtspunkt gesehen werden: als Folge von Verhältnissen, die der konstitutionell verankerten Eigenart menschlichen Lebens und seiner Bedürfnisse nicht entsprechen.

Die Prägung des Kernselbst entspricht einem Niederschlag früher emotionaler Erfahrungen. Inwieweit diese Art Gedächtnis naturwissenschaftlich – etwa neurophysiologisch, biochemisch usw. – feststellbar ist oder nicht, ist eine offene Frage. Es muß sich jedenfalls um eine andere Art von Gedächtnis handeln als die heute üblicherweise als Speicherung von Information begriffene. Die Niederschläge im Kernselbst betreffen nicht nur die Erfahrungen, die in Beziehungen gemacht wurden, sondern auch solche, die ausgefallen sind. Das bedeutet, daß u. U. in intensiver Weise auch nichtgemachte Erfahrungen das Kernselbst prägen. In der psychoanalytischen Literatur wird klinischen Beobachtungen zufolge von „somatischen Gedächtnisspuren" (Greenacre 1945), von einem „Körpergedächtnis" (Little 1960), von einem „somatopsychischen Gedächtnis" (Mahler 1968) gesprochen, auch der fragwürdige Begriff des Introjekts wird dafür eingesetzt. Alle diese vagen Begriffe verweisen auf ausweisbare klinische Phänomene eines zwingenden „inneren" Wissens, in „Fleisch und Blut" eingegangener Handlungsanweisungen, eines nicht erklärbaren und hintergehbaren Antriebs. Schachtel ist der Auffassung, daß die gegenwärtige von unserer Kultur geprägte Form des „Erwachsenengedächtnisses" weder geeignet ist, frühe kindliche Erfahrungen aufzunehmen, noch sie zu bewahren und sich an sie zu erinnern. Die funktionale Kapazität des bewußten Erwachsenengedächtnisses ist normalerweise beschränkt auf solche Typen von Erfahrungen, welche der Erwachsene bewußt wahrnimmt und an die er sich erinnert" (Schachtel 1963, S. 284; eigene Übersetzung). Auch er spricht von einem „Gedächtnis des Körpers", einer „psychosomatischen Einheit, in welcher die alten Erfahrungen eine Erinnerung hinterlassen haben, nicht nur von dem Objekt, sondern von der totalen emotionalen Konfiguration, in welcher das Objekt gesehen wurde". Schachtel erinnert an W. Reich, der das verdrängte Gedächtnis in dem Charakterpanzer, im gesamten Körperausdruck und der Körperhaltung wiederentdecken wollte. Es ist dann allein der „Körper", der sich ins Gedächtnis ruft, der „erinnert, wie es war, was die Seele vergessen und verdrängt hat".

Sich bei sich selbst aufgehoben fühlen, ist eine Qualität des Selbstverhältnisses, die allein durch die Erfahrung zustandekommt, daß man einmal bei oder in einem anderen zuverlässig und sicher aufgehoben war, und wer diese Erfahrung nicht gemacht hat, „kennt" diesen Zustand nicht. Keine kognitive Information, keine noch so gut gemeinte Beschreibung nützt hier etwas. Wem diese Erfahrung fehlt, weiß nicht, wovon die Rede ist. Ebenso steht es mit primären emotionalen Erfahrungen im Bereich des Selbstseins. Wer die Erfahrung nicht gemacht hat, auf Menschen und Dinge angstfrei zuzugehen und zunächst „arglos" (Balint) mit ihnen umzugehen, oder die Erfahrung des eigenen Nichtwollendürfens nicht kennt, welche Erfahrungen allein in dialogischen Beziehungen zu (und in der Auseinandersetzung mit) anderen gemacht werden können, dem fehlen später entsprechende „Erinnerungen".

Die emotionalen Verhältnisse des Kernselbst beziehen sich auf *Seinsqualitäten*.

Wenn gesagt wird, daß es bei „narzißtisch" gestörten Patienten immer gleich um Sein und Nichtsein geht (Thomä 1986), so betrifft diese Aussage nicht nur ein klinisch pathologisches Phänomen, sondern auch einen anthropologischen Sachverhalt. „Narzißtische" Kränkbarkeit beruht allemal auf latenter Vernichtungsangst, welchen Grades auch immer. Auch schon banale Kritik, Infragestellung, Konfrontation kann zur Erschütterung des Selbstgefühls ausreichen, wenn die Verfassung des Selbst dazu Anlaß gibt. Es geht dann um die Aufrechterhaltung des Selbstgefühls beinahe um jeden Preis, was aber nur verständlich wird, wenn der grundlegende Sachverhalt, daß es Menschen immer um ihr Sein geht und immer darum, den Zustand des Nichtseins zu vermeiden, bekannt ist.

Für die Seinsqualität in diesem Bereich ist die Selbstverurteilung ein einleuchtendes Beispiel.

Wird die Konstitution des Kernselbst durch Beziehungsverhältnisse beeinflußt, die von Nichtanerkennung (s. III.D.8.) gekennzeichnet sind, dann ist das Selbstverhältnis vor jeglichem Inhalt oder spezifischer Qualität von der Ablehnung des eigenen Seins bestimmt. Dieser Sachverhalt bezieht sich in besonderer Weise auf die Eigenart menschlichen Seins. Die Anerkennung des eigenen individuellen Seins sollte von einem logischen Standpunkt aus wenig Problematik bieten, denn welcher Mensch kann für sein blankes Dasein verantwortlich gemacht werden? Niemand hat sein eigenes Sein gewollt oder sich selbst ins Leben gerufen. Die absurde Möglichkeit der Verurteilung oder Ablehnung des eigenen Daseins wird jedoch begreifbar, wenn man auf die Angewiesenheit auf Anerkennung im Medium der Beziehung achtet. Man kann mit Recht fordern, daß jedes Individuum für sein Leben verantwortlich ist, wenn damit die unumgängliche und dem menschlichen Leben inhärente Struktur der eigenen Seinsübernahme gemeint ist. Menschen müssen ihr eigenes Leben leben (und ihren eigenen Tod sterben) und niemand kann ihnen diese Aufgabe abnehmen. Bei der Seinsübernahme handelt es sich jedoch um Möglichkeiten und Fähigkeiten, die von der Verfassung des Kernselbst abhängig sind. Ist dieses von emotionalen Erfahrungen der Nichtanerkennung geprägt, was allein dadurch zustande kommen kann, daß „banalen" primären Bedürfnissen und Gefühlen nicht entsprochen oder diese in gegengerichteten Aktionen sistiert werden, dann wird das zu einem Gefühl des prinzipiellen Unwerts führen, der das Sein betrifft und nicht eine Ausstattung oder spezifische Eigenschaft. Vielmehr gibt der prinzipielle Unwert dann später Anlaß für spezifische Verurteilung und Ablehnung im Selbstverhältnis, in welchen Bereichen auch immer. Seinsübernahme ist dann nicht möglich oder beeinträchtigt, weil dazu ein Mindestmaß an eigener Anerkennung und die Lust am eigenen Leben die Voraussetzung ist.

Moralische oder gesellschaftliche Forderungen, daß das Ich der Individuen funktionsfähig sein müsse, daß dies eine Voraussetzung für gesellschaftliche Anerkennung sei, gehen allzuoft an dem Sachverhalt vorbei, daß die Funktionsfähigkeit von Bedingungen abhängig ist, die von den Individuen nicht oder jedenfalls nicht durch Ich-Funktionalität eingeholt werden können.

Die Mutter-Kind-Beziehung ist zwar die unumgängliche primäre Vermittlungsdimension der Konstitution des Selbst. Das bedeutet jedoch nicht, daß die Verfassung des Selbst allein auf dem Einfluß der persönlichen Mutter und ihrer Eigenarten rückführbar ist. Die Mutter und die sie vertretenden Personen mögen in wichtiger Hinsicht „Schicksal" sein, ihr individueller Einfluß findet seine Grenzen durch die jeweiligen gesellschaftlich-kollektiven Momente, die ihrerseits deren Selbst bestimmt haben.

c) *Potentielles Selbst*
Am Anfang des Lebens ist das Selbst in einem potentiellen Zustand, weil es das Leben noch vor sich hat. Das Leben ist noch nicht gelebt. Diese Potentialität bleibt zeitlebens bestehen. So lange man lebt, steht immer etwas aus, nämlich das noch zu lebende Leben, erst durch das Ableben findet dieser Zustand sein Ende. Im Unterschied zum Anfang des Lebens hat das bereits gelebte Leben eine „Vergangenheit".

Die Vergangenheit löst sich dadurch, daß sie „vergangen" ist, nicht einfach in nichts auf, sondern sie bestimmt durch die in der Vergangenheit gemachten Erfahrungen die Gegenwart. Die Aneignung oder Nichtaneignung von Vergangenheit spielt für die Zukunft eine entscheidende Rolle, weil „unbewußte" Vergangenheit das zukünftige Leben einengen kann, indem nichts „Neues" geschieht, keine Entwicklung stattfindet und ausschließlich das „Alte" reproduziert wird.

Das Neue – das „Prinzip Hoffnung" – kann nur dann wirksam werden, wenn die dem potentiellen Selbst inhärenten Möglichkeiten aus der negativen Macht der Vergangenheit befreit werden. Es gibt aber auch eine positive Macht der Vergangenheit, die über zukünftige Möglichkeiten entscheidet. Die beschriebenen affirmativen Erfahrungen im Bereich von Aufgehobenheit sind eine Voraussetzung für Leben überhaupt und damit die unumgängliche Basis dafür, daß Neues geschehen kann.
Die Potentialität ist allein dadurch möglich, daß Menschen in der Zeit leben, d. h. eine (Lebens)geschichte haben. Diese in der Zeitlichkeit (Historizität) begründete Potentialität muß aber durch den Beziehungsaspekt erweitert und konkreter bestimmt werden.

Die konstitutionelle Anlage wird hier unter dem Aspekt des kreatürlichen Selbst erfaßt. Das von Natur Vorgegebene ist insofern potentiell, als es entwickelt werden muß. Man kann dies, wie es meist geschieht, vom außermenschlichen Leben her und die Entwicklung etwa analog dem pflanzlichen Leben begreifen. Der angelegte Keim entwickelt sich gemäß seiner genetischen Information. Die Entwicklung bedarf zwar bestimmter Rahmenbedingungen, wie die Pflanze Licht, Luft, Wasser und Mineralstoffe benötigt, um zum angelegten Reifezustand zu gelangen. Analog dazu können beim Menschen die Rahmenbedingungen als Versorgung, Aufzucht, Sozialisierung begriffen werden.

Die Eigenart menschlichen Seins wird damit jedoch verkannt. Leben bedeutet beim Menschen allemal Lebenkönnen, und dies ist keine vorgegebene Anlage, die sich von selbst oder mit Hilfe jener oben genannten Rahmenbedingungen entwickelt und verwirklicht. Am Anfang des Lebens besteht die spezifische Angewiesenheit auf Beziehung, die allein das Leben ermöglicht. Dieser grundlegende Tatbestand ist der Entwicklung der konstitutionellen Anlage vorgeordnet und hat zur Folge, daß alle Anlagen, soweit sie überhaupt objektivierbar sind, sich nur in einer Beziehung entwickeln (oder nicht).

In naturwissenschaftlicher und soziologischer Sicht kann man Anlagen feststellen, den Entwicklungsverlauf in der Ontogenese verfolgen, Entwicklungsstufen und Niveaus ausgrenzen, Entwicklungsziele und einen Abschluß der Entwicklung ausmachen, ohne von dem elementaren anthropologischen Tatbestand Kenntnis zu nehmen, daß sich alle diese Anlagen eines Organismus nur unter der Voraussetzung entwickeln konnten, daß in einer sozialen Beziehung das Seinkönnen übernommen wurde.

Die Entwicklung des Selbst findet allemal in einer Beziehung statt, die dialogisch strukturiert ist. Die Mutter (Vater, andere) reden und kommunizieren mit dem Kind bereits in frühen Phasen so, als hätte es ein eigenes Selbst. Die

Vorstellungen, Erwartungen, Normen der versorgenden anderen im Hinblick auf das zukünftige Selbst des Kindes gehen in den Dialog ein, und das Kind antwortet darauf über seine emotionalen Erfahrungen mit dem Aufbau seines Kernselbst. Durch dieses Moment werden alle Anlagen selektiert, geprägt und in eine bestimmte Richtung gelenkt.

In einer reduzierten Sichtweise kann behauptet werden, daß die Haar- oder Augenfarbe genetisch angelegt ist und sich völlig unabhängig und unbeeinflußbar von Beziehung entwickelt. Diese zwar richtige Erkenntnis ist für menschliches Erleben völlig irrelevant, da es allein um die *Bedeutung* geht, die der Haar- oder Augenfarbe zukommt. In der gesellschaftlichen Bewertung kann die Haar- oder Augen- und erst recht die Hautfarbe eine ganz erhebliche Bedeutung erhalten, und diese spielt in der Entwicklung des potentiellen Selbst die bestimmende Rolle. Dasselbe gilt für alle konstitutionellen Anlagen.

Auch die Geschlechtsspezifität ist konstitutionell angelegt, und man könnte auch hier mit Recht behaupten, daß sie sich unabhängig von der Beziehung, in der das Kind aufwächst, entwickeln wird. Die Bedeutung jedoch, die der jeweiligen Geschlechtsbestimmung durch die Interpretation und Bewertung allemal zukommt und die durch die elterlichen Interaktionen dem Kind frühzeitig vermittelt wird, ist die für die Entwicklung des potentiellen Selbst entscheidende Dimension.

Potentiell ist auch das Selbstsein. Mit Selbstsein oder Selbst-sein-können wurde der wesentliche Unterschied zwischen erwachsenem und kindlichem Dasein erfaßt. Die Angewiesenheit auf umfassende Seinsübernahme, wie sie für das kindliche Dasein naturgegebener Weise typisch ist, sollte durch das Selbstsein beim Erwachsenen modifiziert werden. Diese Bestimmung wird auch im „Normalen" nie ganz erreicht, in einem breiten Übergangsfeld zur Pathologie bleibt Angewiesenheit in ähnlicher Weise wie im kindlichen Dasein bestehen.

Potentielles Selbstsein bedeutet einerseits, daß die Möglichkeit zu menschlichem Leben inhärent ist und gelebt werden müßte oder sollte, was keineswegs immer der Fall ist. In einer weiteren Bedeutung bezieht sich der Begriff auf den Sachverhalt, daß faktisches Selbstsein allemal durch die Vorgabe der Eltern und das sozial-kulturelle Umfeld bestimmt ist, da es sich allein in einer Beziehung aktualisiert hat. Dadurch ist die Form und das Ausmaß von *eigenem* Selbstsein zunächst von anderen abhängig, also *fremdbestimmt*. „Werde, der du bist", beinhaltet auch, daß das zunächst unumgänglich von anderen bestimmte Selbstsein einmal eigens übernommen werden sollte, und sei es auch nur in der Weise, daß das von anderen geprägte Selbst angeeignet und nicht einfach nachgelebt wird. Es treten jedoch auch mehr oder weniger krasse Widersprüche zu jenen Formen auf, die dem eigenen potentiellen Selbst entsprechen würden. Die oft als schmerzlich empfundene und mit Leiden verbundene

Diskrepanz zwischen einem „wahren" und „falschen" Selbst, ist eine Quelle kreativer Phantasie und Antriebe, diese Diskrepanz zu überwinden. In sehr ausgeprägten Formen kann das „falsche" Selbst allerdings das potentielle Selbstsein so beeinträchtigen, daß eine produktive Entwicklung nicht möglich ist.

d) Kreatürliches Selbst

In der Naturwissenschaft wird der „Körper" des Menschen als Organismus in den Spezialgebieten von Anatomie, Physiologie, Chemie, Neurologie, Molekularbiologie usf. unerschöpflicher Gegenstand der Forschung. Nicht wenige Anhänger biologistischer Anthropologie sind der Auffassung, daß dieser Bereich die eigentliche Natur des Menschen ausmache und andere Bereiche wie Sprache, Kultur, Gesellschaft oder psychische Phänomene ganz generell aus dieser Natur ableitbar wären.

In humanspezifischer Sicht gibt es weder einen ausgrenzbaren Bereich „Körper", noch einen Bereich „Seele". Ausschnitte aus dem umfassenden Ganzen, dem Sein oder Leben sind möglich und sinnvoll, um Einzelforschung zu betreiben. Dabei dürfte das „Ganze" nicht aus dem Blickfeld gelangen. Der Bereich des „Körpers, des Leibes", das schon immer natürlich Vorgegebene, wird hier als kreatürliches Selbst bezeichnet.

Das kreatürliche Selbst als leibliches Sein ist nichts anderes als das Selbst als Leben. Der Begriff dient lediglich dazu, bestimmte Phänomene zu beschreiben. Der damit hervorgehobene Bereich darf nicht als Körperding mißverstanden werden, das dann einer Bewußtseinssubstanz gegenübersteht und mit dieser einseitige oder wechselseitige Beziehungen unterhält.

Wenn ich gehe, dann setze ich nicht qua Bewußtsein einen Körper als Maschine in Bewegung, sondern ich habe mich entschlossen zu gehen, eine Form des Selbstverhältnisses. Wenn der Magen drückt, dann empfinde ich nicht einen körperlichen „Innenreiz", der im Gehirn registriert wird und sich dann in der subjektiven „seelischen" Empfindung widerspiegelt, sondern ich erlebe mich selbst in der Weise des leiblichen Schmerzes. Das „ich erlebe", oder „ich empfinde" kann als pathisches Ich und der Magenbereich als zum kreatürlichen Selbst gehörig beschrieben werden, was aber nichts anderes als eine ausschnitthafte Erfassung konkreten Seins bedeutet.

Das Selbst wurde als Verhältnis bestimmt und dem Selbstverhältnis ein spezifischer Vorrang eingeräumt. Diese Betrachtungsweise bewährt sich auch in der Perspektive des kreatürlichen Selbst. Die Aussagen „ich habe einen Körper", „ich finde meinen Körper schön oder häßlich", „ich kann mich auf meinen Körper verlassen" oder „mein Körper hat mich im Stich gelassen", „der Körper atmet, verdaut, schwitzt, riecht, scheidet aus", „mein Herz schlägt", „meine Leber macht nicht mit", beziehen sich nicht auf einen Bereich, neben dem es noch einen anderen gibt, sondern sie alle sind Ausdruck des Selbstverhältnisses im Bereich des kreatürlichen Selbst. Dieses Verhältnis zeigt sich besonders deutlich in den Idealen eines körperlosen, geschlechtslosen oder zweigeschlechtlichen Wesens, Idealen des bekleideten und des nackten Körpers, Schönheitsidealen, asketischen Idealen. Alle diese Ideale haben zum einen das Selbstverhältnis zur Voraussetzung, zum anderen seine Offenheit. Das Verhältnis zum kreatürlichen Selbst ist beim Menschen nicht festgelegt. Es ist allemal in einem gesellschaftlich-historischen Kontext interpretiert, und diese Auslegung gilt dann in der jeweiligen Kultur als selbstverständlich und „natürlich".

Das kreatürliche Selbst als leibliches Dasein zeigt in vielerlei Hinsicht eine Übereinstimmung oder Ähnlichkeit mit animalischen Lebensformen, was gegenwärtig zu dem uferlosen Vergleich von Mensch und Tier Anlaß gibt. Dabei wird übersehen, daß der Vergleich und die Ähnlichkeit nur unter der Voraussetzung möglich sind, daß man menschliches und animalisches Leben auf organismische Funktionalität und deren naturwissenschaftliche Objektivierbarkeit reduziert.

Ein wesentlicher Unterschied zwischen Mensch und Tier besteht gerade darin, daß Menschen ein Verhältnis zu ihrem leiblichen Dasein haben. Daß man sich in „seinem Körper" wohlfühlen kann oder ihn als ein nichtintegrierbares Anhängsel erlebt und sich „in seinem Körper nicht zu Hause" fühlt oder ihn als funktionierenden Organismus betrachtet, der pausenlos zur Verfügung stehen muß, und wenn er seinen Dienst versagt, wie eine Maschine repariert werden kann, sind Beispiele dafür, daß ein vorverstandenes Verhältnis in diesem Bereich besteht. Hätten die Menschen nur ein kreatürliches Selbst, ohne zu ihm ein Verhältnis zu haben, dann wären sie tatsächlich den Tieren vergleichbar, die weder ein Verhältnis dazu, noch eine Geschichte dieses Verhältnisses haben.

Menschen kommen nicht als Erwachsene und nicht als denkende Subjekte auf die Welt, sondern als männliche oder weibliche Kinder und als Wesen von Fleisch und Blut.

Die Geschlechtsspezifität ist nicht zu ändern, sie ist „Anatomie als Schicksal", wie Freud sagt, und die Intentionen, sie doch willkürlich oder nachträglich zu beeinflussen, sind Beweise für die Offenheit und Problematik des Selbstverhältnisses im Bereich des kreatürlichen Selbst und seiner historischen Auslegung. Ebenso steht es um sonstige „körperliche" Ausstattungen und Qualitäten, wie etwa angeborene oder erworbene Mißbildungen, durch Krankheit und Alter bedingte Beeinträchtigungen. Alle diese Qualitäten – auch in der Form von hervorragender Ausstattung – sind nicht hintergehbar und bilden entscheidende Komponenten des Selbstverhältnisses.

Wie ich mich als konkrete Frau in meiner Weiblichkeit oder als konkreter Mann in meiner Männlichkeit einschätze, beurteile, ob ich dazu ein positives oder negatives Verhältnis habe, ob ich die Rollen, die damit verbunden sind, akzeptiere oder ablehne, wie ich mich aufgrund geschlechtsspezifischer leiblicher Qualitäten erlebe usw. – all dies verweist auf die elementare Bedeutung des kreatürlichen Selbst im Selbstverhältnis. Dies zeigt sich bei Verletzungen und Verunstaltungen im körperlichen Bereich, bei Krankheiten und bei Altersprozessen besonders deutlich, da die damit verbundene Beeinträchtigung „narzißtische" Kränkung bedeutet, d. h. sie mindern das Selbstgefühl.

Das Kind bringt nicht mehr mit auf die Welt als sein „nacktes" Sein, d. h. sein kreatürliches Selbst. Das leibliche Sein ist zunächst nahezu ausschließlich das, worum es in frühen Stadien der Primärbeziehung geht. Der „Körper" des Kindes ist „Gegenstand" der mütterlichen Versorgung, und vom Kind her gesehen ist es der Körper der Mutter, mit dem es in Beziehung tritt. Das Beziehungsfeld ist betont sinnlich-leiblich-körperlich. In der Perspektive des kreatürlichen Selbst ist dieses „Sein" sein leibliches, seine „körperlichen" Bedürfnisse, seine spontanen Gefühle, sein Leibsein, um dessen Anerkennung und Bestätigung es in der Beziehung zunächst geht. Diese Anerkennung und Bestätigung ist keineswegs garantiert, kann beeinträchtigt sein und ist auf jeden Fall abhängig von der historisch-gesellschaftlich geltenden Auslegung und Bewertung des leiblichen Daseins.

Die unsere Kultur immer noch bestimmende Abwertung des leiblich-sinnlich-kreatürlichen Seins kommt auch in der Primärbeziehung zum Ausdruck. Wie Max Weber und Nietzsche auf je verschiedene Weise gezeigt haben, können asketische Ideale, die mit religiösen Vorstellungen verbunden waren, auf andere „weltliche" Bereiche übergreifen. Asketische Ideale betreffen immer auch die Bewertung und Bedeutung des kreatürlichen Selbst. Das Leistungsprinzip der Industriegesellschaft kommt in vielerlei Hinsicht einem asketischen Ideal nahe und ist mit leibfeindlichen Tendenzen verbunden.

Das Kind kommt hinsichtlich seines Verhältnisses zum kreatürlichen Selbst als unbeschriebenes Blatt auf die Welt. Wie sein diesbezügliches Sein akzeptiert oder nicht akzeptiert wird, wie mit ihm umgegangen wird, wie es in dieser Hinsicht stimuliert oder auch nicht stimuliert wird, wie es selbst auf die Angebote der Mutter reagiert und dieselben modifiziert, dieses ursprüngliche Beziehungsmuster wird zum primären Maßstab seines späteren Selbstverhältnisses.

Ein wichtiger Aspekt in diesem Bereich ist der Umgang mit Gefühlen. Gefühle gehören zum kreatürliche Selbst, da sie ursprünglich spontan auftreten. Gefühle werden in der Primärbeziehung dem Kind interpretiert, als „gute" Gefühle zugelassen, als „schlechte" nicht. Je nachdem wie Eltern und soziales Umfeld Gefühlsäußerungen normativ beurteilen, werden Gefühlsbereiche frühzeitig schon im affektiven Klima der Beziehung unterdrückt oder gefördert. Geschieht die Zurückweisung spontaner Gefühle etwa unter Idealen von Kontrolle und Beherrschung (Funktionsfähigkeit) in extremem Ausmaß und kontinuierlich, entstehen Formen des Selbstverhältnisses, in denen ein selbstverständliches Körpergefühl fehlt. Der „Körper" wird als fremdartig erlebt, man fühlt sich im „Körper" nicht zuhause, das Selbst ist nicht „verkörpert" (Laing 1960). Defizientes Selbstgefühl wird nicht selten als Zustand beschrieben, nicht am Leben beteiligt zu sein, „danebenzustehen". Das Sehen kann dabei eine intensiv-isolierte Qualität erhalten, indem man dem Leben nur „zuschaut", ohne selbst zu leben oder am Leben teilzunehmen. Dies kann sich in dem ständigen Wunsch nach einem solchen Zustand äußern oder aber auch als Entfremdungszustand erlebt werden, aus dem man trotz aller willentlichen Anstrengung nicht herausfindet. Diese Form des Selbstverhältnisses im kreatürlichen Bereich muß als tiefgreifende, seit frühen Phasen bestehende Gefühlsabwehr verstanden werden, wobei spontane und heftige Gefühle als extrem bedrohlich erlebt werden. Mannigfache Entfremdungszustände im körperlichen Bereich sind die Folge, die auch mit Idealen eines körperlosen (emotionslosen) Daseins kompensiert werden. Die Annahme des kreatürlichen Selbst im Selbstverhältnis mag eine lebenslange Aufgabe bleiben, da sich die Verhältnisse zwangsläufig durch Altersprozesse und andere Einflüsse ständig ändern und von gesellschaftlichen Reaktionen begleitet sind. Die einstigen, in der Primärbeziehung gemachten Erfahrungen in diesem Bereich bilden jedoch eine kaum einholbare Grundlage für Umgang und Bewältigung von Begrenzung und Endlichkeit, die mit leiblichem Dasein unumgänglich verbunden ist.

e) Regulative Aspekte des Selbst. Lust- bzw. Seinsprinzip

Nach der traditionellen metaphysischen Auffassung vereinigt der Mensch in sich „natürliche" (vegetative, animalische) Lebensformen, die dann vom Intellekt als hinzukommendem Prinzip überformt werden. Anstelle der fehlenden instinktiven Regelung seines Lebens tritt Verstand oder Vernunft als normatives Regelsystem.

In biologistischer (monistischer) Sicht werden dagegen in unterschiedlichen Versionen natürliche, in der Evolution entstandene und in den Genen verankerte Regelsysteme angenommen, die dem Prinzip des Überlebens der Gattung (des Genpools) unterstehen. Diesen Regelsystemen entstammen auch Bewußtsein, Sprache, Kultur, Gesellschaftsformen.

Freuds Konzept bleibt hinsichtlich der Frage der Regulierung menschlichen Lebens mehrdeutig und unklar. Einerseits ist die für ihn zentrale Triebbestimmung als natürliche Anlage zu werten, die das „Leben" determiniert. Andererseits sind die Triebe nicht „natürlich", weil sie, wie gezeigt, immer schon vermittelt (repräsentiert) sind. Begreift man die Vermittlung als eine des rational-bewußten Ich, dann muß man zwangsläufig die Triebe als natürliche, aber entartete Anlage sehen, die durch das System Ich geformt, kontrolliert, gezähmt werden; diese Sicht würde sich von der traditionellen Bewußtseinsbestimmung und der Zweiteilung des Menschen in Natur und Geist nicht sonderlich unterscheiden.

Als zentrales Regulationsprinzip findet sich bei Freud jedoch das *Lustprinzip*, das zwar durch das Realitätsprinzip modifiziert und relativiert wird, seine bestimmende Wirkung jedoch grundsätzlich behält:

> Es ist, wie man merkt, einfach das Programm des Lustprinzips, das den Lebenszweck setzt. Dies Prinzip beherrscht die Leistung des seelischen Apparates von Anfang an; an seiner Zweckdienlichkeit kann gar kein Zweifel sein, und doch ist es im Hader mit der ganzen Welt ..." (Freud 1930, S. 434).

Das Lustprinzip wird dem Es zugerechnet, es gilt als primär-unbewußt-triebhaft. Es bestimmt das funktionale Ich auch dann noch, wenn es die Stärke seiner Vermittlungsposition zwischen Trieb und Realität beweist, indem es der äußeren Realität Rechnung trägt und die lustsuchenden Wünsche und Phantasien der psychischen Realität kontrolliert und in Schranken hält. Die Lust wird von den Trieben abgeleitet, primär von der Sexualität im erweiterten Sinn.

Freud revidiert jedoch im Spätwerk seine bislang allen Einwänden gegenüber aufrechterhaltene Überzeugung. In *Jenseits des Lustprinzips* (1924) wird gegen dieses ein anderes gesetzt, das ihm übergeordnet sein soll: das Nirwanaprinzip. In der mit dem Todestrieb verbundenen spekulativen Hypothese wird eine allem Leben inhärente Tendenz angenommen, die zum anorganischen Zustand zurückstrebt, aus dem es einst hervorgegangen ist.

Während das Nirwanaprinzip in der von Freud vorgelegten Form wenig Beachtung und Nachfolge gefunden und nur als konstitutioneller Destruktionstrieb (Todestrieb) die Theorienbildung beeinflußt hat, ist das Lust-Unlust-Prinzip ein fester Bestandteil psychoanalytischer Theorie geblieben. Profunde Kritik am Lustprinzip (Szasz 1957; Schachtel 1963) richtet sich auf die biologistische Ableitung im Rahmen von Sexualität, auf die mechanistisch-energetische Fassung und Verrechnung von Lustenergie (Libido), auf das Triebabfuhrmodell (Lust als Spannungsabfuhr) und auf die Festlegung auf das Es und die damit verbundene Ausklammerung von Lust als Ich-Phänomen.

In einer humanspezifischen Betrachtung, die sich nicht an der Zweiteilung von Natur und Geist orientiert, sondern am menschlichen Sein selbst, muß der Lust in all ihren mannigfaltigen Erscheinungen als intentionalem Prinzip erster Rang eingeräumt werden. Die Lust muß dann aber der Eigenart menschlichen Lebens und nicht isolierten Trieben oder Ich-Systemen zugeordnet werden.

Das Lust-Unlust-Prinzip hat für die Regulation menschlichen Verhaltens eine nicht zu unterschätzende Bedeutung, aber keine alleingültige. Es versagt als Erklärungsmodell bei zahlreichen Verhaltensweisen, die offenbar andere Motivationsquellen haben, da es Menschen nicht immer um Lusterwerb oder Unlustvermeidung geht, sei es nun unmittelbar oder auf Umwegen.

Die Aufrechterhaltung des Selbstgefühls als Seinkönnen ist mit „normalem" Leben identisch. Dies hat zur Folge, daß der affirmative Zustand als selbstverständlich gilt und wenig Beachtung findet. Zustände mangelnden Selbstgefühls werden dagegen als pathologisch beurteilt und in keinen Zusammenhang mit den „normalen" gebracht. Außerdem sind Anzeichen von mangelndem Selbstgefühl Anlaß, den normalen Gleichgewichtszustand wiederherzustellen. Der pathologische Fall unterscheidet sich dadurch, daß einerseits extreme Formen vorherrschen und daß andererseits eine Bewältigung nicht oder nur in unbefriedigender Weise möglich ist. Hierbei zeigt sich deutlich, daß das Selbstgefühl von Bedingungen abhängig ist, die ausfallen oder nicht vorhanden sein können. In gleicher Weise gilt dies für den „Normalfall".

Die Aufrechterhaltung des Selbstgefühls muß daher als primäres Regulationsprinzip angesehen werden. Da es immer um das Seinkönnen geht und um die Vermeidung des Nichtseins, wird es *Seinsprinzip* genannt. Es könnte auch Lebensprinzip heißen, wenn darunter das humanspezifische Lebenkönnen verstanden würde.

In frühen Phasen der Primärbeziehung findet der Mensch Bestätigung und Garantie seines Seins ausschließlich in einer haltbietenden und sein Leben übernehmenden Beziehung. In späteren Phasen tritt allmählich anstelle des letzteren Moments die eigene Seinsübernahme als Selbstsein. Die Halt, Sicherheit, Schutz bietenden Momente werden durch Beziehung zu anderen (Vater, Geschwister), zu außerfamiliären Gruppen, gesellschaftlichen Institutionen, schließlich durch Normen, Ideale, Werte ersetzt, die auch Halt- und Orientierung bietende Funktion haben. Halt, Sicherheit, Bestätigung kann darüber hinaus vieles bieten: Arbeit, gewissenhafte Pflichterfüllung, sozialer Dienst an anderen, Erotik, Essen und Trinken, befriedigende und unbefriedigende Beziehungen, Positionen, in denen man gebraucht wird, Macht, Ruhm, Wissen, Besitz.

Ein völlig sinnloses oder orientierungsloses Leben ist für Menschen auf Dauer nicht lebbar. Globalerklärungen über die Entstehung der Welt und des Menschen, ob sie Entstehungsmythen, religiösen Systemen, Weltanschauungen oder wissenschaftlichen Hypothesen entstammen, haben auch die Funktion, eine Gesamtorientierung zu vermitteln, die emotionale Bedürfnisse nach Halt und Sicherheit befriedigen und damit auch das Selbstgefühl aufrechterhalten. Aus diesem Grund haben alle Globalerklärungen eine aus ihren inhaltlichen Aussagen und Begründungen nicht begreifbare Attraktivität, woraus sowohl das Festhaltenmüssen um jeden Preis (Fanatismus) verweist als auch die Krisen, die auftreten, wenn bislang gültige Orientierungen aufgegeben werden müssen.

Das Seinsprinzip, das die Aufrechterhaltung des Selbstgefühls reguliert und das Seinkönnen garantiert, ist dem Lust-Unlust-Prinzip übergeordnet. Von daher wird begreifbar, daß Menschen auch extreme und andauernde Unlust, Anstrengungen, Mühen und Leiden auf sich nehmen, um die verschiedensten Ziele zu erreichen, auch unvernünftige, absurde, lebensbeeinträchtigende und zerstörende, wenn sie nur der Aufrechterhaltung oder Steigerung des Selbstgefühls dienen.

Das Seinsprinzip ist auch der Grund für den bekannten, aber wenig reflektierten Sachverhalt der schier unerschöpflichen Mannigfaltigkeit menschlicher Antriebe und Ziele, da menschliches Leben kein vorgegebenes Ziel und keine instinktive Regulation aufweist und da es letzten Endes um die Bestätigung und Garantie des Seins geht.

Auch Sexualität und Aggression, die als isolierte Triebe begriffen werden, unterstehen dem Seinsprinzip. Sexualität in der genitalen, heterosexuellen Form könnte noch am ehesten in eine Analogie zu einem animalischen Trieb gebracht werden, da es Tieren vergleichbare Organe, einen vergleichbaren Fortpflanzungstrieb und Zweck, an die Organe gebundene Lust und einen sich wiederholenden Spannungsaufbau gibt. Die bekannten Sachverhalte, daß beim Menschen die Verbindung zwischen Fortpflanzung und Sexualität weitgehend gelockert, daß die Vorstellung reiner Organlust eine Abstraktion ist und daß Sexualität seit jeher in verschiedensten Formen praktiziert wird, darunter auch solche, bei denen die Geschlechtsorgane keine oder eine untergeordnete Rolle spielen, verweisen deutlich genug auf die Fragwürdigkeit einer isolierten animalischen Triebinterpretation. In humanspezifischer Sicht hat dagegen die Verbindung von Seinsprinzip und Sexualität primären Rang. Daß geglückte Sexualität zwischen Mann und Frau das zentrale Moment des Selbstgefühls, das Gefühl, lebendig und wirklich zu sein in besonders intensiver und auch gesteigerter Weise zur Folge hat, und umgekehrt, daß nicht gelingende oder abgewehrte Sexualität das Selbstgefühl in entscheidender Weise mindert, was wiederum Anlaß zu Kompensation auf anderen Gebieten gibt, wird niemand bestreiten wollen. Weniger bekannt ist, daß die sog. Perversionen in spezifischer, d. h. in besonders intensiver und gleichzeitig unflexibler Form der Aufrechterhaltung des Selbstgefühls dienen und falls sie ersatzlos aufgegeben werden oder werden müssen, den Zusammenbruch des Selbstgefühls zur Folge haben (Morgenthaler 1974).

Sexualität steht in all ihren mannigfachen Formen und Praktiken in einem

Bezug zum Selbstgefühl. Sexualität als vielleicht intensivste Begegnungsmöglichkeit zwischen Mann und Frau kann diese Bestimmung auch völlig verlieren und als Vehikel zur kümmerlichen Aufrechterhaltung des Selbstgefühls benutzt werden, wie etwa im Fetischismus.

Die Konzeption von Aggression als isolierter und konstitutionell angelegter Trieb ist noch weitaus fragwürdiger als die eines Sexualtriebs. Es gibt wenig befriedigende Analogien zur animalischen „Aggression", kein vergleichbares spezifisches Organ, keine spezifische Lust und kein umrissenes Ziel. In einem weiten Bereich wird der Begriff Aggression mißverständlich und irreführend in einen Zusammenhang mit Äußerungen des Selbstseins gebracht. Insbesondere gilt dies für kindliche Formen von Selbstbehauptung, Selbstdarstellung, Selbstabgrenzung (gegen Eltern), die auch heute noch als destruktiv oder als Ausdruck anal-aggressiver oder sadistischer Partialtriebe angesehen werden.

Selbstaktualisierung und Selbstbehauptung bedeutet prinzipiell Trennung, Distanz, Konfrontation in der Beziehung zu anderen, was zunächst lebensförderlich und für den Aufbau des Kernselbst im Bereich von Selbstsein eine unumgängliche Voraussetzung ist.

Es liegt nahe, destruktive Aggression in offenen oder kaschierten Formen der Beeinträchtigung, Bemächtigung, Unterwerfung, Entwertung oder Vernichtung anderer Menschen als Manifestation eines Destruktionstriebs zu begreifen, wobei dann allerdings die Ableitung eines solchen Triebs auf erhebliche Schwierigkeiten stößt.

Auf die Möglichkeit, destruktive Aggression als Reaktion auf den Ausfall anderer, das Selbstgefühl garantierender Momente und im Zusammenhang mit der Primärbeziehung zu begreifen, wird in der Untersuchung immer wieder verwiesen. Sicher kann damit nicht alle Destruktivität erklärt werden. Sie steht jedoch sicher in einem Zusammenhang mit Sein und Nichtsein und damit in Verbindung zur Aufrechterhaltung und Steigerung des Selbstgefühls.

Das Seinsprinzip läßt sich auch mit lebensbejahenden, lebensförderlichen Zielen und v. a. mit befriedigenden Beziehungen und Gemeinschaftsformen vereinigen, wofür allerdings die Berücksichtigung der dem menschlichen Sein inhärenten Lebensgesetze eine unabdingbare Voraussetzung ist. Die in der Psychoanalyse angestrebten und sich vollziehenden Veränderungen haben auch dieses Ziel, und dies macht den noch wenig erschlossenen emanzipativen Gehalt der Psychoanalyse aus.

Ein auffälliges und merkwürdiges Phänomen ist die Selbstdestruktion. Daß Menschen immer wieder in selbstschädigende Situationen geraten, die gleichbleibende oder sich wiederholende Konstellationen aufweisen, daß sie immer wieder auch gegen vernünftige Einsicht so handeln, daß Selbstbeeinträchtigung die Folge ist, daß sie dann nicht selten sogar Befriedigung empfinden, daß sie Lebensmuster hartnäckig beibehalten, die sich längst als unangemessen und unproduktiv erwiesen haben, daß sie, wie Freud sagt, sich „mit allen Mitteln gegen die Genesung wehren" und „durchaus an Krankheit und Leiden festhalten" wollen, spricht für ein unbewußtes Prinzip, das Lebensbeeinträchtigung und Lebenszerstörung zum Ziel hat. Die These des Todestriebs ist nicht deswegen unhaltbar, weil Freud eine falsche Frage gestellt hat, sondern allein, weil er auf eine für das Verständnis des Menschen ungemein wichtige Frage eine spekulative Antwort gegeben hat.

In humanspezifischer Sicht wird die Selbstdestruktion aus der Seinsstruktur menschlichen Lebens selbst begreifbar, ein Rückgriff auf spekulative Triebe oder kosmische Prinzipien ist dabei nicht erforderlich.

Aus dem Tatbestand, daß menschliches Sein allemal ungesichert bleibt und der gesamte Lebensablauf davon gekennzeichnet ist, daß haltbietende Momente, in welcher Form auch immer, zur Aufrechterhaltung des Selbstgefühls erforderlich sind, ergibt sich die Behauptung, daß das Seinsprinzip einen übergeordneten Stellenwert beansprucht. Es wurden die beiden Bereiche Aufgehobenheit und Selbstsein beschrieben, die in einem dialektischen Verhältnis stehen.

Im Bereich von Aufgehobenheit besteht zunächst – genetisch gesehen – umfassende Angewiesenheit auf Gehaltensein. Selbstsein ist dabei noch kaum entwickelt, ist überwiegend zukünftige Möglichkeit (das potentielle Selbstsein). Das Sein (Leben) wird allein oder überwiegend durch einen anderen garantiert. Diese primäre Form des Seinsprinzips bleibt zwar in späteren Phasen auch noch erhalten, sie wird aber durch das aktualisierte Selbstsein modifiziert.

Eine „pathologische" Form kommt dann zustande, wenn die primäre Form des Seinsprinzips, dem eine begrenzte Lebensphase in der Kindheit entspricht, in späteren, in denen die durch das Selbstsein modifizierte Form vorherrschen sollte, weiterhin allein oder überwiegend das Leben bestimmt.

Erleben und Verhalten wird dann von dem Streben nach Aufgehobenheit bei einem anderen und von der Unlust zum eigenen Selbstsein bestimmt. Das Selbstgefühl hängt allein oder überwiegend von der Seinsübernahme, der Bestätigung und Anerkennung durch andere ab. Die Suche oder Sucht danach kann wie triebhaftes Verhalten aussehen und Anlaß für isolierte Triebinterpretation geben.

Überwiegende Tendenzen nach Ruhe, Beruhigung, Sicherheit, Problemlosigkeit, Spannungslosigkeit und danach, daß ein anderer oder anderes (Beruhigungsmittel, Drogen) für die Herstellung dieses Zustands sorgt, könnten einem regulativen Nirwanaprinzip mit einem gewissen Recht zugeschrieben werden, geht es dabei doch um eine Annulierung des Selbst als eigenem Selbstsein. Es wird aber damit nicht der Tod, sondern das Leben in einer bestimmten Form, nämlich in der des primären Seinsprinzips gesucht. Aufgehobenheit bei einem anderen bedeutet nicht Zerstörung oder Auflösung, sondern eine bestimmte Form von Leben, die für ein befriedigendes Leben sogar ganz unersetzlich ist. Das lebensbeeinträchtigende oder zerstörende Element entsteht erst dann, wenn Aufgehobenheit unter Umgehung des Selbstseins gesucht wird. Diese Lebensform läßt sich nicht oder nicht befriedigend verwirklichen, weil sich Selbstsein aufgrund der Eigenart menschlichen Lebens, das „gelebt" werden muß, nicht ausschließen läßt. Die Selbstzerstörung ist daher nicht Manifestation eines destruktiven Triebs, der sich gegen das „eigene organische Heim" wendet, oder Folge eines kosmischen Prinzips. Sie muß als Suche nach einer nicht lebbaren Lebensform verstanden werden.

Auch der Drogensüchtige sucht nach einer ihm möglich erscheinenden Form von Leben und nicht den Tod, sogar der Selbstmord kann in dieser Weise begriffen werden.

Zieht man die Möglichkeit in Betracht, daß die Fähigkeit zum Selbstsein und die damit verbundene spezifische Lust am Leben von den Verhältnissen der Primärbeziehung abhängig ist, dann ist die Selbstzerstörung als Folge des Ausfalls an emotionalen Erfahrungen zu begreifen, denen das letztlich aussichtslose Streben entspringt, das primäre Seinsprinzip unter Umgehung des Selbstseins zu verwirklichen.

Das Festhalten an unbefriedigenden und Leiden machenden Lebens- und Beziehungsmustern, der „Zwang", sie „wiederholen" zu müssen, ist aus ihrer Halt und Sicherheit bietenden Funktion zu begreifen. Sie bilden – als Verfassung des Kernselbst – die Basis, wie man sich selbst, andere und die Welt erlebt und sich dementsprechend verhält und bieten damit eine Grundorientierung, mit der man sich in der Welt „auskennt". Auf diese muß man sich auch dann noch verlassen, wenn sie sich zum Lebenkönnen nicht eignet. Die einmal geprägte Grundorientierung kann ohne wesentliche Beeinträchtigung des Selbstgefühls nicht aufgegeben werden, weil eine andere, vielleicht adäquatere nur über eine strukturelle Veränderung des Kernselbst möglich ist. Allein über rationale Einsicht motivierte Veränderung beschwört Vernichtungsangst herauf, weil die Halt und Sicherheit bietende Funktion beeinträchtigt wird und in der Folge das Festhalten an der „alten" Orientierung erzwingt.

III. Die 4 affektiven Bereiche der Primärbeziehung: Aufgehobenheit, Versorgtheit, Vertrauen, Anerkennung

„Alles auf dem Gebiet dieser ersten Mutterbindung erschien mir so schwer analytisch zu erfassen, so altersgrau, schattenhaft, kaum wiederbelebbar, als ob es einer besonders unerbittlichen Verdrängung erlegen wäre" (Freud 1931, S. 519)

A. Primärbeziehung und Narzißmus

Primärbeziehung bezeichnet eine Lebensphase, die von der Geburt bis zu jenem Zeitpunkt reicht, zu dem das Kind die Eltern nicht mehr benötigt und imstande ist, sein eigenes Leben zu führen. Dieser Zeitpunkt ist zwar von gesellschaftlich-kulturellen und ökonomischen Verhältnissen abhängig, seine Festsetzung hat jedoch eine naturgegebene Grundlage.

In der folgenden Untersuchung geht es um allgemeine Verhältnisse der Primärbeziehung, nicht um ausgrenzbare Entwicklungsphasen oder Reifestadien. Der Schwerpunkt der Betrachtung liegt auf der frühen Phase der Primärbeziehung. Sie hat Vorbildcharakter in mehrfacher Hinsicht. Der Unterschied kindlichen Daseins gegenüber dem der Erwachsenen kommt hier besonders deutlich zum Ausdruck. Das kleine Kind ist unausweichlich, naturgegebenerweise (körperlich-leiblich), auf andere und auf Beziehung angewiesen, was beim Erwachsenen nur mehr in relativierter Weise der Fall ist. Die frühen Phasen bestimmen die Verfassung des Selbst in grundlegender Weise insofern, als hier zum ersten Mal emotionale Erfahrungen im Bereich von Aufgehobenheit (bei einem anderen) und im Bereich des Selbstseins (in Gegenwart und Trennung vom anderen) gemacht werden.

Für die frühe Mutter-Kind-Beziehung wurden in der Psychoanalyse zahlreiche Begriffe geschaffen:
Primäre Einheit, Dualeinheit, Zweieinigkeit (Ferenczy); basale Einheit, absolute Einheit (Little), primäre Identität, emotionale Symbiose (Benedek), symbiotisch-parasitäre Beziehung (Mahler), anaklitische-diatrophische Beziehung (Spitz).

Sie meinen im Prinzip alle dasselbe, die besondere Einheit oder Verbundenheit von 2 Lebewesen. In der Interpretation dieser Einheit und ihrer Beziehungsmodalitäten treten erhebliche Differenzen auf.

Eine wichtige Kontroverse betrifft die Frage, ob das Kind am Anfang des Lebens (oder gar vorgeburtlich) eine Beziehung zu seiner Mutter hat oder nicht. Die Frage steht im Zusammenhang mit Narzißmus, denn eine der zentralen Bedeutungen dieses Begriffes betrifft Beziehungslosigkeit oder Selbstbezogenheit.

Alle Vorstellungen eines normalen „infantilen Narzißmus" sind jedoch fragwürdig, da sie der Eigenart kindlichen Daseins nicht gerecht werden und dieses von Verhältnissen des Erwachsenenlebens auslegen. Hierbei spielen nicht nur Phantasien, Bilder, Ideen, die sich Erwachsene über das Leben im allgemeinen und über das in unserer Gesellschaft im besonderen machen eine Rolle, sondern auch beim Erwachsenen auftretende als anomal, pathologisch oder als moralisch beurteilte Qualitäten. Verhaltensweisen, bei denen jemand auf sich selbst bezogen ist und sich für andere nicht interessiert, sich selbst bewundert und zum Mittelpunkt macht, andere für seine Zwecke ausbeutet, ihnen nichts gibt, sie nicht einmal beachtet, rücksichtslos nur an sich selbst denkt und sich um die Belange anderer und die Umwelt nicht schert, kommen beim Erwachsenen (in unserer Gesellschaft) vor und werden als „narzißtisch" beurteilt.

Dieses Verhaltens- und Erlebenssyndrom wird nun auf die Kindheit rückübertragen und dort als *normaler* infantiler Narzißmus ausgegeben.

Diese Rückübertragung bezeichne ich als *pathogenetischen Fehlschluß* (Knapp 1988b). Mit ihm werden in der Erwachsenenwelt (in unserer Kultur) pathologisch oder moralisch bewertete Verhaltensweisen in die Kindheit rückübertragen und dort als normale, unreife, primitive infantile Erlebens- und Verhaltensweisen deklariert, d. h. als *ichdefiziente* Entwicklungszustände interpretiert. Eine Reflexion auf die Eigenart emotionaler Bedürfnisse des Kindes, auf die soziale Beziehung, ihre Qualität und auf die Rolle der anderen bei Befriedigung und Versagung dieser Bedürfnisse wird damit ausgeklammert.

Der pathogenetische Fehlschluß verhindert aber auch die Unterscheidung zwischen normalen und pathologischen Verhältnissen in der Kindheit. Pathologische Verhältnisse können ja bereits in der Kindheit bestehen und ihren Grund in der sozialen Beziehung haben. Die als „infantil" ausgegebenen „Triebe", Ansprüche, Phantasien der Kinder könnten Folgen oder Reaktionen auf reale Versagung sein.

Wie aber soll dann das Normale der kindlichen Verhältnisse bestimmt werden?

Man kann das Normale nach dem Durchschnitt bestimmen. Karies wäre dann eine normale Erscheinung, da von Bakterien befallene Zähne häufiger anzutreffen sind als gesunde. Es ist durchaus möglich, daß in Zukunft Babies „normalerweise" in Retorten aufgezogen werden oder daß Menschen „normalerweise" nicht mehr in der Lage sind, emotional befriedigende Beziehungen zu anderen aufzunehmen. Diese Art von Norm mag es geben, sie ist hier nicht die Richtschnur der Untersuchung.

Es gibt eine Norm, die sich aus der Pathologie erschließen läßt. Dieser Norm ist auch Freud, wenngleich nur implizit, gefolgt. Das Normale ist hierbei das Gesunde, das sich in dem Streben nach Veränderung des pathologischen Zustandes äußert.

In jeder Analyse wird die Lebensgeschichte des Analysanden transparent und damit die Verhältnisse seiner Kindheit. In jeder Analyse kommt es zu der Frage, wie es hätte anders sein können und zu dem Problem der Einsicht, daß es so und nicht anders war. Es gab nur die eine Mutter, den einen Vater und keine anderen.

Aus der Diskrepanz wie es war und wie es hätte sein können, kann eine „Norm" abgeleitet werden, sowohl was die kindlichen Bedürfnisse betrifft als auch, welche „normalen" Bedingungen zu ihrer Befriedigung vorhanden sein sollten. Diese Bedingungen mag es in unserer „Realität" nicht oder nicht oft geben. Das bedeutet aber nicht, daß es *die Norm der kindlichen Bedürfnisse* nicht gibt, denn diese Bedürfnisse treten mit jedem Kind, das auf die Welt kommt, ganz von selbst wieder auf.

Diese Norm könnte allerdings insofern unbequem sein, als sie die Frage aufwirft, warum sich heute die meisten Menschen recht wenig darum kümmern, wie kindliche Bedürfnisse aussehen und wie sie adäquat befriedigt werden können.

Der Begriff Primärbeziehung hat die nachfolgenden Positionen zur Voraussetzung, die in der Untersuchung im einzelnen begründet und ausgewiesen werden,
1) Kinder haben von Anfang an eine Beziehung zur Mutter. Das Kind erlebt nach der Geburt die Mutter sicher nicht in der Weise eines erkannten Objekts und auch nicht von sich selbst getrennt. Es lebt in dieser Beziehung, auf die es wie auf Luft zum Atmen angewiesen ist. Das „Andere" ist für frühe Phasen nicht die umrissene Gestalt der Mutter sondern die tragende Sphäre von Aufgehobenheit, die allerdings immer von einer individuellen Mutter vermittelt wird.
2) Zwischen Mutter und Kind besteht von Anfang an eine Grunddifferenz. Bei aller Einheit und Verbundenheit mit der Mutter aufgrund großer Angewiesenheit gibt es auch eine „Trennung", eine „Urdistanz" (Buber). Die Trennung beginnt mit der Geburt. Verbundenheit (Aufgehobensein) und Trennung (Selbstsein) stehen in einem dialektischen Verhältnis.
3) Die Beziehung zwischen Mutter und Kind ist, falls sie zustandekommt, von Anfang an gegenseitig. Auch in präverbalen Phasen gibt es eine Verständigung zwischen Mutter und Kind, einen „Dialog". Die Befriedigung und Versagung von Bedürfnissen ist wechselseitig.
4) Die Primärbeziehung muß hinsichtlich der affektiven Momente und nicht ausschließlich unter dem Blickwinkel der Entwicklung des Ich (der Ich-Funktionen) des Kindes untersucht werden. Das kindliche Dasein und die ihm entsprechende Erlebenswelt darf nicht mit Vorstellungen, Bildern oder Bewertungen der Erwachsenenwelt interpretiert werden (Paradies,

Psychose, Größenwahn, Allmacht, unreife Ungetrenntheit vs. reife Trennung und Individuation).
5) Das Kind als „Subjekt", als „Ich" gibt es in frühen Stadien nicht. Was die Mutter in der Beziehung anspricht und was ihr antwortet ist das Selbst (als potentielles Selbst) des „Kindes". Der Begriff Selbst muß von dem eines Ich als funktionalen Systems streng unterschieden werden. Er ist zur Beschreibung der Verhältnisse der Primärbeziehung unentbehrlich.

„Narzißtisch" als Bezeichnung für *normale* kindliche Entwicklungsphasen und Zustände ist von daher gesehen überflüssig. Diese irreführende und wichtige Sachverhalte der Kindheit verstellende Bedeutung würde damit wegfallen. Die „pathologische" Bedeutung von Narzißmus (Selbstbezogenheit beim Erwachsenen), die auch das Thema des Mythos von Narzissus ist, hat dagegen auch für die Primärbziehung Geltung. Narzißmus ist dann aber eine von der Beziehung und ihren Verhältnissen abgeleitetes Phänomen.

Durch das Thema bedingt steht die frühe Mutter-Kind-Beziehung und deshalb die *Mutter* im Mittelpunkt. Wie aus den folgenden Beschreibungen der Primärbeziehung hervorgeht, wird jedoch die Mutter als individuelle Person in frühen Phasen nicht „erkannt". Die entscheidende Rolle spielen die affektiven Momente der Beziehung, die zumindest anfangs ideal-fiktiv am besten durch die leibhafte Mutter vermittelt werden könnten. Sie kann aber in dieser Funktion durch andere ersetzt werden. In sehr frühen Phasen scheint der Austausch der leibhaften Mutter durch eine andere für das Kind keine Folgen zu haben. Dies wird jedoch nur aus der Beobachtung geschlossen, daß das Kind in seinem Verhalten keine erheblichen Reaktionen zeigt, wenn eine andere Person die Funktionen zuverlässig übernimmt. In späteren Phasen ist die Reaktion auf Trennung und Verlust der leibhaften Mutter dagegen sehr intensiv und auch mit nachhaltigen Folgen verbunden.

An die Stelle der versorgenden Mutter können auch der Vater oder andere männliche Personen treten, soweit sie imstande sind, die „mütterlichen" Funktionen zu übernehmen. Ein gesichertes Wissen darüber, ob es signifikante Unterschiede zwischen einer weiblichen und männlichen Betreuung in frühen Phasen gibt, steht aus. Es sind jedoch durch den Geschlechtsunterschied bedingte Unterschiede anzunehmen.

Die hier betont herausgestellten affektiven Momente von Aufgehobenheit, Versorgtheit, Vertrauen und Anerkennung übergreifen mütterliche und väterliche Interaktionen, d. h. sowohl die Mutter als auch der Vater können affirmative Erfahrungen in diesen Bereichen vermitteln oder vereiteln.

In den letzten Jahren wurde die Bedeutung des Vaters in Konzepten einer frühen Triangulation (einer frühen ödipalen Konstellation) hervorgehoben.

Hierbei wird der Vater als unersetzlicher Wegbereiter für die Trennung des Kindes von der „symbiotischen" Mutter angesehen (Abelin 1971, 1975; Burlingham 1973, 1980; Ross 1979; Rottmann 1978; Stork 1983).[17] Die Funktion des Vaters bezieht sich hierbei auf die im folgenden beschriebene Dialektik zwischen Aufgehobensein und Selbstsein (III.B.5.). Es trifft sicher zu, daß der Vater hier einen wichtigen Stellenwert hat oder besser einen haben sollte, denn dies ist faktisch keineswegs immer der Fall. Aber auch im positiven Fall wird seine das Selbstsein des Kindes unterstützende Funktion nur effektiv, wenn er gegenüber den mütterlichen andere vielleicht spezifisch männliche Qualitäten von Aufgehobenheit (im umfassenden Sinn) bietet.

Es scheint bislang schwierig zu sein, die unersetzlichen „mütterlichen" Qualitäten von Aufgehobenheit richtig und v. a. positiv einzuschätzen. Die affirmativen emotionalen Erfahrungen, die hier Kinder beiderlei Geschlechts machen, sind wesentliche Voraussetzungen dafür, daß „verschlingenden" festhaltenden Tendenzen der „symbiotischen" Mutter begegnet werden kann.

Bei der meist allein verwendeten Bezeichnung „Mutter" müßte jeweils die Möglichkeit einer sie vertretenden weiblichen oder männlichen Person mitgedacht werden. An den Stellen, wo es überwiegend um mütterliche Funktionen und nicht um die Person der Mutter im kindlichen Erleben geht, habe ich ohnehin Begriffe wie das „andere" oder „anderes" eingesetzt.

1. Sphärisches Element; affektives Klima

Der Satz „das Gespräch fand in einer guten Atmosphäre statt" erscheint selbstverständlich und banal. Jeder weiß, was damit gemeint ist. Man achtet auf den Inhalt des Gesprächs und das Ergebnis. Daß die Atmosphäre, in welcher das Gespräch stattfindet, wesentlich zum Zustandekommen des Gespräches, zu seinem Verlauf und Ergebnis beigetragen hätte, wird meist kaum beachtet.

Ähnliches dürfte der Wissenschaft widerfahren, wenn sie sich mit der frühen Mutter-Kind-Beziehung beschäftigt. Man achtet auf die Äußerungen des Kindes und der Mutter, auf die Interaktionen, auf Triebbefriedigung usw. und nicht darauf, in welcher Sphäre dies alles stattfindet. Die Sphäre der Beziehung wird nicht Gegenstand der Untersuchung.

Spitz, Winnicott und Balint haben jedoch in verschiedener Weise das *sphärische Element* des Erlebens in der frühen Beziehung bereits beschrieben.

Spitz hat dafür den Begriff des *affektiven Klimas* geschaffen (Spitz 1985, S. 116), dessen fundierende Bedeutung für alle später sich entwickelnden Funktionen er wiederholt betont:

Es ist für unsere Untersuchung von besonderem Interesse, daß die Entfaltung der affektiven Wahrnehmung und des affektiven Austauschs allen anderen psychischen Funktionen vorausgeht; diese letzteren werden sich später auf der durch die affektiven Wechselwirkungen geschaffenen Grundlage entwickeln. Die Affekte scheinen diesen Vorsprung vor der übrigen Entwicklung mindestens bis zum Ende des ersten Lebensjahres zu behalten. Meiner persönlichen Ansicht nach behalten sie ihn noch erheblich länger (Spitz 1985, S. 157).

Winnicott (1965b, dt. 1974) hat den Begriff der „fördernden Umwelt" und der „haltenden Umwelt" verwendet, der ebenfalls auf das sphärische Element verweist. Er unterscheidet in der frühen Situation 2 Bereiche: Die „Objektmutter" und die „Umweltmutter". Bei der Umweltmutter handelt es sich nicht um die triebbefriedigende und als Triebobjekt dienende Mutter, sondern um die Sphäre, die die Mutter bereitstellt, in der sich das Kind auf selbstverständliche Weise aufgehoben und versorgt fühlt, obwohl es sein Getragenwerden und Gehaltenwerden nicht eigens wahrnimmt.

Die konkrete Umwelt kann von vielen Analytikern auf subtile Weise unterschätzt werden, wenn sie auch vorsichtig sagen, sie wüßten um den Umweltfaktor und nähmen Rücksicht auf ihn. Es ist sehr schwierig, an den umstrittenen Kern der Sache heranzukommen ... Wenn das durch die analytische Arbeit formulierte „immer tiefer" das gleiche bedeutete wie „immer früher" dann wäre die Annahme notwendig, der unreife Säugling von einigen Wochen könne die Umwelt wahrnehmen. Wir wissen jedoch, daß der Säugling die Umwelt nicht als Umwelt wahrnimmt, besonders dann nicht, wenn die Umwelt gut oder gut genug ist. Die Umwelt löst tatsächlich Reaktionen aus, wenn sie in irgendeiner wichtigen Hinsicht versagt, aber das, was wir eine gute Umwelt nennen, wird als selbstverständlich hingenommen ... Ein Säugling ohne seine Umwelt kann weder emotional noch körperlich weiterleben (Winnicott 1974, S. 146).

Balint verwendet zur Beschreibung des sphärischen Elementes ebenfalls den Begriff *Umwelt.* Er beschreibt das spezifische Erleben des Kindes und sein Fortbestehen im Erwachsenenleben als ein *primitives Weltbild,* in dem eine Einheit zwischen dem Individuum und seiner Umwelt besteht, die von gegenseitiger Durchdringung und Harmonie – Abwesenheit von Differenz und Gegensatz – gekennzeichnet ist. Das „andere" der Umwelt ist kein „Objekt", sondern eine „Substanz", in der das „Kind" lebt. Es wird von ihr getragen und kann ohne sie nicht existieren.

Durch unsere klinischen Erfahrungen haben wir Vorstellungen von einem primitiven Weltbild gewonnen, in dem a) vollkommene Harmonie zwischen Individuum und Umwelt besteht, b) das Individuum weder sagen kann noch zu sagen braucht, wo es endet und die äußere Welt beginnt, und c) auch ein äußerer Beobachter keine genauen Grenzen feststellen kann. Auf dieser Entwicklungsstufe gibt es noch keine Objekte, obwohl bereits ein Individuum da ist, das von Substanzen ohne feste Grenzen umgeben ist und von ihnen getragen wird; die Substanzen und das Individuum durchdringen einander; sie leben mit anderen Worten in harmonischer Verschränkung (Balint 1960a, S. 56).

Das sphärische Element als eigenartige Erlebensqualität kommt besonders deutlich in den häufig – nicht nur von Balint – gebrauchten Analogien für die frühe Beziehung zum Vorschein. Im Vordergrund steht dabei die Luft (Sauerstoff), die wir atmen, ohne die wir nur kurze Zeit leben können und die uns umgibt, ohne daß wir sie eigens wahrnehmen. Nur im Mangelzustand macht sie sich bemerkbar, und darauf gibt es heftige Reaktionen. Balint hat als erster die Verbindung der Symbolik von Ursubstanzen mit der Erlebenswelt des sphärischen Elementes hergestellt. Luft, Wasser, Erde, seltener Feuer, sind seiner Ansicht nach archaische Muttersymbole, wobei der harmonische Aufenthalt in ihnen und die Ununterscheidbarkeit die wesentliche Rolle spielt.

> Man kann sich deshalb dem Schluß nicht entziehen, daß irgendeinmal eine harmonische Mischung zwischen uns selbst und der Welt um uns in unseren Seelen bestanden haben muß, und daß unsere „Mutter" darein verwickelt war. Obwohl uns diese Mischung kindisch und „primitiv" vorkommt, müssen wir doch annehmen, daß sie die Vorgängerin unseres „modernen", „erwachsenen" oder „wissenschaftlichen" Weltbildes war, das sozusagen aus ihr herauswuchs, und einige ihrer primitiven Züge wurden unleugbar in die spätere Gestalt übertragen (Balint 1960a, S. 52).

Luft, Wasser, Erde, Feuer (Licht), die Urelemente der Vorsokratiker sind Symbole für das sphärische Element auch in Phantasie, Traum, Mythen und Kunst. Luft und Wasser sind nicht nur unersetzliche Lebensquellen, sondern gleichzeitig Medien, in denen man mühelos, ohne Anstrengung und Verdienst, schwimmt oder fliegt. Sie sind gleichzeitig gefährliche Medien, man kann untergehen, ersticken, überschwemmt oder überflutet werden, abstürzen. Die Erde ist ein Element, aus dem Leben hervorgeht. Sie ist der zuverlässige Grund, auf dem man steht und geht. Auch hier gibt es gefährliche Aspekte, ebenso wie beim Feuer, das als Wärme und Licht lebenserhaltend und zerstörend zugleich sein kann.

Das *sphärische Element* hat in der Primärbeziehung eine wichtige Bedeutung.

Das Kind ist darauf angewiesen, daß ihm Aufgehobenheit in Form einer zuverlässigen, seinsübernehmenden Beziehung geboten wird. Sie ist Voraussetzung für die Aufrechterhaltung seines Selbstgefühls.

Das sphärische Element muß vom Begriff eines *bedürfnisbefriedigenden Objektes* streng unterschieden werden. Zwar spielt die Mutter für das Zustandekommen eines für das Kind adäquaten „Klimas" eine entscheidende Rolle, die Bedingungen dafür hängen aber keineswegs allein von ihr ab.

Dem sphärischen Element enspricht die *Stimmung oder Befindlichkeit*. Dies ist ein Zustand von eigenartiger Qualität, der wiederum nicht mit Begriffen der Subjekt-Objekt-Spaltung wie Objektvorläufer (Spitz), Partialobjekt, Präobjekt usw., oder gar einer innerseelischen Repräsentanz eines solchen „Objektes" erfaßt werden kann.[18]

Man kann das sphärische Element auch nur bedingt mit dem Begriff eines Bedürfnisses beschreiben, denn dieser oder der eines Wunsches oder Triebes ist immer mit dem Erleben eines solchen und dessen spezifischen Inhalt (Triebziel) verbunden. Bei den „Bedürfnissen" in der Primärbeziehung ist dies sicher nicht der Fall. Wenn im folgenden trotzdem mitunter von dem Begriff Gebrauch gemacht wird, so ist dies zwar unkorrekt, aber eine Folge von Formulierungsschwierigkeiten in einem Bereich, der sich der begrifflichen Erfassung immer wieder entzieht.

Über die analytische Beziehung, über ihre Formen, ihre realen (Arbeitsbündnis) und irrealen Aspekte (Übertragung, Gegenübertragung) gibt es eine weitläufige Literatur. Wenig erforscht ist jedoch die Bedeutung der Atmosphäre, in der die Analyse stattfindet, obgleich nicht selten auf den Stellenwert verwiesen wird, den das „Klima" der Analyse hat.[19]

> Die narzißtische Zufuhr seitens des Analytikers besteht nicht nur in Deutungen und wohlwollender Neutralität, sondern auch in der Herstellung und Aufrechterhaltung einer besonders befriedigenden Atmosphäre (narzißtische Einheit zu zweit): eine Atmosphäre des Interesses, der ausschließlichen und zuverlässigen Aufmerksamkeit und der Möglichkeit zu unbegrenzten Phantasiebildungen (Grunberger 1976, S. 87).

Die Analyse, wie sie Freud eingeführt und praktiziert hat, entspricht in vieler Hinsicht einem „guten" affektiven Klima, steht aber auch in Bezug zur Seinsübernahme. Sie ist idealfiktiv von folgenden Momenten gekennzeichnet, die sich auch in den technischen Regeln zur Analyse niederschlagen:

1) durch eine prinzipiell wohlwollende und tolerante Einstellung des Analytikers. Der Analysand darf das sein, was er ist. Seine Erlebens- und Verhaltensweisen werden nicht beurteilt, bewertet oder abgelehnt.
2) durch das therapeutische Angebot, daß er in einem variablen Ausmaß Funktionen für den Analysanden übernimmt (Hilfs-Ich), die dieser nicht oder noch nicht ausführen kann.
3) durch eine bestimmte Form von „Anwesenheit". Der Analytiker ist für den Analysanden regelmäßig und zuverlässig „da", hört ihm zu und versucht ihn zu verstehen.

Dieses „sphärische" Angebot des Analytikers bestimmt das affektive Klima der analytischen Beziehungssituation, und der Analysand reagiert darauf noch vor jeder verbalen Interaktion. Es werden damit auch zwangsläufig Bedürfnisse und Konstellationen der Primärbeziehung wiederbelebt.

Die Art der Aufgehobenheit, wie sie in einem guten affektiven Klima in der Kindheit zustandekommt, unterscheidet sich von derjenigen der Analyse jedoch dadurch, daß der Analysand kein Kind und der Analytiker nicht seine Mutter ist.

Die Analyse ist jedoch auch keine Pseudo- oder Als-ob-Beziehung, denn der

Analytiker ist auch real wohlwollend, tolerant, nicht moralisierend, hat Interesse, ist aufmerksam, hört zu und versucht zu verstehen; ist dies alles nicht der Fall, dann wird die Analyse kaum Erfolg haben.

Auf diese sphärische Gegebenheit reagiert der Analysand häufig mit der „Idealisierung" des Analytikers. Er erwartet von ihm die Erfüllung all jener Bedürfnisse, auch in Formen, die denen der frühen Kindheit entsprechen. Dies tritt besonders in jenen Fällen auf, die als „narzißtische" Störungen oder „pathologischer Narzißmus" oder als „Borderlinefälle" bezeichnet werden. In der Interpretation dieser Bedürfnisse und des therapeutischen Umgangs mit ihnen gibt es kontroverse Auffassungen innerhalb der Psychoanalyse.[20,21]

B. Aufgehobenheit

Aufgehobenheit ist ein anthopologisch-theoretischer Begriff, der sich auf eine Befindlichkeit bezieht. Aufgehobenheit tritt empirisch (psychologisch feststellbar) in mannigfaltigen Zuständen und Stimmungen des Sich-aufgehoben-Fühlens auf.
Aufgehobenheit betrifft aber auch das *Sein*. In der anthropologischen Überlegung wurde gezeigt, daß menschliches Sein (Leben) nicht einfach „ist", sondern Halt und Sicherheit bietende Momente für seinen „Bestand" Voraussetzungen sind. Dies wurde konkreter mit dem Begriff des Selbstgefühls erfaßt, dessen Aufrechterhaltung von Bedingungen abhängt. Aufgehobensein ist daher niemals selbstverständlich. Fallen Halt und Sicherheit bietende Momente aus, dann tritt der Seinszustand von Nicht-aufgehoben-Sein auf, der empirisch in einer Mannigfaltigkeit von Gefühlszuständen und Stimmungen des Nicht-lebendig, Nicht-wirklich-Seins, der Depression, Verzweiflung und Leere zum Ausdruck kommt. Sie sind Zustände mangelnden Selbstgefühls.

Die Bedingungen von Aufgehobensein in der Primärbeziehung werden im folgenden unter den 4 Aspekten Aufgehobenheit, Versorgtheit, Vertrauen und Anerkennung beschrieben. Aufgehobenheit umfaßt auch die anderen Bereiche. Man fühlt sich auch dann aufgehoben, wenn man Selbstvertrauen hat, versorgt und anerkannt ist. In einem spezifischen Sinn bezieht sich Aufgehobenheit jedoch auf das unumgängliche leiblich-sinnliche Getragen- und Gehaltensein, das in frühen Phasen mit spezifischen Erlebensweisen der Nahrungsaufnahme noch ungeschieden verbunden ist.

1. Getragen- und Gehaltensein – der Mensch als „Tragling"

Daß Kinder nach der Geburt *Säuglinge* heißen ist nicht verwunderlich. Eigentlich müßten sie mit derselben Selbstverständlichkeit auch *Traglinge* genannt werden, da das Getragenwerden für ihre Daseinsweise in frühen Phasen genauso charakteristisch ist wie das Saugen.
  In einer humanspezifischen Betrachtung hat das Tragen und Halten sogar einen Vorrang vor dem Füttern, weil von der Eigenart menschlichen Seins her

gesehen, Kinder in einem größeren Ausmaß auf sicheres Getragensein angewiesen sind als auf perfekte Ernährung.

Das faktische Tragen, Anfassen und Halten hat dabei eine wichtige Bedeutung, sofern man es nicht mechanistisch mißversteht. Dem Tragen kommt in anthropologischer Hinsicht eine über das faktische Tragen weit hinausreichende Bedeutung zu, weil der Mensch als Tragling in seinem Sein gehalten und getragen werden muß und nicht als hilfloses Lebewesen, das das Stehen und Laufen noch nicht gelernt hat.

Tragen und Halten geschehen unabdingbar in einer Beziehung. Das Kind nimmt das affektive Klima derselben als sicheres oder nichtsicheres Getragensein wahr (mit einer ihm zur Verfügung stehenden primären Verstehensart) und reagiert von Geburt an auf affektive Schwankungen in diesem Bereich. Das später sich entwickelnde Gefühl von Aufgehobensein (als Wohlbefinden) entstammt auch den emotionalen Erfahrungen, wie es in frühen Phasen getragen und gehalten wurde.

Das Tragen, Halten und Aufnehmen von Babies spielt in den Interaktionen mit dem Kind eine erhebliche Rolle. Mütter zeigen hierbei sehr unterschiedliche Verhaltensweisen. Kulturell-gesellschaftliche Regelungen und Normvorstellungen wandeln sich je nach Kultur und Epoche.[22] Bei vielen „primitiven" Kulturen ist es üblich, daß Frauen ihre Kinder in frühen Phasen ständig bei sich tragen. Spitz bemerkt hierzu:

> Ich bin auch überzeugt, daß die Eingeborenen in weniger verfeinerten Kulturen als der unseren, die an dem uralten Brauch festhalten, ihre kleinen Kinder den ganzen Tag auf dem Rücken oder auf der Hüfte mit sich herumzutragen, ihnen damit Wohltaten erweisen, die wir nicht kennen (Spitz 1985, S. 234).

Die Angewiesenheit des Kindes auf sicheres Getragen- und Gehaltensein hat auf der Seite der Mutter und des sozialen Umfelds, in dem sie lebt, mannigfache Voraussetzungen. Die Einstellung der Mutter zum Tragen des Kindes ist von der Verfassung ihres Selbst abhängig und damit von den Erfahrungen, die sie dabei selbst in ihrer Kindheit gemacht hat. Das Verhältnis der Mutter zum Kind ist aber auch entscheidend von ihrem engeren und weiteren sozialen Umfeld bestimmt. Unter anderem kommt es v. a. darauf an, ob der Mutter in Schwangerschaft und der darauf folgenden Zeit selbst Halt, Sicherheit, Anerkennung und Schutz geboten wird.

Winnicott beschreibt die erweiterte Bedeutung des Haltens und Tragens mit dem Begriff der „haltenden Umwelt":

> Ein Säugling ohne seine Umwelt kann weder emotional noch körperlich weiterleben. Zunächst einmal würde der Säugling ohne Umwelt endlos fallen. Der Säugling, der ge-

halten wird oder in einem Bettchen liegt, merkt nicht, daß er vor dem endlosen Fallen bewahrt wird. Ein kleines Versagen beim Halten bringt aber dem Säugling schon ein Gefühl des endlosen Fallens. In der Analyse kann der Patient von einem Gefühl des Fallens berichten, das auf die ersten Tage zurückgeht, aber er kann niemals berichten, er sei in diesem frühen Stadium der Entwicklung gehalten worden (Winnicott 1974, S. 147).

Winnicott ist der Auffassung, daß das Kind das „Halten" in affirmativer Weise nicht bemerkt, es reagiert aber auf den *Entzug* der „haltenden Umwelt". Winnicott beschreibt dies auf der Erwachsenenebene als Gefühl des endlosen Fallens. Kinder zeigen den Mangelzustand durch primäres Ausdrucksverhalten an, und im Normalfall schafft die Mutter in Gestalt der „haltenden Umwelt" Abhilfe. Erreicht der Entzug ein traumatisches Ausmaß, dann gerät das Kind in Vernichtungsangst[23], die von Panik und primärer Wut begleitet ist. Das Kind ist dann erst recht auf die „haltende" Mutter angewiesen. Wiederholten traumatischen Entzug beantwortet das Kind mit frühen Schutz- und Abwehrreaktionen, oder es entwickelt frühkindliche Pathologie.

2. Gefühle und Stimmungen des Getragenseins und des Fallengelassenwerdens

Balint hat in diesem Bereich 2 Charakterypen beschrieben, die er *oknophil* (zum Anklammern neigend) und *philobatisch* (zur Distanz – zum Weggehen – neigend) nennt. Er erfaßt mit diesen Begriffen Grundgestimmtheiten, die – unbewußt – Erlebens- und Verhaltensweisen beeinflussen (Balint 1959, 1960a).

Die Oknophilen neigen dazu, sich an anderen Menschen oder Objekten festzuhalten und sich an sie anzuklammern mit dem Ziel, das Gefühl des Getragenseins herzustellen. Anderenfalls fühlen sie sich unsicher, unglücklich oder gar verzweifelt, so als könnten sie ohne eine ihnen Halt gebende Stütze nicht leben. Situationen, in denen dies der Fall ist, erleben sie als bedrohlich und unternehmen dann große Anstrengungen, solche zu vermeiden.

Der philobatische Typ dagegen vermeidet von vornherein so weit als möglich die Beziehungen zu anderen und hält sich auch nicht an Objekten fest. Er vermeidet Situationen, wo er auf etwas Stützendes oder einen Halt angewiesen sein könnte. Er nimmt lieber alles selbst in die Hand. Vermeidung von „Objekten" scheint sein Schicksal zu sein. Vom Aspekt des Getragenseins her gesehen vermeidet er weniger die „Objekte" als die mit ihnen verbundene Gefahr, daß sie ihn fallenlassen.

Balint führt zur Erklärung hierfür den Begriff des Präobjektes ein. Er meint, daß die „Objekte" in einer Weise wahrgenommen werden, die einer frühen Entwicklungsstufe entstammt. Ihre reale Verfassung spielt dabei eine geringe Rolle. Die „Objekte" fungieren nur in bezug auf das Individuum: entweder hilfreich und stützend oder gefährlich und bedrohlich. Der Oknophile nimmt Beziehungen zu anderen oder zu Dingen der Umwelt nur auf, wenn sie ihm Halt und Stütze versprechen. Der Philobat dagegen vermeidet sie, um sich nicht der Gefahr auszusetzen, von ihnen fallengelassen zu werden.

Die bei Jahrmarktsvergnügungen gesuchte Lust und die verschiedene Reaktion der beiden Typen führt Balint als anschauliches Beispiel an. Mit Maschinen und Fahrzeugen wird dort die Situation des Fallens, Schwebens und Abstürzens simuliert, und die Teilnehmer lassen sich in ein schwer beschreibbares Gefühl von Angstlust („thrill") versetzen, bis sie durch die Rückkehr zum sicheren Boden davon befreit werden.

Der Oknophile wird unter allen Umständen solche Situationen meiden oder eine unerklärliche Abscheu davor empfinden, während der Philobat sie aufsucht und lustvoll genießt.

Die beiden Einstellungen können auch beim Fliegen im Flugzeug beobachtet werden. Manche bekommen dabei Angst oder es wird ihnen übel, andere geraten in eine euphorische oder hypomanische Stimmung.

Balint stellt Betrachtungen über die Gefühle von Sicherheit, Wohlbefinden, Gehaltensein beim Erwachsenen an. Er stellt Analogien von „Haltebedürfnissen" nicht nur in der Beziehung zu anderen Menschen her, sondern auch im Bereich von Normen, Werten, Theorien, Weltanschauungen, an die man sich *halten kann oder gar muß*. Wenn diese „Stützpunkte" in Frage gestellt werden, tritt bei oknophilen Menschen Unsicherheit, Verwirrung, Orientierungslosigkeit auf.

Der philobatische Typ dagegen scheint auch hier keine Bedürfnisse nach Sicherheit zu haben, er vermeidet es, sich auf eine Sache festzulegen.

Wir wissen, daß es Leute gibt, die sich nur in engem Kontakt mit einem oder mehreren Objekten – z. B. mit wohlvertrauten Menschen, Ideen und Überzeugungen – heil und sicher fühlen. Sie können es nicht ertragen, wenn sie die Berührung mit der ihnen vertrauten Welt von Dingen, Gedanken, Überzeugungen, Konventionen verloren haben; und wenn sie plötzlich auf eine neue Idee, eine neue Erfahrung, eine ungewisse physische oder affektive Situation treffen, sind sie verwirrt, und sehnen sich danach, zur Sicherheit ihrer gewohnten Denk-, Fühl- und Seinsweisen zurückzukehren. (...) Der Philobat ist im Gegensatz dazu anscheinend unabhängig, voll Selbstvertrauen und sich selbst genug. Er hat das Gefühl, daß er äußere oder innere Objekte nach Wahl finden oder umgehen kann. Er ist deshalb nie im Zweifel, ob er neue Objekte, neue Ideen finden kann, und genießt es sogar, die alten fallenzulassen und die neuen aufzunehmen (Balint 1960a, S. 34).

Für die frühkindliche Situation postuliert Balint unter Rückgriff auf Ferenczys phylogenetische Spekulation („Versuch einer Genitaltheorie", 1924) eine in der Ontogenese auftretende Erlebensweise der „freundlichen Weiten", eine urtümliche Harmonie zwischen Kind und Umwelt. Das oben erwähnte *sphärische* Element tritt dabei unverkennbar in Erscheinung. In seiner Traumatheorie werden diese freundlichen – objektlosen – Weiten dadurch gestört, daß „Objekte" auftreten. Wie bei Grunberger (1976) wird diese Störung auf die Reifung des Kindes zurückgeführt, das ab einem bestimmten Alter (oder schon durch das Ereignis der Geburt) „erkennen" muß, daß es nicht mehr in einer paradiesischen *Alleinsituation* lebt, sondern daß es jetzt „Objekte" gibt, von denen es abhängig ist.

Oknophilie kann als Fixierung an die erste Reaktion auf ein schwerwiegendes Trauma aufgefaßt werden. Das Trauma war die schmerzliche Entdeckung, daß wichtige Objekte unabhängig von einem selbst existieren. Die erste Reaktion darauf besteht in Verleugnung. Es wird behauptet: das Objekt ist nicht unabhängig. Durch Anklammerung versichert sich der Oknophile, daß er und sein Objekt immer noch untrennbar eins sind. So sucht er seine Welt dadurch zu bewältigen, daß er die Fähigkeit entwickelt, innige Objektbeziehungen zu entwickeln und sie aufrechtzuerhalten ...
Der Philobat erlitt dasselbe Trauma, aber die Fertigkeiten („skills"), die er erwerben konnte, befähigten ihn, bis zu einem gewissen Grade die zerstörte Harmonie zwischen ihm und der Welt wiederherzustellen. Der Preis, den er dafür zu zahlen hat, scheint ein Zwang zu einer nie endenden Wiederholung des ursprünglichen Traumas zu sein, eine Art traumatischer Neurose. Um die Illusion der „freundlichen Weiten" wiederherzustellen und die erregende Spannung („thrill") zu erfahren, muß er die Sicherheitszone verlassen und sich Risiken aussetzen, die das ursprüngliche Trauma erneut gegenwärtig machen (Balint 1960a, S. 73).

Die Phänomene, die Balint mit Oknophilie und Philobatie beschreibt, sind die von Aufgehobenheit und Nichtaufgehobenheit. Sie stehen immer in einem Verhältnis zu einer haltgebenden oder keinen Halt gebenden Beziehung. Seine beiden Typen entsprechen Grundgestimmtheiten, die aus der Erfahrung von Aufgehobenheit oder dem defizienten Modus von Nichtaufgehobenheit resultieren.

Der Oknophile hat die Erfahrung gemacht, daß es Aufgehobenheit nur dann gibt, wenn anderes zur Verfügung steht, das einen hält und stützt. Die Erfahrung, daß es Aufgehobensein auch ohne einen derartigen Halt geben könnte, fehlt. Das bedeutet, daß die emotionale Erfahrung in diesem Bereich (in der Dimension des Selbstseins) nicht oder nicht ausreichend zustande kam. Der Oknophile gleicht diesen Mangel dadurch aus, daß er auch noch als Erwachsener diesen Halt bei anderen sucht und auf deren tragende Funktionen sehr angewiesen ist. Der Philobat dagegen verleugnet die Angewiesenheit durch Abwendung von anderen und vermeidet den Halt, den andere geben könnten, durch emotionale Distanz, weil er – unbewußt – der Überzeugung ist, sie würden ihn doch fallenlassen. Er muß dann Aufgehobensein „selbst-ständig", unabhängig von Menschen oder Objekten herstellen, durch seine eigenen, meist rationalen Fähigkeiten Aktion und Leistung sicherstellen. Da das Gefühl des sicheren Aufgehobenseins aber nur durch die emotionale Erfahrung entsteht, daß ein „anderes" einen zuverlässig trägt und hält, hat die eigenmächtige Herstellung des Aufgehobenseins hier seine Grenze.

Sie zeigt sich beim Philobaten in der letztlich nicht aufhebbaren Unsicherheit (des Selbst), die ihn immer wieder antreibt, sich das Gefühl von Sicherheit zu verschaffen. Die Angst vor dem „Fallen" kann damit aber nicht aufgehoben werden.

Der Philobat versucht dieser Angst z. B. dadurch Herr zu werden, indem er gefährliche Situationen aufsucht, die er dann mit eigener Kraft meistern kann. Er muß diese Situation aber immer wieder aufsuchen, um sich (in kontraphobischen Aktionen) jedesmal aufs Neue zu beweisen, daß die Angst vor dem Absturz, vor dem Untergang, vor der Vernichtung gegenstandslos ist.[24]

Auch hier ist das Gefühl der *eigenen* Sicherheit im Bereich von Aufgehobenheit nicht zustandegekommen, obwohl sich dies in nahezu konträrer Weise gegenüber dem Oknophilen zeigt. Das bedeutet, daß der defiziente Modus von Nichtaufgehobenheit auf vielfältige Weise kompensiert werden kann.

Die zentrale Frage, welches Moment in der kindlichen Entwicklung das Zustandekommen von emotionaler Sicherheit beeinträchtigt, wird von Balint und Grunberger gleichlautend beantwortet. Beide behaupten, daß es zunächst einen primitiven „paradiesischen" Urzustand gebe.[25] Grunberger bezeichnet ihn als „narzißtisch" – ein Zustand, der notwendigerweise durch die „Erkenntnis" vom realen Bestand von „Objekten" zerstört oder aufgebrochen wird – ein natürliches Trauma, das nie überwunden wird und seine Spuren in der beschriebenen Unsicherheit (Urverunsicherung) hinterläßt. Wie immer man diese nicht nachweisbare Hypothese über kindliche Erlebensweisen beurteilen mag, sie läßt auf jeden Fall die soziale Beziehung und die ihr zugehörige Atmosphäre außer acht, die im Gegensatz zur Hypothese des kindlichen „narzißtischen" Paradieses in vielen Aspekten ausgewiesen werden kann.

3. Flug- und Fallphantasien (Flugträume)

Flugträume gehören zu den wenigen typischen Träumen. Im Anschluß an Ferenczy sieht Balint die Flugträume als Wiederholung eines frühkindlichen Zustands an:

> Gegenwärtig wird es wohl als selbstverständlich angenommen, daß die Flugträume und das ozeanische Gefühl als Wiederholung entweder der frühesten Mutter-Kind-Beziehung oder der noch früheren intrauterinen Existenz betrachtet werden müssen, während welcher wir wirklich eins mit unserem Universum waren und in der Amnion-Flüssigkeit wirklich, ohne daß wir praktisch ein Gewicht zu tragen hatten, schwebten (Balint 1960a, S. 63).

In der psychoanalytischen Traumforschung ist man sich heute weitgehend darüber einig, daß die Flugträume zu dem „narzißtischen" Bereich gehören und nicht von verdrängten Triebwünschen veranlaßt werden.

Grunert meint, daß es sich dabei um die halluzinatorische Befriedigung „narzißtischer" Bedürfnisse handele.

> Bedürfnisse, die bei allen Menschen mehr oder weniger frustriert, als narzißtische Wunden erhalten bleiben, leicht wieder neu verletzt werden können und zeitlebens nach Restitution suchen, ohne daß dies jedoch wirklich gelingen kann (Grunert 1977, S. 1059).

„Narzißtische" Bedürfnisse werden dabei als Wünsche nach einer engen Beziehung, als „Symbiosewünsche" interpretiert, die sich mit phasenspezifischen Allmachtsvorstellungen und magischem Denken verbinden können.

Grunert zieht allerdings auch die Möglichkeit in Betracht, Flugphantasien als Reaktion auf Angst zu verstehen.

> Man könnte sich diese Flugphantasien als archaische Form von Reaktionsbildung gegen die Ur-Angst, fallengelassen zu werden (gleich den Boden unter den Füßen verlieren, gleich verlassen, gleich vernichtet werden), vorstellen, die A. Balint (1933) zufolge beim Säugling die erste beobachtbare Schreckreaktion auslöst (Grunert S. 1063).

Kohut (1973) bringt Flugträume in einen Zusammenhang mit dem „Größenselbst", das er als normale Erscheinung einer „narzißtischen" Entwicklungsstufe der Kindheit begreift. Flugphantasien wären danach Wiederbelebungen kindlicher Größen- und Allmachtsvorstellungen, „unmodifizierte Größenphantasien", fliegen zu können.

> Die Flugphantasie, mag hier hinzugefügt werden, ist anscheinend ein häufiges Merkmal nicht-modifizierter kindlicher Größenphantasien. Seine früheren Stufen sind beiden Geschlechtern gemeinsam und werden wahrscheinlich durch die ekstatischen Gefühle des kleinen Kindes verstärkt, das von dem allmächtigen, idealisierten Selbst-Objekt getragen wird (Kohut 1973a, S. 170 f., Anm.).[26]

Die irrationale Höhenangst (Akrophobie) wird nach dem gleichen Muster gedeutet.[27] Argelander (1971), der Anregungen von Kohut und Balint aufnimmt, hat sich ausführlicher mit Flugphantasien beschäftigt. In seinem Narzißmuskonzept ist er der Auffassung, daß es eine „infantil-narzißtische Repräsentanzenwelt" im Unbewußten gibt, die sich das frühe Ich unter dem Einfluß und der Wahrnehmung von „narzißtischen" Bedürfnissen schafft. Diese Phantasien betreffen Verschmelzungen mit einem „ganz diffusen Objekt elementarer Art".

Argelander zufolge kreisen die „typischen, reinen, primärnarzißtischen Phantasien" um kosmische Themen oder Beziehungen zu den „Elementen" Luft, Wasser, Erde. Er sieht eine Tendenz des „Narzißmus", die Konturen des menschlichen Objektes in grandiose Ausmaße zu vergrößern, „bis es sich ins Kosmische auflöst und damit in Verbindung mit den Elementen Wasser, Erde, Luft, ... zur uniformen Versorgungseinheit mit einem ursprünglichen diffusen Objekt zurückkehrt" (Argelander 1971, S. 368).

Er meint, daß die große Sehnsucht des Menschen zu fliegen, über Meere zu fahren oder gar ins Weltall vorzustoßen, ihre Motivation letztlich solchen primärnarzißtischen Phantasien verdankt.

Wie Kohut hebt er deren Gefährlichkeit hervor, wenn sie im Erwachsenenleben ohne Kontrolle des Ich weiterbestehen. Sie nämlich gefährden die „natürliche menschliche Existenz" selber im Unterschied zu den Phantasien, die dem libidinösen und aggressiven Triebleben entstammen und die die „soziale Existenz" gefährden.

Ein typisches Beispiel dafür ist der Größenwahn, fliegen zu können.

Den Ursprung dieser Phantasie sieht Argelander wie Balint in der intrauterinen Existenz. Wie letzterer zieht er Wahrnehmungsmöglichkeiten und Erinnerungsspuren des Fetus in Erwägung und meint, daß die nutritive Versorgungseinheit in der Amnionflüssigkeit ein Gefühl des *Wohlbehagens* und der *Sicherheit* zur Folge hätte, was dann später die Sehnsucht nach Wiederherstellung dieses Zustands begründet. Daher träten auch beim Fliegen im Flugzeug Gefühle des Wohlbehagens und der Sicherheit auf.

> Die affektiven Begleiterscheinungen dieser Befriedigungsformen des Fliegens sind offensichtlich anderer Art als die affektiven Komponenten der sexuellen Lust. Sie gehen mit einem Gefühl des unendlichen Wohlbehagens einher und entspringen einer Vorstellung von Sicherheit, in der einem nichts widerfahren kann (Argelander 1971, S. 365).

Die Gefährlichkeit der primärnarzißtischen Phantasien kann, wenn diese im Erwachsenenleben auftreten, durch ichkontrollierte Verarbeitung oder durch Beherrschung technischer Apparaturen in Schranken gehalten werden. Als

Beispiel führt Argelander den Flugpiloten an, der mit Hilfe von Technik und der Steuerung der Apparate die Phantasie des Fliegenkönnens verwirklicht.

Alle diese Interpretationen der Flugträume beziehen sich auf „Narzißmus". „Narzißmus" wird als Regressionphänomen begriffen, als Fixierung oder Regression auf eine normal-infantile Entwicklungsstufe. Die Phantasie, fliegen zu können, wird als archaisches ichdefizientes Relikt der infantilen Epoche dazu in Verbindung gebracht.

Die emotionale Erfahrung von Aufgehobenheit und die Bedingungen seines Zustandekommens in einer sozialen Beziehung treten dabei nicht ins Blickfeld.

Flugphantasien werden im folgenden unter dem Blickwinkel von Aufgehobenheit erörtert.

In den Flugträumen wird ein schwereloser Erlebenszustand phantasiert, der sich oft mit einem intensiven euphorischen Glücksgefühl verbindet.

Diese Phantasien werden in der Literatur nahezu übereinstimmend mit der These des „narzißtischen Paradieses" interpretiert. Es wird behauptet, es gebe einen „objektlosen", „narzißtischen" Zustand am Anfang des Lebens, wofür die Intrauterinexistenz als prototypisch angesehen wird. Diese Ableitung der Flugphantasien hat zur Voraussetzung, daß das Kind diesen in der objektiven Betrachtung festgestellten Zustand auch so erlebt, wie ihn der erwachsene Autor beschreibt, d. h. das Kind müßte eine emotionale Erfahrung des narzißtischen Paradieses machen. Die Interpretation ist mit der Behauptung verbunden, daß das Kind in diesem Stadium keine „Objekte" wahrnehmen kann, was zur Folge hat, daß es gleichgültig ist, welche reale Beschaffenheit diese in der objektiven Betrachtung unabdingbar erforderlichen Objekte haben. Entgegen dieser Hypothese meine ich, daß die emotionale Erfahrung von Aufgehobenheit nur dann zustande kommt, wenn die dafür erforderlichen realen Bedingungen geboten werden. Von dieser Sicht aus besteht die Möglichkeit, daß das Kind bei Ausfall oder Beeinträchtigung der realen Bedingungen die emotionale Erfahrung von Aufgehobenheit nicht oder nur eingeschränkt macht, d. h. *es erlebt das narzißtische Paradies nicht.*

Wir haben dann zwei mögliche Formen von Flugphantasien, die eine, die auf einer real erlebten emotionalen Erfahrung von Aufgehobenheit beruht, und eine, die dem Zustand von Nichtaufgehoben-Sein entspringt und in der ein unerträglicher Zustand durch illusorisch-euphorische Phantasien abgewehrt oder kompensiert wird („eu-pherein" bedeutet „gut tragen").

Die Frage, ob die erste der beiden Möglichkeiten zutrifft oder die zweite oder gar beide, ist in unserer Betrachtung frühkindlicher Verhältnisse von erheblicher Bedeutung, denn es geht dabei um das Problem, ob diese Phantasien einer einmal real erlebten emotionalen Erfahrung entspringen, oder ob sie „reine" Phantasien ohne Verbindung zu einer solchen sind. Wenn der zweite

Fall zutrifft, ergibt sich das weitere Problem, wie es dann gerade zu solchen Phantasien kommt, was schwerlich ohne die Annahme eines angeborenen Schemas gelöst werden könnte. Die Vorstellung angeborener Ideen (Urphantasien, Archetypen) entstammt aber dem dualistischen Menschenverständnis, bei dem zunächst ein wie immer bestimmtes vormenschliches Leben angenommen wird, das dann nachträglich mit der Möglichkeit von bewußten oder unbewußten Vorstellungen (Ideen) ausgestattet wird. Die Ausstattung wird mit Hilfe der Vererbung hergestellt, was sich in Begriffen der „archaischen Erbschaft des Unbewußten" bei Freud genauso niederschlägt wie in dem Begriff eines kollektiven Unbewußten bei Jung (Knapp 1976, S. 282 f.). Im Gegensatz dazu wurde hier die humanspezifische Seinsverfassung herausgestellt, die von bestimmten Strukturmerkmalen bestimmt ist, die in den traditionellen dichotomen Begriffen von Natur und Geist nicht erfaßt werden können. Als eines davon wurde die Angewiesenheit aufgezeigt.

Menschen sind von vornherein und unaufhebbar (von ihrem Sein her) auf andere und anderes angewiesen. Im Bereich von Aufgehobenheit zeigt sich dies daran, daß etwas geboten sein muß, was einen trägt und hält.

In den Flugphantasien geht es um eine schwerelose Existenzweise, einen Erlebenszustand, bei dem man mühelos, ohne Anstrengung, problemlos getragen wird. Es gibt keine Last des Lebens. Dies kommt im euphorischen Glücksgefühl zum Ausdruck.

Der Flug- und Schwebezustand bedeutet aber keineswegs, daß das tragende Medium überhaupt nicht gegeben sein muß. Im Fliegen gibt es zwar keinen festen Halt wie in dem Stand auf der Erde, aber auch hierbei muß das Medium, in dem man fliegt, *tragfähig* sein. Den Beweis dafür kann man in Phantasien vom Fallen oder Abstürzen finden, die sich nicht selten mit solchen vom Fliegen vermischen, auch das euphorische Glücksgefühl weicht nicht selten einem Gefühl der Angst vor dem Nicht-fliegen-Können oder der Angst vor dem Absturz. Die Fallträume stehen daher in einer Entsprechung zu den Flugträumen. In ihnen wird das Nichttragfähige, das keinen Halt Bietende als Fall und Absturz phantasiert – ein Tatbestand, der häufig dadurch unterstrichen wird, daß der Träumer sich vergeblich an irgendwelchen Dingen festzuhalten sucht, um den Absturz zu vermeiden.

Wenn es sich, wie hier behauptet wird, bei Aufgehobenheit um ein Strukturmerkmal menschlichen Seins im Bereich von Angewiesenheit handelt, dann stehen die Phantasien vom Fliegen und Fallen dazu in einer Entsprechung. Es ist dann nicht erforderlich, irgendwelche angeborenen oder durch Vererbung erworbenen Prägungen als Grund für solche Phantasien anzunehmen, sondern die spezifische Verfassung menschlichen Lebens gibt dazu den Anlaß. Phantasien von Fliegen und Fallen entspringen daher der Struktur von Angewiesenheit insofern, als Menschen so sind, daß sie einen Halt brauchen, und zwar unaufhebbar, ganz gleichgültig, wo und in welcher Weise auch immer sie ihn finden oder nicht finden. Aus diesem Grund treten beide Phantasien und Traumbilder ubiquitär auf, und aus dem gleichen Grund stehen sie auch zueinander in einer Entsprechung. Flugträume müssen immer vor dem Hintergrund des möglichen Absturzes und der Absturz vor dem Hintergrund eines möglichen Getragen- oder Gehaltenseins verstanden werden.

Auf die Frage, ob es sich bei Flugphantasien um eine Erinnerung eines einst erlebten Zustands handelt oder ob sie als Reaktion auf unerträgliche Zustände von Nichtaufgehobenheit anzusehen sind, gibt es in humanspezifischer Sicht die Antwort: beides ist möglich.

Real befriedigende Erfahrungen in frühen Phasen, in denen das leibhafte Getragen- und Gehaltensein von einem anderen eine wesentliche Rolle spielt, haben eine affirmative Verfassung des Selbst (in diesem Bereich) zur Folge. Das Kind macht die emotionale Erfahrung (in welchem Ausmaß auch immer) aufgehoben, sicher getragen zu sein. Diese Erfahrung wird sich in Träumen reproduzieren, wenn Krisen oder schwere Beeinträchtigungen im späteren Leben auftreten. Man kann dies als Rückgriff auf eine Situation verstehen, in der es Probleme dieser Art nicht gab. Der Träumer versichert sich damit eines einst befriedigenden Zustands und kann von daher Kraft finden, seine Schwierigkeiten zu bewältigen.

Wurde die affirmative Erfahrung dagegen nicht oder nicht ausreichend gemacht – und in diesem Sinn könnte man von einer Urverunsicherung sprechen – haben Flugphantasien den Charakter von illusorischer Aufgehobenheit in einem letztlich nicht tragfähigen Medium. Dies zeigt sich in den Begleitumständen von Flugphantasien, die auf einen möglichen Absturz hinweisen. Bilder oder Symbole des festen Halts, des sicheren Getragenwerdens fehlen, die von Haltlosigkeit, Abgrund, Bodenlosigkeit, Grenzenlosigkeit überwiegen. An diesen Leerstellen wird dann illusorische, u. U. auch euphorische Traumwirklichkeit phantasiert.

Dazu stehen auch jene Flugträume in Bezug, in denen der Träumer sich in einer ausweglosen Situation befindet, in die ihn oft übermächtige Verfolger gebracht haben. Er kann sich dieser entziehen, in dem er in der Phantasie durch die Lüfte davonfliegt.[28]

Der Tatbestand, daß es in Flug- und Fallträumen keine „Objekte" gibt, war für viele Autoren ein Beweis für die These des (primären) Narzißmus.

„Objektlosigkeit" bedeutet in dieser Sicht, daß das Subjekt kein Objekt wahrnehmen, d. h. erkennen kann. In der Primärbeziehung nimmt zwar das Kind kein „Objekt" in diesem Sinne wahr, es ist aber gleichwohl insofern „objektbezogen", als es sich in der Sphäre der Beziehung gehalten oder aufgehoben fühlt. Die Sphäre der Beziehung ist nicht objektivierbar, d. h. in der traditionellen Begriffssprache negativ formuliert, sie ist kein mögliches Objekt.

Dieser erkenntnistheoretische Aspekt ist für die Erfassung frühkindlichen Erlebens von erheblicher Tragweite. Der These der „Objektlosigkeit" entspringt der weit verbreitete Irrtum, daß das Kind beziehungslos sei und daß deswegen die reale Beziehung keine Rolle in seinem Erleben spielt. Es nimmt zwar das tragende Element – die Sphäre, das Klima der Beziehung – nicht kognitiv wahr, aber es erlebt sie in einer emotionalen Erfahrung. Die korrekte kognitive Erkenntnis von Objekten, ein Problem, das die Entwicklungstheorien in der Hauptsache beschäftigt, kann die emotionale Erfahrung nicht ersetzen. Einem noch so präzise erkannten Objekt sieht man nicht an, ob es einen trägt oder nicht.

Die Vorstellung des narzißtischen Paradieses ist fragwürdig, weil mit diesem Bild die Frage nach den realen Verhältnissen und damit nach den Bedingungen der Erfahrung von Aufgehobenheit ausgeblendet wird.

Aufgrund der Eigenart menschlichen Seins wird das Kind und der Erwachsene sich nach Zuständen von problemloser Aufgehobenheit sehnen und solche herbeiphantasieren, gerade dann, wenn Wünsche danach nicht erfüllt wurden. Es wird aber einen erheblichen Unterschied ausmachen, ob solche Erfahrungen von sicherer, nichtbedrohlicher Aufgehobenheit überhaupt gemacht wurden oder nicht. Kamen sie nicht zustande, dann ist die Verfassung des Selbst vom *Ausfall der Erfahrung* geprägt, und der Erwachsene wird später entweder nur solche Erfahrungen machen, die diesem Ausfall entsprechen oder genötigt sein, diesen Mangel auf verschiedene Art zu kompensieren. Im Unterschied dazu sind Menschen, die über diese einmal gemachte Erfahrung verfügen, im Bereich von Angewiesenheit auf Halt und Sicherheit bietende Momente viel weniger anfällig und viel eher in der Lage, sich solche auf gegenseitige Befriedigung beruhende Beziehungen mit anderen zu verschaffen.

In der psychoanalytischen Theorie wird, ausgehend von Freuds Konzept, angenommen, daß sich das Kind infolge der infantilen Unreife des psychischen Apparats und der archaischen Triebverfassung auf jeden Fall, ganz gleichgültig in welchen realen Beziehungen es aufwächst, ein narzißtisches Paradies intrapsychisch halluziniert. Die Entwicklung vom „Narzißmus zum Objekt" beinhaltet demnach als wesentlichen Reifungsschritt den *Verzicht* auf diese Erlebensform und auf die damit verbundene Befriedigung und Objektbeziehung (als intrapsychische Erwartungen). Die Kontrolle des Ich über die immer verbleibende Möglichkeit regressiver Wiederbelebung solcher Wünsche, die dann konsequent als „gefährlich" angesehen werden müssen, ist dann eine Folge dieser Verhältnisse.

Eine prototypische Auslegung des in Frage stehenden Komplexes findet sich bei Kohut und Argelander. Aufgrund der These des primären Narzißmus behaupten beide, daß das Kind *normalerweise* omnipotente Größenvorstellungen produziere. Sie würden seiner narzißtischen Welt entspringen, wobei mit narzißtisch einerseits objektlos gemeint ist und andererseits wahnhafte Vergrößerung des Selbst. Eine dieser Größenphantasien sei die Phantasie, fliegen zu können. Im Lauf der Entwicklung müßten diese kindgerechten Phantasien unter die Kontrolle des erwachsenen Ich gebracht werden, das realitätsgerecht die Absurdität und Unmöglichkeit erkennt und damit auch die wahnhafte Vergrößerung des Selbst. Die Phantasien können allerdings bei manchen Menschen auch im Erwachsenenalter eine wichtige Bedeutung behalten, die in den Charakter eingehen, d. h. praktisch unbeeinflußbar bleiben. Die kreative, sublimierende Fähigkeit des Ich kontrolliert dann die gefährliche Tendenz solcher Größenphantasien der Art, daß sie mit Hilfe hochentwickelter technischer Rationalität in die Wirklichkeit umgesetzt werden, ohne daß dabei die reale Existenz gefährdet würde.

Aus der hier vorgelegten Sicht entstehen die *gefährlichen* Intentionen nicht aus einer als normal angesetzten Konstellation einer bestimmten Entwicklungsphase. Sie müssen als illusorisches Streben nach Ausgleich der nichterlebten emotionalen Erfahrung von Getragensein begriffen werden, die dem Defizit der realen Beziehung entsprungen ist. Solche Menschen werden sicher ihr Leben lang vor die Aufgabe gestellt, die Leerstelle aufzufüllen, die die nicht vorhandenen Bedingungen hinterlassen haben. Dazu kann technische Rationalität in verschiedenen Versionen aufgeboten werden, darunter insbesondere der Einsatz und die Beherrschung von Flugmaschinen, mit Hilfe derer man sich das Gefühl des sicheren Getragenseins verschaffen kann, ohne auf andere angewiesen zu sein. Man kann sagen, die Flugapparatur muß das fehlende sinnlich-konkrete und v. a. *menschlich-tragende* Beziehungselement ersetzen, es muß aus eigener Kraft erzeugt, bereitgestellt, beherrscht, kontrolliert werden, damit man nicht auf unzuverlässige oder bedrohliche andere angewiesen ist, die dieses Gefühl konkret emotional-sinnlich vermitteln könnten. Die Kontrolle und Beherrschung „primär-narzißtischer" Phantasien ist daher kein normales oder konstitutionelles Faktum, sondern ein abgeleitetes Phänomen. Zu dem Mangelzustand als Voraussetzung für „narzißtische" Phantasien gibt nicht eine normale, ichdefiziente Entwicklungsphase Anlaß, sondern der Ausfall einer tragenden menschlichen Beziehung, auf die das Kind unbedingt angewiesen ist.

Balint und Grunberger stellen eine Verbindung des narzißtischen Paradieses als Erlebenszustand des Kindes mit der faktischen Intrauterinexistenz her. Die Flugphantasien und das ozeanische Gefühl wird dann auf das Schweben und Schwimmen des Fetus im Fruchtwasser bezogen und von diesem Zustand abgeleitet. Grunberger betont öfter den erhabenen, elatischen Zustand in Verbindung mit dem Fetalleben. Die Verbindung des Schwebezustands im Mutterleib mit der Phantasie des Fliegens scheint aber mehr dem Kausaldenken der erwachsenen Betrachtung zu entspringen als den Fähigkeiten des Fetus. Es spricht nicht viel dafür, daß der Fetus über derart komplexe kognitive Fähigkeiten verfügt, seinen Zustand als konkretes Schwimmen oder Schweben zu erleben und diesen Erlebenszustand dann in eine Flugphantasie zu transformieren. Es besteht jedoch durchaus die Möglichkeit, daß das Getragensein im Mutterleib in einer schwer bestimmbaren Weise vom Kind erlebt wird, und daß bereits in der Schwangerschaft der Erlebenszustand der Mutter und das Verhältnis zu ihrem Kind vom Fetus wahrgenommen werden. Dabei wird es aber weniger auf den konkreten Schwebezustand im Fruchtwasser ankommen als auf die Verfassung der Mutter, auf ihre Phantasien, Gefühle, Ängste in bezug auf das Kind und auf das soziale Umfeld, in dem sie lebt.

Es ist schwer bestimmbar, ab welchem Zeitpunkt Aufgehobenheit erlebt wird. Es ist möglich, daß dies bereits in vorgeburtlichen Phasen der Fall ist. Vieles spricht jedoch dafür, daß die entscheidenden Momente dieser Erfahrung erst in der realen Beziehung nach der Geburt gemacht werden, daß sich erst hier das Gefühl des sicheren Getragen- und Gehaltenseins in einer Beziehung bildet. Überdies ist diese emotionale Erfahrung von den anderen Aspekten, von Versorgtheit, Vertrauen und Anerkennung nicht zu trennen, Aspekte, die noch viel mehr als das Getragenwerden auf die Beziehung zu anderen und die Angewiesenheit auf ihre sozialmenschliche Präsenz verweist.

Flug- und Fallträume haben sicher über die erörterten Zusammenhänge hinaus weitere Bedeutungen. Auch diese stehen jedoch zur Struktur der Angewiesenheit in Beziehung. Flugphantasien treten auch im Zusammenhang zur Begrenzung und Grenzüberschreitung von menschlichen Möglichkeiten auf. Der Mythos von Ikarus handelt von der Hybris des Menschen, einem Thema, das den griechischen Geist in vielen Varianten beschäftigt hat. Ikarus hatte sich kunstvolle Flügel angefertigt und konnte damit fliegen. Er gab sich jedoch mit einem beschränkten Aktionsradius nicht zufrieden, sondern wollte bis zur Sonne fliegen. Die Annäherung an das Gestirn wurde ihm zum Verhängnis, seiner Hilfsmittel beraubt, stürzte er ab.

In dem Mythos geht es nicht um eine infantil-primitive Phantasie fliegen zu können, sondern um die für den Menschen typische Sehnsucht, Grenzen seiner natürlichen Existenz zu überschreiten. Das kommt auch in vielen Flug- und Fallträumen zum Ausdruck, wenn der Träumer sich von den irdisch-realen Verhältnissen abhebt und dann „über den Dingen schwebt", oder immer „höher hinaus will". Auch diese Bedeutung steht jedoch in einem Verhältnis zur Angewiesenheit. Das „Überfliegen" der Wirklichkeit birgt die Gefahr des Fallens und Abstürzens, nämlich immer dann, wenn versucht wird, momentan gegebene oder naturgegebene Grenzen zu überschreiten. Das Fliegen ist eine

Möglichkeit, die die natürlich-leibliche Ausstattung des Menschen (das kreatürliche Selbst) übersteigt. Menschen können nur mit Hilfe von Apparaturen fliegen. Aber selbst hier gibt es den Aspekt von Angewiesenheit, der in der Notwendigkeit der Verbindung zu einem festen Halt, in welcher Form auch immer, zum Ausdruck kommt. Balint hat diesen Aspekt im Bereich des Fliegens durch den Hinweis herausgestellt, daß der Flieger auf einen Landeplatz angewiesen bleibt, zu dem er wieder zurückkehren muß; auch in vielen Flugträumen wird der Bezug zur Erde oder zu einem sicheren Standplatz symbolisiert.

4. Aufgehobenheit und Oralität

a) Ein Aspekt von Oralität: einverleiben und einverleibt werden
Freud scheint die Vorstellung gehabt zu haben, daß die Einverleibung von Nahrung (Objekt) eine Urform von Sexualität sei und somit eine Vorform derselben. Die Nahrung wird somit als Sexualobjekt aufgefaßt und das Einverleiben als ein dem genitalen Akt analoges Phänomen. In der oralen Organisationsstufe des Sexualtriebes seien diese verschiedenen Funktionen noch vereint: eine archaische Form, die wie die analsadistische wie „Rückfälle auf frühtierische Zustände" anmuten. Die Vorstellung, daß das Nahrungsobjekt ein Mensch sei, führt dazu, daß die orale Sexualorganisation auch *kannibalische* genannt wird.

> Eine erste solche prägenitale Sexualorganisation ist die *orale* oder, wenn wir wollen, *kannibalische*. Die Sexualtätigkeit ist hier von der Nahrungsaufnahme noch nicht gesondert, Gegensätze innerhalb derselben nicht differenziert. Das Objekt der einen Tätigkeit ist auch das der anderen, das Sexualziel besteht in der *Einverleibung* des Objektes, dem Vorbild dessen, was späterhin als *Identifizierung* eine so bedeutsame psychische Rolle spielen wird. Als Rest dieser fiktiven, uns durch die Pathologie aufgenötigten Organisationsphase kann das Lutschen angesehen werden (Freud 1905, S. 98 f.).

Die Bezeichnung kannibalisch, die Freud, Abraham und in der Nachfolge viele andere verwenden, ist fragwürdig. Danach soll es auf einer primitiven Stufe der Phylogenese Kannibalismus gegeben haben, der auf einer primitiven Stufe der Ontogenese wiederholt wird. Der Kannibale tritt jedoch konkret-faktisch weder im psychanalytischen Beobachtungsfeld noch im Bereich der sexuellen Vereinigung noch in kindlichen Entwicklungsphasen auf. Kein Genitalakt könnte stattfinden, wenn sich die Beteiligten dabei auffressen würden: der Säugling trinkt zwar die Milch der Mutter, er verschlingt aber weder deren Brust noch die ganze Mutter, auch wäre er dazu gar nicht in der Lage.

Die ungenügende Beachtung, daß es sich beim Modus des Einverleibens – zumindest im Kontext der psychoanalytischen Theorie – um eine Erlebensweise(Phantasie) handelt, hat mit Freud beginnend dazu geführt, die Einverleibung konkretistisch auszulegen und Parallelen zu animalischem Fressen und Kannibalismus herzustellen.

Von daher ist auch Freuds Annahme einer in der Menschheitsgeschichte faktisch vorgefallenen Einverleibung zu begreifen. Die an Darwins Urhorde, an den Arbeiten von I.J. Atkinson und R. Smith orientierte Hypothese Freuds sieht den Ursprung des Ödipuskomplexes als phylogenetischen Vorfall. Der Vater/Anführer der Urhorde, der das alleinige Verfügungsrecht über die Frauen ausübt, soll danach von seinen Söhnen in einer Rebellion gegen dieses Regime getötet und verzehrt worden sein, damit sie sich seine Kräfte aneignen und sich an seine Stelle setzen konnten. Diese Hypothese entsprang dem Bedürfnis nach einer kausalen Erklärung von angeborenen Erlebnisweisen (Schemata), die Freud im Bereich des Ödipuskomplexes – Kastrationsangst, Schuldgefühl, Inzestverbot – festzustellen meinte.

Nicht nur die Annahme eines historischen kannibalischen Aktes in diesem Umkreis ist fragwürdig, sondern auch der Tatbestand, daß Freud den von ihm postulierten Vorfall allein auf den Vater bezieht. Die Einverleibung der Mutter – die kannibalischen Gelüste auf sie – die doch der These der oralen Sexualität viel näher liegen müßte, kommt bei ihm als historisches Faktum nicht vor.

Abraham, der näher an beobachtbaren Phänomenen bleibt, zeigt, daß in depressiven Zuständen Wünsche nach der (feindseligen) Einverleibung der Mutter auftreten (Abraham [1]1924, [2]1971, S. 149). Die konkretistische Auffassung schlägt sich bei ihm in der Vorstellung einer phylogenetischen Entwicklungsstufe nieder, die er *Totalkannibalismus* nennt. Auf dieser Stufe soll das „Objekt" – das geschlechtlich unbestimmt bleibt – ohne Berücksichtigung seines Eigenbestandes „aufgefressen" d. h. zerstört werden, was nur möglich sei „auf grund des *uneingeschränkten Narzißmus" (S. 171)*.

Der Modus des Einverleibens hat nicht nur zum Begriff der oralen Sexualität Anlaß gegeben, sondern auch die Basis für die Begriffe Inkorporation, Introjektion und Identifikation gebildet. In einer Abwandlung der kannibalistisch-konkretistischen Vorstellung einer oralen Sexualität wird angenommen, daß das Kind sich die Mutter oder den Vater einverleibt und auf diese Weise deren Eigenschaften übernimmt. Freud meint, das Vorbild jeder Identifikation sei die Inkorporation, bei der das „geliebte und geschätzte Objekt durch Essen einverleibt wird". In den modernen Konzepten spielt insbesondere die Mutter als „gutes" oder „böses" Introjekt eine entscheidende Rolle. Bei dieser analogen Weise von Inkorporation als Identifikation kann es sich ebenfalls nicht um eine faktische Einverleibung handeln.

In seiner Arbeit zur Oralerotik (Addenda zur Oralerotik) erweitert Lewin (1982) den Begriff des Oralen erheblich. Die Erweiterung betrifft das Gegenstück zur Einverleibung, den Wunsch einverleibt zu werden sowie das Phänomen des Schlafes. Die Trias oraler Wünsche – Wunsch nach Einverleibung, Wünsche nach Einverleibtwerden und der Schlaf – entspringen für Lewin der Stillsituation und damit der frühen Mutter-Kind-Beziehung. Die Phantasiebedeutung der „oralen" Wünsche steht für ihn außer Zweifel.

Der Wunsch und die Phantasie, einverleibt oder gefressen zu werden, wird von Freud zwar erwähnt, aber ausschließlich im Rahmen der Kastrationsangst interpretiert. Lewin verläßt dagegen den Interpretationsrahmen des Ödipuskomplexes und verweist den Wunsch nach Einverleibtwerden in den Bereich der Mutter-Kind-Beziehung.

Den Wunsch nach „Aufgefressenwerden" bringt er in eine Beziehung zu spezifischen Gefühlen, „die man mit *sich überlassen, entspannen* und mit *fallen* umschreiben kann".

> Der Wunsch nach Gefressenwerden entsteht in der Still- oder Fütterungssituation; er deutet sich in den folgenden Empfindungen an: von Mutters Brust umgeben zu sein oder in ihr zu versinken, auch in dem Gefühl, während der Entspannung, die dem Schlaf vorausgeht, von der Mutter gehalten zu werden (Lewin 1982).

Lewin hat zwar die kindliche Erlebnisweise des „Aufgefressenwerdens" phänomenologisch korrekt beschrieben. Die von ihm genannten Beziehungsmodi und Gefühle: sich überlassen, sich hingeben, sich fallenlassen, entspannen und dabei von einem anderen aufgenommen, gehalten werden, betreffen wichtige Aspekte der Gefühlswelt des Säuglings. Die Verbindung zum „Auffressen" bleibt aber ungeklärt, da Lewin trotz seiner erheblichen Erweiterung des „Oralen" am Konzept der oralen Sexualität festhält und dieses selbst nicht in Frage stellt.

Den Schlaf hat Freud zwar beachtet, ihn aber nicht in Verbindung zum „oralen Trieb" gebracht. Der Schlaf galt ihm als Regressionsphänomen – „das Wonnesaugen führt zum Einschlafen" – sein Vorbild war der intrauterine Zustand. Im traumlosen, ungestörten Schlaf ziehen sich die Menschen nach Freud in einen Zustand zurück, der der Existenzweise im Mutterleib gleicht. Libidotheoretisch formuliert, ist es der Zustand des primären oder absoluten Narzißmus: das Ich gibt seine Besetzungen zur Außenwelt, die es im Wachzustand unterhalten muß, auf und nimmt alle Libido in sich zurück, wie es einst im Mutterleib der Fall gewesen ist.

Andere Autoren, wie Abraham, Eissler, Rado, die ansonsten auf dem Boden des Freudschen Konzeptes stehen, verweisen dagegen bereits auf eine Verbindung des Schlafes mit der Oralität. Lewin hat dieser Verbindung besondere Beachtung geschenkt. Er vertritt die Auffassung, daß der Schlaf weniger einer der Beobachtung ohnehin unzugänglichen Intrauterinexistenz zuzuordnen sei, sondern vielmehr einem mit der oralen Aufnahme verbundenen Zustand. Die

Beziehungssituation des Säuglings ist nunmehr der Rahmen, in dem der Schlaf interpretiert wird.

Balint greift das Thema im Zusammenhang seiner Kritik des primären Narzißmus auf und zeigt, daß der Schlaf nicht den Zustand einer isolierten Existenz wiederholt, sondern den einer frühen Objektbeziehung.

Rückzug und Alleinsein, die als Narzißmus gedeutet werden, zeigen jedoch bei näherer Betrachtung, daß der Schläfer nur versucht, die Last seiner Alltagsbeziehungen abzuwerfen und eine primitivere, befriedigendere Form der Beziehung zu Objekten aufzunehmen, deren Interessen mit den seinigen identisch sind. Beispiele solcher Objekte sind: ein bequemes Bett, das Kissen, das Haus, das Zimmer, Bücher, Blumen, Spielsachen, die Übergangsobjekte (Winnicott 1951) usw. Natürlich sind das alles Repräsentanten oder Symbole innerer Objekte, die ihrerseits aus frühen Umweltberührungen stammen, von sättigenden Stillmahlzeiten, warmen, weichen Hüllen, vom Erlebnis, von der Mutter sicher gehalten und geliebkost, gewiegt und in den Schlaf gesungen zu werden usw. Die angeführten Beobachtungen zeigen, daß der Schläfer zu dieser Welt regrediert und nicht zu einem primären Narzißmus, in welchem es keine beziehungshaltige Umwelt gibt (Balint 1968, S. 63).

b) In-sich-Aufnehmen als humanspezifisches Beziehungsphänomen

Der banale Tatbestand, daß alle Menschen Nahrung aufnehmen und daß dieser Vorgang eine der Voraussetzungen für menschliches Leben ist, hat zu dem weitverbreiteten, konkretistischen Mißverständnis Anlaß gegeben, daß Phantasien, Bilder, Worte, Sprachwendungen, bei denen das „orale" Element in Erscheinung tritt, in einer unmittelbaren Verbindung zum Essen, Fressen, Saugen, Schlucken usw. stehen. Diese einseitige Betrachtungsweise hat ihren Grund in der dualistischen Auffassung des Menschen. In dieser Sicht gibt es zunächst einen „physiologischen" Bestand: den animalisch-organischen Vorgang des Essens oder Fressens, der im gesamten animalischen Lebensbereich angetroffen wird. Diese so begriffenen Vorgänge werden *zusätzlich* oder *nachträglich* mit einer seelischen (psychosexuellen) oder symbolischen Bedeutung versehen. Dieser doppelte Ansatz führt zu dem Nebeneinander (Parallelismus) von körperlich- organischen und psychologischen Begriffen oder zu dem Nacheinander in genetischer Sicht, indem zuerst physiologische Zustände angenommen werden, denen in der späteren Entwicklung dann psychologische folgen.

Im Gegensatz dazu werden im folgenden das In-sich-Aufnehmen und Aufgenommenwerden als humanspezifische Beziehungsphänomene beschrieben.

Von der Verstehensstruktur her gesehen wird alles Aufnehmen immer auch *erlebt,* und dies auch dann, wenn das Erleben nicht bewußt ist, d. h. In- sich-Aufnehmen ist vorverstanden. Dabei entfällt eine Aufteilung in körperlich und seelisch.

c) Der ganzheitliche Charakter des In-sich-Aufnehmens
In-sich-Aufnehmen ist am Anfang des Lebens ganzheitlich. Im Erleben des Aufnehmens sind die verschiedenen Aufnahmebereiche nicht voneinander getrennt.

Als Erwachsener können wir etwas „geistig" aufnehmen, etwa mit den Augen sehen, mit den Ohren hören, die jeweiligen Organbereiche, die aufgenommenen „Objekte", Zuordnungen und Gefühle voneinander unterscheiden. Alle diese begrifflichen Unterscheidungen und im Erleben trennbaren Aufnahmebereiche und Gefühle sind zunächst aus einem umfassenden Zustand hervorgegangen. Hinweise darauf finden sich z. B. in Sprachwendungen, die verschiedene Aufnahmebereiche vermischen: Der verschlingende Blick, der Bücherwurm, der Ohrenschmaus usw. Auch hochabstrakte Begriffe sind davon nicht ausgenommen, wie z. B. Internalisierung und Introjektion. Die Redewendung „jemanden zum Fressen gern haben" ist dafür ebenfalls ein Beispiel. Freud hatte sie als Beweis für sein Konzept der infantilen Sexualität genommen und sie konretistisch interpretiert. Er meinte, mit Fressen würde das geliebte Objekt einverleibt – eine frühe Stufe der Sexualität – wobei es überdies gleichzeitig zerstört würde. Die Redewenung ist aber Ausdruck des übergreifenden Charakters des In-sich-Aufnehmens. Wenn jemand in einen anderen sinnlich-leiblich verliebt ist, so möchte er ihn ganz und gar in sich aufnehmen – wie dies bei der Nahrungsaufnahme auch geschieht –, um auf diese Weise eine sehr große Nähe herzustellen. Die Verliebtheit ist ein Zustand, in dem die Unterschiede der beiden Beteiligten hinsichtlich ihrer jeweiligen Eigenexistenz eine geringe Rolle spielen, was wiederum als sehr lustvoll erlebt wird. Diese Art der Lustempfindung kann auch nicht von der Stimulierung einer umgrenzten erogenen Zone abgeleitet werden, sondern ergreift den ganzen Menschen.

Das Lutschen des Säuglings – das Freud als prototypisch für sein Konzept der infantilen Sexualität ansieht (Freud 1905, S. 81, 86) – wird von ihm als Stimulierung einer erogenen Körperzone interpretiert, wobei „orale" Lust entstehen soll. Die Lust wird autoerotisch genannt, d. h. sie ist „narzißtisch", ohne Bezug zum anderen.

In einer beziehungstheoretischen Sicht erweist sich das Lutschen jedoch als ein von der Primärbeziehung ableitbares Phänomen, als eine Verhaltensweise, bei der das Kind einen Erlebenszustand im Bereich des In-sich-Aufnehmens herzustellen sucht, der sein Vorbild in einer lustvollen und befriedigenden Nahrungsaufnahme in den Armen der Mutter hat.

Daß das Kind diesen Zustand ohne faktische Beteiligung des anderen herstellt, ist kein Beweis für Autoerotismus, sondern für den ganzheitlichen Charakter des In-sich-Aufnehmens und die damit verbundene Phantasie. Das Erleben von Aufgehobenheit ist aber auch keine Halluzination, worunter eine realitätsfremde oder verzerrte Einbildung verstanden wird. Die Phantasie muß von der Dimension der Primärbeziehung her interpretiert werden und nicht von einem wie auch immer ausfallenden Realitätsdenken Erwachsener.

Das Kind lutscht daher keineswegs mit dem Ziel, sich „narzißtische" Lust zu verschaffen, sondern es tut es dann, wenn es sich in einem Zustand von Mangel an Aufgehobenheit befindet.

In seiner ursprünglichen ganzheitlichen Form vereinigt das In-sich-Aufnehmen folgende Elemente:
Die Beziehung zum anderen wird weitgehend vom Fehlen der Unterscheidung von Ich und Nicht-Ich bestimmt. Dies kommt positiv im Gefühl zum Ausdruck, daß der „andere" in mir oder ich im „anderen" bin. Durch diese Beziehungsart wird auch das „andere" bestimmt, es ist so, als sei es etwas, was ich in mich aufgenommen habe, und deshalb gleiche ich mich ihm an oder es gleicht sich mir an. Die Empfindung und Wahrnehmung ist der Beziehungsart analog, das Aufnehmende stellt mit dem Aufgenommenen eine übergreifende Einheit her (oder umgekehrt). Die Lustqualität ist ebenfalls spezifisch, es ist die Lust von Einheit und Verbundenheit, die sich von der Lust qualitativ unterscheidet, die mit Trennung als Unabhängigkeit (Selbstsein) verbunden ist.

Auch im Erwachsenenleben ist die Einheit von Aufnehmendem und Aufgenommenem nachweisbar. Beim intensiven Hören von Musik ist schwer feststellbar, ob der Aufnehmende die Musik im „Ohr" hat oder ob er in die Musik versunken ist.

Ähnliches gilt beim Anblick eines Bildes, einer Landschaft, eines Menschen. In diesen Beispielen sind zwar bestimmte Aufnahmebereiche ausgegrenzt, die Übergänge zwischen ihnen zeigen jedoch, daß ein ganzheitlicher Aufnahmemodus auch beim Erwachsenen nicht jenseits aller Vorstellung liegt.

Das In-sich-Aufnehmen ist gleichzeitig ein Modus der Primärbeziehung im affektiven Bereich. Für das Erleben des Kindes bedeutet dies: das andere ganz und gar in mich aufnehmen und bei mir haben wollen (oder umgekehrt: mich ganz und gar in das andere hineinbegeben wollen), das andere, das Nahrung, Schutz, Sicherheit, Wärme, Befriedigung, Lust zugleich als Lebensquelle ist und Abwesenheit von Angst, Bedrohung, Dunkel und Kälte garantiert. Von der Struktur der Angewiesenheit her betrachtet, ist das Kind in der Zeit, in der ganzheitliches In-sich-Aufnehmen relevant ist, gleichzeitig umfassend auf „anderes" angewiesen. Das andere, mit dem eine Beziehung in der Art des In-sich-Aufnehmens besteht, hat wichtige Funktionen auszuführen, die der Ernährung ist nur eine. Das, was „in und mit" der Nahrung aufgenommen wird, ist Schutz, Wärme, Abwesenheit von Angst, ist Sicherheit, Vertrauen darauf, daß umfassende Versorgung garantiert ist: die Befindlichkeit von Aufgehobenheit.

Werden in der realen Beziehung dem Kind die für frühe Phasen entsprechenden Bedingungen nicht oder nicht ausreichend geboten, dann antwortet das Kind in der Dimension des In-sich-Aufnehmens. Das Gegenstück zur Einverleibung ist hier die „*Aus*verleibung" (Ausspucken, Erbrechen, Aushusten, Herausschreien), ein Organmodus, der ebenfalls ganzheitlichen Charakter hat. Die Reaktion auf Unverträgliches, das Ausstoßen des nicht Zuträglichen geschieht auf dem gleichen Weg wie die Hereinnahme, wobei auch hier gilt, daß sich dies keineswegs allein auf die Nahrung beziehen muß, sondern alle anderen genannten Momente mit betrifft.

Ausspucken und Erbrechen sind ganzheitlich eliminierende, reaktive Funktionen, mit denen Unverträgliches wieder ausgestoßen wird. Das Aufgenommene wird ohne Rücksicht darauf, ob etwas „Gutes" in ihm enthalten war, wieder abgestoßen. Wie im Einverleiben alles aufgenommen wird, so wird im eliminierenden Modus alles wieder ausgestoßen. Das „anale" Ausstoßen unterscheidet sich davon, weil hierbei das Aufgenommene erst „verdaut" wird, wobei das „Gute", Verträgliche, Brauchbare behalten und nur das „Schlechte", Unverträgliche und Unbrauchbare ausgestoßen wird.

Das ganzheitliche, unterschiedslose Eliminieren von unverträglichem anderem gehört zur Beziehungs- und Gefühlsdimension von primärem Haß.

d) Verschlingen (Oralsadismus) und gehemmtes In-sich-Aufnehmen

Das In-sich-Aufnehmen tritt bereits in der Kindheit in verschiedenen Varianten und Abwandlungen auf, die alle als bleibende Modifikationen (Charakterzüge) in den Erlebens- und Verhaltensweisen von Erwachsenen wiedergefunden werden können.

In der Vielfalt dieser Varianten können zur Orientierung 2 prototypische Formen herausgestellt werden: eine abgemilderte (das ängstliche, mißtrauische, schwächliche Aufnehmen, bis zur Verweigerung von Aufnahme überhaupt) und eine gesteigerte Form (das Sofort-haben-Müssen, das gierige, unersättliche Verschlingen).

Man kann diese beiden Prototypen in ihren extremen Formen jeweils am Ende einer ausgedehnten Bandbreite von Abwandlungen ansetzen. In der Mitte dieser Bandbreite wäre dann eine weder von Angst und Mißtrauen noch von Verschlingen-Müssen bestimmte Form erkennbar: eine Form des In-sich-Aufnehmens, die mit der Erfahrung von möglicher Aufgehobenheit (Vertrauen, Sicherheit) verbunden ist. Das „normale" Leben wird Abwandlungen nach beiden Seiten von der fiktiven Mitte in einem variablen Ausmaß zeigen, je mehr sich die Varianten den beiden extremen Enden nähern, um so mehr muß mit schweren Beeinträchtigungen und Störungen gerechnet werden.

Die ideal-fiktive Form des unbeeinträchtigten In-sich-Aufnehmens als auch die davon nach beiden Seiten hin auftretenden Abwandlungen stehen zur Eigenart der Primärbeziehung und zum Regulationsprinzip im Bereich des Selbstgefühls in einem komplexen Verhältnis.

Bekommt das Kind im Hinblick auf seine emotionalen Bedürfnisse nach Aufgehobenheit zu wenig, so gerät es in den Zustand von Nichtaufgehobenheit. Ein normales Kind wird diesen Zustand von Nicht-sein-Können so lange durch Äußerungen von primärem Haß signalisieren, bis faktisch-reale Abhilfe zustande kommt und sein Zustand von Aufgehobensein wiederhergestellt ist. Ein kontinuierlicher Entzug der Befriedigung dieser Bedürfnisse wird entweder eine Intensivierung des In-sich-Aufnehmens zur Folge haben: ein Versuch zum Ausgleich. Bestimmte Interaktionen geben dazu Anlaß. Das Kind kann etwa die Erfahrung machen, daß nach andauerndem und dann panikartigem Schreien schließlich doch eine Befriedigung erfolgt. Die Folge wird sein, daß sich das In-sich-Aufnehmen zum Verschlingen – oder zum Sofort-haben-Müssen modifiziert. Macht das Kind dagegen kontinuierlich die Erfahrung, daß seine Äußerungen von primärem Haß zu keiner Abhilfe des für ihn unerträglichen Zustandes führen, so wird es den panikartigen, bedrohlichen Angstzustand zu vermeiden suchen. Dies kann eine Sistierung seines natürlichen In-sich-aufnehmen-Wollens zur Folge haben, was sich in den mannigfaltigen Formen ängstlichen, mißtrauischen, unsicheren oder schwächlichen In-sich-Aufnehmens niederschlägt.

Macht das Kind dagegen die emotionale Erfahrung, daß seinen Bedürfnissen bei allen Schwankungen und unvermeidlichen Versagungen in diesem Bereich entsprochen wird, und dies in phasenspezifischer Zeitdauer, dann wird der Modus des In-sich-Aufnehmens sich dem ideal-fiktiven Zustand annähern, nämlich einem ruhigen, „warten könnenden", sicheren und lustvollen Aufnehmen. Diese Weise des In-sich-Aufnehmens entspricht – theoretisch formuliert – einer bestimmten affirmativen Verfassung seines Selbst, die durch die emotionale Erfahrung von Aufgehobenheit zustande gekommen ist. Der damit erfaßte Sachverhalt hat einen völlig anderen Charakter als die dem ichpsychologischen Konzept zugrundeliegende Vorstellung von konstitutionell oralsadistischen Trieben, die notwendigerweise von einem kontrollierenden Ich beherrscht werden müssen.

Wenn das Kind die beschriebene emotionale Erfahrung macht, dann hat es etwas „Gutes" in sich hereingenommen, kann es sich selbst „gut", d. h. sicher aufgehoben fühlen.

Kommt die emotionale Erfahrung nicht oder nicht ausreichend zustande, so modifiziert sich das In-sich-Aufnehmen zum Verschlingenmüssen. Der Modus des Verschlingens ist stets mit Vernichtungsangst und primärer Wut verbunden. Letztere entspringt dem Erlebenszustand des Nicht-sein-Könnens. Das In-sich-Aufnehmen bekommt dann den Charakter des hassenden „Auffressens", mit dem das andere eliminiert, „aufgezehrt" werden muß, weil es nicht den primären Bedürfnissen entspricht und deswegen als beeinträchtigend oder gar vernichtend erlebt wird. In der Folge richtet sich das zerstörerische Auffressen auch gegen das Selbst (im Sinne des eigenen Seins und Lebens), weil die Angewiesenheit auf das befriedigende andere bestehen bleibt. Damit entsteht die für den logischen Verstand so widersinnige Beziehungsform, die bis ins Erwachsenenleben beibehalten werden kann. Bei dieser ist man auf den anderen sehr angewiesen, weil von ihm das eigene Leben abzuhängen scheint. Gleichzeitig muß der andere gehaßt werden, weil er einem das, was man unbedingt braucht, niemals gibt. Der zerstörerische Haß – der primäre, nichtmodifizierte Haß – richtet sich dann nicht nur gegen den anderen, sondern auch gegen das eigene Selbst, denn mit ihm wird auch die eigene Lebensgrundlage vernichtet.

Kernberg sagt über einen in Analysen von „narzißtischen" Störungen häufig auftretenden Patiententyp, „daß sie nach der Hand desjenigen, der sie füttern will, beißen müssen". Er beschreibt damit in anschaulicher Weise denselben Sachverhalt. Die Aussage zeigt allerdings gleichzeitig die Fragwürdigkeit eines konstitutionell angesetzten oralsadistischen Triebs. Ein solcher als isoliert von der Beziehung und den spezifischen Bedürfnissen vorgestellter Trieb müßte sich ja im Beißen und im Fressenwollen irgendwelcher Nahrungsobjekte äußern und sich nicht gerade auf eine *fütternde Hand* richten.

In dieser Zone hat sich das In-sich-Aufnehmen von einem „liebenden" in ein „hassendes" gewandelt. Diese Form von „Aggression" bleibt aber auf den anderen und die von ihm unabdingbar benötigte „Liebe" bezogen und ist ohne diese Beziehung nicht begreifbar.

e) Reale Versagung und der Mensch als fressender Wolf
Der Schwerpunkt der Betrachtung in der psychoanalytischen Theorie liegt auf der – *phantasierten* – „Versagung" und nicht auf der real in einer konkreten Beziehung erfolgten. Diese nicht weiter reflektierte, einseitige Betrachtungsweise hat Anlaß zu folgender prinzipieller Erklärung der Rolle der Versagung gegeben. Es wird angenommen, daß das Kind auf jeden Fall – unabhängig von der realen Beziehung – einen Zustand von vollkommener Befriedigung „kennt", d. h. phantasiert. Der Zustand wird entweder physiologisch als Homöostase (Intrauterinexistenz) angesehen oder psychologisch als Folge der unzureichenden kognitiven Ausstattung des Kindes. Dieses verkennt die Beteiligung eines anderen und halluziniert Selbstbefriedigung. Die Hypothesen der „narzißtischen" Vollkommenheit werden durch die eines konstitutionell oralsadistischen Triebs ergänzt. Mit beiden Konzepten wird die erlebte Versagung konstitutionell erklärt. Gegenüber dem Zustand der „narzißtischen" Vollkommenheit muß alle spätere Befriedigung prinzipiell als Versagung erlebt werden. Die

oralsadistischen Triebe sind auf Unersättlichkeit, Rücksichtslosigkeit, Gier usw. von vornherein programmiert.

Beide Konzepte klammern die reale Versagung in einer Beziehung aus, da die komplexen Verhältnisse der Primärbeziehung – insbesondere die Struktur von Angewiesenheit – nicht berücksichtigt werden. An die von der Theorie ausgesparten Stelle tritt dann das in unserer Tradition altbekannte Menschenbild des „homo homini lupus": der Mensch als fressender Wolf, der die „Schonung seiner eigenen Art nicht kennt" (Freud). In einer modernen Variation desselben heißt es:

> Die narzißtische Charakterabwehr schützt den Patienten nicht nur vor der Heftigkeit seiner narzißtischen Wut, sondern verdeckt auch seine tiefen Unwertgefühle und seine erschreckenden Vorstellungen von einer Welt, in der es keine Nahrung und keine Liebe mehr gibt und wo er selbst *wie ein hungriger Wolf nur noch auszieht, um zu töten, zu fressen und ums Überleben zu kämpfen (Kernberg 1978, S. 315 f.; Hervorhebung von mir).*

In-sich-Aufnehmen ist ein genereller Modus menschlichen Lebens, der in vielen Bereichen, in den Beziehungen der Menschen untereinander und zur Welt eine Rolle spielt.

In den bekannten Variationen des ängstlichen, mißtrauischen, gehemmten Aufnehmens werden nicht nur die anderen als unzuträglich, „böse", bedrohlich erlebt, sondern auch die Welt als solche, d. h. auch im Wahrnehmen und Denken kommt diese Art von Aufnahme zum Vorschein. Die paradoxe Situation, auf andere sehr angewiesen zu sein und gleichzeitig diese zerstören zu müssen, ist auch eine Quelle von rätselhaften Schuldgefühlen. Sie entstehen dadurch, daß bereits das Kind Phantasien von hassendem Verschlingen und Zerstören verleugnen muß, die es deswegen hat, weil es (real) zu wenig bekommt. Es kann aber die Situation nicht durchschauen, so wenig wie später der Erwachsene, der sich als Monster erlebt, wenn er seinen Haß und seine Zerstörungswut zuläßt und sich deswegen verurteilt.

Der übergreifende Charakter des In-sich-Aufnehmens ist auch der Grund für Kompensationen in diesem Bereich. In-sich-Aufnehmen wird dann in bestimmten Varianten besonders entwickelt oder eingesetzt, um Mangelzustände auszugleichen, z. B. in der übermäßigen Nahrungsaufnahme oder in der besonders betonten Entwicklung von intellektuell-rationalen oder ästhetisierenden Wahrnehmungsweisen.

Ein ganz entscheidendes Moment des In-sich-Aufnehmens betrifft schließlich die Fähigkeit zu produktiven und konstruktiven Erlebens- und Verhaltensweisen im mitmenschlichen Bereich. Das Kind, das in der beschriebenen Weise in der Primärbeziehung ausreichend „Gutes" in sich aufgenommen hat, hat gleichzeitig eine emotionale Erfahrung des „Guten" gemacht. Es „weiß" dann, daß es so etwas gibt, weil es das einmal bekommen hat. Diese Erfahrung ist unersetzlich, weil durch sie erst die Grundlagen gelegt werden, „Gutes" in sich selbst zu finden und zu haben und damit dann auch „Gutes" bei anderen und in der Welt zu finden und zu bewirken. Die nichtgemachte Erfahrung kann später zumindest nicht in ihrer ursprünglichen Form nachgeholt werden. Sie ist durch kognitive Prozesse nicht einholbar, die schlüssigsten logischen Beweise für das Gute haben noch niemandem die hier beschriebene Dimension erschließen können. Man könnte – mit Winnicott – sagen, wer das „Gute" im In-sich-Aufnehmen in der Primärbeziehung nicht oder nicht ausreichend bekommen hat, dem wird man später vergebens Moral predigen.

Dem Kind, das in den Frühstadien keine genügend guten Erfahrungen macht, kann man nicht die Idee eines persönlichen Gottes als Ersatz für gute Säuglingspflege geben. Die wesentlich wichtige subtile Kommunikation, wie sie zwischen Säugling und Mutter stattfindet, liegt vor der Stufe, in der die verbale Kommunikation hinzutreten kann. Dies ist ein erster Grundsatz der moralischen Erziehung, daß moralische Erziehung kein Ersatz für Liebe ist. Am Anfang kann man Liebe nur wirksam ausdrücken in Form der Säuglings- und Kleinkindpflege, was für uns die Bereitstellung einer förderlichen oder genügend guten Umwelt bedeutet; für den Säugling bedeutet es eine Möglichkeit, sich gemäß der stetigen Stufenfolge des Reifungsprozesses auf persönliche Weise zu entwickeln (Winnicott 1974, S. 126).

f) Einverleibtwerden. Verschlungenwerden

Das In-sich-Aufnehmen ist mit einem Modus eng verbunden, der nur scheinbar sein Gegenstück darstellt: Das Aufgenommenwerden in einem anderen. Im frühkindlichen Erleben sind die beiden Modi noch vereint. Auch für diesen Modus gilt, daß sich das „orale" Element zu seiner bildhaften Darstellung besonders gut eignet. Aus diesem Grund treten auch Bilder und Symbole von Verschlungen- und Aufgefressenwerden transkulturell auf.

Der Modus des Aufgenommenwerdens hat in der psychoanalytischen Theorie – obwohl frühzeitig konstatiert – keine nachhaltige Beachtung gefunden. Einerseits konnte er dem beziehungslos angesetzten Status der prägenitalen Libidostufen besonders schwer eingeordnet werden, weil das In-einem-anderen-aufgenommen-Werden dieses andere voraussetzt, andererseits entspricht diesem Modus keine Organzone. Auch in Eriksons erweitertem Konzept der infantilen Sexualität, das 5 verschiedene Organmodi – einverleibend (oral-sensorisch), einverleibend (oral- beißend), retentiv, eliminierend, eindringend – beinhaltet, kommt der Modus des Aufgenommenwerdens nicht vor. Ebenso nicht in Schultz-Henckes verschiedenen Formen des Antriebserlebens. Lewin dagegen hat das Phänomen richtig erkannt und behauptet, daß „alle Phantasiebilder, die auf einer oralen Inkorporation beruhen, zumindestens eine Spur der Urvorstellung des „Gefressen-Werdens" beigemengt ist (Lewin 1982, S. 104).

Das Aufgenommenwerden muß analog seinem Pendant in übergreifender Weise verstanden werden. Für die Primärbeziehung und die ihr entsprechenden Bedürfnisse kann der Wunsch folgendermaßen umschrieben werden: Sich in das andere hineinbegeben und sich dort aufhalten wollen mit dem Ziel, im anderen aufgehoben zu sein.

Begriffe wie Verschmelzung – oder Verschmelzungsbedürfnisse – Abhängigkeitsbedürfnisse, Aufhebung der Ich-Grenzen oder gar „narzißtische" Bedürfnisse umschreiben zwar alle denselben Sachverhalt, sie sind aber ungenau, wenn nicht verwirrend, da der zugrundeliegende Sachverhalt nicht oder nicht ausreichend reflektiert wird.

Zu Beginn des Lebens ist man dann aufgehoben, wenn man sich in einem bergenden, tragenden, sicheren und zuverlässigen Element aufhält. Dieses muß bestimmte Qualitäten aufweisen, damit der Zustand von Aufgehobenheit zustandekommen kann. Wesentlich ist, daß das Element zwar trägt, aber nicht in der Weise, daß das Aufgenommene von ihm aufgelöst wird, in ihm völlig aufgeht und damit sein Eigenleben verliert.

In aller Aufnahme muß daher eine *Grunddifferenz* zwischen dem Aufnehmenden und dem Aufgenommenen bestehen bleiben.

Bei der Bestimmung von Verbundenheit oder gar Einheit von Mutter und Kind darf nicht vergessen werden, daß von Beginn der Zeugung an eine Differenz zwischen beiden besteht. Wir wissen nicht, zu welchem Zeitpunkt diese vom theoretischen Standpunkt ausweisbare Unterscheidung im Erleben des Kindes relevant wird und auf welche Weise. Mit Sicherheit kann aber in diesem schwer zugänglichen Gebiet behauptet werden, daß alles Erleben von Einheit, Verbundenheit, Aufgehobenheit diese Grunddifferenz voraussetzt.

Das Bedürfnis nach Aufgehobenheit ist zunächst ganzheitlich, nicht partial, etwa in dieser oder jener Hinsicht, sondern ein Bedürfnis ganz und gar im anderen aufgenommen zu sein. Aber auch sehr große Nähe oder Verbundenheit mit einem anderen, die im Modus des Aufgenommenseins besteht, hat immer diese Grunddifferenz zur Voraussetzung. Aus dieser Differenz ist ein *Grundwiderspruch* ableitbar. Einerseits besteht am Anfang des Lebens – aufgrund der Struktur von Angewiesenheit – ein emotionales Bedürfnis nach *umfassender* Aufgehobenheit, die sich im Modus des Aufgenommenwerdens nochmals manifestiert. Der ganzheitliche Charakter dieser Intention findet aber seine Grenze am Eigenleben des Kindes. Würde die Tendenz zum völligen Aufgehen im anderen ohne Grenze gelebt, so bedeutet dies auch den Verlust des Eigenlebens. Es würde sich in dem anderen auflösen, mit ihm so eins werden, daß damit gleichzeitig der Eigenbestand vernichtet wird. Das völlige Aufgehen im anderen bedeutet dann nicht Leben sondern Tod. Auf der anderen Seite ist das Bedürfnis nach Aufnahme in einem anderen nur dann erfüllbar, wenn das Eigenleben – in einem variablen Ausmaß aufgegeben werden kann. In der Primärbeziehung besteht in dieser Hinsicht normalerweise – d. h. wenn die Bedingungen zur Aufnahme gegeben sind – noch wenig Problematik, weil das Selbstsein des Kindes noch kaum manifest ist, d. h. sein Selbst befindet sich im Zustand der Potentialität. Es muß sein Selbst nicht aufgeben, um den Zustand von Aufgehobenheit zu erreichen, da es dieses Selbst (im Sinne von Selbstsein) noch nicht gibt. Es kann sich in das andere fallenlassen, hineingeben und sich von ihm tragen lassen, weil es sich in seinem Erleben auf dieser Stufe bereits dort befindet. Die Mutter – immer unter der Voraussetzung, daß sie über die Fähigkeit primärer Mütterlichkeit verfügt – entspricht diesem Bedürfnis, weil es ihr Bedürfnis ist, das Kind in dieser Weise aufzunehmen.

Da nun aber diese Entsprechung nicht abgesichert ist und ihr Zustandekommen von vielen Bedingungen abhängt, ist das Aufgenommenwerden mit spezifischen Gefahren und entsprechenden Ängsten verbunden, die sich alle um diesen Grundwiderspruch gruppieren.

Alles Aufgenommensein ist mit der Bedrohung des Selbstseins (Selbst) verknüpft. Dies kann in der Weise der Fall sein, daß das aufnehmende Element (Mutter) das Aufgenommene (Kind) nicht freigibt, es für sich behalten will und damit die Entwicklung seines Selbstseins (Selbst) verhindert. Es kann aber umgekehrt – im späteren und Erwachsenenleben – eine Bedrohung des Selbstseins auch durch Wünsche und Sehnsüchte nach Aufgenommensein eintreten. Alle Befriedigung solcher Wünsche setzt ein Heraustreten aus der Eigenexistenz voraus. Um Aufgehobensein zu erreichen, muß man sich dem anderen (dem aufnehmenden Element) hingeben, sich anvertrauen können. Damit entsteht aber zwangsläufig die Gefahr der „Vereinnahmung" durch den anderen, d. h. die Gefahr der Auflösung oder Beeinträchtigung der Eigenexistenz. Diese grundsätzliche Bedrohung kommt in Phantasien, Bildern vom Verschlungen- und Aufgefressenwerden zum Ausdruck.

5. *Dialektik von Aufgehobensein und Selbstsein*

Der Grundwiderspruch zwischen Wünschen nach Aufgehobensein und der damit notwendig verbundenen Bedrohung des Selbstseins hat in der Primärbeziehung eine besondere Bedeutung, weil sich das Kind in einem Entwicklungsprozeß befindet, der fortlaufend diesen Widerspruch provoziert. Das zeigt sich in einer eigenartigen Dialektik.

Betrachten wir diese Dialektik unter der Voraussetzung, daß dem Kind im Bereich von Aufgehobenheit ausreichende Bedingungen geboten werden. Es hat dann auf der einen Seite die emotionale Erfahrung von Aufgehobenheit und Aufgenommensein in und bei einem anderen gemacht. Auf der anderen Seite wird es von seinem angelegten Entwicklungsziel gedrängt, diesen Zustand zu verlassen. Das ergibt sich allein schon aus seinem natürlichen Wachstum. Der Säugling und „Tragling" wird zum Greifling, zum Sitzling, zum „Toddler", zum Kleinkind, das sich selbstständig fortbewegen kann und damit

sein Aktionsfeld laufend erweitert, eine Tendenz, die aus der vorher *umfassenden* Aufgehobenheit hinausführt und im Erleben des Seinkönnens seinen Niederschlag findet. Das Erleben des eigenen Bewirkenkönnens ist mit einer intensiven Lust verbunden, die sich qualitativ von der Lust der Verbundenheit und Aufgehobenheit unterscheidet.
Diese für die Primärbeziehung charakteristische Dialektik führt zu der auch der äußeren Beobachtung zugänglichen typischen Pendelbewegung der Kinder, die einerseits in der Tendenz zum anderen hin Aufgehobenheit suchen und herstellen und andererseits in der Tendenz vom anderen weg selbständige Aktionen und Interaktionen zeigen, die in allen Entwicklungsstadien in mannigfaltigen Abwandlungen und in verschiedener Intensität auftreten.

Mahler et al. (1975) haben diese typische Bewegung in eine ausgegrenzte Entwicklungsphase verlegt und als Wiederannäherungskrise bezeichnet. Die Daten, die sie zur Begründung ihrer These heranziehen, stammen in erster Linie aus der Beobachtung des Verhaltens der Kinder und nicht deren Erlebens. Es mag zutreffen, daß zwischen dem 2. und 3. Lebensjahr das Kind durch die Reifung seiner kognitiven Fähigkeiten die Gefahren der Außenwelt realistischer einschätzen lernt und daß dadurch die Angewiesenheit auf die schützende und tröstende Mutter wieder zunimmt.
Vom Erleben des Kindes her gesehen ist jedoch die Pendelbewegung zwischen den beiden beschriebenen Bedürfnissen keineswegs auf die von Mahler hervorgehobene Phase beschränkt. Sie tritt bereits vor dieser auf und bleibt auch nach dieser bestehen.
Der von Mahler verwendete Begriff „Ambitendenz" bezieht sich ebenfalls auf die Verhaltensbeobachtung und soll eine Hin- und Abwendung des Kindes auch schon vor der Wiederannäherungskrise erfassen. Ambitendenz ist dem Begriff Ambivalenz nachgebildet, womit die Triebbegriffe Libido und Aggression dem Verhalten zugrunde gelegt werden.

Die Theorie der Dialektik zwischen Aufgehobensein und Selbstsein muß noch durch einen weiteren wichtigen Aspekt ergänzt werden, der zum vollen Verständnis unentbehrlich ist. Aufgenommensein in einem anderen ist außer den genannten Komponenten von Schutz, Sicherheit, Halt, Nähe, Verbundenheit usw. gleichzeitig *Seinsübernahme*. Mit dem Aufgenommensein ist auch die bereits beschriebene Funktionsübernahme für das Kind in der Primärbeziehung eng verquickt. Die Mutter (der andere) übernimmt für das Kind aufgrund der Struktur der Angewiesenheit insofern sein Leben, als sie sein nur in der Potentialität befindliches Selbstsein aktual ersetzt und all die Funktionen ausführt, zu deren Übernahme das Kind natürlicherweise noch nicht in der Lage ist.

Die beschriebene Dialektik zwischen Aufgehobensein und Selbstsein erstreckt sich auch auf diesen Bereich. Je mehr Funktionen das Kind selbst übernimmt, umso weniger ist es auf die Aufnahme im anderen und der damit verbundenen Funktionsübernahme angewiesen und umgekehrt. Aber auch der Wunsch und die Tendenz nach umfassender Aufnahme ist gleichzeitig mit Tendenzen und Wünschen verbunden, daß ein anderer (oder anderes) einem das Leben ab-

nimmt, d. h. das Selbstsein. Wenn man die Lust an etwas als eine primäre Motivationsquelle ansieht, wie es Freud mit seinem Lustprinzip getan hat, dann ist die Lust der Einheit auch immer mit der Lust der *Enthobenheit* von Anstrengungen, Mühsal, Realitätsbewältigung des alltäglichen Lebens verbunden. Dies alles entfällt im Zustand der umfassenden Aufgehobenheit: ein anderer sorgt dafür, daß einem das alles abgenommen wird.
Auch der Rausch in seinen mannigfaltigen Spielarten ist davon gekennzeichnet. Die Drogensucht wird letzten Endes nur dadurch begreifbar, daß das reale Selbstsein aus welchen Gründen nun immer als unbefriedigend, sinnlos, unerträglich oder als nicht*bewältigbar* erlebt wird. Die euphorische Stimmung des Drogenrausches gleicht dem Zustand umfassender Aufgehobenheit, in der die Last unlösbarer Probleme, Verzweiflung, Ohnmacht usw. aufgelöst erscheint. Sie hat nicht nur die Qualität der Lust von Einheit und Verbundenheit, sondern auch die der Enthobenheit von der unvermeidlichen Last des Selbstseins, ein Zustand, nach dem man süchtig wird, weil die Motivationsquelle der Lust und Befriedigung des gelebten und lebbaren Selbstseins fehlt.

a) Emotionale Erfahrung von Aufgehobenheit und ihr Mangel
Bedingung für den Zustand von Aufgehobenheit in der Primärbeziehung ist, daß das Aufnehmende
1) bergenden Charakter haben, Schutz, Sicherheit, Wärme usw. bieten muß,
2) das andere zwar aufnehmen, aber in seinem Eigenbestand nicht auslöschen darf,
3) dem – je nach Entwicklungsstand variablen – Zustand des potentiellen Selbst des Kindes (als Selbstsein) durch Funktionsübernahme entsprechen muß.

Was aber geschieht, wenn die Bedingungen zur emotionalen Erfahrung von Aufgehobenheit nicht oder nicht ausreichend geboten sind?

Werden sie überhaupt nicht geboten, dann kann das Kind nicht leben, und zwar auch nicht, wenn es ausreichend „versorgt" wird.

Werden sie in einem so geringen Ausmaß geboten, daß das Kind kontinuierlich traumatisiert wird, indem es fortlaufend unerträgliche Vernichtungsangst verleugnen oder abwehren muß, dann werden bereits in der Kindheit auffällige Symptome auftreten, darunter die der kindlichen Psychosen (Autismus). In diesem Fall wird die Dialektik in besonders schroffer Weise auftreten, d. h. die Bedürfnisse nach Aufgehobenheit sind intensiviert und müssen gleichzeitig ebenso massiv abgewehrt werden, was sich z. B. bei autistischen Kindern zeigt, die die unerträgliche Frustration durch umfassenden Rückzug vom anderen abwehren. Sie müssen dabei aber die Entwicklung ihres eigenen Selbst opfern, die allemal nur durch die Beziehung zum anderen zustande kommen kann.

Werden sie in einem noch ausreichenden Ausmaß geboten, macht das Kind bereits von der humanspezifischen kreativen Fähigkeit der Kompensation Gebrauch, d. h. es versucht den Mangel in irgendeiner Form auszugleichen, um überleben zu können. Die dabei auftretende Dialektik wird im folgenden an 2 Grundtypen demonstriert.

Aber auch im fiktiv-idealen Fall einer adäquaten Entsprechung der Bedürfnisse der Primärbeziehung kommt die beschriebene Dialektik zur Geltung.

Vom Entwicklungsweg des Kindes her gesehen ist alles Verbleiben im Zustand umfassender Aufgehobenheit mit der Gefahr des „Aufgefressenwerdens" verbunden, was bedeutet, daß das potentielle Selbstsein sich nicht aktualisieren kann. An diesem Punkt gibt es interaktionell gesehen 2 Möglichkeiten. Das Kind kann *von sich aus* an dem Zustand umfassender Aufgehobenheit festhalten, aus Gründen des *Lustprinzips* wie Freud meinte. Die andere Möglichkeit, die in den kindzentrierten Entwicklungstheorien oft völlig ausgeklammert bleibt, ist die, daß andere (Mutter, Vater usw.) das Kind in dem Zustand festhalten. Die Frage, was von beiden oder ob nur eine der Möglichkeiten im konkreten Fall vorliegt, ist schwer zu beantworten und nur durch die Kenntnis der Lebensgeschichte und des konkreten Beziehungsfelds zu beantworten. In einer beziehungstheoretischen Betrachtung wird die Frage jedoch hinfällig, da eines ohne das andere nicht verstanden werden kann. Das bedeutet,
1) daß jedes Mutter-Kind-Paar die betreffende Dialektik gegenseitig aushandelt und die dabei bestehenden Probleme und Konflikte in einer je spezifischen Weise löst;
2) daß die natürliche Forderung des Kindes, sein Selbstsein aktualisieren zu können, nur durch die gegenseitige Interaktion einlösbar ist, was wiederum bedeutet, daß auch die Mutter (andere) dieser Forderung nachkommen muß. Das heißt, die Entwicklung des Kindes ist keine isolierte Aufgabe des Kindes, sondern auch eine des sozialen Umfeldes bis hin zur jeweiligen Kultur und Gesellschaft.

Das ausgebreitete Beziehungsfeld, in dem die Dialektik konkret gelebt wird, ist von mannigfaltigen Komponenten mitbestimmt, die hier nicht vollständig aufgezählt und untersucht werden können. Die spezifisch väterliche Interaktion würde in diesem Zusammenhang in den letzten Jahren gegenüber der einseitigen Betonung der Mutter-Kind-Beziehung herausgestellt. In unserem Zusammenhang ist die Beobachtung relevant, daß der Vater – immer ideal-fiktiv – dem mütterlichen Sog des Festhaltenwollens entgegenwirkt.

b) Reale Versagung als Voraussetzung für Strukturbildung (Ich): eine Ideologie?

Wichtig und kaum hinterfragt ist im Zusammenhang der Bedeutung von Aufgehobenheit die Theorie der notwendigen realen Versagung. Sie wird als Voraussetzung angesehen, um das Kind aus der Tendenz des Festhaltens an umfassender Aufgehobenheit zu hindern und zur Tendenz des Selbstseins hinzuführen. An dieser theoretischen Sicht wird der Mangel anthropologischer Reflexion besonder greifbar, denn bei der pauschalen Behauptung bleibt völlig ungeklärt, was reale Versagung bedeutet, um welche Bedürfnisse es sich handelt, die versagt werden und unter welchen Bedingungen das Kind Versagungen ertragen und bewältigen kann und unter welchen nicht.

Eine These der Theorie der notwendigen realen Versagung besteht in der Behauptung, die *Versagung der Befriedigung* eines Triebes führe zur *Strukturbildung*: Indem das Kind seinen – von der Theorie vorausgesetzten – Trieb nach sofortiger und vollkommener Fütterung etwa, nicht oder nur mit Verzögerung befriedigt bekommt, wird es durch den Ausfall oder Mangel gezwungen, seine angelegten Ich-Funktionen zu entwickeln. Wartenkönnen und Spannung-aushalten-Können anstelle strukturloser Sofortbefriedigung, Wahrnehmung des befriedigenden und versagenden Objekts anstelle strukturloser Nichtunterscheidung, kognitive Erfassung von Zusammenhängen anstelle von diffusen Empfindungen und chaotischen Gefühlen. Das alles könnte nur dann entwickelt werden, wenn ein *Verzicht* auf die einmal stattgefundene Befriedigungsformen geleistet werden kann.

Der Theorie der notwendigen Versagung steht eine ausweisbare Erfahrung entgegen: Jeglicher Verzicht kann erst dann genuin geleistet werden, wenn das, worauf verzichtet werden soll, emotional bekannt ist. Man kann nicht auf etwas verzichten, was man gar nicht kennt, d. h. was man nicht real lebendig erfahren hat. Für unser Thema bedeutet dies, daß es einen erheblichen Unterschied macht, ob jemand in der Primärbeziehung die grundlegende Erfahrung, daß es den Zustand von Aufgehobenheit gibt, überhaupt gemacht hat oder ob die Art der Beziehung dies von vornherein ausschloß. Wenn man diese grobe Unterscheidung als Orientierungshilfe zur Kritik der Theorie der realen Versagung anwendet, so kann gesagt werden, daß die affirmative emotionale Erfahrung von Aufgehobenheit die Voraussetzung für Verzicht aber auch die für eine Entwicklung der Ich-Funktionen darstellt. Es bleibt sicher auch dann noch die Aufgabe des Kindes, die beschriebene Dialektik im Sinn seiner natürlichen Forderung nach Entwicklung seines Selbstseins zu bewältigen. Die transkulturell auftretenden Bilder und Symbole der verschlingenden Mutter und die sie vertretenden fressenden Ungeheuer und Tiere können aber nach beiden Seiten der Dialektik hin interpretiert werden.

Für das Kind besteht in der Primärbeziehung die Gefahr des Verbleibens im Mutterschoß, weil damit die Entwicklung seines Selbstseins (des Selbst) bedroht wird. Bilder des Verschlungen-Werdens können aber auch bedeuten, daß das mütterliche Element das, was es hervorgebracht hat, als sein eigenes Produkt betrachtet und es deshalb bei sich behalten will. Diese Dialektik ist nur von der Interaktion und dem Zusammenspiel der beiden Kontrahenten begreifbar. Die unterstützende und hilfreiche Position Dritter (Vater, Geschwister usf.) spielt eine wichtige Rolle, sie kann aber durch äußere Verhältnisse bedingt, ausfallen oder von der Mutter beeinflußt sein.

Die Bewältigung der Dialektik zugunsten des Selbstseins ist eine entscheidende Reifungsaufgabe. Für jedes menschliche Kind entsteht die Situation aufs neue, sie muß immer wieder bewältigt werden und sie bedeutet immer Verzicht auf die einstige Beziehungsform und die mit ihr verbundene Bedürfnisbefriedigung.

Die Bewältigung hat jedoch zur Voraussetzung, daß das Kind überhaupt in die Lage kommt (die Chance hat), diesen Reifungsschritt zu gehen. Eine unabdingbare Voraussetzung dafür ist die emotionale Erfahrung von Aufgehobenheit. Sie wird paradoxerweise von derselben Person vermittelt, von der man sich später trennen muß und die diese Trennung ihrerseits blockieren kann. Die Pathologie von Menschen, die in der Kindheit (und später auch) keine Chance hatten, diesen Schritt zum Selbstsein zu gehen sollte als Beweis dafür gelten, welche Bedeutung diese Dimension für das gesamte menschliche Leben hat.[29]

Aufgrund der Struktur von Angewiesenheit wird das Kind und später der Erwachsene – wenn eine ausreichende Erfahrung fehlt – Wünsche und Sehnsüchte nach Befriedigung primärer Bedürfnisse haben. An die Leerstelle der affirmativen emotionalen Erfahrung treten dann die mannigfaltigen und unerschöpflichen Versuche, diese kompensativ aufzufüllen oder zu überbrücken.

Ein Verzicht kann auf diese Weise nicht zustande kommen, denn die Leerstelle wird immer wieder aufs neue Wünsche und Sehnsüchte nach etwas produzieren, was man nicht oder nur als Mangel kennt. In den verschiedensten Bereichen wird danach gesucht und die alte Erfahrung wiederholt, daß man es nicht bekommt. Die Leerstelle ist einer nie heilenden Wunde – der „narzißtischen" Wunde – zu vergleichen, die immer dann wieder aufbricht, wenn Situation oder Beziehungsformen auftreten, die Befriedigung primärer Bedürfnisse versprechen. Die Wunde muß aber als Folge des Ausfalls der affirmativen Erfahrung interpretiert werden, was bedeutet, daß sie nicht konstitutionell, einfach naturgegeben entstanden ist, sondern in einer Beziehung und in einem diese umschließenden sozialen Umfeld. Die der Leerstelle entspringenden Phantasien bleiben unmodifiziert, weil sie später kein konkret-reales Betätigungsfeld finden, und sie bleiben daher „archaisch", „primitiv", „infantil" und bedürfen der Beherrschung und Kontrolle des rationalen Ich.

Die verhängnisvolle Illusion, diese Befriedigung in etwas zu suchen, das diese letztlich nicht bieten kann, führt entweder zu der alten Erfahrung von Enttäuschung und Kränkung oder zu zerstörerischem Haß oder zu beidem.

Eine Beherrschung und Kontrolle dieser aus der „narzißtischen" Wunde stammenden Wünsche, Sehnsüchte und Antriebe durch das kontrollierende Ich in Form von Verleugnung, zwanghafter Abwehr ist sicher möglich, so kommt auch ein *Verzicht* zustande. Es wird gegen die nichtaufhebbaren und nichtmodifizierbaren Sehnsüchte ein Abwehrsystem errichtet, das nicht nur diese, sondern die mit ihnen verbundene Unerträglichkeit des sich wiederholenden Schmerzes und der bedrohlichen Vernichtungsangst und der maßlosen primären Wut ausschaltet, um die Anpassung an gesellschaftliche Normen und an Leistungsanforderung zu garantieren. Hier handelt es sich zweifellos um eine „Lösung", die den Menschen in vielen Fällen ermöglicht, ein unauffälliges oder „normales" Leben zu führen. Die „Lösung" als Lebensmuster ist jedoch problematisch.

Betrachtet man die Theorie der realen Versagung unter diesem Blickwinkel, so zeigt sich, daß die Versagung unter solchen Umständen zwar „Strukturbildung" zur Folge hat, aber eine, die den Prägestempel der unbewußten Verleugnung und Abwehr unmodifizierter Sehnsüchte nach Aufgehobenheit trägt.

Diese „Prägung" der Ich-Funktionen hat eine *eigene Gestalt,* sie kann nicht durch additive Zusammenstellung einzelner Funktionen oder Funktionsdefizite errechnet werden. Wenn man die Möglichkeit in Betracht zieht, daß die so zustande gekommene „Strukturbildung" in einer Entsprechung zur westlichen Leistungsgesellschaft steht, deren Normen und Ideale weitgehend in rationaler Beherrschbarkeit und Manipulation von Natur verankert sind, dann könnte sich die Behauptung der Notwendigkeit realer Versagung in Entwicklungstheorien als unreflektierte Folge historisch-gesellschaftlicher Verhältnisse erweisen, die lebensbeeinträchtigende Züge aufweist.

C. Versorgtheit

1. Oraler Trieb und „narzißtische" Bedürfnisse

In der Triebtheorie Freuds stand der orale Aspekt von Versorgung der Kinder in frühen Phasen im Vordergrund. Der orale (oralsadistische) Partialtrieb spielt in zahlreichen modernen Konzepten nach wie vor eine entscheidende Rolle. Dem oralen „Trieb" wurden später „narzißtische" Bedürfnisse, etwa nach „Spiegelung" oder „Empathie" zur Seite gestellt (Kohut), oder der „Trieb" wurde mit infantilem Narzißmus verbunden (Kernberg). Sowohl die Trennung als auch die Verbindung der beiden Begriffe verschleiern den Sachverhalt, daß Trieb und Narzißmus theoretisch fragwürdige Konstrukte sind, die mannigfache Scheinprobleme erzeugen. Vom kindlichen Sein her gesehen besteht kein Anlaß für eine solche Aufteilung.[30]

Die weit verbreitete Auffassung, daß das Kind primär durch Nahrungszufuhr am Leben erhalten wird, hat sich als falsch erwiesen. Empathie und Spiegelung würden aber für eine Versorgung auch nicht ausreichen. Welche Art von Versorgung benötigt das Kind, wenn man konstitutionelle oder isoliert angesetzte Triebe oder Bedürfnisse vermeidet?

In einer humanspezifischen Betrachtung ist der Begriff einer oralen Versorgung irreführend, da der orale „Trieb" konstitutionell, d. h. „biologisch" begriffen wird. Beim Menschen gibt es jedoch keine rein biologische, d. h. dem animalischen Leben vergleichbare „Fütterung". Jegliche Versorgung mit Nahrung und auch die Nahrungsaufnahme geschieht in einer Beziehung. Sie ist deswegen von den Verhältnissen und den emotionalen Qualitäten derselben nicht trennbar.

In der psychoanalytischen Literatur herrscht die Tendenz vor, nichtorale Bedürfnisse unter dem vagen Begriff der „Zufuhr" zu subsumieren und diese mit den Attributen „emotional", „affektiv", „narzißtisch" zu versehen, was den Eindruck erweckt, als handle es sich dabei auch noch um eine nutritiv- „stoffliche" Versorgung. Es ist aber die Beziehung, die dabei die entscheidende Rolle spielt und in der Sicht einer „oralen Versorgung" übersehen werden kann.

Darauf, daß Kinder an ungenügender „emotionaler Zufuhr" schwer erkranken oder bei extremem Bezug auch zugrunde gehen können, hat bekanntlich Spitz (1945a, 1946a, 1946b) erstmals aufmerksam gemacht. Merkwürdigerweise findet sich im Werk dieses Pioniers der analytischen Kinderforschung keine detaillierte Überlegung darüber, was „affektive Zufuhr" bedeuten soll.

Im folgenden wird gezeigt, daß jegliche Versorgung immer in einer Beziehung erfolgt, in der viel mehr geschieht und geboten wird, als nur das Einbringen von Nahrungsstoffen, eine bekannte Tatsache, die aber in ihrer Tragweite nicht immer ausreichend zur Kenntnis genommen wird und wenig Beachtung in der Theorie findet.

2. Kommunikation

Kommunikation zwischen Mutter und Kind beim Füttern und bei sonstigen Versorgungen findet auf vielfältige Weise statt: Blickkontakt im Halten des Kindes, in den Berührungen, im faktischen Umgang bei der Körperpflege usw.

Auch wenn das Kind die Wortsprache nicht beherrscht, so kann es sich doch mit der Mutter verständigen und die Mutter redet mit ihrem Kind, so als könnte es selbst reden und verstehen. Nicht selten entwickelt sich in diesem Bereich eine eigenartige und für das jeweilige Mutter-Kind-Paar spezifische „Sprache".

Spitz hat einen eigenartigen Kommunikationsmodus der frühen Kindheit herausgestellt, den er einer primären Organisations- und Funktionsweise, die er *zönästhetisch* nennt (1945b) zuordnet. Gegenüber dieser primären Organisation wird eine spätere, die *diakritische* abgehoben (s. auch Kap. II, Abschn. B.2.d).

Die zönästhetische Wahrnehmung hat große Ähnlichkeit mit dem Primärprozeß (Freud) und mit Empathie (Kohut).

Sie hat keinen umgrenzten Inhalt, die Rezeption erfolgt nicht mit einem bestimmten Aufnahmeorgan – Auge, Ohr usw. – sondern ganzheitlich. Es handelt sich um eine noch nicht differenzierte, alle einzelnen Sinne übergreifende Wahrnehmungsart, die sich auf Stimmungen, Gemütszustände, affektive Einstellungen, Haltungen samt ihren spezifischen emotionalen Tönungen bezieht.

Die Stimmungen von Mutter und Kind beeinflussen sich wechselseitig. Stimmungen und Gefühlszustände der Mutter können sich auf das Kind „übertragen", und die Mutter nimmt zönästhetisch die emotionale Verfassung des Kindes wahr. Dies hat zu der Meinung Anlaß gegeben, daß Mütter über telepathische Fähigkeiten oder über einen übersinnlichen Wahrnehmungsmodus verfügen. Der von Freud erwähnte Ammenschlaf gehört hierher, bei dem auch im tiefen Schlaf und trotz übertönender Geräusche das Schreien des Kindes sicher gehört wird.

> Für den Säugling sind jedoch die aus dem affektiven Klima der Mutter-Kind- Beziehung stammenden zönästhetischen Signale offensichtlich die normalen, natürlichen Kommunikationsmittel, auf die er mit einer ganzheitlichen Reaktion antwortet. Die Mutter ihrerseits nimmt die ganzheitlichen Reaktionen des Säuglings ebenfalls ganzheitlich wahr (Spitz 1985, S. 155).

Fähigkeit zur zönästhetischen Kommunikation schreibt Spitz beiden Partnern zu. Ausfall oder Beeinträchtigung bei der Mutter haben erhebliche Folgen. Mütter müssen dann zur Beobachtung und Betreuung ihrer Kinder diakritische Wahrnehmung (Sekundärprozeß) und Kommunikation einsetzen, was bedeutet, daß sie ihre Kinder einer Kontrolle unterziehen müssen, weil sonst Gefahrenmomente nicht rechtzeitig und sicher erfaßt werden können.

Der zönästhetische Wahrnehmungsmodus ist darüber hinaus für die adäquate Interpretation der spezifischen Bedürfnisse des Säuglings von ausschlaggebender Bedeutung. Das Kind ist für Spitz ab Geburt mit dieser Fähigkeit ausgestattet, ihre Funktion hat Überlebenswert und alle späteren Funktionen bauen darauf auf.

Der Sachverhalt, daß bereits kleine Kinder unterschiedliche Mangelzustände (zönästhetisch) signalisieren, ist bekannt. Werden diese Unterschiede nicht „verstanden", dann wird auch auf diese Bedürfnisse nicht adäquat geantwortet. Die häufigste Form, auf Mangelzustände des Kindes unterschiedslos zu reagieren, ist in unserer Kultur die „Fütterung". Im nächsten Kapitel wird die Interpretation der Dreimonatskolik von Spitz dafür ein Beispiel sein.

Das Sprechen mit dem Kind hat neben der Funktion von Verständigung eine weitere Bedeutung. Dabei kommt es nicht auf den zu vermittelnden (kognitiven) Inhalt an, sondern auf die emotionale Qualität, die mit Worten, Tonfall, Satzmelodie verbunden ist. Dies gilt ebenso für die Laute des Kindes.

Genetisch gesehen wird das Sprechen vom Kind vermutlich in einer einheitlichen Qualität erlebt, in der die beiden Ebenen von semantischem Inhalt einerseits und emotionaler Qualität andererseits nicht getrennt sind. Später erhält zwar die kognitive Ebene von informativer Verständigung den Vorrang, die Verbindung zu der ursprünglichen Einheit geht aber beim Sprechen nie ganz verloren.

Die emotionale Ebene des Sprechens ist aber überdies mit den Erfahrungen des Gehalten- und Getragenseins, mit denen der Nahrungsversorgung und Nahrungsaufnahme, mit den Berührungen bei der Körperpflege usw. verbunden, da alle diese Vorgänge immer mit „Dialogen" verbunden sind. Von daher wird verständlich, daß auf die emotionale Ebene des Sprechens später Funktionen von anderen Bereichen (z. B. „Versorgung") übertragen werden. Der emotionale Aspekt des Sprechens hat dann die Funktion von Gehalten-, Getragen-, „oral" versorgt sein usw. übernommen. Die bereits erwähnte Anekdote von Freud (Kap. II, Abschn. B.2.d) kann auch in dieser Hinsicht als Beispiel dienen. Die Bitte des Kindes, die vertraute Person solle mit ihm reden, weil es sich in der Dunkelheit fürchtet, zeigt, daß die Stimme Halt und Sicherheit gebende Funktion für es hat, ein allgemein nachweisbarer Sachverhalt.

Reden und Schweigen spielt in der Psychoanalyse in Praxis und Theorie eine erhebliche Rolle. In der Diskussion um die „Abstinenz" des Analytikers geht es auch um die Regel des Schweigens. Der Analytiker sollte – nach Freud – nur ein „Spiegel" für das Erleben des Patienten sein und demgemäß spontane Äußerungen weitgehend unterlassen (vgl. III.E.6.). In Analysen „narzißtisch gestörter" Patienten kann Schweigen als bedrohlicher Entzug erlebt werden, insbesondere dann, wenn eine „positive" Übertragung zustande kommt und der Patient vom Analytiker unbewußt erwartet, daß er Mangelzustände des Selbstgefühls verhindert. Das Sprechen wird dann u. U. notwendiges Element zur Aufrechterhaltung des Selbstgefühls. Angst, Mißtrauen, essentielle Schuldgefühle werden durch den wohlwollenden, billigenden, beruhigenden *Tonfall des Sprechens* gemindert oder zeitweilig aufgehoben. Auch hier kommt es nicht in erster Linie auf den kognitiv-semantischen Inhalt des Sprechens an – den die Patienten oft gar nicht verstehen –, sondern auf die emotionale Qualität (Gehalten-, Getragen-, Versorgtsein).

Sprechen hat demnach 2 verschiedene Kommunikationsebenen. Eine, auf der semantisch-kognitive Inhalte vermittelt und eine, auf der emotionale Botschaften ausgetauscht werden. Die 2. Ebene wird oft nicht beachtet und in ihrer Bedeutung unterschätzt, obwohl auf ihr ebenso wichtige Inhalte vermittelt werden wie auf der ersten[31] (s. auch III.E.8.).

Man erinnere sich an den allbekannten Ton, der die Musik macht und auf den es manchmal mehr ankommt, als auf den Inhalt dessen, was gesagt wird. Viele Menschen verlieren ihre Fassung, wenn sie in einem aggressiven Ton angesprochen werden und können den kognitiven Inhalt dann gar nicht mehr beurteilen oder darauf reagieren.

3. *Beruhigung und Trost*

Beruhigung und Trost werden häufig in einem Zusammenhang mit Triebspannung und Triebabfuhr gebracht und von daher begriffen. Angst, Unruhe, Spannungszustände, Panik sind danach Folgen eines unbefriedigten Triebs, wobei der orale wieder im Vordergrund steht. Die Triebabfuhr durch „Fütterung" bewirke dann gleichzeitig Beruhigung und Trost.

Die Beobachtung, daß Füttern einen wütend schreienden Säugling in ein Wesen mit friedlich entspanntem Gesichtsausdruck verwandelt, gilt als hinreichender Beweis für diese Interpretation.

Diese Sicht wurde durch Freud noch dahingehend erweitert, daß er den oralen Trieb als Partialtrieb von Sexualität bestimmte. Triebspannung bedeutet dann auch Stau von Lustenergie (Libido), die durch Einverleibung von Nahrung abgeführt wird. Für Freud ist daher der satte Säugling zugleich der oralsexuell befriedigte:

> Wer ein Kind gesättigt von der Brust zurücksinken sieht, mit geröteten Wangen und seligem Lächeln in Schlaf verfallen, der wird sich sagen müssen, daß dieses Bild auch für den Ausdruck der sexuellen Befriedigung im späteren Leben maßgebend bleibt (Freud 1905, S. 82).

Die oralsexuelle Lust verselbständigt sich nach Freud, wenn sie beim Saugen am Daumen oder am Schnuller von der Nahrungsaufnahme abgetrennt wird. Die lustvolle Aktivität des Lutschens wird demnach auch als Beruhigung und Trost verstanden.

In der humanspezifischen Betrachtung entsteht Angst nicht primär durch Triebspannung, sondern Angst ist Folge von Angewiesenheit. Das Kind ist in besonderer Weise auf eine seinsübernehmende Beziehung angewiesen, die insgesamt und in mehreren Aspekten das Kind vor Vernichtungsangst, Panik, Unruhe, Spannungszuständen bewahrt.[32] Die Nahrungszufuhr bewirkt zwar Beruhigung, aber keineswegs in allen Fällen. In der beobachtbaren beruhigenden Wirkung von Nahrungsaufnahme und -versorgung wird leicht übersehen, daß gleichzeitig mit ihr andere und ebenso wichtige Momente von Versorgung zur Beruhigung beigetragen haben. Ein nichtbefriedigter „Nahrungstrieb" gibt zwar Anlaß zur Angst, ist aber nicht ihr Grund. Hunger erweckt beim Kind und nicht selten beim Erwachsenen auch gleichzeitig andere Bedürfnisse und eben nicht nur Ängste vor Verhungern. Kinder können in Unruhe, Spannung und Angst geraten, ohne hungrig zu sein. Mangelerscheinungen treten daher auch unabhängig von der Nahrungszufuhr auf, etwa dann, wenn das Kind sich nicht aufgehoben fühlt oder allein gelassen wird.

Dem Kind steht allerdings jene humanspezifische Möglichkeit zur Verfügung, daß eine Befriedigungsweise anstelle einer anderen lebenswichtigen tritt. „Orale" Einverleibung kann durch diesen Ersatzmodus intensiviert werden und äußert sich in „unersättlichen", „maßlosen", „gierigen" Formen.

Daß Mütter ihre Kinder allein mit Füttern zu beruhigen versuchen, ist eine bekannte Erscheinung. Eine naheliegende Erklärung, daß Mütter in unserer Gesellschaft über wenig Sicherheit im Umgang mit Kindern verfügen, daß Unterstützung und Anerkennung nicht häufig geboten werden, wird selten erwogen, ganz abgesehen von der erwähnten abschätzigen gesellschaftlichen Einstellung gegenüber Kommunikationsmodi, die dem zönästhetischen Bereich zugehören.

Spitz ([2]1985, S. 226) hat die Dreimonatskolik, eine bekannte Erscheinung des Säuglingsalters, psychoanalytisch interpretiert. Die Fütterung als ausschließliche Beruhigungspraktik steht dabei im Mittelpunkt. Spitz meint, daß dem Kind in diesem Alter keine andere Abfuhrmöglichkeit zur Verfügung stehe, als die orale Eigenaktivität des Saugens. Säuglinge würden auf beliebige Reize mit dem Saugreflex antworten.

Beim Kind läge eine kongenitale hypertonische Disposition vor, bei der Mutter eine überängstliche Einstellung, die Spitz als Kompensation einer unbewußten Ablehnung interpretiert. Das Kind habe durch seine Disposition eine erhöhte „Triebspannung", welche bei der normalen Fütterung nicht ausreichend genug abgeführt werden kann. Das Kind gerät nach kurzer Zeit wieder in Unruhe. Da den Müttern keine andere Beruhigungspraktik zur Verfügung steht, füttern sie das Kind sofort wieder, wodurch zwar ein Teil der Spannung abgeführt, gleichzeitig aber die Verdauung überlastet wird. Dadurch entstehen die kolikartigen Anfälle. Die darauf folgende Unruhe und Unlust wird wieder mit Füttern beantwortet – ein verhängnisvoller Kreislauf.

In der auf die Begriffe Triebspannung und Triebabfuhr energetisch festgelegten Interpretation von Spitz kann die gesteigerte „Triebspannung" des Säuglings nur konstitutionell begriffen werden. Dadurch wird verhindert, diese als Folge eines Mangelzustandes zu begreifen, der nicht aus oraler Triebspannung, sondern aus Nichtbefriedigung wesentlicher emotionaler Beziehungsqualitäten herrührt, gerade weil die Mutter nur mit Fütterung beruhigt.

Zu Beruhigung und Trost gehören auch die Phänomene des Lutschens und des Wiegens und Schaukelns.

Das Lutschen wird von Freud als autoerotische Praktik zum (sexuellen) Lusterwerb, von Spitz als Abfuhr von überschüssiger Triebspannung, die durch das Nahrungsaufnehmen des Saugens nicht völlig abgeführt werden kann, interpretiert. In beiden Interpretationen wird die Beziehung ausgeklammert. Wie bereits gezeigt (Kap. III, Abschn. B.4.c) ist das Lutschen ein von der Primärbeziehung ableitbares Phänomen. Das Kind stellt damit eine Erlebensweise her, die ihr emotionales Vorbild in der befriedigenden Nahrungsaufnahme *in den Armen der Mutter* hat. Es wird diese Praktik dann entwickeln und einsetzen, wenn ein Mangelzustand von befriedigender Aufgehobenheit eintritt. Da nicht alle Kinder lutschen, kann gefragt werden, ob es auch Beziehungsformen und kulturelle Verhältnisse gibt, bei denen Lutschen nicht auftritt, Kindern dabei befriedigendere Beziehungsformen geboten werden als das in unserer Kultur allgemein üblich ist.

Das Lutschen unterscheidet sich zwar durch Eigenaktivität von Vorgängen, bei denen andere beteiligt sind. Das hat Anlaß zu der Interpretation von selbstbezogener Autoerotik gegeben. Alle Selbststimulation muß aber als abgeleitetes Beziehungsphänomen begriffen werden, wobei anstelle einer vorher bestehenden oder möglichen Beziehung, in und durch die Stimulation erfolgt, dann die Selbststimulation tritt. Das gilt nicht nur für Lutschen, sondern ebenso für andere Stimulationsformen, wie Eigenschaukeln, Eigenwiegen bis hin zu eindeutig pathologischen Formen von Kopfaufschlagen, Nägelkauen, Haareausreißen, Selbstbeißen. Dafür werden nicht selten weit hergeholte Erklärungen gegeben, wie Autoaggression und Autokannibalismus, durch konstitutionelle Disposition (verstärkten Destruktions- oder Todestrieb) bewirkt (Beres 1952). Auch die gängige libidoenergetische Erklärung, daß die Destruktion in diesen Verhaltensweisen durch mangelnde „Neutralisierung" oder Mischung mit Libido nicht „gebunden" sei, ist äußerst unzureichend und verstellt den Blick auf den einfachen Sachverhalt, daß sich die Kinder in einem Mangelzustand befinden, der durch das Fehlen von bestimmten Qualitäten der Primärbeziehung hervorgerufen wurde.

Das Wiegen von Kindern ist eine in allen Kulturen nachweisbare Beruhigungsform. Wiegen, Schaukeln, rhythmische Bewegungen, stellen offenbar einen befriedigenden Aufgehobenheitszustand her. Beim Einschlafen spielt diese Beruhigungsform eine erhebliche Rolle neben anderen, wie Sprechen, Erzählen, Singen. Aber auch „Übergangsobjekte" (Kissen, Bettdecken, Stofftiere) können die Funktion von Beruhigung und Trost übernehmen.

Alle diese Phänomene sind letzten Endes auf Aufgehobenheit bezogen, die primär und unausweichlich in einer Beziehung zustande oder nicht zustande kommt. Der Übergang vom Wachsein in den Schlafzustand fällt Kindern dann nicht leicht, wenn Einschlafen Trennung in einer Beziehung bedeutet, was in unserer Kultur häufig der Fall ist, da Kinder überwiegend allein schlafen müssen. Aber auch Erwachsenen fällt es bekanntlich nicht immer leicht, diesen Übergang problemlos herzustellen. Einschlafstörungen können zwanglos mit dem Phänomenbereich von Aufgehobenheit, Sicherheit, Unruhe und mangelnder Beruhigung in Zusammenhang gebracht werden.

In frühen Stadien haben Beruhigung und Trost eine große Bedeutung, weil das Kind (das potentielle Selbst) umfassend auf Seinsübernahme durch einen anderen angewiesen ist. Es kann sich nicht selbst beruhigen und trösten. Erst die kontinuierliche emotionale Erfahrung, daß andere zuverlässig da sind und einen beruhigen und trösten, wenn Mangelzustände, Angst, Panik, Schmerzen usf. auftreten, führen zum Aufbau des Sektors des Selbst (der Verfassung des Selbst), die die Fähigkeit von Selbstberuhigung und Selbsttrost zur Folge hat.

Wenn Beruhigung und Trost durch andere in einer Zeit kontinuierlich ausfallen, in der das Kind noch umfassend auf diese Funktionsübernahme durch andere angewiesen ist, dann muß es seine Mangelzustände durch Eigenstimulation kompensieren, durch erzwungene und verzweifelte Eigenaktivität, wie z. B. extremes Lutschen oder stereotype Eigenbewegungen.

4. Anwesenheit

Die Anwesenheit der Mutter oder einer anderen vertrauten Person spielt für kleine Kinder eine entscheidende Rolle. Sie zeigen in ihrem Verhalten, daß sie die Nähe der Mutter wünschen und brauchen, reagieren auf Abwesenheit mit Protest und Wut und versuchen mit ihren jeweils zur Verfügung stehenden Mitteln, eine Trennung zu verhindern.

Die pathogene Bedeutung von Trennung oder Verlust der Mutter in frühen Phasen ist heute allgemein bekannt.

Reifungsstufen scheinen zu den Reaktionen auf Abwesenheit in einem Verhältnis zu stehen. Während der Säugling in den ersten Wochen die Abwesenheit der Mutter kaum bemerkt, wird die Angst vor der Trennung zunächst um so größer, je älter das Kind ist. Ab einem bestimmten Lebensalter – in unserer Kultur etwa 3–4 Jahre – nimmt die Abhängigkeit von der faktischen Anwesenheit einer versorgenden Person relativ ab. Sich von den Eltern zu trennen, sie auch nicht mehr ständig faktisch zur Verfügung zu haben, ist bekanntermaßen in der Adoleszenz für viele ein keineswegs leicht zu bewältigender Reifungsschritt.

In der Psychoanalyse wurde ein differenziertes Konzept für Trennungsphasen entwickelt und die Ängste vor Trennung in ein Verhältnis zu jeweiligen Reifungs- und Entwicklungsprozessen gebracht.

Verlustangst läßt sich auf eine Beziehungsform zurückführen, in der das Kind sehr von der Versorgung abhängig ist. Von der kognitiven Reifung her gesehen verfügt das Kind höchstens über eine rudimentäre Form einer Ich-Organisation, erlebt das versorgende Objekt entweder als nicht von sich selbst getrennt, was bei innerer oder äußerer Versagung zu psychotischen Ängsten Anlaß gibt (Klein 1962; Mahler 1968). In späteren Phasen werden mit dem Aufbau einer organisierten Repräsentanzenwelt Vorstellungen vom Objekt und vom Selbst unterschieden, womit sich die Angst auf die faktische Abwesenheit der Mutter richtet. Im noch ichdefizienten Erleben des Kindes wird zeitweilig die Abwesenheit der Mutter so interpretiert, als würde sie für immer weg sein, weil die Fähigkeit, eine innere Vorstellung (Bild) von ihr zu haben noch nicht voll entwickelt ist.

Trennungsangst entsteht auf einer Entwicklungsstufe, wo das Kind sich von der Mutter eigenständig fortbewegen kann, wozu ein Antrieb besteht. Nach einer Übungsphase lustbetonter Aktivitäten, die eine von der Mutter wegführende Tendenz haben, bemerkt das Kind infolge fortschreitender Entwicklung, daß die Mutter nicht ständig zur Verfügung steht und abgerufen werden kann, wenn Schwierigkeiten, Schmerzen beseitigt werden müssen und Beruhigung und Trost geboten werden muß. Das Dilemma, das auf diese (als traumatisch interpretierte) Erkenntnis folgt, manifestiert sich in einer vermehrten Anklammerung und einem gesteigerten Bedürfnis nach faktischer Anwesenheit: die Wiederannäherungskrise Mahlers. Die phasenspezifische „normale" Bewältigung dieser „Krise" führt zur Fähigkeit der „emotionalen Objektkonstanz", womit eine libidinös „besetzte" *Vorstellung* (Bild) einer „gut" versorgenden Mutter ihre faktische Anwesenheit ersetzt und auf diese Weise Trennungsangst bewältigt wird. Das Kind „erinnert" sich an die Mutter, kann sie sich vorstellen und „weiß" damit, daß sie zurückkehrt.

Angst vor Liebesverlust ist schließlich eine Form, in der die faktische Anwesenheit nurmehr eine untergeordnete Rolle spielt.

In diesem heute weit verbreiteten und gängigen Konzept wird die wichtige Frage, *was* das Kind bei der Abwesenheit der Mutter vermißt und daher Angst bekommt, nicht gestellt. Im Bereich der Verlustangst gilt die Mutter als „bedürfnisbefriedigendes Objekt", d. h. die Mutter oder versorgende andere sind im Erleben des Kindes in einer Weise *da*, daß dadurch seine elementaren Bedürfnisse erfüllt werden.

Was vermißt das Kind bei der faktischen Abwesenheit der Mutter? Vermißt es die Bedürfnisbefriedigung, etwa die lebenswichtige orale Versorgung, oder vermißt es die leibliche Gegenwart der Mutter oder beides?

Bei der Erörterung des Triebbegriffs hatte sich gezeigt, daß Freud den Wunsch nach Anwesenheit von dem oralen (sexuellen) Trieb ableitet. Das bedürfnisbefriedigende Objekt ist in erster Linie eines, das oral versorgt, und die Angst vor dem Verlust dieser lebenswichtigen Versorgung hat Vernichtungsangst zur Folge.

Dieser These hat Bowlby entschieden widersprochen und die Ableitung als unbewiesene Hypothese kritisiert. Bowlby (1969) behauptet, daß es primäre Bindungsverhalten („attachment behaviour") unabhängig von der Versorgung gibt und begründet diese Auffassung mit den in der vergleichenden Verhaltensforschung erzielten Ergebnissen. Da Bowlbys Konzept weitgehend auf dieser Voraussetzung beruht, Verhaltensbeobachtung vor Erleben steht, macht er wenig Angaben über die frühe „Bindung". Er unterscheidet Abhängigkeit von Bindung und meint, daß das Kind in frühen Phasen sehr abhängig, aber nicht an seine Mutter (im Sinn des Verhaltensbegriffs) gebunden sei.

In Winnicotts Analysen steht dagegen das Erleben im Vordergrund. Mit den Termini einer „triebbefriedigenden" Mutter und einer „Umweltmutter" hat er eine wichtige Unterscheidung getroffen, die den Begriff eines „bedürfnisbefriedigenden" Objekts in Frage stellt. Die „Umweltmutter" ist die „haltende Mutter", die eine andere Funktion hat als die „triebbefriedigende". Winnicott mißt der Anwesenheit der Mutter für frühe Phasen entscheidende Bedeutung zu. Ihre Abwesenheit ist, wenn sie erträgliche Grenzen überschreitet, traumatisierend, für die Entwicklung des Selbst des Kindes entstehen pathogene Folgen. Winnicott meint, daß die Traumatisierung in einem Verhältnis zur *Zeitdauer* der Abwesenheit steht. Das Kind kann die Abwesenheit der Mutter bewältigen, wenn sie *rechtzeitig* zurückkehrt. Die *adäquate* Zeitdauer steht in einem Verhältnis zu Entwicklungsstufen und zu der individuellen Verfassung des Kindes. Wird dieser Zeitraum wiederholt und kontinuierlich („das kumulative Trauma", Khan 1963) überschritten, dann gerät das Kind in einen Panikzustand, dessen Folge auch durch die Wiederanwesenheit der Mutter nicht mehr behoben werden können. Es entsteht ein „Bruch in der Kontinuität des Lebens".

> Versuchen wir einmal, diese Gedanken so zu formulieren, daß die Bedeutung des Zeitfaktors zur Geltung kommt: Das Gefühl, daß die Mutter da ist, dauert x Minuten. Wenn die Mutter länger als x Minuten weg ist, verblaßt ihr Bild, und damit verringert sich die Fähigkeit des Kindes, das Symbol der Einheit mit der Mutter zu verwenden. Das Kind ist verzweifelt, aber diese Verzweiflung wird bald behoben, wenn die Mutter nach x + y Minuten zurückkommt. In x + y Minuten hat sich das Kind nicht verändert. Aber in x + y + z Minuten ist das Kind traumatisiert worden. In x + y + z Minuten kann die Rückkehr der Mutter die Veränderung beim Kind nicht mehr beheben. Traumatisierung bedeutet, daß das Kind einen Bruch in der Kontinuität des Lebens erlebt hat, so daß jetzt primitive Abwehrmechanismen aufgebaut werden, mit denen es sich gegen eine Wiederholung der „undenkbaren Angst" oder der akuten Verwirrung wehrt, die zur Desintegration der beginnenden Ich-Strukturierung gehört.
> Wir müssen annehmen, daß die große Mehrheit der Kinder niemals einen Verlust vom Ausmaß x + y + z erlebt hat. Die Mehrheit der Kinder wird also nicht ihr Leben lang mit der Erfahrung, „verrückt" gewesen zu sein, belastet sein. Verrücktsein heißt hier einfach, Bruch der jeweils zu einer bestimmten Zeit bestehenden persönlichen Kontinuität der Existenz. Nach der „Genesung" von einem Verlassenheitserlebnis vom Ausmaß x + y + z muß ein Kind neu beginnen und ist dabei für immer der Wurzeln beraubt, die eine Kontinuität mit dem eigenen Ursprung bieten könnten. Davon wird auch der Aufbau eines Systems von Erinnerungen und die Strukturierung von Erinnerungen betroffen (Winnicott 1979, S. 113).

Wenn man Anwesenheit vor dem Hintergrund von Angewiesenheit und der damit verbundenen Seinsverfassung des Kindes begreift, so bekommt die leibliche Gegenwart der Mutter eine ganz andere Bedeutung als in der auf Triebbefriedigung festgelegten Sicht. Das Kind ist zur Aufrechterhaltung seines Selbstgefühls in frühen Phasen insofern auf die Beziehung angewiesen, als mit ihr und durch sie eine Aura von Aufgehobenheit entsteht, in der sich das Kind analog wie der Fisch im Wasser aufhält.

Von der äußeren Beobachtung her nimmt das Kind die Abwesenheit der Mutter in frühen Phasen nicht wahr und man meint daher, daß die Anwesenheit hier keine sonderliche Rolle spielt. Diese Auffassung kann aber allein in einer ichtheoretischen Sicht zustande kommen. In einer beziehungstheoretischen nimmt das Kind zwar nicht die Mutter als erkanntes und von ihm unterschiedenes Objekt wahr, aber sie ist für das Kind in der Weise einer Aura da, in der es sich trotz aller Schwankungen seines Selbstgefühls, die durch Frustrationen verursacht werden, wohlfühlen, d. h. sicher aufgehoben fühlen kann. Für sehr frühe Phasen mag die leibliche Mutter keine erhebliche Rolle spielen, wichtig ist allein die *kontinuierliche Beziehungsqualität*. Wenn die leibliche Mutter diese nicht bietet, dann ist es sogar für das Kind vorteilhafter, wenn in die Beziehung eine andere Person eintritt, die allerdings über die Qualität von primärer Mütterlichkeit verfügen muß. Das Streben nach „Wohlbefinden" ist kein Trieb und auch kein „narzißtisches" Bedürfnis, sondern Wohlbefinden bedeutet Aufgehobensein und damit Aufrechterhaltung des Selbstgefühls. Eine Verletzung der Aura nimmt das Kind in der Weise des Mangels an Selbstgefühl wahr und reagiert zunächst darauf mit den bekannten Symptomen von Vernichtungsangst. Dies geschieht auch schon in frühen Phasen, wo Reaktionen auf die leibliche Abwesenheit der Mutter äußerlich nicht zu beobachten sind.

Die *Qualität* von Anwesenheit rückt in dieser Sicht ins Blickfeld. Die anthropologische Betrachtung hat gezeigt, daß nur Menschen für andere *da* sein können. Die formale Bestimmung besagt, daß sie dadurch auch für andere *nicht da* sein können. Jemand kann sich leiblich (stofflich) in meßbarer Nähe von einem anderen aufhalten und trotzdem für ihn nicht „*da*" sein. Er ist zwar auch dann noch „da", aber in einem Modus von Abwesenheit. Konkrete Beispiele dafür gibt es genug, etwa die „geistige" Abwesenheit. Oder die bekannte als „narzißtisch" angesehene Selbstbezogenheit. In der Alltagssprache sagt man von jemandem der in diesem Modus abwesend-anwesend ist, „du bist ja gar nicht da". Umgekehrt kann jemand, der räumlich weit entfernt lebt, *anwesend* sein, indem er für den anderen „da" ist.

Nur Menschen können *beziehungslos* oder ohne emotionale Verbindung zu anderen anwesend sein. Sie nehmen aber deswegen nicht die Seinsart eines Steins an, dessen Sein jenseits der Möglichkeit steht, daß er für andere da oder nicht da ist. Man sagt zwar von Menschen, die beziehungslos sind, sie seien unlebendig, erstarrt, tot bei lebendigem Leib. Im Märchen werden Menschen durch bösen Zauber in Steine verwandelt und nur durch besondere Umstände werden sie wieder lebendig.

Der beziehungslose Status ist keine Qualität, die irgendeinem „Leben", einer „Person", einem „Ich" hinzukäme, sondern menschliches Leben ist von vornherein so, daß es für andere da ist, was gleichzeitig die Möglichkeit des Nicht-da-Seins beinhaltet.

Anwesenheit ist daher kein fixer Bestand. Menschen sind immer in sehr verschiedener Weise anwesend, und für die Primärbeziehung sind bestimmte Formen von Anwesenheit von elementarer Bedeutung, weil von ihnen die Aura von Aufgehobenheit abhängt.

Von daher gesehen kommt es nicht in erster Linie darauf an, daß die Mutter oder andere faktisch anwesend sind, um damit das kleine Kind vor Vernichtungsangst zu bewahren, sondern *wie* sie anwesend sind. Sind sie für das Kind in einer Weise da, die den emotionalen Bedürfnissen des Kindes entspricht, was zur Voraussetzung hat, daß sie adäquat „verstanden" werden, dann ist die faktische Vorhandenheit nicht der primäre Maßstab. Der adäquate Modus von Anwesenheit garantiert dem Kind auch dann Aufgehobenheit, wenn die Mutter zeitweilig abwesend ist, wobei die Zeit dieser Abwesenheit dadurch bestimmt wird, daß die Mutter sich mit dem Kind emotional verbunden fühlt und daher „weiß", wie lange sie fort sein kann.

Umgekehrt, wenn Mütter oder andere für das Kind nicht adäquat da sind, etwa infolge von Überforderung, oder wenn sie durch Unkenntnis der emotionalen Bedürfnisse, durch anderweitige Interessen in Beschlag genommen, durch unbewußte Ablehnung des Kindes oder durch Krankheit *beziehungslos* anwesend sind, dann ist auch die faktische Anwesenheit für das Kind beängstigend oder traumatisierend.

Vieles spricht dafür, daß das Kind den adäquaten Modus von Anwesenheit der Mutter mit einer primären Verstehensart erfassen kann und sich dann entsprechend sicher und aufgehoben fühlt und auf Frustration und zeitweilige Trennungen ganz anders reagiert als ein Kind, das durch inadäquate Formen verunsichert ist und sich in einer kontinuierlich ängstlichen Bereitschaft befindet.

Wenn der zuverlässige empathische Modus von Anwesenheit nicht geboten wird, dann wird das Kind die faktische Anwesenheit der Mutter kontrollieren, sie „beschatten" (Mahler), um auf diese Weise sich ihrer ständigen Gegenwart zu versichern. Mit dieser Verfahrensweise muß es aber seine Energie und Aufmerksamkeit für die Kontrolle einsetzen und darauf achten, ob die Mutter auch wirklich-konkret-körperlich da ist und versuchen, dies durch verschiedenen Praktiken sicherzustellen. Es kann dann nicht sein (kreatives) Potential an Selbstaktualisierung ausleben, das im Bereich der relativen Trennung von der Mutter liegt, und kann sich nicht lustvoll *allein* mit Dingen beschäftigen oder sich mit anderen einlassen, die nicht die Mutter sind.

In dem breiten Spielraum dieser Kontrolle treten extreme Formen auf, die die gesamte Energie des Kindes beanspruchen können, womit eine Beziehung zu anderen oder zur Umwelt ohne die konkrete Anwesenheit der Mutter nicht stattfinden kann und daher sekundär schwerste Entwicklungsstörungen die Folge sind.

a) Fähigkeit zum Alleinsein und Tendenz zur Isolierung

Die Problematik einer adäquaten Beziehungsform in der Primärbeziehung steht auch in einem Verhältnis zur Fähigkeit zum Alleinsein. In Pathologien, besonders im Umkreis von Phobien, geht es häufig um die Unfähigkeit, ohne faktische Anwesenheit anderer auszukommen. Situationen, die dies heraufbeschwören, werden dann unter allen Umständen gemieden.

Wie ist die sehr unterschiedliche Fähigkeit von Erwachsenen, zeitweilig ohne Gegenwart anderer auszukommen, zu begreifen, und umgekehrt, wie geht es zu, daß Menschen zur Isolation und Einsamkeit neigen, u. U. die Gegenwart anderer unerträglich finden? Winnicott hat mit seinen Analysen eine hohe Fähigkeit an Einfühlung in kindliche Zustände bewiesen. Begriffe und Formulierungen, die er zur Beschreibung verwendet, sind dagegen oft irreführend und widersprüchlich. So mag es wie ein Widerspruch aussehen, wenn Winnicott gegenüber der Bestimmung der lebenswichtigen leiblichen Anwesenheit der Mutter an anderer Stelle von einer „schlichten Form des Alleinseins" spricht, die bereits bei kleinen Kindern vorkommen soll:

> Es ist der Hauptteil meiner These, daß wir fähig sein müssen, von einer schlichten Form des Alleinseins zu sprechen, und daß, selbst wenn wir uns darüber einig sind, die Fähigkeit zum echten Alleinsein sei etwas nicht Ursprüngliches, die Fähigkeit zum echten Alleinsein die frühe Erfahrung des Alleinseins in Anwesenheit eines anderen Menschen als Grundlage hat (Winnicott 1974, S. 40).

Kinder können schon sehr frühzeitig allein spielen, sich mit ihrem Körper oder Dingen beschäftigen, ohne daß die Mutter daran beteiligt ist. Sie sind dann in das Spiel oder in die Beschäftigung ganz versunken und scheinen die Mutter vergessen zu haben. Ihre faktische Anwesenheit scheint nicht erforderlich, ja manchmal sogar hinderlich zu sein. Dennoch ist die Art der Anwesenheit dabei entscheidend. Sie besteht darin, daß die Mutter „sphärisch" da ist und mit dem Kind emotional (zönästhetisch) verbunden ist. Dieser Modus von Anwesenheit ermöglicht es dem Kind, allein zu sein, womit es eine emotionale Erfahrung macht, die für die Entwicklung seines Selbst und für die spätere Fähigkeit zum Alleinsein von ausschlaggebender Bedeutung ist.

Der Modus adäquater Anwesenheit ist von verschiedenen Faktoren bestimmt. Einer davon betrifft die Sicherheit der Mutter, die wiederum von der Verfassung ihres Selbst und der Situation ihres sozialen Umfelds bestimmt wird. Ein wichtiger damit verbundener Faktor betrifft jedoch die Fähigkeit der Mutter, sich auch von ihrem Kind trennen zu können oder genauer, ihm ein von ihr unabhängiges Sein zuzubilligen. Wird das potentielle Selbst-sein-Können des Kindes beachtet, dann kann die Mutter ihr Kind zu gegebenen Zeit „in Ruhe lassen" und es sich selbst überlassen, ohne die sphärische Verbundenheit zu ihm zu verlieren.

Wenn Kinder andererseits Bedürfnisse der Mutter erfüllen müssen, die deren Alleinsein und emotionale Defizite im Beziehungsbereich betreffen, dann ist das affektive Klima von Nichttrennung bestimmt. Die Mutter wird vom Kind dann als „verschlingend" erlebt, weil sie zu viel „anwesend" ist, mit ihrer Gegenwart das spontane Eigensein des Kindes erdrückt. Dem Kind bleibt dann die emotionale Erfahrung von Allein-sein-Können in einer sicheren, Aufgehobenheit gewährenden Beziehung, in der es ein anderer „sein" läßt und trotzdem für es „da" ist, verwehrt.

> Wenn jemand weg ist, ist er weg und eben unendlich weg. Ob er am Abend wiederkommt, hat für mich keine Bedeutung. Ich kann nicht wie andere auf drei Monate hin leben, wenn jemand weg ist, existiert er nicht mehr für mich oder nur so, daß er weg ist. Anderes kenne ich nicht (Patientenaussage).

Interpretiert man diese Aussage mit dem Begriff der „Objektkonstanz", dann bedeutete dies, der Betreffende ist nicht in der Lage, eine Objektrepräsentanz ohne körperliche Gegenwart des „bedürfnisbefriedigenden Objektes" aufrechtzuerhalten. Es handelt sich also um einen Defekt einer Ich-Funktion im Bereich von Individuation und Trennung. Der Defekt wäre dann genetisch-normativ begriffen. Eine in der Ich-Organisation angelegte Funktion ist nicht entwickelt worden. Der therapeutische Eingriff würde dann auf die ichbewußte Nachentwicklung abzielen müssen.

Im Gegensatz dazu besteht in der beziehungstheoretischen Sicht das Defizit im emotionalen Erfahrungsbereich.

Das Sich-mit-jemand-verbunden-Fühlen, ohne daß der andere körperlich anwesend ist, entspringt keiner kognitiven Fähigkeit, ist keine Ich-Funktion, die durch informatorische Einsicht vermittelt werden könnte. Die Ich-Funktion räumlich-zeitlicher Koordination von Daten kann durchaus intakt sein, und man kann sich über die Irrationalität von Erlebensweisen wie in dem angeführten Beispiel durchaus im klaren sein, ohne daß damit diese und die mit ihr verbundenen Affekte verschwinden. Die Betonung der ichfunktionalen Einsicht bewirkt u. U. eine Kontrolle und Beherrschung dieser „irrationalen" Erlebensformen, aber keine Änderung derselben.

Umgekehrt gibt es im narzißtischen Bereich eine Tendenz zur Isolierung und Selbstbezogenheit, die nicht mit der Fähigkeit zum Alleinsein oder mit Einsamkeit verwechselt werden darf. Diese gründen in emotionalen Erfahrungen, alleingelassen worden zu sein, ohne daß eine empathische (zönästhetische, primär-prozeßhafte) Verbundenheit mit einem anderen bestand, auf dessen Anwesenheit man noch angewiesen war. Die häufigste Form, diesen Mangel an Selbstgefühl abzuwehren, sind selbstbezogene Phantasien, die sich auf leblose Gegenstände oder stereotype Prozesse (die Muster der Tapete, der tropfende Wasserhahn) richten, an denen das alleingelassene Kind einen Halt zu finden sucht. Entscheidend ist bei diesen Formen von Selbstbezogenheit, daß der andere dabei keine Rolle spielen darf, weil er die Sphäre „stört". Er wird nicht nur „vergessen", nicht mehr wahrgenommen, obwohl er körperlich anwesend und in geringer räumlicher Entfernung zugegen sein kann. Diese Selbstbezogenheit und der dazugehörige emotionale Abbruch in der Beziehung ist eine der typischen Begleiterscheinungen der „narzißtischen" Beziehungsstörungen. Sie können überfallartig auch während eines Gesprächs oder einer Interaktion mit anderen auftreten. Sobald der andere sich in Erinnerung ruft oder ärgerlich reagiert, wird er als störend, unerträglich, als Zumutung erlebt und in der Konsequenz feindselig behandelt. Die Sphäre der Selbstbezogenheit wird nicht selten – gegenüber der „anstrengenden" Verbundenheit mit anderen – als Zufluchtsort, als Ruhepol empfunden, womit sich eine wie immer fragile Befriedigung verbindet.

Von der Verfassung des Selbst her gesehen, ist die Selbstbezogenheit dann der Halt, die einzige verläßliche Sicherheit, die man als Überlebensbrücke „wählen" mußte, ein Halt, den man in der Beziehung und der Verbundenheit mit anderen nicht finden konnte.

D. Vertrauen

1. Urvertrauen (Erikson). Die Entwicklung von Vertrauen in der Primärbeziehung (Benedek)

Der Begriff Urvertrauen ist auch außerhalb der Psychoanalyse zu einem Schlagwort geworden. Es erweckt Assoziationen irgend eines guten Urzustands. Worum es sich dabei handelt, bleibt unklar.

Erikson (1971) bezeichnet die erste seiner 8 epigenetischen Phasen des menschlichen Lebens mit „Urvertrauen gegen Urmißtrauen". Damit soll ein prinzipieller Konflikt der frühen Kindheit charakterisiert werden, der dann in veränderten Formen das ganze Leben bestehen bleibe. Den Ursprung von Vertrauen verlegt Erikson in die orale Phase. Zur Erklärung zieht er jedoch ganz andere Gesichtspunkte als die der oralen Versorgung heran. Seine Erklärung bleibt unbefriedigend, weil sie unterschiedlichen Ebenen entstammt, die dann überdies unausgeführt bleiben.

Im Vordergrund seiner Überlegungen zum Vertrauen steht die Vorstellung des Gleichartigen, die er vom Begriff der Identität ableitet. Identität wird als Qualität des konstant Wiederkehrenden, mit sich selbst Gleichbleibenden begriffen.

> Das Erleben des Konstanten, Kontinuierlichen und Gleichartigen der Erscheinungen liefert dem Kinde ein rudimentäres Gefühl von Ich-Identität; es scheint dies davon abhängig zu sein, daß das Kind in eine innere Welt erinnerter und voraussehbarer Empfindungen und Bilder in fester Korrelation mit der äußeren Welt vertrauter, zuverlässig wiedererscheinender Dinge und Personen „weiß" (Erikson 1971, S. 241).

Man kann danach annehmen, daß Erikson meint, die Erfahrung wiederkehrender, gleichbleibender Versorgung führe zu Vertrauen und es käme weniger auf die materiale Triebbefriedigung als auf die Qualität des Konstanten an. Das Konstante wird auch in einen Bezug zur Gesellschaft gebracht, in der die Mutter lebt. Der „wohlprobte Rahmen des Lebensstiles in der betreffenden Kultur", verleihe der Mutter ein „starkes Gefühl persönlicher Zuverlässigkeit", die sie dann dem Kind vermittle.

> Hier formt sich die Grundlage des Identitätsgefühls, das später zu dem komplexen Gefühl wird, daß man „in Ordnung" ist, daß man ein Selbst besitzt und daß man das Vertrauen der Umwelt rechtfertigt, indem man so wird, wie sie es von einem erwartet (S. 243).

Die Erfahrung der konstanten Befriedigung durch andere würde sich dann auch auf das Verhältnis des Kindes zu sich selbst übertragen, das dann „seinen Organen trauen" kann und schließlich sich selbst als vertrauenswürdig zu erleben vermag.

Hinsichtlich des Urmißtrauens findet sich bei Erikson außer spärlichen Hinweisen auf die orale Versagung und globalen Andeutungen keine Definition und keine ausführliche Beschreibung, um was es sich dabei handeln soll. Der von ihm als Kernkonflikt angesetzte Gegensatz in der frühen Phase der Kindheit bleibt unaufgeklärt.

Wenig beachtet wurden die Ausführungen von Therese Benedek, die in einer Arbeit (1938) dem Phänomen des Vertrauens in der frühen Mutter-Kind-Beziehung besondere Aufmerksamkeit widmete und eine konkrete Beschreibung vorgelegt hat.

Sie geht von der Voraussetzung aus, daß zwischen Mutter und Kind von Geburt an eine gegenseitige Beziehung besteht, die sie nach Balint „primäre Objektbeziehung" nennt. Der Entwicklung von Zuversicht („confidence") und Vertrauen („trust") wird in der frühen Beziehung entscheidender Stellenwert eingeräumt. Sie sieht in dieser Fähigkeit eine Voraussetzung für die Entwicklung des Ich.

> Die Entwicklung des Ich wird beeinträchtigt, wenn die primäre Objektbeziehung von Zuversicht oder Vertrauen in oder zur Mutter nicht zustande kommt (Benedek 1938, S. 205; Übersetzung von mir).

Benedek geht bei ihren Überlegungen zum Vertrauen von ebenfalls durch andere Autoren bestätigten Beobachtungen aus, daß der Säugling das Gesicht der Mutter früher wahrnimmt als die Brust oder die Flasche. „Seine Gebärden und seine Intentionen sind auf die Person und nicht auf das Objekt der Befriedigung gerichtet" (S. 203). Sie schließt daraus, daß der Säugling in einer schwer bestimmbaren Weise über eine Erfahrung verfügt, die er an der Beziehung zur Mutter (und nicht an dem Befriedigungsobjekt Brust oder Flasche) festmacht und die im Vertrauen und der Zuversicht besteht, daß die Mutter für die Befriedigung sorgen wird, bevor sich das Triebbedürfnis zu einem schmerzlichen und angstmachenden Mangelzustand steigert.

Im Unterschied zu Erikson geht es hier nicht um die Wahrnehmung einer gleichbleibenden (identischen) Befriedigungsweise, sondern darum, daß ein „anderes" zuverlässig dafür sorgen wird, daß Bedürfnisse erfüllt werden, bevor sie angstmachende Intensität annehmen. Benedek macht diesen schwerwiegenden Unterschied an der Gegenüberstellung von normalen und gestörten Säuglingen deutlich.

Normale Säuglinge, die eine vertrauensvolle Beziehung zu ihrer Mutter herstellen konnten, sind demnach in der Lage, Veränderungen in ihrer Umwelt, zeitliche Verschiebungen usw. ohne Angst und Abwehrreaktion hinzunehmen.

Sie sind dann gerade nicht auf die *gleichbleibende* Versorgungsweise angewiesen, sondern können Veränderungen ertragen, weil sie über eine vertrauensvolle Beziehung zur Mutter verfügen.

Gestörte Kinder dagegen, die keine verläßliche Mutter haben, zeigen eine andere typische Verhaltensweise. Sie bestehen darauf, daß die Nahrung oder andere Versorgungen in gleichbleibender, stereotyper Weise erfolgen und daß die Gegenstände ihrer Umgebung nicht verändert werden.

Benedek schließt aus dieser Beobachtung, daß Kindern, die über keine vertrauensvolle Beziehung zur Mutter verfügen – etwa weil diese fehlt oder nur mangelhaft ersetzt werden kann – Veränderungen in der Umwelt große Angst bereiten. Sie geraten in Angst, können diese aber nicht bewältigen, weil sie niemanden haben, der sie adäquat beruhigen könnte.

> ... das Kind, das [voller Zuversicht] warten kann, wendet sich an die Mutter, der es vertraut, daß sie für Befriedigung und Abhilfe sorgen wird. Das Kind aber, *das sich nicht selbst der Mutter anvertrauen kann* (Hervorhebung von G.K.) ist allein gelassen; es nimmt keine libidinöse Beziehung zur Mutter auf, sondern wendet sich an die materiellen Objekte seiner Umwelt (Benedek 1938, S. 209; Übersetzung von mir).

Das Kind, das kein Vertrauen in die zuverlässige Gegenwart der Mutter entwickeln kann, weil eine solche fehlt oder eine vorhandene jene Art von Anwesenheit nicht herstellen kann, sucht es in der unbelebten Umwelt, eine kompensatorische Modifikation seines Strebens nach Sicherheit. „Vertrauen" kann aber die unbelebte Welt nur dann bieten, wenn sie immer gleich bleibt und sich nicht verändert. Veränderungen machen Angst, und das Kind versucht sie durch entsprechende Äußerungen zu verhindern. Es kontrolliert die Konstanz der Verhältnisse.

Nach Benedek ist dieses Kind dann auf die spezifische Art der Angstbewältigung festgelegt. Frei von Angst bleibt es nur unter der Bedingung, daß bestimmte Prozeduren und Gegebenheiten in sich gleich bleiben, und nur unter der Bedingung kann es sich entwickeln. Lernprozesse werden dadurch eingeschränkt, weil sie auf der Ebene eines konditionierten Reflexes ablaufen (S. 211). Der konditionierte Reflex – die Angstvermeidung durch zwanghafte Kontrolle der Umwelt – wird auch im späteren Leben die Muster von Angstbewältigung entscheidend beeinflussen.

Benedek unterscheidet derartig konditionierte Lernprozesse von denjenigen eines Kindes, das von Vertrauen auf die Mutter getragen ist (S. 209). Es erscheint merkwürdig, daß dieses auch von anderen Autoren (Bettelheim 1967, 1977) beschriebene Verhältnis von mangelndem Vertrauen in der Primärbeziehung zu zwanghaften Erlebens- und Verhaltensweisen so wenig Beachtung gefunden hat, denn der Kern zwanghafter Kontrolle besteht in der Tendenz zum Gleichbleibenden, Unveränderlichen, weil Veränderung gefürchtet und deswegen vermieden werden muß.

2. Ist Vertrauen angeboren?

Kohut (1973a, 1979) hat zu Benedeks Ergebnissen kritisch Stellung genommen. Er akzeptiert ihre Beobachtungen nur insoweit, als sie einem „sozialpsychologischen Ansatz" entstammen. Von seiner empathisch-introspektiven Betrachtungsweise aus kommt er jedoch zu einem anderen Ergebnis. Das Baby müßte nicht Vertrauen entwickeln, es sei ihm angeboren. Die Auffassung Benedeks sei in dieser Hinsicht „nicht exakt, weil sie die entscheidende Tatsache außer acht läßt, daß das Vertrauen des Babys angeboren ist, daß es von Anfang an da war. Das Baby *entwickelt* nicht Vertrauen, es *stellt es wieder her*" (Kohut 1979, S. 110).

Kohut will mit dieser Aussage seine Grundauffassung zum Ausdruck bringen und bekräftigen, daß ein „normales" Baby mit einem „Kernselbst" auf die Welt komme, das es zu gesunder Selbstbehauptung befähige.[33] Diese Auffassung steht im Widerspruch zu theoretischen Positionen, die das kindliche Erleben von destruktiver Aggression und psychotischen Ängsten beherrscht sehen, wie dies bei M. Klein und bei Mahler der Fall ist. Kohut schenkt aber der Angewiesenheit des Kindes auf die Beziehung wenig Beachtung, obwohl er mit seinem zentralen Begriff des Selbst-Objekts das „Medium" der „empathischen Resonanz", das dieses bedienen soll, immer wieder herausstellt.[34]

Es mag sein, daß das Kind Vertrauenkönnen als *Potential seines Selbst* mit auf die Welt bringt, aber die Aktualisierung dieses Potentials hängt von der sozialen Beziehung und ihrer Qualität ab. Das Kind befindet sich nach der Geburt in einem Zustand, bei dem die „Unvertrautheit" der potentiell beängstigenden Welt allein durch eine Vertrauen vermittelnde Beziehung aufgehoben werden kann.

3. Vertrauen als Grundvoraussetzung für Beziehungen zu anderen und zur Welt

Die Fähigkeit des Vertrauenkönnens ist eine Grundvoraussetzung menschlichen Lebens. Die zentrale Bedeutung zeigt sich in allen 3 Verhältnissen des Selbst.

Im Selbstverhältnis als Vertrauen auf das eigene Selbst, Selbstvertrauen, im Verhältnis zu anderen als Fähigkeit, anderen zu vertrauen, und im Verhältnis zur Welt als Fähigkeit, Dingen, Verhältnissen, Umständen vertrauen, d. h. sich darauf verlassen zu können, daß sie keine unvertraute, unheimliche, beeinträchtigende Qualität haben.

In allen 3 Verhältnissen kann mühelos nachgewiesen werden, daß die Fähigkeit kein fixer Bestand ist und keine angeborene Eigenschaft, sondern erheblichen Schwankungen unterliegt. Selbstvertrauen, Selbstsicherheit, Vertrauen zu anderen und Vertrauen auf die Zuverlässigkeit von „Welt" kann beeinträchtigt oder gar nicht „entwickelt" sein.

Psychoanalyse ist die einzige Theorie, in der das „Normale" auch von der Pathologie her begriffen werden kann, während ansonsten Pathologie vorherrschend als Abweichung von einer festgesetzten Norm angesehen wird. Auch eindeutig pathologische Formen von Paranoia, Beziehungswahn, Eifersuchtswahn sind nicht ohne jegliche Verbindung zur „Normalität", der ausgedehnte paranoid-schizoide Formenkreis überschneidet sich bereits beträchtlich mit dem „normalen" und selbst ein von Mißtrauen und Distanz zu anderen wenig geprägtes „normales" Leben ist vor paranoiden Ängsten nicht restlos gefeit.

Paranoid-schizoide psychotische Symptome wurden von Freud erstmals als verstehbare psychische Manifestationen interpretiert, was gegenüber der auf organismische Störungen festgelegten naturwissenschaftlichen Psychiatrie ein gewaltiger Fortschritt war. Die psychodynamische Interpretation erfolgte jedoch allein im Rahmen des Triebkonzepts. Insofern erklärt Freud (1911a) die Paranoia aufgrund eines Triebkonflikts, bei dem nichtsublimierte (homosexuelle) Partialtriebe auf Einspruch des Ich stoßen und der Konflikt dann mit paranoider Symptomatik ausgetragen wird. Melanie Klein sieht den Todestrieb als Hauptagenten in frühkindlichen Triebkonflikten, die nur mit psychotischen Abwehrmechanismen bewältigt werden können und als paranoid-schizoide Position auch die normale frühe Kindheit bestimmen sollen. Hier verschiebt sich der Schwerpunkt der Betrachtung bereits auf ichdefiziente Abwehr oder Kontrolle von Trieben.

4. Paranoid-schizoide Erlebens- und Verhaltensweisen

Die paranoiden Symptome zeichnen sich durch mehr oder weniger wahnhafte Ängste oder Vorstellungen von schädigenden, lebensbeeinträchtigenden oder lebensvernichtenden Einflüssen aus. Sie treten vorzugsweise in Form von *Medien* auf, denen beeinträchtigende oder vernichtende Kräfte zugeschrieben werden: Luft, Wasser, Elektrizität oder sonstige unfaßbare Sphären, die vergiftende, erstickende oder kastrierende Qualität haben.

In personifizierter Form können sich diese beeinträchtigenden Kräfte an Personen des näheren oder weiteren sozialen Umfelds festmachen. Sie können aber auch von Institutionen, Behörden, Gruppen, bestimmten Völkern oder Rassen ausgehen.

In den psychotischen Symptomen ist die paranoide Bedrohung häufig mit

Halluzinationen, mit der Wahrnehmung von wahnhaften Gestalten und Objekten verbunden. Im normalen Bereich tritt die paranoide Angst in mannigfaltigen Ängsten vor realen Menschen, Lebewesen und unbelebten Objekten auf, wobei sich hier die Angst auf beeinträchtigende Qualitäten derselben richtet. In der Psychiatrie werden der Paranoia der Beziehungswahn und der Eifersuchtswahn zur Seite gestellt. Auch hier gibt es eine kontinuierliche Linie vom Pathologischen zum „Normalen". Die Eifersucht ist dafür ein bekanntes Beispiel. Bei der „normalen" Eifersucht gibt es nicht selten Formen, die durch ihre Intensität auffallen und mit der verständlichen Angst vor oder der Aggression gegen Rivalen nicht befriedigend erklärt werden können. Diese Formen zeigen insofern deutlich paranoide Züge, da für den Eifersüchtigen von vornherein feststeht, daß der Partner ihn verlassen, verraten, betrügen wird. Dadurch werden Anlässe für diesen Verdacht gesucht, und der Partner muß oft kriminalistisch beobachtet und überwacht werden. Nicht selten wird dadurch ein „Treuebruch" provoziert, was den Eifersüchtigen geradezu befriedigt, weil er sich in seiner schon immer feststehenden Erwartung bestätigt findet.

Bei den mit dem Begriff schizoid umschriebenen Erlebens- und Verhaltensweisen steht das beeinträchtigende Moment nicht im Vordergrund. Hier ist die Distanz gegenüber anderen prototypisch. Dies kann in psychotischen Symptomen der totalen Zurückgezogenheit und Erstarrung (Katatonie) extrem in Erscheinung treten, ebenso aber in den weniger auffälligen Formen von allgemeinem Menschenhaß, Verachtung, Verschlossenheit, Zurückgezogenheit oder Distanz. Schizoide Erlebens- und Verhaltensweisen stehen mit paranoiden in Zusammenhang, da sie als prophylaktische Maßnahme gegen Verletzung und Beeinträchtigung dienen können.

Eines der hervorstechendsten Merkmale des paranoid-schizoiden Syndroms ist das *Mißtrauen*.

Mißtrauen muß dabei von der verwaschenen Bedeutung eines berechtigten oder angebrachten Mißtrauens abgehoben werden. Mißtrauen in „reiner" Form tritt dann auf, wenn einem Menschen oder einer Sache nicht getraut werden kann, obwohl dazu kein „objektiver" Anlaß besteht. Mißtrauen steht dann in einem mehr oder weniger ausgeprägten Mißverhältnis zu der „realen" Verfassung dessen, dem man nicht traut. Die nähere Betrachtung kann zeigen, daß das Mißtrauen schon besteht, bevor es zu einer konkreten Beziehung oder auch nur Wahrnehmung von Menschen oder Dingen kommt. Das Mißtrauen ist das bestimmende Element, das unbewußt über die Wahrnehmung entscheidet und damit über Aufnahme von Beziehungen zu anderen und über die Einstellung zur Welt.

Mißtrauen im Verhältnis zu anderen ist eine bekannte Erscheinung. Weniger auffällig sind solche, bei denen auch Einrichtungen, Verhältnisse oder Dinge als nicht zuverlässig oder gar latent bedrohlich erlebt werden, etwa wie im nachfolgenden Beispiel:

> Wenn ich auf der Straße gehe, denke ich oft, wenn ich plötzlich nach links abbiegen würde, anstatt nach rechts, dann könnte die Welt verschwinden ... oder wenn ich den Wasserhahn aufdrehe, dann würde Blut anstatt Wasser herauskommen (Bach 1975, S. 77; Übersetzung von mir).

Auch hier findet sich ein diskrepantes Verhältnis zur objektiven Verfassung der Dinge oder der Umwelt. Ebenso bei extremem Mißtrauen gegenüber eigenem Können, eigener körperlicher Ausstattung oder hypochondrischem Mißtrauen gegenüber Körperfunktionen.

Die entscheidende Rolle, die das affirmative Phänomen, das Vertrauenkönnen spielt, kann auch daran abgelesen werden, daß mangelndes Vertrauen abgesichert werden muß. Das bedeutet, daß ein gewisses Ausmaß an Vertrauen, z. B. auf andere, allemal nötig ist, um Beziehungen überhaupt herzustellen. Würde nur noch Mißtrauen vorherrschen, wäre mitmenschliche und soziale Interaktion überhaupt nicht mehr möglich.

In einer „realistischen" Betrachtung ist im Verhältnis zu anderen Mißtrauen sicher angebracht. Andere können beeinträchtigen, schaden, physisch und psychisch verletzen und dies um so mehr, je mehr man ihnen vertraut. Da aber Beziehungen zum Leben unabdingbar nötig sind, gibt es das weite Feld der Absicherung, mit dem man sich gegen Gefahren von Verletzung sichert und von der Absicherungsposition aus dann Beziehungen unterhält. Ein wichtiges und bewährtes Mittel ist die Machtposition, die auf sehr verschiedene Art sicherstellt, daß Verletzungen aller Art vermieden werden. Es gibt unzählige Mittel, die erfunden und praktiziert werden, um sich gegen drohende Gefahren – reale oder phantasierte – abzusichern.

Im Bereich von Beziehung entsteht dabei ein typisch menschliches Dilemma. Einerseits beruhen alle produktiven, kooperativen, freundschaftlichen und Liebesbeziehungen auf gegenseitigem Vertrauen, andererseits ist die Voraussetzung für Vertrauenkönnen, daß Absicherungen gegen Mißtrauen weitgehend aufgegeben werden müssen. Letzteres beschwört aber wieder die Angst vor Verletzung herauf.

Auch im Verhältnis zur Welt gibt es berechtigtes „Mißtrauen". Umweltverhältnisse (Natur), Dinge, Nahrungsmittel usw. können bedrohlich oder gefährlich sein. Erlebensweisen, in denen die Welt als solche ihren selbstverständlichen, zuverlässigen Bestand verliert – indem etwa der Boden wie bei einem Erdbeben zu schwanken beginnt, Mauern sich bewegen, der blaue Himmel aufreißt und ein schwarzes Loch dahinter sichtbar wird – sind keineswegs nur aus real faßbaren und real möglichen Bedrohungen her erklärbar. Ebenso unverständlich bleibt in vielen Formen das mangelnde Vertrauen zum eigenen

Selbst. Ein typisches Beispiel dafür sind hypochondrische Ängste. Dabei werden nicht nur real mögliche Krankheiten (z. B. Karzinom) als bestehend phantasiert, sondern die Zuverlässigkeit von Körperfunktionen überhaupt angezweifelt.

Begreift man Mißtrauen in all diesen Verhältnissen des Selbst als einen defizienten Modus von Vertrauen und sieht man Vertrauenkönnen nicht als angeborene Eigenschaft, dann muß die Frage nach den Bedingungen der Entstehung von Vertrauen gestellt werden.

5. *Paranoid-schizoides Syndrom in humanspezifischer Sicht*

Paranoid-schizoide Erlebens- und Verhaltensweisen müssen aus der Eigenart menschlichen Seins begriffen werden. Eine Ableitung von „Trieben" ist ein Irrweg, da dabei immer auf außermenschliche Tatbestände zurückgegriffen wird, sei es nun in Form „biologisch" interpretierter Triebe oder in Form von kosmologischen Prinzipien wie dem Todestrieb.

Im anthropologischen Teil wurde gezeigt, daß menschliches Sein (aufgrund von Seinsübernahme und Verstehensstruktur) als solches nicht gesichert ist und allemal einer Garantie bedarf. Dieser Sachverhalt wurde mit der Kategorie von Angewiesenheit erfaßt. Der Angewiesenheit auf Sicherheit in verschiedenster Hinsicht entspricht die Angst als anthropologisches Phänomen. Die Angewiesenheit auf andere spielt dabei eine entscheidende Rolle, in der Primärbeziehung ist sie für das extrem angewiesene kindliche Sein auf Seinsübernahme durch andere das zentrale Element.

Wird dem Kind die für sein Selbstgefühl entscheidende Beziehungsstruktur der Seinsübernahme phasenspezifisch und adäquat geboten, so macht es aufgrund dieser Beziehungsqualität die emotionale Erfahrung von Vertrauen. Es hat dann in den verschiedenen Bereichen die Erfahrung gemacht, daß Spannungszustände, Schmerzen, aufkommende Angst durch ein „anderes" aufgehoben werden und daß auch noch erträgliche Zustände von Vernichtungsangst durch „sein" Eingreifen wieder verschwinden. Es entwickelt durch diese emotionale Erfahrung Vertrauen in allen 3 Verhältnissen des Selbst.

Im Verhältnis zum anderen, indem es anderen vertraut, daß sie für Funktionen und Bedürfnisse aufkommen, die es noch nicht selbst übernehmen kann. Im Verhältnis zur Welt, indem durch die vorübergehende Seinsübernahme die ansonsten unheimliche, bedrohliche, unvertraute Welt zunächst als eine zuverlässige Welt erlebt wird, auf die man zugehen und in der man leben kann. Ein wichtiger Aspekt der Seinsübernahme ist die Interpretation von Welt, indem zunächst allemal andere dem Kind die aus seiner Sicht unverständliche Welt „erklären". Die Interpretation als solche, noch vor jeglichem Inhalt, ist ein Vertrautmachen mit Welt.

Das Verhältnis zum eigenen Selbst gibt es zunächst nur potentiell. Die Erfahrungen in frühen Phasen führen zum allmählichen Aufbau des Selbst. Mit der Erfahrung von Vertrauen wird der Sektor des Selbst gebildet, der das Selbstvertrauen reguliert.

Die Grundlage von Vertrauenkönnen ist somit eine emotionale Erfahrung und keine intellektuelle Fähigkeit. Vertrauen kann nicht auf informative Weise erlernt werden, und Veränderungen in diesem Bereich sind nur wieder über emotionale Erfahrungen möglich. Das schließt nicht aus, daß auch kognitive Prozesse und logisches Denken in diesem Bereich eine Rolle spielen. Dies ist aber sekundär.

Man könnte annehmen, daß die „Realitätsprüfung" im Verhältnis zu anderen und zur Welt eine ausschlaggebende Bedeutung beim Vertrauenkönnen hat. Realitätsprüfung, eine durch rational-sachliches Denken (Sekundärprozeß) geleitete Ich-Funktion würde danach erst entscheiden, ob man einem Menschen, einer Sache oder Umweltverhältnissen trauen kann. Für das naive Kind sei es kennzeichnend, daß es diese Funktion noch nicht beherrsche. „Realität" ist jedoch ein fragwürdiger Begriff, da es keine von menschlicher Wahrnehmung unabhängige Realität gibt. Sie ist immer „interpretiert" oder vorverstanden. Infolgedessen gehört die „Realitätsprüfung" in den Bereich der notwendigen Absicherung gegen mögliche Gefahren, die von Umweltverhältnissen und von anderen drohen.

Die wichtige Frage, von welchem Maßstab aus „Realität" geprüft wird, kann unter dem Begriff einer an sich bestehenden Realität verdeckt bleiben. Könnte nicht der ein Paranoiker sein, der die perfekte Realitätsprüfung leistet? Oder mit welcher Art von Realitätsprüfung wird die Vertrauenswürdigkeit eines Menschen erfaßt?

Alle Wahrnehmung, auch die damit verbundene intellektuelle Verarbeitung, wird von Stimmungen grundlegend beeinflußt. Die Stimmung beeinflußt die Wahrnehmung insofern, als eine von ihr gesteuerte selektive Auswahl von Daten erfolgt, die mit der Stimmung übereinkommen, d. h. ihr adäquat sind. Es geht dabei nicht nur um das, was wahrgenommen wird, sondern auch und vor allem um das, *was nicht wahrgenommen wird, um die „blinden Flecken"*.[35] In einer paranoid gefärbten Grundstimmung findet bei der Perzeption und der kognitiven Verarbeitung eine vorgängige Auswahl statt, bei der die Menschen und die Weltverhältnisse vornehmlich oder betont in ihren beeinträchtigenden Möglichkeiten wahrgenommen werden. Gleichzeitig, und das ist fast noch entscheidender, werden alle Erfahrungen ausgeschlossen, die auf Möglichkeit von Vertrauen zum Menschen oder zur Welt verweisen. Die nachträgliche logisch-rationale Verarbeitung der Daten kann nach verschiedenen Denkgesetzen, nach dem Satz vom Widerspruch, nach dem Kausalbegriff und anderen allgemein anerkannten logischen Gesetzen erfolgen. Man kann aufgrund solcher Daten Meinungen haben, andere einschätzen, Theorien entwickeln, ja sogar Denkgebäude errichten. Den Meinungen, der Einschätzung von anderen, den Theorien ist dann meist nicht mehr anzusehen, daß sie eine Lücke enthalten. Die Lücke kann mit logischem Denken nicht erfaßt werden, weil dafür eine andere Grundstimmung die Voraussetzung wäre. Damit ist nicht gesagt, daß so bestimmte Theorien völlig Unrecht hätten. Es können damit bestimmte Seiten vom Menschen und von Weltverhältnissen gerade durch vorgängige Selektion besonders gut erfaßt werden, z. B. die Aspekte, die Anlaß geben, jegliches Vertrauen auf Menschen aufzugeben.

Ein typisches philosophiegeschichtliches Beispiel ist Schopenhauers Pessimismus, eine Grundstimmung als Voraussetzung dafür, daß er Seiten von Menschen und der Welt beschreibt, die in der idealistischen Sicht der traditionellen Metaphysik völlig untergegangen waren oder unbeachtet blieben. Zum Egoismus, den er als Wesensmerkmal des Menschen ansieht, findet sich bei ihm folgende Parabel:

> Indem ich ... darauf bedacht war, die Größe des Egoismus mit einem Zuge zu bezeichnen und deshalb nach irgendeiner recht empathischen Hyperbel suchte, bin ich zuletzt auf diese geraten: Mancher Mensch wäre imstande, einen anderen tot zu schlagen, bloß um mit dessen Fette sich die Stiefel zu schmieren. Aber dabei blieb mir doch der Skrupel, ob es auch wirklich eine Hyperbel sei (Schopenhauer, Ausg. 1962, S. 729).[36]

Für das affirmative Phänomen, für Vertrauenkönnen gilt dasselbe wir für das Mißtrauen. Wer über die Fähigkeit zum Vertrauenkönnen verfügt, damit eine andere Grundstimmung hat, wird „Realität" in einem anderen Licht sehen, sie dementsprechend wahrnehmen und interpretieren.

Trotz gegenteiliger Erfahrungen und historische Beweise, daß Vertrauen auf andere unangebracht ist, bleibt Vertrauenkönnen ein menschliches Grundbedürfnis, weil es Voraussetzung für soziales Leben ist. Man kann dies auch an dem Stellenwert erkennen, den eine einmal zustande gekommene Vertrautheit mit anderen – etwa in der Familie oder in einmal erreichten Positionen, in Beziehungen, in Gruppen, in Institutionen – bekommt. Vertrautheit erhält dabei sogar Absicherungscharakter, wenn es zum starren Festhalten führt, denn jegliche Veränderung bringt unvertraute Verhältnisse notwendigerweise mit sich. Lebendige Entwicklung setzt jedoch die Fähigkeit voraus, bislang Vertrautes aufgeben zu können, was wiederum nur aufgrund von Selbstvertrauen möglich ist.[37]

Wie immer man die Gründe für Beeinträchtigung von Vertrauen bestimmen mag, so dürfte bei keiner Überlegung der Sachverhalt ausgeklammert werden, daß jegliche Form von Vertrauen oder Mißtrauen notwendigerweise auf emotionalen Erfahrungen in der Primärbeziehung beruht. Damit ist keineswegs gesagt, daß Mütter oder andere allein in erster Linie oder überhaupt dafür verantwortlich zu machen seien, wenn das Kind keine affirmative Erfahrungen oder beeinträchtigende macht.
Entscheidend bleibt jedoch, daß die Primärbeziehung die Vermittlungsdimension von Vertrauen ist. Sie kann nicht eliminiert werden.

Von der kindlichen Situation her gesehen muß kontinuierlich auftretende Vernichtungsangst – wenn das Kind überleben will – in irgendeiner Form verleugnet werden. Kleine Kinder und sogar Säuglinge sind dazu imstande. Verleugnung, Schutz, Kompensation im Bereich von Vernichtungsangst haben aber zur Folge, daß angstmachende und bedrohliche Situationen überhaupt gemieden werden. Dadurch wird bereits in der frühen Entwicklung der notwendige faktische Umgang mit Angst vermieden, und die Erfahrungen im Bereich von Selbst-sein-Können, daß Angst (mit Hilfe eines anderen) auch bewältigt werden könne, werden nicht gemacht. Die Angstbereitschaft bleibt als unmodifiziertes und vom bewußten Erleben ausgeschlossenes Potential erhalten.

Bettelheim, der eine der Psychoanalyse nahestehende Interpretation von infantilem Autismus vorgelegt (Bettelheim 1983) und durch psychisch-therapeutische erfolgreiche Behandlung der Kinder seine These unter Beweis gestellt hat, beschreibt infantilen Autismus als *vorzeitigen Rückzug*.
In der Primärbeziehung kann es ohne beträchtlichen Schaden keinen Rückzug geben, weil dieser emotionale Distanz zur Voraussetzung hat. Emotionale Distanz kann aber erst dann genuin vollzogen werden, wenn das Kind Erfahrungen gemacht hat, daß es eine befriedigende Welt neben der bedrohlichen gibt, in der man sich zu Hause, aufgehoben und sicher fühlen kann und damit Selbstvertrauen entwickelt. Wenn diese Erfahrung nicht zustande kommt und das Kind überleben will, zieht es sich von der unerträglichen bedrohlichen Welt vorzeitig zurück, so daß ihm Erfahrungen einer tragenden Umwelt, die ihm vielleicht später geboten werden, verwehrt bleiben. Für diese Kinder besteht dann im Rückzug und den mit ihm verbundenen Erlebens- und Verhaltensweisen – dem autistischen Syndrom – die einzig verläßliche Position, die das Selbstgefühl stützt.

> Kurzum, der Mangel an befriedigenden Reaktionen durch die Personen, die sich um den Säugling kümmern, kann diesen zu früh dazu zwingen, die Welt als rein frustrierend zu erfahren, d. h., noch bevor er die Möglichkeit hatte, sich zu überzeugen, daß die Welt im Grund gut ist. Wenn es dazu kommt, wird diese spätere realistischere Er-

fahrung durch die frühere nicht neutralisiert werden. Sie wird ihn nicht veranlassen, Energien in der Verwirklichung seiner Wünsche zu investieren, auch wenn sein Wachstum diese Verwirklichung möglich macht. Solche Kinder geben ihre Versuche auf. Sie sehen keinen Sinn darin, eine frustrierende Erfahrung noch einmal zu machen, und die ganze Welt scheint nur aus Erfahrungen dieser Art zu bestehen. Das sind die Kinder, die an infantilem Marasmus leiden, das sind Spitz' dahinvegetierende Kinder, die an Hospitalismus leiden (Bettelheim 1983, S. 57).

E. Anerkennung

1. Anerkennung des Kindes. Kindstötung

> Die Ontogenese von Bestätigung und Nichtbestätigung ist bisher so gut wie gar nicht erforscht worden.
>
> (Laing 1973)

Gegenüber dem Kind befinden sich die Erwachsenen in einer überlegenen Position. Sie sind die Großen, die Mächtigen, die Wissenden, die Könnenden, gegenüber dem kleinen, machtlosen, unwissenden und ungeschickten Kind. Sie befinden sich im Zustand globaler Überlegenheit.

Ihren radikalen Ausdruck findet diese Position in der Bestimmungsgewalt der Erwachsenen über das Sein oder Nichtsein des Kindes. Die extremste Form dieser Bestimmungsgewalt ist die Kindstötung,[38] die in vielen Kulturen immer wieder praktiziert wurde und in bestimmten Formen bis heute vorkommt. Diese Überlegenheit und Entscheidungsgewalt ist ein „factum brutum", nicht aufhebbar: Menschen können ihre Kinder annehmen oder nicht.

Wird das Kind von vornherein nicht am Leben gelassen, so ist dies eine eindeutige Form von Nichtanerkennung. Aus moralischer Sicht kann dies als „inhuman" beurteilt werden.[39] Dabei wird jedoch oft übersehen, daß es viel „inhumanere" Formen von Nichtanerkennung gibt, bei denen das Kind am Leben bleibt. Dazu gehören die auch heute keineswegs seltenen Fälle von Kindsmißhandlung und Kindsmißbrauch. Aber auch in „normalen" und unauffälligen Verhältnissen können Kinder abgelehnt werden, obwohl sie „aufgezogen" werden. Wir treffen hier auf das weite Feld der unerwünschten oder hinderlichen Kinder, die allein mit ihrem Dasein – noch vor allen spezifischen Eigenschaften oder Ausstattungen – den Zielen, Wünschen, Vorstellungen und Normen der Mutter, des Vaters oder der Gesellschaft im Wege stehen.[40] Die mit dem Dasein des Kindes verbundenen Ansprüche auf Versorgung setzen bei den Eltern Fähigkeiten voraus, die fehlen oder nur mangelhaft entwickelt sein können. Die Ablehnung des Kindes entsteht häufig aus ungünstigen ökonomischen Verhältnissen. Sie kann bestimmte Qualitäten betreffen wie z. B. das Geschlecht. In vielen Kulturen wurden die weiblichen Kinder getötet.

Das Ödipus-Drama beginnt mit einem Ereignis, dem Freud erstaunlicherweise keine Beachtung geschenkt hat.

Ödipus wurde von seinen Eltern nicht angenommen, weil prophezeit wurde, daß er ihnen zum Verhängnis werden würde. Dadurch, daß sie ihn töten wollten, wurde der vorausgesagte verhängnisvolle Verlauf, der alle Beteiligten ergreift, in Gang gesetzt.[41]

Wünsche und Phantasien der Eltern nach Beseitigung der Kinder haben Freud wenig beschäftigt, dagegen um so mehr die Todeswünsche der Kinder gegen die Eltern. Zu der Frage nach der Quelle der weitverbreiteten und in Analysen häufig an zentraler Stelle stehenden Minderwertigkeitsgefühle, nach der Quelle von Selbsthaß, den Gefühlen, immer im Unrecht zu sein, kein Recht auf Leben zu haben, Phantasien von mangelnder körperlicher oder geistiger Ausstattung, findet man bei Freud wenig Hinweise.

Im Vordergrund steht die triebpsychologische Ableitung im Rahmen des Ödipuskomplexes. Die entscheidende narzißtische Kränkung geschieht danach in der unumgänglichen Abweisung des Kindes durch die Mutter, Vater oder beide. Das Kind kann die Eltern als Sexualobjekte nicht erreichen und fühlt sich von ihren Vereinigungen ausgeschlossen. Die massive Enttäuschung von den so begehrten Objekten beruhe auf der „Frühblüte" der menschlichen Sexualität. Kinder hätten inzestuöse Triebwünsche in einem Entwicklungsalter, das die Erfüllung dieser Wünsche zum sicheren Scheitern verurteilt.

Freud konstatiert, daß dieser vorprogrammierte Konfliktkomplex mit einer *Niederlage des Kindes* endet. „Die Frühblüte der kindlichen Sexualität geht nicht auf, sie wird zerstört."

> Sie ging bei den peinlichsten Anlässen unter tief schmerzlichen Empfindungen zugrunde. Der Liebesverlust und das Mißlingen hinterließen eine dauernde Beeinträchtigung des Selbstgefühls als narzißtischer Narbe, nach meinen Erfahrungen ... den stärksten Beitrag zu dem häufigen „Minderwertigkeitsgefühl" der Neurotiker (Freud 1920, S. 19).

Der Ausgang besteht in einer dem Kinde „zugefallenen Verschmähung". Freuds Aufmerksamkeit richtet sich dann jedoch nicht auf den Tatbestand der Kränkung, weil dieser als unvermeidliche Folge einer konstitutionell festgelegten Konfliktsituation angesehen wird. Es ist jedoch bemerkenswert, daß Freud der „Verschmähung" des Kindes eine entscheidende Bedeutung beimißt, analog einer traumatischen Verletzung. In „Jenseits vom Lustprinzip" wird die auffallende Wiederkehr des Verdrängten (der Wiederholungszwang) nicht mehr allein als verdrängte lustvolle Triebregung begriffen, sondern als Wiederholung von Erfahrungen, die *bereits in der Vergangenheit unlustvoll* waren und deswegen nicht dem Lustprinzip unterstellt sein können. Die Wiederholung betrifft dann die „Verschmähung", die sowohl im Verhältnis zu anderen als auch in dem zum Therapeuten konstelliert wird, d. h. der Patient *lebt* die Niederlage immer wieder aufs neue. „Er ist genötigt, das Verdrängte als gegenwärtiges Erleben zu *wiederholen*, anstatt es, wie der Arzt es lieber sähe, als ein Stück der Vergangenheit zu *erinnern*" (Freud 1920, S. 18). Da die Unfähigkeit zum „Erinnern" als negative therapeutische Reaktion dem Heilungsprozeß nicht selten eine unliebsame Grenze setzt, muß sich Freud fragen, weshalb bei so vielen Personen die mit dem Ödipuskomplex verbundene unvermeidliche Niederlage nicht so effektiv verdrängt und mit „narzißtischer" Identifikation mit den Eltern bewältigt wird wie im „Normalfall". Er konzentriert sich auf den so auffallenden unbewußten *Zwang zur Wiederholung* der einst erlebten Zurückweisung, die Selbstbeeinträchtigung und nicht selten Selbstdestruktion bedeutet, und gelangt auf diese Weise zur „weitausholenden" Spekulation des Todestriebs. Ein kosmisch-biologisches Prinzip soll der Tendenz zur Rückkehr zu einem früheren unlebendigen (toten) Zustand zugrunde liegen.

In den nachfolgenden Konzepten wird die narzißtische Kränkung auch im *präödipalen* Kontext relevant. Hier wird die Quelle der Versagung in der Diskrepanz zwischen symbiotischen Wünschen, Phantasien und der objektiven Realität gesehen. Auf weite Strecken hin kommen die entwicklungsgeschichtlichen Konzepte von M. Klein, Mahler, Kernberg darin überein, daß sich Kinder in frühen Phasen infolge ihrer ichdefizienten Verfassung in einer Triebkonfliktsituation befinden, die analog einer Psychose verarbeitet wird. Die kennzeichnenden Momente sind:
1) die infantilen Verschmelzungsphantasien: das Kind „meint", mit dem anderen identisch zu sein, obwohl es sich real in einem von ihm getrennten Zustand befindet;
2) die infantilen Allmachtsphantasien: das Kind meint, sich mit sich selbst zu befriedigen, obwohl real ein anderer für die Befriedigung sorgt;
3) die Maßlosigkeit primärer Triebe. Sowohl die oral-libidinösen als auch die oral-aggressiven Partialtriebe sind maßlos (nicht neutralisiert). Orale Gier, Verschlingenwollen, Antrieb nach rücksichtsloser Sofortbefriedigung (nach Klein Folgen des Todestriebs) führen zu psychotischen Ängsten, die nur mit primitiven Abwehrmechanismen (projektiver Identifikation, Spaltung usw.) bewältigt werden können.

Die Kränkung besteht hier in dem erforderlichen Entwicklungsschritt der *Erkenntnis* des Kindes, daß es nicht allmächtig und von einer Person abhängig ist, die eine eigene Existenz besitzt, die befriedigt und versagt, (Aufhebung der Spaltung), daß maßlose Triebe kontrolliert und beherrscht werden müssen. Die Kränkung wird durch die Reifung der Ich-Funktionen kompensiert (der Stolz des Ideal-Ichs), oder sie wird zum Anlaß der ichfunktionalen Entwicklung in mehrfacher Hinsicht.

Dieser begriffstheoretische Rahmen erklärt die Versagung und die damit verbundene Kränkung sowohl im präödipalen als auch im ödipalen Bereich konstitutionell, als Folge der Diskrepanz zwischen primären Trieben und ihrer möglichen Befriedigung in der Realität. Damit werden seit Freud die gegenseitige Beziehung, die Reflexion auf Beziehungsbedürfnisse und die sozialen Verhältnisse, die solche fördern, beeinträchtigen oder verhindern, ausgeklammert. Das Phänomen *realer Nichtanerkennung* wird auf diesem Weg kein Thema psychoanalytischer Forschung und Theorie.

Der Begriff Anerkennung bezieht sich hier auf das humanspezifische Strukturmerkmal, daß Menschen auf Bestätigung ihres Seins angewiesen sind, in welcher Form das auch immer geschehen mag und welche Praktiken dafür eingesetzt werden, um dies zu erreichen. Anerkennung und Bestätigung stehen in einem Verhältnis zum Selbstgefühl, das – ebenfalls humanspezifisch – als zentrale Motivationsquelle fungiert.

Man könnte meinen, daß Anerkennung für kindliches Dasein, zumindestens für frühe Phasen, keine Rolle, spiele, da Kinder Anerkennung und Nichtanerkennung nicht kennen und auch nicht unterscheiden können. Das Strukturmerkmal der Angewiesenheit auf Bestätigung gilt jedoch auch für kindliches Dasein. Von da aus gesehen, können spezifische Formen von Anerkennung und Nichtanerkennung aufgewiesen werden, die kindliches Erleben in entscheidender Weise bestimmen. Sie können hier nur andeutungsweise skizziert werden, das Ergebnis der Überlegungen sei jedoch vorangestellt: Anerkennung und Nichtanerkennung muß aus der Beziehung und den mit ihr verbundenen sozialen Verhältnissen abgeleitet werden und nicht von konstitutionell angesetzten „Trieben", womit die Rückführung auf unvermeidliche außersoziale Umstände entfällt.

Inwieweit organische Krankheit, angeborene Defekte, Verlust oder Fehlen der Eltern usw. die Beziehungsfähigkeit beeinträchtigen und dann notwendigerweise vom Kind als Niederlage und Entwertung erlebt werden müssen, kann erst dann beurteilt werden, wenn die Natur der kindlichen Bedürfnisse bekannt ist.

Der Grundsatz, daß Kinder auf Bestätigung in besonderer Weise angewiesen sind, bedeutet konkret, daß ihr Leben von anderen bejaht wird, d. h. daß auf ihre spontanen Lebensäußerungen geantwortet und ihren Bedürfnissen entsprochen wird. Dabei lassen sich folgende Momente unterscheiden:
1) Beziehungsbedürfnisse im Bereich von Aufgehobenheit (Versorgtheit, Anwesenheit, Zuverlässigkeit, Sicherheit);
2) die mit diesen verbundenen *spontanen Gefühle*, wobei den Äußerungen von primärem Haß als Ausdruck von Mangelzuständen des Selbstgefühls und gleichzeitiger Kundgabe des (eigenen, potentiellen) Selbst erhebliche Bedeutung zukommt;
3) die *leiblich-sinnliche* Äußerungsform: in präverbalen Phasen findet der

Dialog vorwiegend im leiblich-sinnlichen Ausdrucks- und Erlebensbereich statt. Nichtanerkennung zeigt sich dann u. U. in bleibenden „psychosomatischen" Dysfunktionen.

Auf Beantwortung seiner Lebensäußerungen und auf Entsprechung seiner Bedürfnisse antwortet das Kind wiederum mit Gedeihen und Wachstum, theoretisch formuliert: mit der Entfaltung seines Selbst. Beantwortung und Befriedigung „banaler" Bedürfnisse und Äußerungen stellen eine Form von Anerkennung dar, die bereits lange vor Bestätigungsweisen stattfindet, sie sich auf „Spiegelung", Beachtung, Bewunderung spezifischer und ausgegrenzter Darbietungen des Kindes beziehen. Überdies bleibt diese primäre Form von Bestätigung bestehen, wenn die Anerkennung später spezifische Formen annimmt und sich auf selektive Bereiche (Leistung, Aussehen etc.) richtet.

Kinder „wissen" zwar nicht um den hier theoretisch formulierten Tatbestand von Anerkennung und Nichtanerkennung, sie erfahren aber emotional (primäre Verstehensart) die Entsprechung oder Abweisung von Bedürfnissen und Gefühlen, die sie mit auf die Welt bringen. Die emotionale Erfahrung des in dieser Weise nicht anerkannten Seins beschreiben Erwachsene später – falls sie in die Lage kommen, die Mangelzustände zuzulassen – als inhaltlose Wertlosigkeit, als Unfähigkeit, Gefühle zu haben, als Gefühl, nichts zu sein und zu gelten.

Die mit dem Begriff Anerkennung erfaßte Beantwortung und Befriedigung bedeutet keine außergewöhnliche oder erst in Hochkulturen mögliche Interaktion, sondern bezieht sich auf den schlichten Tatbestand, daß Kinder mit „natürlichen" Bedürfnissen auf die Welt kommen und daß diesen ebenso „natürlich" entsprochen werden kann; insofern können auch „unzivilisierte", „primitive" Kulturen diesen Bedürfnissen u. U. fundamentaler entsprechen als unsere gegenwärtigen.

Mit Kindern in westlichen Industriegesellschaften wird nicht selten großer Aufwand getrieben, der alles in der Geschichte bisher mögliche übersteigt. Wird mit diesem Aufwand auch ihren kreatürlichen Bedürfnissen entsprochen?

Diese Frage kann hier nicht weiter verfolgt werden. In der Untersuchung geht es um das prinzipielle Verhältnis von naturgegebenen Anlagen (Beziehungsbedürfnissen) und deren Entsprechung, und von daher gesehen kann Nichtanerkennung schon lange bestehen und weiter fortgeführt werden, obwohl für die Befriedigung „biologischer" Bedürfnisse – Nahrung, Unterkunft, Kleidung, Hygiene – bestens gesorgt ist.

2. Anerkennung und Narzißmus

Einen Schwerpunkt in der Bedeutungsvielfalt von „Narzißmus" bildet die Selbst- und Eigenliebe, die im Bedürfnis nach *erhöhter* Bedeutung des eigenen Selbst zum Ausdruck kommt. Die besondere Beachtung und Bestätigung des Selbst, seine Großartigkeit und Einzigartigkeit, sind Ziele des Narzißmus. In einer allgemeinen Betrachtung kann dies als Wunsch oder Antrieb nach besonderer Anerkennung (Beachtung, Bedeutung, Bewunderung) des Selbst bestimmt werden. Immer geht es um die Anerkennung der Einzigartigkeit des Selbst, ob diese nun von anderen erbracht, u. U. erzwungen wird oder ob diese durch selbstbezogene Phantasien und Aktionen zustande kommt.

Selbstbestätigung in diesem Sinne spielt offenbar seit jeher im menschlichen Leben, im privaten und gesellschaftlichen Bereich eine so eminente Rolle, daß man sagen könnte, den Menschen sei Anerkennung (des eigenen Selbst) wichtiger als alles andere. Seit jeher werden zahllose Menschen von rastlosem Streben nach Macht, Ansehen, Reichtum beherrscht. Folgen sie dabei einem „narzißtischen" Trieb? Gibt es eine natürliche Ausstattung des Menschen, die im rücksichtslosen Streben nach Macht und egoistischer Befriedigung des eigenen Selbst zum Ausdruck kommt? Einen „natürlichen" Egoismus (Hobbes, Schopenhauer), eine „uneingeschränkte Selbstliebe" (Freud), einen Willen zur Macht (Nietzsche, Adler)?

Die für eine anthropologische Betrachtung wichtige Frage müßte von sehr verschiedenen Ausgangspunkten behandelt werden, nicht zuletzt im Hinblick auf Aggression, was hier nicht möglich ist.

Es erscheint jedoch in diesem Zusammenhang lohnend, den Bereich realer Nichtanerkennung durch andere zu untersuchen, und dies besonders beim Kind. Narzißmus als Antrieb nach erhöhter Selbstbestätigung ist jedenfalls auf weite Strecken hin aus der Motivation begreifbar, Mangelzustände des Selbst auszugleichen. Denn nicht nur Sexualität kann narzißtisch motiviert sein, sondern v. a. Aggression, die dann dem Ziel untersteht, Anerkennung herzustellen, Nichtanerkennung zu vermeiden oder ungeschehen zu machen.

Nichtanerkennung beim Kind im beschriebenen Sinn hat auf jeden Fall Mangelzustände an Selbstgefühl zur Folge. Dabei spielt der humanspezifische Umstand, daß Kinder zur Anerkennung ihres Seins auf die gleichen Versorgungspersonen angewiesen sind, die die Nichtanerkennung bewirken, eine zentrale und nicht selten verhängnisvolle Rolle. Erwachsene verfügen über Möglichkeiten, Nichtanerkennung zu bewältigen, wenn auch hier das Ausmaß der Fähigkeit, mit den unumgänglichen Einschränkungen von Selbstrealisierung und Selbstbestätigung fertig zu werden, von der Verfassung des jeweiligen Selbst abhängt. Beim Kind muß sich jedoch ein Selbst in diesem Sinn erst bilden. Es ist insofern schutzlos der Nichtanerkennung ausgeliefert und dies um so mehr je kleiner es ist. Aus diesem humanspezifischen Sachverhalt folgt die typische Beziehungsstruktur von Gebundenheit an nichtanerkennende Figuren (die z. B. zentrale Beziehungsbedürfnisse nicht verstehen, nicht beachten, spontane Lebensäußerungen abweisen, entwerten, verachten, das eigene Sein mißbrauchen), die man aber „lieben" muß, weil von ihnen das Leben abhängt. Die Trennung von ihnen provoziert Vernichtungsangst, Gefühle von Ohnmacht, Minderwertigkeit, Schuld.

Ein bemerkenswerter Vergleich dazu stammt von Bettelheim (1983). Er schildert die Erlebenswelt von KZ-Häftlingen und setzt sie in Beziehung zur Erlebenswelt schizophrener (autistischer) Kinder. Gemeinsamer Ausgangspunkt ist die Extremsituation von Nichtanerkennung, die im ersteren Fall der äußeren Situation entstammt. Die Beschreibung zeigt, daß niemand diese extremen Formen ohne nachhaltige Beeinträchtigung überlebt. Seine Aussage „der Häftling mußte sich selbst so gut wie möglich ausradieren, er durfte kein Selbst haben" ist eine treffende Umschreibung, wie eine Beziehung erlebt wird, bei der einer dem anderen völlig ausgeliefert ist und der andere ihm gleichzeitig sein Sein total aberkennt (psychische und physische Vernichtung). Bettelheim schildert, daß manche Häftlinge gewisse, wenn auch sehr eingeschränkte Chancen hatten, der Sphäre totaler Nichtanerkennung etwas entgegenzusetzen (etwa Reste eigenen Bewirkenkönnens). Sie konnten damit ein rudimentäres Selbstgefühl bewahren. Bettelheim unterscheidet diese Gruppe von einer anderen (den „Muselmännern"), die bereits nach kurzer Zeit ihr Selbst aufgegeben hatten und somit dem sicheren Untergang preisgegeben waren.

Bettelheim stellt große Ähnlichkeit der Erlebens- und Verhaltensweisen der KZ-Häftlinge mit denen schizophrener Kinder fest, wobei er sagt, daß diese Kinder – im Unterschied zu den erwachsenen Häftlingen – nie eine Chance hatten, ein eigenes Selbst zu entwickeln.

> Ich möchte hier noch einmal den wesentlichen Unterschied hervorheben zwischen der Zwangslage dieser Häftlinge und den Bedingungen, die bei Kindern zu Autismus und Schizophrenie führen; dieser Unterschied besteht darin, daß das Kind nie die Gelegenheit hatte, auch nur einen Schatten von Persönlichkeit zu entwickeln. Daher kam es auch nicht in den Genuß irgendeiner geistigen Reife. Um Kindheitsschizophrenie zu entwickeln, genügt es folglich, den Säugling dahingehend zu überzeugen, daß sein Leben gefühllosen, irrationalen Mächten unterworfen ist, die sein Leben und seinen Tod absolut kontrollieren. Für den normalen Erwachsenen, der plötzlich schizophrenieähnliche Reaktionen entwickelt, gelten dieselben Voraussetzungen, wie sie waren in den Lagern auch gegeben ... (Bettelheim 1983, S. 89).

Bettelheim führt die Ähnlichkeit der beiden Erlebenswelten und Reaktionsweisen auf seinen Begriff des *Etwas-bewirken-Könnens* zurück, der ein zentrales Element seiner theoretischen Überlegungen darstellt. Autistische Kinder haben danach ein Grundgefühl, nichts – aus eigener Kraft (autonom) – bewirken zu können, ein Gefühl, „irrationalen Mächten" ausgeliefert zu sein, die ihr Sein restlos kontrollieren und zerstören können; ebenso mußte der KZ-Häftling seine Situation erleben.

Die naheliegende Frage nach den Entstehungsbedingungen dieser Erlebensweisen bei den autistischen Kindern wird von Bettelheim mit dem Hinweis auf einen unbekannten Faktor beantwortet.

Der Vergleich findet sein Ende an der Beziehungssituation, denn Bettelheim ist der von ihm immer wieder hevorgehobenen Auffassung, daß die Mutter oder die Eltern an der Entstehung von Autismus *nicht beteiligt sind*, was im Fall der KZ-Wächter und ihrer Auftraggeber wohl nicht behauptet werden kann. Nach Bettelheim muß es sich um einen „autonomen" Faktor handeln, der das Kind den Weg zur autistischen Entwicklung einschlagen läßt (1983, S. 91).[42] Geht man vom Begriff Anerkennung aus, dann kann der Vergleich weitergeführt werden. Der nachweisbare Sachverhalt, daß Kinder – nicht nur autistische – die Welt in der geschilderten Weise erleben, wird dann als Folge extremer *Nichtanerkennung ihres Seins* begreifbar. Vom Standpunkt der Kinder aus gesehen, entstehen diese Erlebensweisen dadurch, daß ihren Beziehungsbedürfnissen nicht entsprochen wird. Die extreme Situation und die spezifischen Reaktionen schizophrener Kinder geben uns Hinweise darauf, von welchen Bedingungen die Konstitution des Selbst abhängt. Autistischer Rückzug ist dann die Folge von traumatischem Entzug lebensnotwendiger Zuwendung, ein Reaktionssyndrom, das keineswegs auf autistische Kinder beschränkt ist, sondern dort nur in besonders auffälliger Form auftritt. Auch in diesem Bereich gibt es ein breites Übergangsfeld zum „Normalen". Der prophylaktische Rückzug vom anderen, der als bedrohlich oder vernichtend erlebt wird, ist ein typisches Kennzeichen von Narzißmus.

Eine befriedigende Definition von Narzißmus ist nur möglich, wenn die mit dem Begriff „Selbst" erfaßten Entstehungsbedingungen von Subjektivität – die Konstitution des Selbst – ins Blickfeld treten. Erst dann können die Momente des Antriebs zu *erhöhter (grandioser) Selbstbestätigung* und die damit verbundenen komplexen Beziehungsverhältnisse und -bedürfnisse zusammengedacht werden.

Narzißtische Erlebens- und Verhaltensweisen sind in dieser Sicht durch Mangelzustände des Selbstgefühls motiviert. Sowohl selbstbezogene als auch heterobezogene Phantasien, Aktionen und Reaktionen unterstehen dem Ziel, die defiziente Verfassung des Selbst zu stützen und abzuschirmen. Kennzeichnend und niemals fehlende Begleitmomente sind der letztlich nicht aufhebbare Bedarf an erhöhter Bestätigung und die extreme narzißtische Kränkbarkeit.

Narzißtische Kompensation des Mangelzustands erreicht letztlich nicht ihr Ziel, den Mangel zu beheben, weil mit ihr die Verfassung des Selbst nicht verändert wird. Die „narzißtische Wunde" kann auf diese Weise nicht heilen. Manche begeben sich in lebensgefährliche Situationen, um sich dadurch (kontraphobisch) zu beweisen, daß ihr Sein (Leben) unverletzlich und unzerstörbar ist. Sie folgen damit einem unbewußten Antrieb, ihre latente Vernichtungsangst als unbegründet zu erweisen.

Analog dazu wird der narzißtische Mensch getrieben, sich in Situationen zu begeben oder solche herbeizuführen, bei dem sein (großartiges) Selbst bestätigt wird, oder er vermeidet solche, die diese Bestätigung in Frage stellen würden. In beiden Fällen wird unbewußte Vernichtungsangst nicht aufgehoben. Die Bestätigung des unverletzbaren und des großartigen Selbst muß immer wieder gesucht werden. Bei einer geglückten risikoreichen Bergbesteigung genügt der Beweis des Überlebthabens nur für den Augenblick, und deshalb müssen Berge in gefährlichen Unternehmungen immer wieder bestiegen werden.

In gleicher Weise bringt das narzißtisch motivierte Streben nach Ansehen (Macht, Erfolg, Leistung, Ruhm) keine nachhaltige Befriedigung im Bereich von Anerkennung und Bestätigung. Das Defizit im Selbst bleibt bestehen. Die Bestätigung muß wie unter Zwang immer wieder unter Beweis gestellt werden, das Streben danach wird grenzen- und maßlos. Die Bestätigung steht im Vordergrund, die Sache mit der sie erreicht werden soll, wird nachrangig. Sie erhält keine Eigenberechtigung, genausowenig wie die anderen, die nur zum Zweck der Eigenbestätigung gebraucht werden. Es werden Ziele auch dann verfolgt, wenn sie lebensbeeinträchtigend oder -zerstörend sind, und andere werden mißbraucht, vergewaltigt und selbst vernichtet, um die eigene Größe sicherzustellen. Narzißtische Kränkbarkeit zeigt sich nicht zuletzt darin, wenn durch nicht beeinflußbare Umstände (Krankheit, Alter) narzißtische Bestätigung ausfällt oder Absicherungen (Macht, Erfolg, Leistung) nicht aufrechterhalten werden können. Die oft verzweifelten Anstrengungen, den Status quo zu erhalten oder mit allen Mitteln wiederherzustellen, sind untrügliche Zeichen für den Fassadencharakter narzißtischer Kompensation, hinter der die defiziente Verfassung des Selbst und die damit verbundene Vernichtungsangst stehen.

Narzißmus wird allzuoft als „normal", zur „condition humaine" gehörig angesehen, man spricht daher auch von einem „gesunden" Narzißmus.[43] Diese diffusen Bedeutungen verschleiern entscheidende Merkmale von Narzißmus und nicht zuletzt dessen gegenwärtigen Erscheinungsformen.

Wird Narzißmus als „normal" definiert und darunter selbstbezogene Erlebens- und Verhaltensweisen verstanden, bei denen andere entweder keine Rolle spielen oder nur die bestätigender, versorgender Funktionsübernahme oder bei denen sie gar zum Zweck egoistischer Selbsterhöhung mißbraucht werden, dann liegt implizit die Vorstellung eines konstitutionell egoistisch-aggressiven Menschen zugrunde.

Daneben wird unter „gesundem" Narzißmus oft lebensnotwendige Selbstbehauptung, Selbstabgrenzung und realistische, mit dem Leben anderer verträgliche Selbstrealisierung verstanden. Es ist nicht einleuchtend, daß solche Möglichkeiten menschlichen Lebens „narzißtisch" genannt werden.

Narzißmus ist niemals „gesund" oder „normal", sondern eine Möglichkeit, defiziente Selbstzustände zu bewältigen. Narzißmus ist eine verhängnisvolle Möglichkeit, die aus humanspezifischen Strukturmerkmalen begriffen werden muß. Sie wird mit jedem Säugling und den Verhältnissen seiner Sozialbeziehung, in denen er aufwächst, aufs neue provoziert.

Es gibt humanspezifische Möglichkeiten, das narzißtische Syndrom als letztlich verhängnisvoll zu erkennen und zu verändern.

Eine der zahlreichen Voraussetzungen dafür wäre die Einsicht, daß das Gefühl der eigenen Anerkennung unausweichlich der Anerkennung durch andere entstammt, auf die wir einst um den Preis des Überlebens angewiesen waren und die Einsicht, daß alle Veränderungen des Selbst auf der anerkennenden dialogischen Beziehung zu anderen beruht.

3. *Der Spiegel – Symbol von Narzißmus*

Der Spiegel gilt seit jeher als geheimnisvolles – und gefährliches – Mittel, sich selbst zu sehen. Daß der Anblick des eigenen Spiegelbildes unheilbringend, verhängnisvoll oder sogar tödlich sein kann, war in vielen Kulturen eine weitverbreitete Vorstellung. Mannigfaltige Verbote und Tabus weisen darauf hin.

Der Spiegel kommt auch in vielen Mythen und Märchen vor, ebenso in der Dichtung. Manche Autoren haben eine besondere Vorliebe für ihn (Shakespeare, E. T. A. Hoffmann, Hesse).

Daß die Betrachtung des Spiegelbildes oft mit intensiven Gefühlen verbunden ist und die Einschätzung desselben sehr verschieden ausfällt, ist eine bekannte, aber wenig reflektierte Erscheinung. Den einen erscheint ihr Spiegelbild schön, attraktiv, interessant, ihr Selbstgefühl erhöht sich beim Anblick, andere sehen sich als häßlich, abstoßend, nichtssagend, der Anblick läßt ihr Selbstgefühl schwinden oder bestätigt den bereits bestehenden Mangelzustand.

Es gibt feststehende Bilder des Selbst, die beim Anblick im Spiegel aktualisiert werden und die auch dann einer rationalen Korrektur nicht zugänglich sind, wenn große Diskrepanzen zwischen der subjektiven Einschätzung und der der anderen bestehen.

Bislang vorliegende Interpretationen des Spiegelphänomens beziehen sich auf narzißtisch-autoerotische Selbstbespiegelung, auf die Verdoppelung des Selbst (Doppelgänger, Schatten), auf den möglichen Verlust des Selbst und auf Selbsterkenntnis. In all diesen Deutungen bleibt ein zentrales Beziehungsphänomen unbeachtet: wer sich im Spiegel betrachtet, ist mit sich allein. Er ist auf sich selbst bezogen und nicht auf einen anderen. Das Verhältnis von Selbstbezogenheit und Bezogenheit auf andere ist von entscheidender Bedeutung. Von der humanspezifischen dialogischen Struktur her gesehen, ist die „natürliche" oder ursprüngliche Beziehungsform nicht die Selbstbezogenheit, sondern die gegenseitige Beziehung mit anderen. Die vielfältigen Formen von Selbstbezogenheit, die mit der Betrachtung des Spiegelbildes symbolisiert werden, müssen als von der Beziehung zu anderen abgeleitet erkannt werden.

Sich im Spiegel sehen, ist eine Form des Selbstverhältnisses, bei der die *visuelle Wahrnehmung* im Vordergrund steht. Sie richtet sich vornehmlich auf das Gesicht.

Wie gezeigt ist jegliches Selbstverhältnis vom Verhältnis zum anderen nicht zu trennen, und insofern zeigen sich im Spiegelbild auch die Augen (Gesichter) der anderen, wie wir einst von ihnen gesehen wurden, wie wir jetzt wünschen, gesehen zu werden oder wie wir meinen, daß sie uns sehen.

Alles Sehen in der gegenseitigen Beziehung ist mit Anerkennung und (möglicher) Nichtanerkennung untrennbar verknüpft. Das Sehen und Gesehenwerden, das Nicht-gesehen-Werden (z. B. bei der Begrüßung in größeren Gruppen), das Übersehenwerden, sind bedeutsame affektive Interaktionen, die häufig unbeachtet bleiben, obwohl sie von allen Beteiligten „verstanden" werden. Die präverbalen Kommunikationsweisen stimmen auch in diesem Bereich mit den verbal-kognitiv geäußerten häufig nicht überein.

Der verächtliche, hämische, gleichgültige, mißtrauische Blick ebenso wie der freudige, bejahende, interessierte, wohlwollende, sind bekannte Phänomene des Alltagslebens. Das Thema des „bösen Blicks", der den anderen zum Erstarren bringt, ihn lähmt oder ihn – wie in Mythen – in Stein verwandelt, ist mehrfach untersucht worden, der Zusammenhang des „vernichtenden" Blicks mit Nichtanerkennung wurde aber bislang nicht gesehen.

Wer im Mittelpunkt von Beachtung steht, etwa bei öffentlichen Auftritten, befindet sich in einer Situation, in der sich die Augen der vielen anderen auf einen richten. Der dabei auftretende Erregungszustand kann so intensive Formen annehmen, daß ein Verlust des psychischen Gleichgewichts (des Selbst) und damit Funktionsunfähigkeit eintritt. Das insbesondere bei Schauspielern, Sängern usw. gefürchtete *Lampenfieber* gehört in einen Zwischenbereich, bei dem einerseits die erhöhte Bestätigung intensiv gewünscht (gebraucht) wird, andererseits die Angst vor Versagen, vor Verachtung, Spott, Niederlage dagegen steht.

Die Schwankungen des Selbstgefühls im Bereich des Sich-zur-Schau-Stellens, sind typisch und weitverbreitet. Es fällt schwer, das Sichherzeigen, sowohl als Herzeigenkönnen als auch als Nicht-herzeigen-Können oder gar das von anderen erzwungene Herzeigenmüssen (Beschämen, Anprangern) und die dazugehörigen Ängste, Scham- und Schuldgefühle ebenso wie die diesbezüglichen intensiven Antriebe (Lust, Freude) nicht in Verbindung zu Anerkennung und Nichtanerkennung zu bringen.

Bei der konkreten Spiegelbetrachtung geht es um die von anderen isolierte Beziehung zu sich selbst, und es ist nach dem bisher Gesagten, leicht zu zeigen, daß diese Form von Selbstbezogenheit auch *Selbstbestätigung* beinhaltet. Die narzißtische Selbstbezogenheit bedeutet auch und vor allem *Selbstbestätigung ohne die anderen.*

Die Tabus und Verbote, sich im Spiegel zu betrachten, sind als Vorkehrungen gegen Gefahren isolierter Selbstbezogenheit und die daraus resultierenden Beeinträchtigungen der Beziehungsmöglichkeiten zu anderen leichter begreifbar als mit der Vorstellung konstitutioneller autoerotischer Antriebe.

Die anderen bleiben zwar bei der isolierten Selbstbezogenheit ausgeschlossen. Dies geschieht aber aus bestimmten Gründen, d. h. die narzißtische Selbstbestätigung ist auf die Bestätigung (oder Nichtbestätigung) durch andere rückführbar.

Die konkrete narzißtische Selbstbetrachtung im Spiegel ist dann eine Form der Selbstbestätigung, bei der man sich selbst zum Alter ego macht, *sich zu sich selbst wie zu einem anderen verhält.* Dies kann sehr verschiedenen Gründe haben, etwa den, daß andere fehlen, die Beziehungsmöglichkeiten zu anderen beeinträchtigt sind oder weil narzißtische Selbstbezogenheit als ungefährlichere, bequemere, befriedigendere Möglichkeit der bedrohlich, anstrengend und letztlich unbefriedigend erlebten Beziehung zu anderen vorgezogen wird.

Die zwanghaften Antriebe, sich im Spiegel zu betrachten, oder die als pervers angesehenen masturbatorischen Akte vor dem Spiegel sind Versuche, mangelndes Selbstgefühl auszugleichen, wofür auch die Sexualität eingesetzt werden kann.

Paula Elkisch (1957) beschreibt 3 Fälle von psychotischen Kindern, bei denen als gemeinsames Moment die zwanghafte Tendenz auffiel, sich im Spiegel zu betrachten. Sie zitiert Roheim, der sich eingehend mit Spiegelphänomenen im kulturellen Bereich beschäftigt hat und die Verbote beschreibt, mit denen Kinder gehindert werden, sich im Spiegel zu betrachten.
Roheim (1919) ist der Auffassung, daß solche Verbote und Tabus eine unbewußte Kenntnis der Gefahren der „narzißtischen" Fixierung verraten.
Eine Verbindung von „Narzißmus" und Spiegel wird über den Schautrieb hergestellt, der nach Freud dem Stadium des Autoerotismus (primärer Narzißmus) entstammt und sich zunächst auf den eigenen Körper richten soll.

„Man kann annehmen, daß eine solche Fixierung gefördert wird, wenn sich das Kind im Spiegel anschaut, ein Akt, der als ungehemmter Durchbruch skoptophiler Impulse [Schaulust] angesehen werden kann" (Elkisch 1957, S. 239).
Elkisch bringt die Verhaltensweisen der psychotischen Kinder in einen Zusammenhang mit diesen Verboten und erklärt sie als Fixierungen auf eine oral-narzißtische Phase.
Neben diesem Interpretationsaspekt steht unvermittelt ein anderer, der „Selbstidentität" und den „Verlust des Selbst" betrifft. Elkisch meint, daß der Impuls, sich im Spiegel zu betrachten, dem „Verlust des Selbst" entgegenwirken soll.
„Sein gesamtes Verhalten vor dem Spiegel wurde von der Therapeutin als Versuch verstanden, sicherzustellen, wer, was, wo er wäre, so als ob er sich an seine wie immer fragmentarische Selbst-Identität klammern wollte" (Elkisch 1957, S. 242).

Vom Kind her gesehen, gehört das Sehen sicher nicht zu den primären Kommunikationsweisen, mit denen Bestätigung und Nichtbestätigung vermittelt wird. Der zönästhetische Modus von Verständigung bedient sich vielmehr hauptsächlich der „Nah"sinne (Berührung, Geruch und Geschmack). Es ist aber nicht zu verkennen, daß dem *gegenseitigen Anblick* auch für frühe Phasen gerade für Anerkennung entscheidende Bedeutung zukommt. Das Gesicht und die Augen spielen hierfür eine zentrale Rolle. Die *humanspezifische* Bedeutung des Gesichtes in diesem Zusammenhang hat Eigen (1980) herausgestellt.

Das konkret anschauliche Bild der Betrachtung, Faszination und Versunkenheit beim Anblick des Spiegelbildes ist ein Symbol für alle Selbstbezogenheit dieser Art, also auch für solche, bei der das Sehen nicht im Vordergrund steht. Die nichtvisuelle *akustische Selbst„reflexion"* gibt es bereits in manchen Versionen des antiken Mythos von Narzissos, in dessen Verhältnis zur Nymphe Echo. Im Echo kommt nur das zurück, was man *selbst* gesagt hat, eine in narzißtischen Interaktionen mühelos nachweisbare Erscheinung: „er hört nur sich selbst reden".
Auch die z. B. im wissenschaftlichen Bereich zur Genüge bekannten „Monologe" gehören dazu.
Die narzißtische Spiegelung kann aber auch im Verhältnis zu anderen auftreten, wobei hier die anderen als Spiegel fungieren, mit dem ausschließlich das eigene Bild zurückgeworfen wird. Ein feststehendes, etwa von Grandiosität oder Überlegenheit geprägtes Selbstbild muß dann von anderen bestätigt werden, und nur unter dieser Voraussetzung wird eine Beziehung aufgenommen oder aufrechterhalten.

Der Spiegel gilt jedoch über diese Bedeutungen hinaus auch als Symbol für Selbsterkenntnis. In diesem Sinn hat er in der psychoanalytischen Praxis eine entscheidende Rolle gespielt. Die zuletzt erwähnten Aspekte des Spiegels werden in den folgenden Kapiteln ausführlicher erörtert.

4. Das Körperselbst im Spiegel

Für das Kind ist es in frühen Phasen wichtig, daß seine Körperbewegungen bestätigend beachtet werden. Es ist darauf angewiesen, daß ein anderer es in dieser Weise „sieht". Die fortlaufende Anerkennung und Bestätigung und die damit verbundene Interpretation seiner Gefühle, Empfindungen und Verhaltensweisen in diesem Bereich führen zu jenen Aspekten des Selbstgefühls, die in den Gefühlen, in Ordnung zu sein, seinen Gefühlen, Empfindungen, Bewegungen, trauen zu können und ihrer sicher zu sein, ihren Ausdruck finden.

Das Körpergefühl – ein elementarer Aspekt des Selbstgefühls – ist beim Erwachsenen meist selbstverständlich und wird nicht eigens beachtet. Der Ausfall der bestätigenden Interaktionen in der Kindheit durch andere kann eine generelle oder spezifische Unsicherheit bei Körpergefühlen, aber auch bei der Körperhaltung und -bewegung zur Folge haben.

Kleist (1811, Ausg. 1964) hat in seiner berühmten Abhandlung über das Marionettentheater diese Problematik anhand eines Spiegelphänomens dargestellt. Der Verlust der unmittelbaren Sicherheit und Souveränität der Körperbewegung ist bei ihm gleichzeitig Symbol für den Verlust des souveränen Selbst.

Der Essay handelt von der Anmut und Grazie der natürlichen Körperbewegung, die durch *Reflexion* hinfällig gemacht wird. Kleist stellt die Störanfälligkeit in einer eigenartigen Weise dar, so daß der Eindruck entsteht, er hätte den gestörten Zustand als elementaren Mangel empfunden, dem er ein Ideal – die leblose Marionette – entgegengestellt.

Der Jüngling, der durch seine anmutige Bewegung die Bewunderung aller auf sich gezogen hatte, sieht sich im Spiegel. Er wird von seinem Begleiter aufgefordert, die eben unmittelbar vollzogene Bewegung, die er im Spiegel gesehen hatte, zu wiederholen. Der Versuch mißlingt, die bewußt gewollte Bewegung wirkt plump und lächerlich. Nach mehrfachen vergeblichen Versuchen wird der Jüngling an sich irre. Er muß sich nun selbst im Spiegel beobachten, kontrollieren und korrigieren, wenn er sich bewegt, damit aber ist die Grazie und Anmut seiner Bewegungen verschwunden, die gerade zur Bewunderung Anlaß gegeben hatte.

Das unmittelbar selbstverständliche Vertrauen – „der Schwerpunkt in der Mitte", wie Kleist sagt – ist erschüttert. Angst und Unsicherheit treten auf und müssen durch die Selbstreflexion kontrolliert und ausgeglichen werden – ein vergebliches Unterfangen, den ursprünglichen Zustand wiederherzustellen.

Das Gegenbild Kleists ist die leblose Marionette. Ihre Bewegungen sind mechanisch, sie ist keiner Empfindung fähig und damit nicht störanfällig. Es fehlt ihr der „Geist", könnte man sagen, aber Kleist verweist nicht auf das Bewußtsein (Reflexion), das den lebendigen Tänzer gefährdet, sondern auf einen narzißtischen Aspekt: die Eitelkeit, die „Ziererei". Der lebendige Tänzer, der nicht den „Schwerpunkt der Mitte" hat, ist auf die Bewunderung der anderen aufgrund seiner Eitelkeit angewiesen. Er muß auf seine Spiegelung im Publikum achten und kontrollieren, ob er sich in den Augen der anderen richtig bewegt. Solch „eitle" Angewiesenheit bringt den ungraziösen Tänzer hervor, der seinen Schwerpunkt irgendwo anders hat (wie die Tänzerin P. „ihre Seele sitzt ihr in den Wirbeln des Kreuzes" oder den jungen F. „die Seele sitzt ihm gar, es ist ein Schreck, es zu sehen, im Ellbogen").

Die kontrollierende Reflexion im Spiegelbild, die die Unsichereit ausgleichen soll, ist der Spiegelung im Publikum verwandt. Es muß über Gebühr und unter dem Zwang, bewundert zu werden, auf die Widerspiegelung des eigenen Selbst bei den anderen geachtet werden. Dies widerspricht dem „Geist" der unbewußt ablaufenden „natürlichen" Bewegung (Handeln, Tun), die hierdurch unwiderruflich gestört wird.

Kleists Motiv und Wunschbild eines souveränen „Lebens", eines nicht selbstreflektierenden Sichbewegens und Handelnkönnens aus einem „Schwerpunkt der Mitte" heraus, tritt auch mit dem 2. Bild, das Kleist in seinem Essay verwendet, deutlich hervor:

Ein Bär besiegt im Zweikampf einen erfahrenen Fechter, weil er „instinktiv" handelt, alle Finten und Fallen seines Gegners durchschaut und davon unbeeinflußt bleibt. Mit dem unbewußt lebenden und sicher handelnden Tier wird das ersehnte Ideal noch intensiver beschworen.

5. *Die narzißtische Spiegelung im anderen*

Die narzißtische Selbstbespiegelung, bei der das eigene Selbst Gegenstand besonderer Einschätzung und Bewunderung ist, hat eine Paralelle in Beziehungen, bei denen einer diese Rolle des Spiegels übernimmt. Er spiegelt dann dem anderen das vor, was dieser von sich zu sehen und zu hören wünscht, dessen Wunschspiegelbild, das sich ebenfalls nicht selten durch großartige oder vollkommene Züge auszeichnet. Auf den anderen wird dann so reagiert, wie dieser es gemäß seinem Selbstbild erwartet. Diese Reaktion kann auch wechselseitig in einer Beziehung erfolgen.

Beziehungen, die von narzißtischen Spiegelungen geprägt sind, zeichnen sich durch Unlebendigkeit aus. In der gegenseitigen Reaktion geschieht nichts Neues, weil immer dasselbe wiederholt wird, nämlich die einseitige oder gegenseitige Spiegelung feststehender Selbstbilder. Veränderung wird als bedrohlich erlebt, weil die spezifische Gestaltung des Selbstbildes zur Aufrechterhaltung des Selbstgefühls gebraucht wird.

Auch in der Beziehung zwischen Eltern und Kindern spielt die narzißtische Spiegelung eine große Rolle.

Im Bereich der Anerkennung geht es v. a. darum, ob von der Mutter und anderen auf das Sein des Kindes überhaupt lebendig geantwortet wird. Die mechanische, unbeteiligte, unlebendige Antwort ist dem leblosen Spiegel vergleichbar. Es gibt aber auch die spezifisch narzißtische Spiegelung, indem auf das Sein des Kindes so geantwortet wird, wie es dem Wunschbild der Eltern entspricht. Das in das Kind projizierte Wunschbild, wie und was es werden soll, ist unvermeidlich von Idealen, Normen, Werten der Eltern und denen der Gesellschaft, in der sie leben, bestimmt. Das Wunschbild ist der Rahmen, in dem das Kind Bestätigung und Anerkennung findet, an seiner Grenze beginnt Nichtanerkennung, die an Intensität zunimmt, je weiter sich das reale Sein des Kindes von diesem entfernt.

Für die frühen Phasen ist es jedoch von wesentlicher Bedeutung, ob das Selbstsein des Kindes, seine *spontanen* Äußerungen, seine noch ungeformten Empfindungen, Bewegungen und Versuche lebendig beantwortet werden, d. h. ob sie beachtet werden, ob man auf sie eingeht und sich mit ihnen beschäftigt, auch dann, wenn sie nicht dem Wunschbild entsprechen. Wenn auf alle *spontanen* Äußerungen des Kindes keine Antwort erfolgt; die Mutter (der Vater) nur auf solche Äußerungen antworten, die ihren (seinen) eigenen Vorstellungen entsprechen und andere davon abweichende nicht beantworten oder ablehnen, dann ist dies auch eine narzißtische Spiegelung im anderen.

Diese Beziehungsformen werden verinnerlicht, d. h. die diesbezüglichen emotionalen Erfahrungen im Bereich des Selbstseins prägen die Verfassung des Selbst.

Hiervon gibt es verschiedene Varianten. Eine davon ist jene Art der Beantwortung und Interaktion, die nur das beim Kind zuläßt und bestätigt, was den eigenen Vorstellungen von ihm entspricht.

Eine andere Variante ist die ausschließliche oder betonte Bestätigung großartiger Leistungen, die von der Mutter (vom Vater) provoziert werden.

Die Folgen solcher Art Anerkennung für den Aufbau des Selbst können wegen der Komplexität der Verhältnisse sehr verschieden sein. Eine der möglichen Folgen führt beim Kind zur Überzeugung, daß es keine anerkennende Antwort auf sein *eigenes* Sein gibt und je geben kann.

Bei manchen Patienten trifft man in der Analyse auf die meist gut verborgene Grundüberzeugung, nicht geliebt werden zu können, wobei sich diese Erfahrung eindeutig dahingehend spezifizieren läßt, daß sie in ihrem gesamten Sein nicht genuin anerkannt wurden. Sie verteidigen diese Überzeugung oft in geradezu fanatischer Weise, was verständlich wird, wenn man daran denkt, daß die Nichtanerkennung die einzige Beziehungsform war, die ihnen einst geboten wurde.

Sie wiederholen dann diese Beziehungsformen im späteren Leben. Gleichzeitig findet man aber partiale und spezifische Bestätigungsbereiche, bei denen es nicht um ihr Sein geht, sondern um ausgegrenzte Qualitäten, wie etwa großartige Leistung, perfekte Beherrschung und Kontrolle, Karriereziele. Sie treten dann in den Vordergrund der erwarteten Bestätigung, so wie wenn diese ausgegrenzten Qualitäten allein oder insgesamt das individuelle Sein ausmachen würden.

Von daher ist die weitverbreitete Überzeugung zu begreifen, nur das zu *sein*, was man in den Augen der anderen ist und gilt. Die daraus entstehenden, häufig als Identitätsproblematik bezeichneten Schwierigkeiten, lassen sich auf den einfachen Sachverhalt zurückführen, daß gesellschaftliche Leitbilder, Rollen, ausgegrenzte Qualitäten, wenn sie als einziges Bestätigungsfeld dienen, ein Defizit an Anerkennung hinterlassen. Denn das eigene Sein deckt sich nicht mit Qualitäten oder Vorgaben, und wenn erhebliche Diskrepanzen bestehen, dann rebelliert das potentielle Selbst in mannigfaltiger Weise.

Das Bedürfnis nach lebendiger Bestätigung des eigenen Selbst scheint auch im rational-technisierten Zeitalter unausrottbar zu sein.

Die Selbstbespiegelung ist die verhängnisvolle Möglichkeit, sich selbst, isoliert von anderen, zu bestätigen. Dazu gehört auch die Angst vor der Beziehung zu anderen und die damit verbundene Möglichkeit von Nichtanerkennung. Verhängnisvoll ist Selbstbespiegelung deswegen, weil sie keine Befriedigung bringt, die letzten Endes nur in Beziehungen zu anderen zu finden ist.

In seiner Novelle „Der Sandmann" hat E. T. A. Hoffmann den Beziehungsmodus der narzißtischen Spiegelung im anderen dargestellt.

Nathanael, ein auf Beachtung und Bewunderung angewiesener, labiler Student, ist mit Clara, einem lebenszugewandten, von bürgerlichen Idealen geprägten Mädchen verlobt.

Mit seinen Dichtungen findet er bei ihr wenig Gegenliebe, weil sie diese als langweilig und lebenswidrig empfindet und meint, daß daraus nichts Gutes erwachsen könne. Sie gibt eine – wie immer fragwürdige – aber lebendige Antwort. Nathanael fühlt sich durch diese Kritik – wie alle narzißtischen Persönlichkeiten – tief gekränkt. Er kann die Infragestellung seiner Dichtungen nicht zum Anlaß nehmen, sich mit der Kritik des anderen oder mit sich selbst auseinanderzusetzen, was zur Möglichkeit einer Veränderung entweder beim Partner oder bei ihm selbst oder bei beiden hätte führen können, wie dies in einem lebendigen Dialog der Fall ist. Er erlebt die Kritik an seinem Produkt als Ablehnung seines Seins und sagt zu ihr: „Du verdammter lebloser Automat".

Mit diesem Satz spricht er seine alte Erfahrung aus, daß seine Selbstäußerung und Selbstdarstellung unlebendig, gleichgültig, mechanisch beantwortet und damit nicht anerkannt wurde. Gleichzeitig erwartet er die unlebendige (kritiklose) Bestätigung seiner Großartigkeit in einem ausgegrenztem Bereich, hier in der Bewunderung seiner Werke.

Es wird aber nicht nur die *lebendige Antwort* eines anderen als unlebendig verkannt, sondern auch die vielleicht wohlwollende Kritik als *Totalablehnung*, weil sie nicht auf das Bedürfnis nach Bestätigung der Großartigkeit eingeht. Er verliebt sich in die Puppe Olimpia, die vollkommene mechanische Nachbildung eines schönen Mädchens, und ist von deren Wesen fasziniert.[44] Olimpia sitzt bewegungslos da und bestätigt mit ihrem unlebendigen Blick und ihrem eintönigen Kommentar „Ach, ach" alles, was er ihr erzählt und aus seinen Dichtungen vorträgt.

„Oh, du herrliches, du tiefes Gemüt", sagt er zu ihr, „nur von Dir, von Dir allein werde ich verstanden." Die unlebendige, mechanische Spiegelung erfährt er als „sein" großes Glück: den vom Sein des anderen unbeeinträchtigten und ungetrübten Spiegel seines großartigen Selbstbildes. „Oh, du herrliche himmlische Frau, du Strahl aus dem verheißenen Jenseits der Liebe – du tiefes Gemüt, in dem sich mein *ganzes Sein spiegelt*" (Hervorhebung von mir).

Er hat den Mangel der Anerkennung seines eigenen Selbst mit dem Aufbau eines großartigen Selbstbildes kompensieren müssen, auf dessen Bestätigung er festgelegt ist: Er erwartet die uneingeschränkte – kritiklose – Bewunderung seiner als großartig eingeschätzten Werke. Die Bestätigung wird unbedingt gebraucht, ihr Ausfall hat die katastrophale Beeinträchtigung des Selbstgefühls zur Folge. Die „Verheißung aus dem Jenseits der Liebe" ist Ausdruck des unbewußten Wunsches nach Anerkennung – nach „Liebe" – des *eigenen Selbst*. Da Nathanael diese emotionale Erfahrung in einer Beziehung nicht machen konnte, muß sich der unausrottbare Wunsch danach in der Form der verhängnisvollen großartigen Selbstbespiegelung im illusionär verklärten (idealisierten) anderen seine Befriedigung suchen. Verhängnisvoll ist die narzißtische Spiegelung im anderen auch deshalb, weil mit ihr keine befriedigende gegenseitige Beziehung zustandekommen kann.

Bei der Frau, bei der dies möglich wäre, ist ihm der Weg versperrt, weil er die lebendige Antwort als totale Ablehnung seines Seins mißversteht und das lebendige Mädchen als leblosen Automaten verkennt. Die unlebendige, auf sich selbst bezogene Frau erlebt er dagegen als die große Verheißung, seiner Mutter vergleichbar, bei der er auch vergeblich auf die genuine Anerkennung gehofft hatte und statt dessen leblose Widerspiegelung erfuhr.

Die narzißtische Spiegelung im anderen als Beziehungs- und Bedürfnisstruktur kann auch in der analytischen Situation in Form einer „narzißtischen Übertragung" auftreten. Diese spezifische Form und den Umgang damit in der analytischen Praxis hat Kohut unter dem Begriff der „Spiegelübertragung" beschrieben (III.E.7.).

6. Der Spiegel – Symbol von Selbsterkenntnis

Der Spiegel wird auch als Metapher für eine besondere Beziehungsform verwendet, bei der einer das Sein des anderen „reflektiert". Bei Shakespeare heißt es:

> I your glass
> Will modestly discover yourself
> That of yourself which you yet know not of
> (Julius Caesar 1;2)

Hier ist eine Widerspiegelung gemeint, mit der einer dem anderen Seiten seines Wesens zeigt, die dem Betreffenden sonst nicht zugänglich oder nicht bewußt sind. Indem er ihm diese Seiten zeigt, erfüllt er die Funktion eines Spiegels, in dem sich der andere sehen kann, und mit Hilfe dessen er sich besser sehen und verstehen kann.

Es handelt sich um den Spiegel der möglichen Selbsterkenntnis in der Beziehung zu einem anderen. Die Spiegelmetapher in dieser Bedeutung verweist darauf, daß die Menschen durch die *isolierte Selbstbespiegelung* gerade nicht erkennen können, was sie selbst sind, sondern allemal einen anderen brauchen, der ihnen das sagt, was sie über sich selbst nicht wissen.

Diese Bedeutung des Spiegels ist eine andere als die der isolierten Selbstbespiegelung, bei der der Mensch mit sich allein ist, aber auch eine andere als die der narzißtischen Spiegelung durch andere.

Der Spiegel als Symbol im Bereich der Spiegelung des Selbst hat demnach eine merkwürdige Mehrdeutigkeit, die Gegenstand folgender Betrachtung ist.

Freud hat die Spiegelmetapher zur Kennzeichnung der Funktion des Analytikers verwendet. In der Praxis der Psychoanalyse wurde sie zur Richtschnur und zum Kriterium der Beziehung zwischen Analytiker und Patient. Sie spielte bei den Regeln zur technischen Handhabung eine wichtige Rolle.

Die Spiegelfunktion wurde dahingehend interpretiert, daß der Analytiker eine distanzierte, emotional unbeteiligte und passive Rolle gegenüber dem Patienten einhalten und ihm nur dessen *eigenes Sein* im Sinn der unbewußten Triebanteile, Triebkonflikte, Abwehr und Widerstand spiegeln müsse.

> Der Arzt soll undurchsichtig für den Analysierten sein und wie eine Spiegelplatte nichts anderes zeigen, als was ihm gezeigt wird (Freud 1912a, S. 384).

Diesen entscheidenden Hinweis gibt Freud in einem Kontext, wo von den Gefahren persönlicher Mitteilung des Analytikers die Rede ist. Er meint, der unerfahrene, junge Psychoanalytiker verfalle leicht der gängigen Meinung, daß man dem Vertrauen des Patienten und seiner von ihm geforderten Offenheit in gleicher Weise begegnen müsse.

> Ein Vertrauen ist doch das andere wert, und wer Intimität vom anderen fordert, muß ihm doch auch solches bezeugen (S. 384).

Freud begründet seine strikte Ablehnung mit dem Hinweis, daß eine solche Intimität eine Aufdeckung des Unbewußten des Patienten verhindern und eine Bearbeitung seiner Widerstände unmöglich machen würde. Er rät dagegen, sich den Chirurgen zum Vorbild zu nehmen, der alle seine Affekte und selbst sein menschliches Mitleid beiseite dränge, um die Operation so kunstgerecht als möglich durchzuführen.

In der Nachfolge von Freud wurde die Spiegelmetapher in erster Linie unter dem Gesichtspunkt der geforderten Distanz und Zurückhaltung interpretiert. Es wurde die passive Position des Analytikers hervorgehoben, der nur auf das zu antworten habe, was ihm der Patient sagt. Er soll „immun gegen Anziehung und Abstoßung" sein und „unbestechlich wie ein Schiedsrichter seine Impulse, Abwehr, Widerstände, Kompromisse deuten" (Rangell 1979, S. 92; Übersetzung von mir).
Diese Interpretation ist schon frühzeitig auf Protest gestoßen.

Balint zeigt in „Übertragung und Gegenübertragung (1939b), daß die Analyse nicht „im luftleeren Raum" stattfindet und daß verschiedene Momente der Persönlichkeit des Analytikers (er hat einen Namen, ist männlich oder weiblich, hat ein bestimmtes Alter, eine Familie usf.) in ihrer Wirkung auf die analytische Beziehung nicht ausgeschlossen werden könnte. Er meint, daß darüber hinaus viele andere persönliche Eigenarten des Analytikers und v. a. seine Gefühle, die er für den Patienten empfindet, nicht eliminiert werden könnten, weil es sich um eine lebendige Person und nicht um einen unbelebten Spiegel handelte. „Das ist die Basis des oft zitierten Freudschen Gleichnisses: Der Analytiker habe sich so zu verhalten wie eine blankpolierte Spiegelplatte – ein lebloser Gegenstand" (Balint 1966, S. 246).

Balint steht dagegen auf dem Standpunkt, daß die Forderung nach einer emotional unbeteiligten und passiven Einstellung des Analytikers sich gar nicht einhalten lasse und plädiert für eine bewußte Sicht und Kontrolle der persönlichen und emotionalen Elemente der Gegenübertragung, nicht aber für ihre Eliminierung.

Heimann stellt die mit der Spiegelmetapher verbundene Problematik noch deutlicher heraus (1950) und sieht ihr Hauptanliegen darin, „das Gespenst des gefühllosen, inhumanen Analytikers zu bannen" und die „Verwendbarkeit der Gegenübertragung zu zeigen" (Heimann 1964, S. 485).

Thomä hat sich mit dem Problem der Beziehung des Analytikers zum Patienten eingehend befaßt und die Spiegelmetapher Freuds kritisch beleuchtet. Er beschreibt die Problemgeschichte dieses Themas und meint, daß sich in der psychoanalytischen Praxis eine Entwicklung vom „spiegelnden zum aktiven Analytiker" abzeichne (1981). Er verweist auf die Bedeutung der persönlichen Elemente in der Beziehung und ihre Wirksamkeit in den therapeutischen Interventionen, ferner auf die Aktivität des Analytikers und auf das Moment des Neuen, das beide, sowohl den Patienten als auch den Analytiker betreffen könne.

Die von Balint, Heimann, Little (1951), Stone (1961) und zuletzt von Thomä vorgetragene Kritik an der Spiegelfunktion ist zwar berechtigt, doch richtet sie sich in erster Linie gegen eine Interpretation von Freud. Ob Freud selbst nach dieser Interpretation der Spiegelmetapher gehandelt hat, ist nicht nur fraglich (Cremerius 1979; Thomä 1981), sondern ist geradezu unmöglich, da es dann keine Psychoanalyse gegeben hätte (Stone 1961).

Was zur Kritik an Freud legitimen Anlaß gab, war die Auslegung der Spiegelmetapher im Sinn einer beziehungslosen Spiegelung. Der Analytiker, so meinte man, müsse emotional unbeteiligt, distanziert, ohne lebendige Beziehung zum Analysanden bleiben. Er reflektiere gleichsam mechanisch nur das, was ihm der Patient zeige.

Auch wenn diese Auslegung und ihre Kritik z. T. zutreffend war und faktischen Verhältnissen entsprach, so darf dabei nicht aus dem Auge verloren werden, daß schon bei Freud hier ein Widerspruch zwischen Praxis und Theorie bestand.

Im praktischen Umgang und im Verhältnis zum Patienten finden sich bereits bei Freud bestimmte Aspekte, die in der Theorie und auch in den technischen Anweisungen unbeachtet bleiben. Auch wenn zwischen Analytiker und Analysand keine übliche oder alltägliche Beziehung besteht, ist die *Sphäre* der Beziehung von anerkennendem Verstehenwollen und vorübergehender Seinsübernahme (Hilfs-Ich) bestimmt.

Freud hat diese emotionale Beziehungsform praktiziert, aber gleichzeitig in seiner Theorie ausgeschlossen. Während in jeder erfolgreichen Analyse auch ein emotionaler Dialog stattfindet, ist die Metapsychologie monologisch konstruiert. In keinem der Grundkonzepte Freuds kommt die emotionale Beziehung zwischen Menschen zu ihrem Recht, vor allem aber nicht das Phänomen der Anerkennung.

Die Anerkennung – *das Sein-lassen-Können* – des Patienten in der analytischen Situation ist eine emotionale Vorgegebenheit, die keineswegs selbstverständlich ist.[46] Die Voraussetzung für jegliches „Spiegeln" des anderen ist, daß sich einer in den anderen einfühlen und ihn auf diese Weise verstehen kann. Dieses Einfühlen – das empathische Verstehen des anderen – entspricht einer Beziehungsform, in der sonst notwendigerweise bestehende zwischenmenschliche Grenzen aufgehoben werden und eine wie immer geartete und zeitlich andauernde Verbundenheit zustande kommt.

Alles Verstehen des anderen ist außerdem immer mit einer Intention verbunden. Man kann andere wohlwollend verstehen oder in feindseliger Absicht. Psychoterror, psychische Folter, das weite Feld ungreifbarer Aggression und Grausamkeit haben das einfühlende Verstehen anderer zur Voraussetzung. Man kann einem anderen die „Wahrheit" in einer Weise sagen, daß er sie annehmen kann und ihn damit zu einer förderlichen Selbsterkenntnis verhelfen. Man kann die „Wahrheit" über ihn aber auch so sagen, daß er dadurch gekränkt, u. U. erheblich verletzt wird, was sicher auch die Folge hat, daß er die Art „Wahrheit" nicht annehmen wird.

Aus den in der Psychoanalyse vorherrschenden Regeln zur Technik kann eine Beziehungsform abgeleitet werden, die gleichsam als Ideal dient. Die Beachtung der immer vorkommenden und unvermeidlichen Abweichungen von diesem Ideal gehören auch noch zu diesen Regelvorstellungen.

Bei dieser Beziehungsform wird das Sein des Analysanden *prinzipiell anerkannt*, d. h. die Anerkennung richtet sich nicht auf bestimmte Erlebens- und Verhaltensweisen. Der andere kann dabei potentiell *zunächst einmal das sein, was er ist*.[47]

Der Beziehungsmodus ist weiterhin durch die Intention bestimmt, dem anderen zu einer Veränderung oder Entwicklung zu verhelfen, mit der er sein Leben befriedigender leben kann als es bislang der Fall war. Diese Intention wird nicht durch manipulative Maßnahmen oder Interaktionen aktualisiert. Der Analysand entwickelt seine eigene Art von Veränderung (sein eigenes potentielles Selbst) nicht zuletzt dadurch, daß er sich immer besser *selbst* sieht und versteht.

Die Anerkennung des anderen zeigt sich auch in der Regel der „gleichschwebenden Aufmerksamkeit", die Offenheit, Vorurteilsfreiheit, Bereitschaft zum ungesteuerten Zuhören bedeutet. Diese Einstellung setzt vom Analytiker nicht wenig voraus, denn Freiheit von unbewußten Widerständen gegen Sexualität, Aggression, gegen Vormeinungen und Gefühle aller Art ist eine Forderung von beinahe übermenschlichem Ausmaß. Sie wurde dadurch relativiert, daß die (wahrgenommene) Gegenübertragung heute als wichtiges therapeutisches Hilfsmittel eingesetzt wird.

Das Symbol des Spiegels bei Freud kann nicht unabhängig von diesem Beziehungsmodus verstanden werden. Von daher gesehen steht der Spiegel der möglichen Selbsterkenntnis durch einen anderen in der prinzipiellen anerkennenden und wohlwollenden verstehenden Beziehung und ist ohne eine solche nicht denkbar und praktizierbar.[48]

Das Moment der Anerkennung kann auch an weiteren Aspekten der analytischen Beziehung nachgewiesen werden. Wie jede menschliche Beziehung ist auch diese von Überlegenheit und Unterlegenheit bestimmt. Der Analytiker befindet sich von vornherein durch seine therapeutische Kompetenz, die der Patient in Anspruch nehmen will, in einer überlegenen Position.

Über- und Unterlegenheit treten aber auch in der Übertragung als Wiederbelebung der einstigen Eltern-Kind-Verhältnisse auf.

Es besteht daher die Möglichkeit, daß die Überlegenheit in Form einer Machtposition gegenüber Unterlegenen mißbraucht wird, indem der auf Hilfe oder Unterstützung Angewiesene geringgeschätzt, als minderwertig angesehen, verachtet oder verspottet wird – alles Formen von Nichtanerkennung.

Jegliche Form von Hilfe ist mit der Möglichkeit dieser Formen von Abwertung verbunden, und es gibt viele, die in der Ausübung eines „helfenden Berufes" nicht wenig Befriedigung aus dieser Quelle – des Gefühls von Macht gegenüber dem abgewerteten anderen – ziehen.

Die Abwertung des Analysanden durch den Analytiker kann womöglich als gefährlichster weil unvermeidlicher Aspekt der (negativen, unbewußten) Gegenübertragung angesehen werden. Sie kann allein dadurch vermieden werden, daß die prinzipielle Anerkennung immer wieder zustande kommt und dem Analysanden vermittelt wird.

In der Kritik der rigiden Auslegung der Spiegelmetapher wird von Heimann (1950) u. a. zu Recht auf ein typisches verhängnisvolles Interaktionsmuster zwischen Analytiker und Patient verwiesen. Der Analytiker meint der Forderung nach emotionaler Distanz nachkommen zu müssen und geht auf eine (etwa persönlich gestellte Frage) nicht ein, er gibt keine oder abweisende Antworten. Der Patient reagiert auf diese Ablehnung mit Feindseligkeit, weil er die Ablehnung als eine Nichtanerkennung erlebt. Die Feindseligkeit des Patienten wird dann vom Analytiker als Widerstand, archaischer Trieb usw. gedeutet, womit ein verhängnisvoller und schwer auflösbarer Zirkel in der analytischen Beziehung in Gang gesetzt wird.

Nichtanerkennung kann auch über theoriegeleitete Auffassungen zustande kommen. Das ist dann der Fall, wenn der Analytiker Bedürfnisse des Patienten nicht versteht oder nicht mit ihnen zurechtkommt. Er wird dann dazu neigen, auf den „normalen" zwischenmenschlichen Modus für diese Fälle zurückzugreifen, nämlich auf Ablehnung, Verurteilung, Abwehr. Dies erlebt der Patient dann als Nichtanerkennung und nicht selten zu Recht als Wiederholung der Erfahrungen seiner Kindheit.

Der Patient reagiert aber auch häufig darauf mit Unterwerfung und nimmt die Deutung des Analytikers an, womit ebenfalls ein in der Kindheit erworbenes Interaktionsmuster wiederholt wird.

Exkurs: Spiegelübertragung bei Kohut

Die Spiegelmetapher wird von Kohut bevorzugt verwendet. „Spiegelung" („mirroring"), „Widerspiegeln" – der Glanz im Auge der Mutter –, „emotionaler Widerhall", „empathische Resonanz", das alles sind Begriffe, die in der Beschreibung der Spiegelübertragung eine zentrale Rolle spielen. Sie werden sowohl für bestimmte Formen der analytischen Beziehung als auch allgemein für menschliche Beziehungen einschließlich derjenigen zwischen Eltern und Kind verwendet.

Obwohl Kohut die Spiegelmetapher unterschiedlich und wiederholt verwendet (1973a), findet sich bei ihm keine grundsätzliche Überlegung dazu, was der Spiegel oder die Spiegelung letzten Endes bedeutet. Anstelle einer notwendigen Erörterung wird die Spiegelmetapher synonym mit „Narzißmus" gebraucht.

In der Spiegelübertragung erwartet der Analysand die vorbehaltlose, kritiklose, beständige Bestätigung seines großartigen Selbstbildes, des „Größenselbst", durch den Analytiker. Diese Beziehungsform wird von Kohut als Spiegelübertragung im engeren Sinn definiert. Sie gilt „a potiori" für weitere Formen, bei denen das Spiegelphänomen zwar auch noch, aber weniger auffällig auftritt als bei der ersteren. Es sind dies die Alter-ego- oder Zwillingsübertragung und die der Verschmelzung.

Trotz dieser wichtigen Unterschiede werde ich mich nicht besonders bemühen, die spezifischen Formen des jeweils wiederbelebten Größen-Selbst zu identifizieren und werde öfter alle ihre Erscheinungsformen Spiegelübertragung nennen. Da die Phänomene der Spiegelübertragung im engeren Sinne eindeutig die bekanntesten und am leichtesten erkennbaren Anzeichen für ein therapeutisch wiederbelebtes Größen-Selbst sind, ist dieser (a potiori benutzte) Begriff am vielsagendsten hinsichtlich der gesamten Gruppe vergleichbarer Phänomene (Kohut 1973a, S. 148).

Die Spiegelübertragung ist eine „narzißtische" Übertragung, indem dem Analytiker „die Rolle eines Spiegels für den infantilen Narzißmus des Patienten zugewiesen" wird (Kohut 1969, S. 321).

Der Analytiker ist dabei das „narzißtische" Objekt (idealisiertes Objekt, Selbstobjekt). Er spiegelt den „infantilen Narzißmus" des Patienten, sein „narzißtisches Selbst" oder, wie es dann später heißt, sein (infantiles) Größenselbst.

Das Größenselbst ist ein Abkömmling des infantilen oder archaischen „Narzißmus", also nach Kohut einer normalen Entwicklungsphase.

Kohut meint, daß das Kind in dieser Phase auf grandiose, exhibitionistische Darbietungen seines körperlichen und mentalen Selbst die Bestätigung seiner Eltern erwarte.

Im Normalfall würden diese, von der kindlichen Situation her verständlichen, phantastischen Vorstellungen von den Eltern allmählich selektiv und korrigierend bestätigt und somit modifiziert. Die Eltern stellten entsprechend dem Reifungsfortschritt des Kindes zunehmend realistische Bedingungen für die Bestätigung und erreichten damit einen Abbau der kindlichen Größenphantasien und ermöglichten dem Kind, einen realistischen Bezug zu sich selbst und zur Umwelt herzustellen.

In diesem engeren Wortsinn ist die Spiegelübertragung die therapeutische Wiederherstellung jener normalen Entwicklungsphase des Größenselbst, in dem der Glanz im Auge der Mutter, der die exhibitionistische Darbietung des Kindes widerspiegelt, und andere Formen mütterlicher Teilnahme an der narzißtisch-exhibitionistischen Lust des Kindes und durch mütterliche Reaktionen auf sie das Selbstwertgefühl des Kindes stärken und durch eine schrittweise zunehmende Spezifität dieser Reaktionen das Selbstwertgefühl in eine realistischere Richtung lenken. Wie die Mutter in jener Entwicklungsphase, so ist nun der Analytiker ein Objekt, das nur insoweit von Bedeutung ist, als es an der narzißtischen Lust des Kindes teilnehmen und sie so bestätigen soll (Kohut 1973a, S. 141).

Im Fall der „narzißtisch" gestörten Individuen bleibt aufgrund der Frustration dieser Bedürfnisse das Größenselbst unmodifiziert erhalten. Es wird abgespalten und ist dem bewußten Ich nicht mehr zugänglich. Die unbewußten Ansprüche des Größenselbst bedrängen das Real-Ich und beeinträchtigen dessen Leistungen und Beziehungen zu anderen.

In der Spiegelübertragung wird das Größenselbst gespiegelt. Der Analytiker ist kein einfacher Spiegel, er ist ein „narzißtischer" Größenspiegel.

Die Beziehungsform ist „narzißtisch", da dem Analytiker nur die Rolle des Spiegelnden zugeteilt wird. Außer dieser Funktion hat er als Eigenperson für den Patienten keinerlei Bedeutung.

> Der Analytiker ist somit bei der Spiegelübertragung im engeren Sinne das wohlabgegrenzte Ziel der Forderungen des Patienten, den Exhibitionismus und die Größe des Patienten widerzuspiegeln, zu bestätigen und zu bewundern ... (Kohut 1973a, S. 310).

Erhält der Analytiker in der Spiegelübertragung im engeren Sinn noch die „narzißtische" Befriedigung, daß seine „getrennte Existenz" durch den Patienten anerkannt wird (S. 308), so ist dies in den beiden anderen Formen nicht mehr der Fall. In der Alter-ego- und der Verschmelzungsübertragung wird der Analytiker vom Patienten so erlebt, als sei er ein Teil seines Selbst. Der Analytiker „empfindet diese Beziehung im allgemeinen als bedrängend und neigt dazu, sich gegen die rücksichtslose, totale Tyrannei aufzulehnen, die der Patient über ihn errichten will" (S. 140).

Die Spiegelung hat für den Patienten eine wichtige Funktion. Sie dient der Aufrechterhaltung seines „narzißtischen Gleichgewichts". Der Analytiker ist der „narzißtische Zement", der das Selbst des Patienten vor der Fragmentierung bewahrt. Solange er diese Funktion ausübt, bleibt sein Selbst „kohärent".

Die Funktion als solche wird vom Patienten nicht bemerkt. Erst der Ausfall macht auf sie aufmerksam. Kohut verwendet als Analogie zur Funktion des Selbstobjekts die selbstverständliche Kontrolle und Beherrschung aller körperlichen und mentalen Funktionen.

In allen Formen der Spiegelung geht es um „narzißtische" Bedürfnisse. Es sind Bedürfnisse des Größenselbst, die sich in exhibitionistischen Forderungen und Größenvorstellungen zeigen, die der Analytiker billigen, bestätigen oder bewundern soll. In der Spiegelübertragung werden „frühe Formen der Selbstliebe" wiederbelebt, für die der Analytiker nicht nur als einfacher Spiegel fungieren soll, „er muß in der Tat ein vergrößernder Spiegel dieser Bedürfnisse sein" (S. 310).

Die „narzißtischen" Bedürfnisse trennt Kohut von den libidinösen ab und schreibt ihnen eine eigene Qualität zu. Analog zu den libidinösen (inzestuösen) Trieben können auch die „narzißtischen" Bedürfnisse verdrängt oder abgespalten und dem Ich nicht mehr zugänglich sein. In der Spiegelübertragung kommen sie allmählich zum Vorschein, v. a. durch die Erwartung, daß der Analytiker sie billigen und nicht zurückweisen werde. Sie sind meist – infolge ihrer Frustrierung in der Kindheit – hinter einer „Mauer von Abwehr" verborgen, mit der sich der Patient vor neuerlicher Zurückweisung und Traumatisierung zu schützen versucht.

Kohut bestimmt sein therapeutisches Vorgehen daher so, daß er diese Erwartung zunächst erfüllt, „was man widerstrebendes Eingehen auf die kindlichen Wünsche nennen könnte". Sein analytisches Ziel besteht jedoch nicht in der Wunscherfüllung, sondern in der „Ich-Herrschaft auf der Grundlage von Einsicht, die im Rahmen (erträglicher) analytischer Abstinenz erworben wird" (S. 329).

Nach diesem Überblick muß die Bedeutung von „narzißtisch" erneut erörtert werden, da dieser Begriff häufig synonym mit der Spiegelmetapher oder zu ihrer Erklärung verwendet wird.

Die Begriffe „narzißtisch" und „Narzißmus" werden von Kohut so verwendet, als hätten sie die gleiche Bedeutung wie in der Metapsychologie Freuds. Sie werden jedoch unmerklich abgeändert und bekommen eine andere Bedeutung, ohne daß dies ausgewiesen würde.

Der Begriff einer „narzißtischen Objektbeziehung" ist gegenüber der klassischen Definition von Narzißmus (Freud) höchst problematisch. Soll doch einerseits „narzißtisch" die Besetzung des eigenen Selbst meinen und gerade nicht die eines Objekts. Um den Beziehungsmodus zu erfassen, daß ein auf sich bezogener (sich selbst „liebender") Mensch trotzdem Beziehungen zu anderen eingeht oder diese sogar benötigt, müßte eine dritte Form einer psychischen Energie eingeführt werden (neben der narzißtischen Ich-Libido und der libidinösen Objektlibido). Genau dies tritt bei Kohuts Verwendung von „narzißtischer" Libido ein. Er schreibt dieser eine eigene Qualität zu, die mit der Zielrichtung – Selbst oder Objekt – nichts mehr zu tun hat.[49]

> Narzißmus wird in meiner Betrachtungsweise nicht durch das Ziel der Triebbesetzung bestimmt (sei dies die Person selbst oder andere), sondern durch die Natur oder Qualität dieser Besetzung (Kohut 1973a, S. 45).

Diese eigene Qualität bleibt dann aber wieder unaufgeklärt. Die „narzißtischen" Bedürfnisse sind zwar solche nach Spiegelung, und sie entstammen dem Größenselbst. Worum handelt es sich aber eigentlich?
Ebenso verhält es sich mit der Art der Beziehung.

> Die Antithese zum Narzißmus ist nicht die Objektbeziehung, sondern die Objektliebe. Was einem Beobachter des sozialen Feldes als Fülle der Objektbeziehungen eines Menschen vorkommen mag, kann dessen rein narzißtisches Erleben der Objektwelt verhüllen; umgekehrt können bei einem Menschen, der in scheinbarer Isolierung und Einsamkeit lebt, die reichsten Objektbeziehungen bestehen (Kohut 1966, S. 563).

Danach kann jemand mannigfaltige Beziehungen zu anderen haben, diese sind aber im Erleben des Individuums „narzißtisch", während ein anderer in der Einsamkeit lebt und trotzdem zu anderen Beziehungen von der Art der Objektliebe hat. Auch hier bleibt die „narzißtische" Beziehung unaufgeklärt.

Kohut hat mit dem Begriff der Spiegelübertragung Beziehungsformen und Bedürfnisse herausgestellt, die in der Triebtheorie Freuds nicht vorkommen. Er benennt diese aber immer noch mit dem herkömmlichen Begriff des „Narzißmus", was zu unauflösbaren Widersprüchen und Mißverständnissen führen muß. Später gibt er in seinem selbstpsychologischen Konzept den Begriff „Narzißmus" ersatzlos auf. Auf diese Weise bleibt das Verhältnis zwischen der herkömmlichen und der neuen Bedeutung von Narzißmus endgültig unreflektiert.[50]

In der hier vorgetragenen Sicht sind die „narzißtischen" Bedürfnisse, die in der Spiegelübertragung bei Kohut beschrieben werden, *Bedürfnisse nach Anerkennung durch einen anderen*. Ein anderer soll die Äußerungen des eigenen Selbst bestätigen und für gut heißen.

Kohut meint, es handele sich um infantile, d. h. unreife, unrealistische Ansprüche des Größenselbst. Aber auch diese Vorstellung ist metapsychologisches Erbe, sie entstammt dem Begriff des infantilen Narzißmus, wonach das Kind am Anfang des Lebens einen Zustand von Vollkommenheit und Allmacht erleben soll, einen Zustand beziehungsloser Omnipotenz. Wie alle Anhänger des Primären Narzißmus nimmt auch Kohut an, daß dieser Zustand durch die unvermeidliche Frustration der Versorgung, durch die Unvollkommenheit der Realität gestört wird, worauf das Kind einen psychologischen Reifungsfortschritt macht, indem es die vorher phantasierte strukturlose Vollkommenheit und Allmacht psychischen Repräsentanzen zuweist, dem Größenselbst und einer idealisierten Imago der Eltern. Das auf diese Weise zustandegekommene Größenselbst soll dann von den idealisierten Eltern beachtet und bewundert werden. Damit nimmt auch Kohut an, daß das Kind normalerweise eine Stufe der grandiosen Selbstdarstellung (Größenwahn) durchläuft und dessen Spiegelung erwartet. Diese Konstruktion ist ebenso fragwürdig wie die der infantilen Omnipotenz, der sie letzten Endes entstammt.[51]

Die genetische Rekonstruktion der Spiegelübertragung bei Kohut muß als eine Variante des pathogenetischen Fehlschlusses (Knapp 1988b) begriffen werden. Auch hier wird eine reaktive Folge, die Kompensation des mangelnden Selbstgefühls durch Größenphantasien – wie sie beim Erwachsenen nachweisbar ist – auf normale „infantil-unreife" Stadien rückprojiziert.

Die „narzißtischen" Bedürfnisse werden auch als exhibitionistisch bezeichnet. Damit ist der infantile (sexuelle) Partialtrieb gemeint, das lustvolle Sichherzeigen, das wiederum grandios und grenzenlos sein soll.

Eine genaue Betrachtung der klinischen Beispiele Kohuts zeigt, daß sich in keinem seiner Fälle ein *normales* kindliches Größenselbst nachweisen läßt. Immer handelt es sich um ganz einfache und nicht um grandiose Bedürfnisse. Es sind Bedürfnisse nach Aufmerksamkeit, Anteilnahme und Bestätigung der Äußerungen des Selbst, bzw. der Selbstdarstellung. Das Sichherzeigen in frühen Phasen ist auch keine Darbietung mit dem Ziel sexueller Provokation. Kohut verweist auf die meist nur schwer und unter Scham preisgegebenen Wünsche nach Einzigartigkeit (das Besondere, das „Kostbare", s. S. 176) und stellt sofort eine Verbindung zum Größenselbst her. Dabei liegt es doch viel näher, diese Bedürfnisse als solche nach Anerkennung des *eigenen* Seins zu verstehen, die in der Kindheit des Patienten nicht erfolgte.

Zuhören, einfühlendes Reagieren und Sicherinnern (etwa an das, was der Patient vor einer Woche gesagt hat) werden beim Analytiker als *Spiegelfunktion*[52], die Wünsche des Patienten danach als Ausdruck seines Größenselbst interpretiert. Bedürfnisse nach Zuhören, Anteilnahme, Sicherinnern, mögen beim kleinen Kind durch seine Angewiesenheit zwar intensiv sein, weshalb sie aber grandios oder exhibitionistisch sein sollen, bleibt unverständlich.

Die Bedürfnisse der Alter-ego- und Verschmelzungsübertragung sind Bedürfnisse nach Aufgehobenheit und (nicht-oraler) Versorgtheit.

In der Alter-ego-Übertragung wird der Analytiker als jemand erlebt, „mit dem man seine Gedanken und Gefühle teilen kann" und von dem man erwartet, daß er so denkt und fühlt wie man selbst. Diese durch große Nähe und Verbundenheit gekennzeichnete Beziehung hat aber wiederum wenig mit Größenphantasien zu tun.

Die Verschmelzungsphantasien – „stumme" Forderungen, mit dem Analytiker eine Einheit zu bilden – verweisen auch auf Beziehungsmodi der Primärbeziehung und betreffen Gefühle von Aufgehobenheit und Getragensein.

Die „narzißtischen" Bedürfnisse – die „affektiven Forderungen des Patienten" – müssen als Bedürfnisse nach Anerkennung, Aufmerksamkeit, Anteilnahme, nach verständnisvoller Anwesenheit, nach Aufgehobenheit und Versorgtheit in der Kindheit verstanden werden. Sie werden zwar so geäußert und ihre Befriedigung so gefordert, als wäre der Analytiker die Mutter oder der Vater, sie sind aber deswegen weder grandios noch maßlos oder unrealistisch.

Werden sie in der Kindheit nicht befriedigt oder gar traumatisiert, können sie sich – wie alle versagten Bedürfnisse – intensivieren und deshalb u. U. drängenden und gesteigerten Charakter annehmen. Als Folge der Frustration entsteht dann das Größenselbst, das in der Analyse aktiviert wird.

Kohut sagt merkwürdigerweise an bestimmten Stellen dasselbe, und auch seinen Fallbeispielen ist dies zu entnehmen. Doch hindert ihn dies nicht, an der These des normalen kindlichen Größenselbst festzuhalten.

Das kindliche Größenselbst kann aber auch so entstehen, daß die Mutter (der Vater) besondere Leistungen des Kindes im körperlichen oder seelischen Bereich provoziert und diese dann allein bestätigt; oder aber das Kind entwickelt, um sich dem unerträglichen Gefühl der Nichtanerkennung zu entziehen, einen Hang zur bizarren Selbstdarstellung oder Neigung zu absonderlichen, waghalsigen, weil auffallenden Darbietungen. Auch hierfür finden sich Beispiele bei Kohut. Im „Spiegeln" bei Kohut werden Bedürfnisse nach Anerkennung, Bestätigung, Anteilnahme und Verständnis befriedigt und dies auch noch dann, wenn sie in gesteigerter Form auftreten.

Ist dafür der *narzißtische Spiegel* der richtige Begriff? Sicherlich nicht. Denn bei Kohut handelt es sich nicht um eine narzißtische Spiegelung im anderen, wie sie oben beschrieben wurde. Von dieser unterscheidet sie sich dadurch, daß der Analytiker das Größenselbst nicht einfach spiegelt, um dessen Ansprüche zu befriedigen, sondern er stabilisiert damit das prekäre oder bedrohte Selbstgefühl als Voraussetzung der analytischen Arbeit. Die emotionale Erfahrung einer kontinuierlich gebotenen anerkennenden Beziehung hat schließlich zur Folge, daß der Analysand sich selbst anerkennen kann und damit über ein selbständiges Selbstgefühl verfügt. Die kompensatorische Stütze durch das Größenselbst ist dann nicht mehr erforderlich. Das ist die Voraussetzung für die Einsicht, daß unbegrenzte Erfüllung von Bestätigung und Anerkennung durch andere nicht möglich und auch nicht notwendig ist. Dann ist auch der Weg frei für befriedigende Beziehungen, die allemal auf der Basis gegenseitiger Anerkennung zustande kommen.

Recht besehen steht demnach der Spiegel bei Kohut in einer Beziehung, in der zunächst auch „unrealistische" oder pathologisch verzerrte Wünsche nach Anerkennung zugelassen werden. Damit wird der Beziehungsmodus, der im Spiegel der Selbsterkenntnis symbolisiert wird, um einen wesentlichen Aspekt erweitert, nämlich um den der primären Bedürfnisse, von deren Befriedigung und Versagung die Konstitution des Selbst abhängt.

8. Anerkennung und Selbstgefühl

Menschen können nur leben (sein), wenn sie von anderen anerkannt werden.

Es gibt keine Beziehungen zwischen Menschen, die nicht von Anerkennung oder Nichtanerkennung bestimmt wären, und auch alle neutralen, distanzierten oder gar gleichgültigen sind davon nicht ausgenommen.

Verachtung, Entwertung, Herabsetzung, Beschämung, Spott müssen als Phänomene von Nichtanerkennung begriffen werden. Sie sind auf Anerkennung bezogen.

Anerkennung ist für die Menschen so wesentlich, daß im Extremfall alles in den Dienst von Anerkennung gestellt wird. Dabei werden sogar Bedingungen akzeptiert, die das Leben gefährden oder zerstören.

Der totale Entzug von Anerkennung bedeutet psychische Vernichtung. Man kann andere „niedermachen" oder „fertigmachen", ohne Hand an sie zu legen.

Zur Anerkennung gehört die Beziehung. Die Erfüllung des Wunsches und die Befriedigung des Bedürfnisses nach Anerkennung ist an die Fähigkeit und die Bereitschaft dazu gebunden.

Selbst eine flüchtige Betrachtung menschlicher Verhältnisse zeigt, daß zwischen der Größe der Bedürfnisse nach Anerkennung und der Möglichkeit, diese befriedigt zu bekommen, eine erhebliche Diskrepanz besteht, da letztere nur durch die faktische Anerkennung der anderen realisiert werden kann.

Der Wunsch, das Bedürfnis, der „Trieb" oder die Sucht nach Bestätigung, Billigung, Bewunderung, Aufmerksamkeit ist leicht nachweisbar. Ist dies doch der zentrale Inhalt dessen, was man „Narzißmus" nennt.

Das „narzißtische" Moment betrifft jedoch überdies die Diskrepanz, daß jemand große Bedürfnisse nach Bestätigung hat und gleichzeitig selbst die anderen nicht bestätigen kann oder will, sie sogar gerade nicht bestätigt, keine Kenntnis von ihrer Existenz nimmt oder sie gar verachtet.

Ganz generell scheint aber zwischen dem Bedürfnis nach Anerkennung und der Fähigkeit, selbst Anerkennung zu geben, eine unüberbrückbare Kluft zu bestehen.

> Das Fundament des Mensch-mit-Mensch-seins ist dies Zwiefache und Eine: der Wunsch jedes Menschen, als das was er ist, ja was er werden kann, von Menschen bestätigt zu werden, und die dem Menschen eingeborene Fähigkeit, seine Mitmenschen eben so zu bestätigen. Daß diese Fähigkeit so unermeßlich brachliegt, macht die eigentliche Schwäche und Fraglichkeit des Menschengeschlechts aus: aktuale Menschheit gibt es stets nur da, wo diese Fähigkeit sich entfaltet (Buber 1960, S. 28).

Das „Brachliegen" der Fähigkeit, andere zu bestätigen, mag verschiedene Quellen haben. Eine wesentliche und bislang kaum erforschte ist die Bedeutung von Anerkennung in der Primärbeziehung. Bedürfnisse nach Anerkennung können beim kleinen Kind, beim Schulkind und beim Jugendlichen ohne weiteres nachgewiesen werden. Gilt dies aber auch für frühe Phasen? Hat der Säugling Bedürfnisse nach Anerkennung?

Um diese Frage beantworten zu können, muß zuerst geklärt werden, was Anerkennung in diesem Stadium bedeutet und worum es sich dabei handelt.

Im folgenden werden 4 mögliche Formen der Beziehung von Müttern zu ihren Kindern beschrieben und unter dem Aspekt von Anerkennung erörtert. Die Einstellung und Beziehung der Mutter zu ihrem Kind steht dabei im Vordergrund. Das bedeutet jedoch nicht, daß sich die individuelle Einstellung der Mutter außerhalb eines spezifischen Umfeld entwickelt hätte.

1) Bei der ersten Form geht es um die (körperliche) Ausstattung des Kindes bei Geburt, auf die die Mutter reagiert. Als prototypisch kann dafür das Geschlecht stehen. Nehmen wir an, die Mutter hätte sich ein männliches Kind gewünscht und wäre in dieser Erwartung enttäuscht worden. Es ist unvermeidlich, daß sie das Kind in irgendeiner Weise ablehnen wird. Dabei kann es verschiedene Lösungen des Problems geben.
In anderen Epochen und Gesellschaften wurde es auf die bereits erwähnte Weise gelöst, indem man nämlich das Kind nicht am Leben ließ. In unserer Gesellschaft ist dies nicht möglich, weil Normen dies verbieten. Es gibt aber auch die individuellen (verinnerlichten) Normen und Vorstellungen der Mutter, die diese Lösung ausschließen, die aber zusätzlich bewirken, daß der ablehnende Impuls als solcher verleugnet werden muß. Es ist möglich, daß der Impuls wahrgenommen werden kann und dann eine Auseinandersetzung stattfindet, die zu einer Entscheidung zugunsten des Kindes führt.
Im folgenden wird jedoch davon ausgegangen, da die Intentionen zur Beseitigung des Kindes verdrängt werden und damit unbewußt wirksam bleiben. Das ungelöste Dilemma geht in das Verhältnis der Mutter zu ihrem Kind ein und bestimmt die Sphäre der Beziehung. Die Ablehnung des Geschlechts des Kindes kann analog für viele andere Qualitäten des Kindes gelten.

2) Die Mutter braucht das Kind zur Befriedigung ihrer Bedürfnisse. All das, was sie von anderen nicht bekommt oder bekommen hat – „Liebe", Aufgehobenheit, Vertrauen, Anerkennung – kann sie sich jetzt mit einem Wesen erfüllen, das ganz und gar auf sie angewiesen ist. Ein Kind „liebt" seine Mutter „bedingungslos". Es ist immer für sie da, sie muß sich nicht mehr allein fühlen. Das Kind braucht sie, ihre Versorgungsrolle verleiht ihr eine wichtige Position. Die Hilflosigkeit des Kindes kann Anlaß für Befriedigung von Bedürfnissen nach Überlegenheit und Macht sein.

3) Die Mutter hat eine spezifische Defizienz im Bereich von Anerkennung und deswegen große Bedürfnisse nach Bestätigung ihrer Person, die ansonsten wenig Befriedigung finden. Die Mutter setzt dann als Stellvertreter dieser oft maßlosen Bedürfnisse das Kind ein, das großartig sein und bewundert werden soll. Seine Einzigartigkeit und Großartigkeit, die sich meist in besonderen (dem kindlichen Dasein nicht adäquaten oder seinem eigenen Selbst nicht entsprechenden) Leistungen offenbart, steht im Dienst der Bedürfnisse der Mutter, die die Großartigkeit und Bewunderung des Kindes als ihre eigene erlebt.

4) Jeder Neuankömmling, besonders aber das erste Kind, bewirkt durch sein (Vorhanden)sein eine erhebliche Umstellung im bisherigen Lebensablauf

der Mutter und des sozialen Umfelds, in dem sie lebt, weil das Kind aufgrund seiner Angewiesenheit Ansprüche auf Versorgung stellt. Daraus kann ein Dilemma entstehen, wenn die Mutter ihre Lebensgewohnheiten, Berufsausübung, Berufs- und Karrierepläne, Partnerbeziehungen usf. nicht aufgeben oder den neuen Umständen anpassen will.

Eine mögliche Lösung dieses Dilemmas besteht darin, daß das Verhältnis von Mutter und Kind unter der Devise steht, das Sein des Kindes dürfe ihre Kreise nicht stören, ihre bisherigen Lebensumstände nicht in Frage stellen oder wesentlich modifizieren. Diese Einstellung kann wiederum völlig unbewußt bestehen und einer bewußten Auseinandersetzung entzogen bleiben, weil das soziale Umfeld diese Einstellung stützt oder gar verlangt, oder durch abwertende Einschätzung der Mutterrolle fördert.

Das Verhältnis der Mutter zum Kind wird dann von der unbewußten Forderung bestimmt, daß das Kind so schnell wie möglich „erwachsen" werden, Fähigkeiten und Eigenschaften entwickeln soll, die denen eines funktionierenden Individuums in einer Leistungsgesellschaft entsprechen. Die Befriedigung primärer Bedürfnisse wird dadurch entscheidend beeinträchtigt. Bei den genannten Beziehungsformen wurde das Kind zwar „anerkannt", aber nur unter bestimmten Bedingungen.

Im 1. Fall wird es durch ein „Opfer", einen „Verzicht" der Mutter anerkannt. Sie nimmt das Kind an, obwohl es erhebliche (unbewußte) Widerstände gegen sein Dasein gibt.

Im 2. ist das Aufkommen für die Bedürfnisse der Mutter Bedingung seines Daseins. Es muß ihren Mangel oder gar schwerwiegenden Defekt (Psychose) kompensieren. Im 3. ist die Selbsterhöhung der Mutter Bedingung, und im 4. wird das Kind nur unter der Bedingung anerkannt, daß sein Dasein das der Mutter nicht ungebührlich beeinträchtigt und gleichzeitig, daß es als unabhängiges (getrenntes) Individuum funktioniert.

In allen 4 Fällen aber wird das Kind nicht in seinem eigenen Sein anerkannt, immer gibt es Bedingungen, unter denen es anerkannt wird.

Die an der Kommunikationstheorie orientierte Schizophrenieforschung (Bateson 1969) hat zum Verständnis menschlicher Beziehungen allgemein, für die Mutter-Kind-Beziehung jedoch besonders einen wichtigen Beitrag geleistet. Die Kommunikation zwischen Mutter und Kind verläuft danach auf zwei unterschiedlichen Ebenen. Es gibt die Ebene der (bewußten) direkten, meist verbalen Mitteilung und die Ebene der unbewußten, überwiegend averbalen, im Bereich von Mimik, Gestik, Körperhaltung, Tonfall etc. Die Botschaften der beiden Ebenen können gleichzeitig einen verschiedenen, u. U. gegensätzlichen Inhalt haben.

Das bekannte Beispiel dafür ist die verbale Aufforderung der Mutter, das Kind solle zu ihr auf den Schoß kommen. Kommt das Kind dieser nach, dann gibt sie ihm auf der anderen Ebene zu verstehen, daß sie dies nicht mag. Sie gibt hier eine gegensätzliche Botschaft von Zurückweisung, Ablehnung oder Feindseligkeit. Das Kind wird durch diese Doppeldeutigkeit in eine aussichtslose Lage, in eine „Beziehungsfalle" gebracht, denn jede Reaktion geht zu seinen Ungunsten aus. Geht es auf die erste Botschaft ein, muß es die zweite verleugnen. Geht es auf die zweite ein, würde die Mutter diese verleugnen und das Kind als lieblos oder ungehorsam zurechtweisen. Diese Doppeldeutigkeit zu durchschauen übersteigt die kindlichen Fähigkeiten bei weitem. Gleichzeitig ist das Kind durch seine Angewiesenheit in jedem Fall an die Mutter gebunden und kann sich der Situation nicht entziehen.

Ein weiteres wichtiges Ergebnis dieser Forschung ist die unbewußte Taktik der Verschleierung (Mystifizierung, Laing 1965), die mit der ersten Verfahrensweise im Zusammenhang steht.[53] Wenn die Mutter sich als „Opfer" (Märtyrerrolle) ausgibt, dann ist dies eine Verschleierung ihrer Nichtanerkennung des Kindes. Die Mutter hat ihre feindseligen Impulse verleugnet. Der Wunsch, daß das Kind besser nicht oder zumindest nicht in der spezifischen Ausstattung da wäre, wird verdrängt und an seine Stelle die Opferrolle gesetzt. Die Mutter hat sich für das Kind geopfert, damit es leben konnte. Die Entschädigung für das Opfer ist lebenslange Dankbarkeit, Anhänglichkeit, ist „Schuld", die nie abgetragen werden kann.

Im zweiten Fall wird die Verschleierung dadurch hergestellt, daß die Mutter ihre Bedürfnisse für die des Kindes ausgibt, was ihr nicht schwerfällt, wenn sie die einzige Bezugsperson und sonst niemand da ist, der dieser Mystifizierung entgegentritt (Vater, Dritte).

Auch hier spielt das soziale Umfeld (Familie) eine entscheidende Rolle, weil der Vater oder Dritte diese Verschleierung übernehmen und bekräftigen können.[54]

Die Mutter weiß immer, was das „Beste" für ihr Kind ist und zeigt ihm damit, wie sehr sie es „liebt". Das Kind selbst wird nicht gefragt, und wenn es eigene, von denen der Mutter abweichende Bedürfnisse äußert, werden sie so uminterpretiert, als würde die Mutter diese schon immer respektieren, ja sogar fördern, während in Wirklichkeit sie dies gerade nicht tut:

> Mutter: Ich bin nicht böse, daß du so redest. Ich weiß ja, du meinst es nicht wirklich so.
> Tochter: Aber ich meine es so.
> Mutter: Nun, Liebes, ich weiß, du meinst es nicht so. Du kannst dir nicht selber helfen.
> Tochter: Ich kann mir selber helfen.
> Mutter: Nein, Liebes, ich weiß, du kannst es nicht, denn du bist krank. Würde ich einen Augenblick vergessen, daß du krank bist, dann wäre ich sehr wütend auf dich (Laing 1969, S. 283).[55]

Wenn das Kind der Mutter zuwiderlaufende eigene Bedürfnisse anmeldet, die die Mutter auf der ersten Ebene nicht zurückweisen kann, reagiert sie auf der unbewußten Ebene mit Ablehnung oder Verurteilung oder, wie es später dann meistens der Fall ist, doppeldeutig („double bind").

Das tritt ein, wenn das Kind infolge seiner Reifung Leistungen bringen muß, die eine Trennung von der Mutter bedeuten: Du kannst das machen, du sollst das machen, aber wenn du das tust, dann wird deine Mutter beeinträchtigt, krank oder sie muß sterben.

Auch für den letztgenannten Fall gibt es Mystifizierungen. Dazu gehört die Meinung – die ideologisch gestützt sein kann –, daß primäre Bedürfnisse nach Aufgehobenheit und Versorgtheit nicht erfüllbar, Wünsche dieser Art verwerflich und egoistisch seien; wer sie trotzdem stelle und auf ihrer Erfüllung beharre, sei schlecht, böse (aggressiv), eben kein gutes Kind.

Die Bestätigung erfolgt dann allein für Beherrschung und Kontrolle primärer Bedürfnisse und für Fähigkeiten zu angepaßtem Verhalten.

Kann es eine bedingungslose Anerkennung des Kindes geben? Sind nicht alle Verhältnisse zum Kind mit Wünschen und Vorstellungen unzertrennlich verbunden, wie es und was es werden soll?

Daß es trotz alledem genuine Anerkennung geben kann, soll dieses einfache Beispiel zeigen.

Ein kleiner Junge von fünf Jahren läuft mit einem großen, dicken Wurm in der Hand zu seiner Mutter und sagt: „Mutti, sieh mal, was für einen großen, dicken Wurm ich habe." Sie sagt: „Du bist schmutzig – geh und wasch dich, aber schnell." Die Reaktion der Mutter auf den Jungen ist das, was Ruesch eine abschweifende Reaktion genannt hat. Ruesch schreibt:
„Die Kriterien, die die abschweifenden Reaktionen charakterisieren, lassen sich wie folgt zusammenfassen:
Die Erwiderung richtet sich nur ungenügend nach der einleitenden Aussage.
Die Erwiderung hat frustrierende Wirkung.
Die Erwiderung ist nicht auf die hinter der ursprünglichen Aussage stehende Absicht abgestimmt, die sich aus Wort, Tat und Zusammenhang der Situation ablesen läßt. Die Erwiderung betont einen rein zufälligen Aspekt der Aussage" (Laing 1976, S. 80).

Man kann die Interaktion unter verschiedenen Aspekten interpretieren. Der dicke Wurm kann auf der phallischen Ebene als Penissymbol, die Reaktion der Mutter als eine auf der analen, als Gleichsetzung von schmutzig mit böse angesehen werden. Die Kommunikation kann eigens betrachtet und als abschweifende Reaktion beschrieben werden.

Der zentrale Aspekt jedoch ist die Nichtanerkennung des Seins des Kindes. Der Junge sagt auf der verbalen Ebene, daß er der Mutter einen Wurm zeigen will, aber auf der averbalen Ebene gibt es eine weitere Botschaft; hier heißt die Mitteilung: ich möchte, daß du an meinem Sein Anteil nimmst, es zur Kenntnis nimmst und es damit bestätigst, worauf ich (noch) angewiesen bin. Es geht nicht um eine spektakuläre Bestätigung, wie etwa: du bist großartig, weil du diesen großen Wurm gefunden hast, oder um eine Billigung; das kann sich alles mit der jetzt gemeinten Anerkennung verbinden, sie aber nicht ersetzen. Entscheidend ist die schlichte, bejahende Kenntnisnahme, die sogar noch dann bestehen bleiben kann, wenn die Mutter gegen den Wurm etwas einzuwenden gehabt hätte.

Auf die Darbietung des Seins des Kindes wird nicht geantwortet, damit wird es nicht anerkannt.

Das Beispiel soll zeigen, daß genuine Anerkennung kein Hirngespinst oder unerreichbares Ideal ist, sondern ein einfacher, beinahe banaler menschlicher Akt, der realmöglich ist und von vielen Müttern selbstverständlich und ohne Aufhebens ausgeführt wird.[56]

Nach diesem Umweg kann die eingangs gestellte Frage nach der Bedeutung von Anerkennung für frühe Phasen erneut aufgegriffen werden.

Von der Seinsverfassung des Kindes her gesehen, ist seine Angewiesenheit in frühen Phasen am größten. Wenn das für Aufgehobenheit, Versorgtheit, Vertrauen zutrifft, warum sollte das für die Anerkennung dann nicht gelten, zumal diese für die Menschen eine so entscheidende Rolle spielt?

Bei den oben angeführten Beispielen handelt es sich um Formen von Nichtanerkennung, die dem Kind in verschleierter Form vermittelt werden. Das Kind erlebt aber trotzdem die Nichtanerkennung (ohne es zu wissen), weil das affektive Klima der Primärbeziehung davon bestimmt wird.

Eine Mutter, die ihr Kind unbewußt ablehnt, wird es anders tragen, füttern, anders mit ihm reden und für es da sein, als eine, die das Kind bejaht.

Eine Mutter, die das Kind für die Befriedigung ihrer eigenen Bedürfnisse braucht, wird es in seinen primären Bedürfnissen u. U. überbefriedigen, um es bei sich behalten zu können und wird eine ganz intensive und enge Bindung zu ihm entwickeln.

Eine Mutter dagegen, der ihr ungestörtes Eigenleben wichtiger ist als die Befriedigung, die ihr ihr Kind bieten kann, wird dazu neigen, die primären Bedürfnisse übermäßig zu frustrieren und eine Bindung zu ihm eher auf der Erwachsenenebene suchen. Die extreme Versagung primärer Bedürfnisse wird aber vom Kind auch als Nichtanerkennung seines Seins erlebt, weil diese Äußerungen seines Selbst sind. Die Botschaft der Mutter bedeutet, daß es diese Bedürfnisse nicht haben darf, weil es sonst nicht anerkannt wird, was das Kind als Ablehnung seines Seins erleben kann.

Die bei Erwachsenen häufig auftretenden Phantasien, andere würden einem absichtlich nichts geben, obwohl sie es könnten (Sadismus), hat nicht selten hier einen realen Anhalt. Sicher hat die Mutter die Versagung nicht absichtlich herbeigeführt, das Kind muß es aber entweder so erleben, oder es sucht die Schuld dafür bei sich selbst und erlebt sich dadurch als schlecht und wertlos.

Die Aggression spielt in diesem Zusammenhang eine ganz entscheidende Rolle, weil sie zunächst mit den Äußerungen des Selbst des Kindes zusammenfällt. Primärer Haß (Schreien, Strampeln, Wut) bedeutet nichts anderes als Kundgabe, daß etwas Lebenswichtiges fehlt. Aggression ist darüber hinaus ein Signal der Trennung, eine Anzeige, daß das Kind ein von der Mutter verschiedenes Wesen mit eigenen Ansprüchen ist. Zu den oben angeführten Beziehungsformen gehört fast obligatorisch, daß das Kind auf „aggressive" Äußerungen verzichten muß, wenn es anerkannt werden will. Die Aggression ist aber als Kundgabe des eigenen Selbst die einzige Möglichkeit des Protestes und des Hinweises auf die eigenen, von der Mutter unterschiedenen Bedürfnisse. Sie muß in diesen Formen auf der Strecke bleiben, was erhebliche Folgen nach sich zieht.

Die emotionale Erfahrung im Bereich Anerkennung (oder Nichtanerkennung) prägt die Verfassung des Selbst. Diese äußert sich in meist völlig unbewußten Gefühlen einer prinzipiellen Wertlosigkeit, in Phantasien einer unzureichenden Ausstattung oder erblichen Belastung, in der grundsätzlichen Überzeugung, daß man nicht geliebt werden und auch selbst nicht lieben kann und in dem Gefühl, kein Recht auf Leben zu haben.[57]

Wie soll man solche Gefühle verstehen? Es handelt sich nicht um flüchtige Phantasien, sondern um Grundüberzeugungen, die, falls sie zur Sprache kommen, hartnäckig verteidigt werden. Auch Menschen mit überdurchschnittlicher Intelligenz können solche Grundüberzeugungen haben und durch keinerlei Argumente oder Beweisführungen davon abgebracht werden.

Müssen wir dann nicht annehmen, daß solch eine Überzeugung schon sehr früh zustandegekommen sein muß, in einem Stadium, wo die Gesamtanerkennung aufgrund der großen Angewiesenheit so ungemein wichtig war, und wo man noch keine Möglichkeiten hatte, Bedingungen von Anerkennung oder selektive Bereiche von Anerkennung zu unterscheiden?

Die Erfahrung genuiner Anerkennung in frühen Phasen hat dagegen eine Verfassung des Selbst zur Folge, die die Grundlage dafür abgibt, die Fähigkeit zur Selbstanerkennung zu entwickeln. Auch wenn die Bestätigung durch andere später nicht mehr kontinuierlich und in anderen Formen erfolgt, bleibt das Gefühl der einstigen Anerkennung erhalten.

Das darauf bezogene Selbstgefühl versetzt das Kind in die Lage, nicht mehr unter allen Bedingungen auf Anerkennung angewiesen zu sein und diese auch abzulehnen, wenn damit seine Selbstbehauptung und Selbstaktualisierung in Konflikt gerät.

Fehlt dieser wesentliche Baustein im Selbst, dann hat dies zur Folge, daß

Anerkennung um jeden Preis gesucht werden muß, und selbst auch dann, wenn diese im Widerspruch zur Selbstbehauptung und Selbstverwirklichung steht. Damit wird aber auch die Fähigkeit, andere anzuerkennen, nicht entwickelt. Das Schicksal der nicht erfahrenen eigenen Anerkennung wird somit weiter getragen. Menschen, die einst selbst nicht anerkannt worden sind, können ihre eigenen Kinder auch nicht anerkennen.

Es ist erstaunlich, wie selbstverständlich die moralische Forderung nach Anerkennung der anderen gestellt wird, ohne daß über den Grund zu dieser Befähigung, nämlich die eigene *Erfahrung von Anerkennung*, nachgedacht würde.

Das Brachliegen der Fähigkeit zur Anerkennung von anderen, von der Buber spricht, kann unter diesem Aspekt eine Aufklärung finden.

IV. Das Problem der realen Versagung in der Primärbeziehung

Die entscheidende Bedeutung der Geburt für das Erleben des Kindes ist oft hervorgehoben und als „Trauma der Geburt" sogar zur Grundlage für Theorien gemacht worden (Rank 1924). Die Trennung von der Mutter gilt als ungemein schmerzliche Zäsur, die nicht nur die organismische Abnabelung und die physiologische Umstellung betrifft, sondern die Austreibung aus einem paradiesischen Erlebenszustand der absoluten Harmonie, der vollkommenen Befriedigung und des ungetrübten Wohlbefindens.

Den Geburtstraumatheorien können wenig konkrete Angaben entnommen werden, worin eigentlich das traumatische Element besteht. Sie greifen meist auf Bilder oder Vorstellungen zurück, die nicht unmittelbar das Geburtsereignis betreffen, sondern Darstellungen eines einstigen, nun verlorenen Glückszustandes. Sie können auf die globale Aussage zurückgeführt werden, daß das Kind im Mutterleib einen Idealzustand erlebt habe und sich daran erinnere, demgegenüber der Aufenthalt in der extrauterinen Welt Versagung und Abfall bedeute.

Ist aber das „Trauma der Geburt" nicht ein Bild, das in die frühe Kindheit hineinverlegt wird? Die Thematik des verlorenen Paradieses könnte doch einen anderen Grund haben und einen anderen Zwiespalt betreffen. Denn gegenüber den Geburtstraumatheorien kann mit gleichem, wenn nicht sogar mehr Recht entgegengestellt werden, daß die Geburt zwar dramatisch ist, aber einen wichtigen Übergang darstellt, der mit Risiken und Schmerzen verbunden ist, wie alle entscheidenden Veränderungen auf dem Weg des Lebens. Sie ist auch für beide Teile befriedigend, da nunmehr eine neue Stufe mit neuen Möglichkeiten erreicht worden ist.

Das „Trauma der Geburt" könnte sich als Deckmantel für die Erklärung von Versagungen erweisen, die ganz woanders stattfinden und von anderen Faktoren bestimmt werden. Traumatheorien erklären Versagungen konstitutionell. An einem verlorenen Paradies läßt sich nichts ändern, man kann nur darauf verzichten. Sehnsüchte oder Wünsche, die in diese Richtung gehen, müssen dann als „infantil" oder „narzißtisch" begriffen und von einem „reifen" realitätsbezogenen Ich kontrolliert und beherrscht werden.

Nach dem Vorbild der Geburtstraumatheorien kann auch die frühe postnatale Mutter-Kind-Einheit als paradiesischer Zustand im Erleben des Kindes angesehen werden, was die gleiche konstitutionelle Festlegung von Versagung bedeutet.

Die frühe Einheit wäre demnach ein Zustand, den sich der Mensch zeitlebens ersehnt und den er doch nie mehr erreichen kann. Es bleibt ihm nur der Verzicht auf diese Einheit und die mit ihr verbundenen Befriedigungsweisen. Der Begriff Regression (Fixierung) ist davon weitgehend bestimmt, da alles regressive Festhaltenwollen als Nichtaufgeben-Wollen der frühen Befriedigungsweisen interpretiert wird. Aus dieser Sicht entsteht dann die „realitätsgerechte" Forderung, diese Wünsche, Sehnsüchte, Befriedigungen zu „verdrängen" oder zu beherrschen, weil sie als „maßlose" Wünsche auf das Hindernis der Realität stoßen, in der sie höchstens in verhängnisvoller oder asozialer Weise ausgelebt werden können.

Die reale Versagung wird in der frühen Kindheit ausgeblendet, weil von zwei Seiten her der Blick dafür getrübt wird. Auf der einen Seite werden Triebe postuliert, die schon beim Kind als „egoistisch", „narzißtisch", „destruktiv" interpretiert und konstitutionell festgelegt werden. Auf der anderen nimmt man einen Zustand an, in dem diese Triebe befriedigt worden wären. Beides ist problematisch.

In humanspezifischer Sicht gibt es keine „Triebe", die von vornherein „maßlos" und „destruktiv" sind. Primäre Bedürfnisse des Kindes müssen von seiner Angewiesenheit her verstanden werden. Die reale Versagung erscheint dann in einem anderen Licht.

Mit der Befriedigung primärer Bedürfnisse und in Relation dazu entwickelt sich das Selbst. Das Kind bildet in der *Erfahrung* der Befriedigung – wozu ein erträgliches Maß an Versagung gehört – sein Selbst, wodurch es zunehmend in die Lage kommt, auch ohne die primäre Form von Befriedigung zu existieren, d. h. relativ selbständig ohne die anderen, weil sein Selbstgefühl auch im Selbstsein Bestätigung findet.

Die Verfassung seines Selbst entscheidet bereits in der Kindheit über das Maß der Ansprüche und Erwartungen, über das Festhalten an frühen Formen und über progressive Schritte, und damit über die Möglichkeiten von Konfliktlösungen.

Das Erleben des eigenen Könnens und damit des eigenen Selbst ist mit einer ungemeinen Lust verbunden, die sich von der mit Aufgehobenheit in der Primärbeziehung verbundenen Lust prinzipiell unterscheidet. Diese Lust und die mit ihr verbundenen Aktionen der Selbstaktualisierung stellt ein Gegengewicht gegen die primäre Befriedigung dar, weil es nunmehr eine Dimension gibt, die auch als lustvoll erlebt werden kann, obwohl sie von der Aufgehobenheit bei der Mutter weg zu einem selbständigen Dasein führt.

Wieder aber ist das Kind auf das affektive Klima angewiesen, in dem es die

Dimension der Selbständigkeit kennenlernen und erproben kann. Keineswegs ist das Kind, das seine ersten Schritte unternimmt, nun von der Mutter unabhängig. Es benötigt weiterhin die Bestätigung seines Seins, nun unter diesem Aspekt aber auch noch die Aufgehobenheit, zu der es zurückkehrt und sich dort sicherfühlen kann gegenüber dem unvertrauten Neuen. Die Dimension von Aufgehobensein bleibt daher – wenn auch eingeschränkt und nicht mehr allein maßgebend – bestehen.

Das Kind kann Modifikationen der primären Formen viel eher zulassen und Versagungen ertragen, wenn es in der Selbstaktualisierung Befriedigung am eigenen Selbstsein erleben kann. Das Problem der Versagung kann daher nur unter Berücksichtigung beider Gesichtspunkte begriffen werden, der realen Befriedigung primärer Bedürfnisse und der Möglichkeit der Selbstaktualisierung. Mit beiden Erfahrungsdimensionen kann das Kind die primären Formen von Befriedigung modifizieren. Es ist nicht mehr ganz und gar auf deren ursprüngliche Form und auf die damit umfassende Funktionsübernahme angewiesen. Über die Relation von Selbständigkeit und verbleibender Angewiesenheit entscheidet die Verfassung seines Selbst.

Modifikation bedeutet etwas anderes als Triebbeherrschung oder Triebkontrolle. Modifikation meint, daß sich der „Trieb" selbst ändert, nicht aber, daß er von einem Ich beherrscht oder unterdrückt werden muß. Mit der Vorstellung eines prinzipiellen Triebkonflikts wird einerseits ein asozialer Trieb postuliert, andererseits eine Instanz, die den so gesehenen Trieb beherrschen und kontrollieren muß, um ihn der „Realität" anzupassen. Modifikation dagegen meint, daß ein von vornherein sozialer „Trieb" – nämlich der nach einer sozialen Beziehung im Rahmen von Angewiesenheit – im Lauf einer normalen Entwicklung sich selbst ändert und deswegen nicht von einem Ich beherrscht werden muß. Auch die Sublimation muß davon unterschieden werden, weil dabei auch vorausgesetzt wird, daß es zunächst asoziale (grobsexuelle, sadistische, perverse) Triebe gibt, die dann ihre Energie sozialen oder geistigen Aktivitäten leihen.

In herkömmlichen Begriffen formuliert würde dies bedeuten, daß in einer normalen Entwicklung das Es auch verändert wird, nicht nur das Ich, wie die Ich-Psychologie im Einklang mit allen kognitiven Entwicklungstheorien es sehen will. Der Begriff des Es ist aber unzureichend, um den gemeinten Sachverhalt zu erfassen, denn die Modifikation der Triebe hängt von der Verfassung des Selbst ab, ein Begriff der über denjenigen des Es und des Ich hinausreicht.

Wie uns die Pathologie lehrt, können beide Befriedigungsmomente in der Kindheit, die Befriedigung primärer Bedürfnisse und die der Selbstaktualisierung beeinträchtigt sein. Den Kindern werden die für ihr Leben entscheidenden Bedingungen der Primärbeziehung nicht oder nicht ausreichend geboten und später, wenn sie die ersten Schritte zur Selbständigkeit machen wollen oder sollen, fehlt das affektive Klima oder die adäquate Bestätigung oder beides. Die reale Versagung primärer Bedürfnisse ist aber deswegen entscheidend, weil dem Kind dadurch elementare Bausteine seines Selbst fehlen. Ein Kind, das keine reale Erfahrung von Vertrauen in einer zuverlässigen Beziehung machen konnte, kann kein Selbstvertrauen haben. Was nützt es ihm, wenn ihm später vielleicht bessere Bedingungen für seine Selbstaktualisierung geboten werden. Es kann sie nicht wahrnehmen, weil es zuviel Angst hat und nun die Angst erst mit allen möglichen Maßnahmen beschwichtigen und in den Hintergrund drängen muß, was zur Folge hat, daß die selbständigen Funktionen des Auf-die-Welt-Zugehens, Zupackens, Zugreifens, Etwas-in-die-Hand-Nehmens, elementar beeinträchtigt werden.

Vor allem wird die Fähigkeit, auf einen anderen vertrauensvoll zugehen zu können, beeinträchtigt sein. Eine Fähigkeit, die elementaren Charakter hat und der gegenüber alle realistische Vorsicht, Zurückhaltung, Einschätzung, sekundär ist. Die Beeinträchtigung dieser Fähigkeit hat paranoid-schizoide Erlebensweisen zur Folge. Ein Individuum, das aufgrund seiner frühen Erfahrungen die Dimension des Vertrauens nicht kennt, also keine emotionale Erfahrung von Sicherheit und Arglosigkeit in einer Beziehung gemacht hat, kann später nur Pseudobeziehungen aufnehmen. Sie sind durch vielfältige Absicherungsmaßnahmen gegen eventuelle Beeinträchtigung gekennzeichnet. Emotionale Nähe und Befriedigung werden ebenso nachhaltig verhindert wie sichere emotionale Orientierung in mitmenschlichen Beziehungssituationen.

Die Behauptung, daß es *reale* Versagung gäbe, hat die Möglichkeit *realer* Befriedigung zur Voraussetzung. Ist eine solche nicht wiederum eine Illusion? Handelt es sich beim Konzept der Primärbeziehung wieder um eine Ideal-, eine Wunschvorstellung, die es nur in der Phantasie und nicht in der Realität gibt?

Die Art der frühkindlichen Bedürfnisse ist ausweisbar, sie liegt überdies oft auf der Hand, und es bedürfte keiner umständlichen wissenschaftlichen Begründung, sie zu erkennen. Sie sind nicht Ergebnis spekulativer Überlegungen. Wenn man von dieser Voraussetzung ausgeht, daß die reale Versagung die hier behaupteten erheblichen Folgen nach sich zieht, dann ist die Frage nach den Bedingungen ihrer real möglichen Befriedigung unausweichlich.

Man kann behaupten, daß zwischen kindlichen Bedürfnissen und ihrer möglichen Befriedigung in der Realität eine grundsätzliche Diskrepanz besteht. Diesen Standpunkt hat Freud vertreten. Man kann aber auch auf dem Standpunkt stehen, daß es *die* Realität nicht gibt, sondern immer nur eine gesellschaftlich-historische Interpretation von „Realität". Das bedeutet, daß eine bestimmte Sicht auf „Realität" Befriedigung verhindern oder erheblich einschränken kann, und daß in einer anderen Sicht von „Realität" dies nicht der Fall sein müßte.

In der psychoanalytischen Praxis werden die konkreten Verhältnisse der Kindheit transparent. Der nachfolgende Ausschnitt aus einer Fallgeschichte ist prototypisch. Es gibt keine Analyse, in der nicht – analog – dieselbe Versagung primärer Bedürfnisse der Kindheit zum Vorschein käme und dies auch dann, wenn es sich um intakte Familien handelt oder die Versagungen sublimer Natur sind.

> Die wichtigste Erinnerung an ihre Kindheit betrifft ihre dauernde Einsamkeit. Ihre Mutter war eine kalte, abweisende, in der Ehe offensichtlich völlig unbefriedigte Frau, die ihren Mann leidenschaftlich haßte und zu ihm im Grund genommen auch keine sexuellen Beziehungen unterhielt. Sie ging wieder zur Arbeit und ließ die Patientin allein, als diese noch nicht einmal ein Jahr alt war, und verstand es, durch ihre märtyrerhafte Haltung bei ihrer Tochter ein Gefühl der Schuld und der Verpflichtung zu erzeugen. Als die Patientin 9 Jahre alt war, wurden die Eltern geschieden. Sie erinnert sich daran, wie sie von klein auf allein war, ohne Freunde und Spielkameraden. Während der Schulzeit kam sie vom Unterricht nach Hause in eine leere Wohnung und mußte sich, bis ihre Mutter von der Arbeit zurückkam, mit sich selbst beschäftigen. Nie fühlte sie sich so wie andere Kinder von einer Familie umgeben. Stundenlang sei sie spazieren gegangen, habe in erleuchtete Fenster geschaut und sich Familien vorgestellt, die dahinter einträchtig um einen Kamin säßen. Sie schämte sich wegen ihres eigenen schäbigen, grauen und lieblosen Zuhauses und entwickelte Schuldgefühle, weil sie sich schämte (Rangell 1976, S. 27).

Der lapidaren Beschreibung kann entnommen werden, daß es sich hier nicht um omnipotente Ansprüche oder um infantile Größenphantasien handelt, sondern um primäre Bedürfnisse des Kindes. Sie sind konkrete Bedürfnisse der Primärbeziehung, die dem Kind versagt wurden. Das Kind bringt diese Bedürfnisse mit auf die Welt oder sein Leben ist so, daß es diese Bedürfnisse haben muß. Es ist nicht dafür verantwortlich zu machen, daß es sie hat.

Wie man an der Fallgeschichte sehen kann, müssen die Bedürfnisse – in unserer Gesellschaft – unter Schuld und Scham verborgen werden, vom Ich kontrolliert und beherrscht werden, obwohl man sie nicht kennt oder gar nicht weiß, um was es sich handelt. Das bewußte Ich wird dann von triebhaften Spannungen bedrängt, die von Rachegefühlen, destruktiven Impulsen, Entwertungstendenzen und Neid gespeist werden. Werden sie nicht in der Form der Aufwertung des Selbst an anderen ausgelebt, müssen sie als schuldhaft und böse erlebt und das eigene Selbst entsprechend behandelt, beeinträchtigt, abgewertet oder gar zerstört werden.

Intellektuelle Einsicht kann nichts ausrichten, da die jeweilige Verfassung des Selbst über das Auftreten und die Bewältigung der Spannungen entscheidet. Die dabei gebildeten Strukturen dienen der Aufrechterhaltung des Selbstgefühls. Sie können daher nur unter der Bedingung aufgegeben werden, daß andere Selbststrukturen an ihre Stelle treten. Wären es solche von Selbstsicherheit, Selbstvertrauen, Selbstanerkennung und Selbstkompetenz, dann könnten Tendenzen, andere zur Anerkennung zu zwingen, oder sich selbst zu beeinträchtigen, nachlassen und lebensförderliche und befriedigende Möglichkeiten an ihre Stelle treten.

Die Frage, welche Faktoren heute eine *real mögliche* Befriedigung primärer Bedürfnisse verhindern, kann im Rahmen dieser Abhandlung nicht mehr erörtert werden. Die technisierte Lebenswelt, die Vorherrschaft zweckrationaler Manipulation, das funktionale Leistungsprinzip und die daraus resultierende Verdrängung der Gefühle ist schon oft Gegenstand der Kritik geworden, und diese „Realität" trägt zweifellos in erheblichem Ausmaß zu einer Versagung primärer Bedürfnisse bei.

Kaum beachtet wird dagegen das weitverbreitete gesellschaftliche Desinteresse an den affektiven Verhältnissen der Kindheit, obwohl sie die Grundlage bilden für ein befriedigendes und nicht von zerstörerischen Kräften beherrschtes Zusammenleben.

Anmerkungen

1 Einen umfassenden Überblick und eine kritische Aufarbeitung der diesbezüglichen Probleme bietet Mertens, „Krise der psychoanalytischen Theorie" (1981a).
2 Anna Freud spricht von einer „primären Triebfeindlichkeit des Ichs" und äußert die Vermutung, „daß im Menschen eine Neigung zur Abweisung bestimmter Triebe, besonders des Sexualtriebs, ohne alle Erfahrung und ohne spezielle Auswahl als phylogentische Erbschaft von vornherein vorhanden ist ..." (A. Freud 1936, 1980, S. 337). Hartmann und Rapaport haben diese Auffassung übernommen und bestätigt: „Das Ich hat von Anfang an eine Tendenz, sich den Trieben entgegenzusetzen ..." (Hartmann 1972, S. 142). Siehe dazu auch Hoffmann 1972, S. 408.
3 Eine aufschlußreiche Kritik des energetischen Konzeptes im Zusammenhang mit der Vorstellung des prinzipiellen Triebkonflikts (Ich – Es) findet sich bei Apfelbaum (1962, 1965, 1966).
4 Einen Überblick über die verschiedenen Narzißmuskonzepte und eine Reflexion ihrer historischen Entwicklung und gegenseitigen Verflechtung gibt Wahl (1985).
5 „Es handelt sich um jenen ‚Idealzustand des von Grund auf affektiven Wohlseins, der normalerweise das harmonische und integrierte Funktionieren aller biologischen und geistigen Strukturen begleitet' (Joffe u. Sandler). Diese Autoren lokalisieren den Narzißmus in der postnatalen Zeit; wir finden ihn jedoch bereits im Fötalalter, weil die Erinnerungen des Menschen daran (Schlaraffenland, Paradies, Goldenes Zeitalter usw.) sehr deutlich den typischen Stempel pränataler Lebensbedingungen tragen. Diese Erinnerungen beweisen, daß das pränatale Leben eine tiefe Spur im Neugeborenen hinterlassen hat, denn es hört nicht auf, davon zu träumen und es auf verschiedene Arten wiederzugewinnen zu wollen ... Die erhebende und megalomane Spur, deren Erinnerung an höchste Harmonie und Allmacht nie mehr ausgelöscht wird, bildet als solche den narzißtischen Kern, eine spezifische psychische Energiequelle, die sehr früh und definitiv erworben wird und von Geburt an bis zum Tod aktiv bleibt und – wenn wir uns in eine mystische Perspektive hineingeben – schließlich bis ins Jenseits geht" (Grunberger 1976, S. 32 f.).
Grunberger beweist in seinen zahlreichen, oft völlig willkürlich hergestellten Verbindungen (pränataler Zustand = Schlaraffenland, Paradies, Goldenes Zeitalter) zwar viel Phantasie, aber wenig Intention, diese Verbindungen in ihrer Berechtigung auszuweisen oder zu begründen. Zum Beispiel wird der Apfel in dem Mythos vom verlorenen Paradies kurzerhand als Mutterbrust erklärt und dies in einer Weise, wie wenn das ein Tatbestand wäre, an dem nicht der geringste Zweifel gehegt werden könnte: „Was dem paradiesischen Glück des Menschen ein für allemal ein Ende setzt, ist – nach der Bibel – das Auftreten des Apfels, d. h. der mütterlichen Brust, die die eingetretene Veränderung im Stoffwechsel und den Übergang von einer automatischen Versorgung zu der durch die Mutterbrust symbolisiert und damit den Neugeborenen schrittweise an die Merkmale der Objekthaftigkeit und der Außenwelt heranbringt (natürlich ist dieses Symbol überdeterminiert und enthält – unter anderem – die ödipale Situation, das Schuldgefühl und die Kastration)" (S. 32, Anm.).
Vgl. dazu die Kritik von Wahl, der Grunbergers Konzept zutreffenderweise als Psychomythologie bezeichnet (Wahl 1985, S. 52–57).

6 Die Initiatoren der *psychosomatischen Medizin* (v. Weizsäcker, Siebeck, Kütemeyer u. a.) hatten ein ähnliches Anliegen, wie es hier vorgetragen wird. Sie stellten völlig zu Recht fest, daß der „Mensch" in der naturwissenschaftlichen Medizin nicht vorkomme, sondern nur Organe, Prozesse, oder ein „Körper", der isoliert von allen anderen Bezügen als Organismus behandelt wird. Ein Schlagwort war die „Einführung des Subjekts in die Medizin", was nichts anderes bedeutete, als den konkreten Menschen mit seinen Umwelt- und gesellschaftlichen Bezügen als Ganzheit bei der Interpretation von Krankheit und Therapie zu berücksichtigen. Manche der Initiatoren versuchten – mangels vorliegender Konzepte – eine *medizinische Anthropologie* zu entwickeln (v. Weizsäcker, v. Gebsattel, Jores). Vgl. dazu Knapp 1970.

7 „Wir müssen sowohl aus der modernen Ethologie als auch von jenen Forschern lernen, die nach meinem Dafürhalten zutreffend behauptet haben, daß uns in der frühesten Entwicklung die Physiologie und nicht die Psychologie den Weg weist" (Mahler 1972, S. 59).

8 Beides, die Interpretation und die Bewertung, gibt es auch in der Evolutionstheorie. Auch hier werden spätere Formen als Höherentwicklung angesehen, denen „primitive" und „archaische" Stufen vorausgingen. In dieser Sicht kann zweierlei geschehen: die früheren Formen werden nur als Vorstufen zum Höheren angesehen und können dann nicht mehr in ihrer Eigenbedeutung erkannt werden. Sie werden aber auch im Horizont der vorausgesetzten Norm des „Höheren" interpretiert und von daher abgewertet. Vgl. dazu Knapp 1984.

9 Lorenzer hat in einem ausführlichen Beitrag zum psychoanalytischen Symbolbegriff (1970) einige wesentliche Aspekte der Gesamtproblematik diskutiert:
1) Er kritisiert die ältere psychoanalytische Symbollehre insbesondere in deren Auffassung, daß es *konstante* und *überindividuelle* Symbole des Unbewußten gebe, die gleichsam ohne Beteiligung des Subjekts einem „Seelengrund" entspringen. Er sieht in dieser Auffassung die Wurzel für Ontologisierungstendenzen des Unbewußten, was einer Umwandlung von Metapsychologie in Metaphysik gleichkomme.
2) Seine an weiterführende psychoanalytische und außeranalytischen Arbeiten anschließende Untersuchung kommt u. a. zu folgendem Ergebnis: Symbolbildung wird als „einheitlicher Bildungsprozeß" begriffen. Damit soll das Problem der Zuordnung gelöst werden, ob die Symbolbildung allein dem Primärprozeß (Unbewußtes, Es) zuzurechnen sei oder auch dem Sekundärprozeß (Bewußtsein, Ich). Lorenzer entscheidet sich für die 2. Möglichkeit.
3) Um den Systemunterschied von Bewußtsein und Unbewußtem nicht zu gefährden, greift er dann auf das energetische Besetzungskonzept zurück, das er in moderner ichpsychologischer Form vorbehaltlos übernimmt.
Primärprozeß und Sekundärprozeß werden je nach einem erkenntnispsychologischen oder dynamisch-energetischen Betrachtungsstandpunkt unterschieden. Der erstere betrifft niedere und höhere Formen des Denkens, der andere Besetzung psychischer Prozesse mit mehr oder weniger neutralisierter Triebenergie. Primärprozeß wird durch „Primärorganisation" ersetzt.
„Primärorganisation gehört weder zum Ich noch zum Es (oder zum Über-Ich) ausschließlich, sondern man meint damit – je nachdem, ob man sein Augenmerk auf Erkenntnisbildung oder dynamisch-energetische Prozesse richtet – entweder eine niedere Stufe von Ich-Funktionen oder eine Dynamik unter dem besonderen ‚Einfluß des Es'." (Lorenzer 1970, S. 70)
4) Das wichtige Problem der Verbindung von Verdrängung und Symbolbildung wird im Anschluß an Kubie in folgender Weise gelöst: Die Symbolbildung ist zwar eine

humanspezifische Fähigkeit, sie kann aber „entarten", wenn durch triebökonomische Konflikte, Inhalte ins Unbewußte verdrängt werden müssen. Sie sind dann nicht mehr korrigierfähig, weder im Innenverhältnis noch in der sprachlichen Kommunikation mit anderen. Symbole werden „Klischees", stereotype, einer korrigierenden Erfahrung nicht zugängliche Antriebsmuster für Verhalten. Lorenzer zieht dazu die in der Ethologie (K. Lorenz) gewonnenen Ergebnisse von frühen Prägungen bei Jungtieren heran und besteht trotz der Kritik an dieser Übertragung (Künzler 1967; Schmidtbauer 1973) auf einer „grundsätzlichen Übereinstimmung". Tierische und menschliche Verhaltensprägung differiert allerdings in genetischer Hinsicht, menschliches muß als regressiv neurotisch-klischeebestimmtes Verhalten, als „Verfallsmechanismus", tierisches dagegen als „progressive Erfüllung des Verlaufsplanes" angesehen werden.

In der Frage des „einheitlichen Bildungsprozesses" stimme ich Lorenzer zu. Sicher ist die Symbolbildung nicht allein primären Verstehen zuzuschreiben, insbesondere nicht, wenn dieses mit den Begriffen Es oder Unbewußtes fest verkoppelt wird. Lorenzer setzt an dessen Stelle umstandslos den Begriff Ich, so wie wenn dieser keine Probleme bieten würde. Lorenzers kritische Einstellung gegenüber psychoanalytischen Begriffen macht merkwürdigerweise vor dem ichpsychologischen Modell und insbesondere vor dem Triebenergiemodell Halt.

Seine Frontstellung gegen eine Ontologisierung des Unbewußten ist begreifbar, wenn man darunter einen vom Subjekt unabhängigen Begriff, einen konstant bleibenden „Seelengrund" versteht (kollektives Unbewußtes). Andererseits ist davon die von Freud, Jones und vielen anderen behauptete Überindividualität von Symbolen zu unterscheiden. Daß manche Symbole transkulturell auftreten und offenbar auch durch die Geschichte hindurch gleichbleiben, verweist auf die Eigenart menschlichen Seins. Sie gelangt beispielsweise in der Dialektik zwischen Aufgehobensein und Selbstsein zum Ausdruck, was nicht ausschließt, daß diese Dialektik sich jeweils historisch-gesellschaftlich anders manifestiert. Symbole des Aufgehobenseins und der Gefahr des Verschlungenwerdens sind insofern „zeitlos", als die Bewältigung dieser Dialektik als Problem mit jedem Kind wieder auftritt und dies auch dann, wenn sich gesellschaftlich-historische Verhältnisse ändern.

10 Siehe Anmerkung 3).
11 Angewiesenheit muß von Abhängigkeit unterschieden werden. Die Begriffe Abhängigkeit oder Abhängigkeitsbedürfnisse werden im Zusammenhang mit der Vorstellung verwendet, daß das Kind wegen der Befriedigung seiner physiologischen Bedürfnisse (Nahrung, Wärme usw.) von seiner Mutter abhängig ist. Der Begriff der Abhängigkeit ist überdies mit Wertvorstellungen verknüpft.

Bowlby vermeidet ebenfalls den Begriff Abhängigkeit. Er setzt seinen deskriptiven Verhaltensbegriff der *Bindung* dagegen ab. Seine Ablehnung des Begriffes Abhängigkeit begründet er auch mit dem Hinweis, daß Bindung und Abhängigkeit zwei sehr verschiedene Sachverhalte betreffen können. In den ersten Lebenswochen sei das Baby von der Mutter sehr abhängig, weise aber keine Bindung zu ihr auf. Bindung trete sichtbar erst in Erscheinung, wenn das Kind über 6 Monate alt sei (Bowlby 1975, S. 215). Hier zeigt sich die Grenze der Verhaltensbeobachtung, der der Einheitszustand mit der Mutter, der allein im Erleben nachweisbar ist, entgeht.

Vom hier verwendeten Begriff der Angewiesenheit her gesehen ist das Kind weder von der Mutter abhängig im Sinne der Befriedigung physiologischer Bedürfnisse, weil es auf viel mehr angewiesen ist als auf diese, noch ist es an die Mutter gebunden, weil damit ein „Verhaltenssystem mit einer eigenen internen Organisationsform" verstanden wird. Es ist aber gerade in der Zeit der ersten 6 Lebensmonate mit der Mutter in einer Weise *verbunden,* für die der Begriff der Bindung auch dann nicht hinreichen würde, wenn dies für diese Zeit beobachtet werden könnte.

12 „Wie die Mutter dem Kind, ist auch das Kind für die Mutter ein Befriedigungsobjekt. Und genauso, wie das Kind die Eigeninteressen der Mutter nicht wahrnimmt, betrachtet die Mutter das Kind als einen Teil ihres Selbst, dessen Interessen mit den ihren identisch sind.

Das Verhältnis zwischen Mutter und Kind ist auf die Aufeinanderbezogenheit der gegenseitigen Triebziele aufgebaut. Es gilt für dieses Verhältnis in vollstem Maße, was Ferenczi über die Beziehung von Mann und Weib im Koitus gesagt hat. Er meint: Beim Koitus kann weder vom Egoismus noch von Altruismus gesprochen werden, es ist Mutualismus, d. h. was dem einen gut ist, ist dem anderen recht. Infolge der naturgegebenen Aufeinanderbezogenheit der gegenseitigen Triebziele erübrigt sich die Sorge um das Wohl des anderen" (A. Balint 1966, S. 127 f.).

Der grundsätzliche Unterschied, der trotz dieser „Liebesgemeinschaft" bestehen bleibt, liegt im Bereich der Angewiesenheit. „Die Mutter", sagt A. Balint „ist einzig und unersetzlich, das Kind kann durch ein anderes ersetzt werden" (S. 129).

13 Federn hat in seiner Arbeit: „Das Ich-Gefühl im Traume" das hier mit Selbstgefühl beschriebene anthropologische Phänomen „Ich-Gefühl" genannt.

„So ist das Ich-Gefühl der einfachste und doch umfassendste Zustand, der vom eigenen Sein in der seienden Person ausgelöst wird, auch wenn kein äußerer oder innerer Reiz es trifft" (Federn 1932, S. 148).

Der defiziente Modus des „Ich-Gefühls" wird von ihm mit den mannigfaltigen Phänomenen von Depersonalisation und Derealisation in Verbindung gebracht und global als „Entfremdung" bezeichnet.

Auf der Erklärungsebene verbleibt er im Rahmenverständnis der Libidotheorie, die Entfremdungszustände werden als Ausbleiben der Besetzung des Ich mit „narzißtischer Libido" interpretiert.

14 Auf die erforderliche Unterscheidung des Selbstgefühls von allen Begriffen eines *Bewußtseins vom Ich oder Selbst* hat Federn ebenfalls nachdrücklich hingewiesen:

„Das Selbsterlebnis des Ich erschöpft sich nicht im Wissen und in der Bewußtheit von den oben angeführten Einheitsqualitäten des Ich, sondern enthält auch ein *sinnliches Erleben* [Hervorhebung von mir], welchem das Wort „Gefühl" oder Sensation gerecht wird, während die Bezeichnung Ich-Bewußtheit das Gefühlmäßige begrifflich nicht enthält" (1932, S. 146).

15 Der Zustand des Nichtseins kommt in evidenter Weise in der Selbstdarstellung einer Patientin zum Ausdruck, die v. Gebsattel in einer Arbeit über Depersonalisation veröffentlicht hat (v. Gebsattel 1954):

„Wo ist mein Dasein, wo? Befindet es sich irgendwo im Weltraum? Ich habe nicht teil daran, es ist weg, einfach weg, ich kann nicht denken und fühlen, ich liege hier ohne Sinn und Verstand. Die Daseinserfüllung ist mir genommen. Ich lebe nicht, ich fühle nicht, mein Körper ist tot – die schreckliche Leere, wie soll man sie ertragen! ... Das Sein ist einem vollständig entzogen. Das ist es, was mich so wahnsinnig aufregt. Man ist doch Mensch, wie kann man so tief sinken. Ich bin doch Seele, Geist, Freiheit, wie kann einem das alles genommen werden, und die Welt dazu und die Menschen, alles, alles" (S. 22 f.).

Bezeichnend ist, daß auch das Bild des Abgrunds, des Absturzes, des Fallens nicht fehlt. Die Seinsqualität wird ebenfalls hervorgehoben, indem die Patientin bestreitet, daß der Abgrund nur ein Bild sei:

„Es erfolgte ein Sturz in den Abgrund, den kann man sich gar nicht senkrecht und rapide genug vorstellen, aus dem vollsten Leben, aus intensivem Lebensglück und intensivster Lebensbetätigung ... Sie ahnen nicht die Tiefe des Abgrundes – sie ist unerreichbar für jedes Seil. Dieses Bild gibt den Zustand wieder – es ist kein bloßes Bild" (S. 29).

16 Freuds kritische Einstellung zu dem hier angesprochenen Bereich von Aufgehobenheit findet ihren Ausdruck in seinen Überlegungen zum „ozeanischen" Gefühl im 1. Abschnitt von „Das Unbehagen in der Kultur":
„Ich selbst kann dieses ‚ozeanische' Gefühl nicht in mir entdecken. Es ist nicht bequem, Gefühle wissenschaftlich zu bearbeiten... Habe ich meinen Freund richtig verstanden, so meint er dasselbe, was ein origineller und ziemlich absonderlicher Dichter seinem Helden als Trost vor dem freigewählten Tod mitgibt: ‚Aus dieser Welt können wir nicht fallen'. Also ein Gefühl der unauflöslichen Verbundenheit, der Zusammengehörigkeit mit der Außenwelt. Ich möchte sagen, für mich hat das eher den Charakter einer intellektuellen Einsicht, gewiß nicht ohne begleitenden Gefühlston, wie er aber auch bei anderen Denkakten von ähnlicher Tragweite nicht fehlen wird. An meiner Person könnte ich mich von der primären Natur eines solchen Gefühls nicht überzeugen... Normalerweise ist uns nichts gesicherter als das Gefühl unseres Selbst, unseres eigenen Ichs. Dies Ich erscheint als selbständig, einheitlich, gegen alles andere gut abgesetzt. Daß dieser Anschein ein Trug ist, daß das Ich sich vielmehr nach innen ohne scharfe Grenze in ein unbewußt seelisches Wesen fortsetzt, das wir als Es bezeichnen, dem es gleichsam als Fassade dient, das hat uns erst die psychoanalytische Forschung gelehrt, die uns noch viele Auskünfte über das Verhältnis des Ichs zum Es schuldet" (Freud 1930, S. 422–423).

17 Stork geht in der Betonung der Bedeutung des Vaters noch weiter. Er meint, daß der Vater – in Form eines „dritten Objektes", einer „Vaterimago" – im Erleben (Phantasie) des Kindes von vornherein – als Archetyp im Sinne Jungs – eine Rolle spielt, die er als „strukturierende Kraft", als „Kristallisationspunkt" umschreibt, die neben oder entgegen der „matrizentrierten Monotrophie" der Mutter-Kind-Dyade bestehen soll. Der Beitrag Storks verweist eindrücklich auf die mannigfaltigen Aspekte des Spannungsfeldes zwischen Mutter und Kind, Mutter und Vater, Mann und Frau im Umkreis von Entwicklung und Emanzipation.
Im Anschluß an Grunberger und M. Klein findet sich auch bei Stork eine implizit negative Einschätzung der frühen emotionalen Verbundenheit von Mutter und Kind, was in der Betonung der gefährlichen, bedrohlichen (verschlingenden) Aspekte der Mutterimago ebenso zum Ausdruck kommt wie in der Betonung der „guten" Vaterimago (Stork 1983; vgl. auch Anm. 54).

18 Das sphärische Element spiegelt sich auch im sprachlichen Ausdruck wider. Plügge hat auf das altgriechische *Medium* verwiesen, das in präziser Weise den Zustand zwischen aktiv und passiv und den zwischen Subjekt und Objekt erfaßt.
Der Sprachphilosoph v. Schöfer (1968, 1979) macht auf den Ausfall des Mediums um 500 v. Chr. aufmerksam. In der heutigen auf Aktiv und Passiv beschränkten Sprache kann das Verhältnis von Mensch und Welt, vor allem aber der Aspekt, daß der Mensch auch ein Teil der Welt ist, nicht adäquat zum Ausdruck kommen.

19 Cremerius betont in seinen Schriften die Bedeutung des *Klimas* der analytischen Beziehung. In seinem kritischen Beitrag zu Kohut („Kohuts Behandlungstechnik", 1981) ist das „Klima" ein zentraler Ausgangspunkt seiner Betrachtungen und Kritik: „Es wird oft übersehen, welche Bedeutung das Klima der Analyse für den Erfolg hat" (S. 95). Die veränderte Einstellung von Kohut in der zweiten Analyse des Herrn Z. wird in erster Linie als „Klimawechsel" beschrieben und näher als „freundliche Empfangswelt", „väterlich-wohlwollende Haltung", „offen für das Hinhören auf das, was der Patient sucht, und für das, was der Analytiker zu geben vermag", „teilnehmende

Präsenz" gegenüber einer teilnahmslosen, objektivierenden Einstellung (Spiegel). Obwohl das „Klima" der Beziehung damit einen erheblichen Stellenwert erhält, wird der Begriff nicht näher erörtert und v. a. nicht in eine Beziehung zu frühkindlichen Verhältnissen gebracht.

20 Auf der einen Seite (Klein, Kernberg, Mahler) werden primäre Bedürfnisse als Abkömmlinge des oralen Triebs interpretiert, als omnipotente Ansprüche, die prinzipiell im Widerspruch zur realen Befriedigung stünden, was Anlaß gebe zur destruktiven Aggression, zu oralem Sadismus, analer Bemächtigung, Entwertung, Verachtung, Neid usf.

Von diesem Konzept her versteht sich die technische Regel, den Analysanden mit der Irrealität seiner Ansprüche und mit der damit im Zusammenhang stehenden destruktiven Aggression zu konfrontieren, damit sein Ich die abgespaltenen Anteile integriere und die Aggression kontrolliere.

Auf der anderen Seite (Balint, Winnicott, Benedek, Little, Kohut) wird behauptet, daß es spezifische primäre Bedürfnisse gebe, die nicht von „Trieben" ableitbar seien. Am klarsten hat Balint sie als die der primären Liebe definiert. Die Bedürfnisse werden als legitim und auch als real erfüllbar angesehen, was nicht ausschließt, daß die frühen Formen im Erwachsenenleben modifiziert werden müssen.

Von diesem Konzept her wird die Regel verständlich, die Bedürfnisse des Analysanden zunächst zuzulassen, um sie einer Modifikation (nicht einer Kontrolle) zugänglich zu machen.

Unterschiedliche Auffassung besteht auch über Aggression. In einem Fall wird sie als Folge einer Triebanlage angesehen, die auf jeden Fall zu Destruktion führe. Sie müßte vom Ich kontrolliert und beherrscht werden.

Im anderen Fall wird sie – zumeist implizit – als reaktiv verstanden und in einen Zusammenhang mit Selbstbehauptung und Selbstverwirklichung gebracht, was die These eines konstitutionellen Destruktionstriebes in Frage stellt.

21 Einen ausgewogenen Überblick über die beiden Positionen gibt Köhler, deren Beitrag sich durch detaillierte und kritische Darstellung der verschiedenen Autoren, durch die historische Ableitung der Konzepte und durch die Reflexion auf die therapeutischen Zielvorstellungen und Techniken auszeichnet (1978).

22 Aus einer Arbeit von M. Balint geht hervor, daß zu dieser Zeit (1937) Kinderärzte der Meinung waren, daß schreiende Kinder nicht aufgenommen werden dürften.

„Wird solch ein schreiendes Kind aufgenommen – was man aber den Kinderärzten nach nie tun sollte –, so kommt es sehr oft vor, daß es zu schreien aufhört; legt man es wieder hin, so beginnt es von neuem. Zur Erklärung dieser alltäglichen Erfahrung wurden die abenteuerlichsten Hilfshypothesen herangezogen, so z. B., daß die Mutter als Schutz gegen das eventuelle Anwachsen der Trieberregung diene und dergleichen, nur das Naiv-Tatsächliche nicht, daß es sich hier um einen Wunsch nach körperlichem Kontakt handelt. Die Anerkennung eines solchen Wunsches würde die Anerkennung einer nachgewiesenen Objektrelation bedeuten, damit wäre aber der Urnarzißmus in Frage gestellt" (M. Balint 1937, S. 284).

23 Winnicott unterscheidet bei der Vernichtungsangst 4 Varianten, von denen eine, „das unaufhörliche Fallen", den hier behandelten Bereich der Aufgehobenheit betrifft: „In dem zur Diskussion stehenden Stadium ist es nötig, an das Baby nicht als eine Person zu denken, die hungrig wird, und deren Triebe befriedigt oder frustriert werden können, sondern als ein unreifes Wesen, das ständig am Rand unvorstellbarer Angst steht. Die unvorstellbare Angst wird durch diese lebenswichtige Funktion der Mutter in diesem Stadium ferngehalten, durch ihre Fähigkeit, sich in das Baby hineinzuversetzen und zu wissen, was das Baby in der allgemeinen Versorgung des Körpers und

daher der Person braucht. Liebe kann man seinem Kind in diesem Stadium nur in Form von körperlicher Pflege zeigen, genau wie im letzten Stdium vor der Geburt eines voll ausgetragenen Kindes. Die unvorstellbare Angst hat nur wenige Varianten, von denen jede der Schlüssel zu einem Aspekt der normalen Entwicklung ist:
1) Zusammenbrechen,
2) unaufhörliches Fallen,
3) keine Beziehung zum Körper haben,
4) keine Orientierung haben"
(Winnicott 1974, S. 74).

24 Balint hat mit dem Philobaten einen Typ beschrieben, der dieses Gefühl der illusorischen Sicherheit immer wieder – u. U. in gefährlichen Aktionen – herstellen muß und dies als Regressionsphänomen gedeutet. Das heißt, der Philobat habe den harmonischen, sicheren Einheitszustand einst erlebt. Im Gegensatz dazu vertrete ich die Auffassung, daß der Philobat gerade keine oder nur eine eingeschränkte diesbezügliche Erfahrung gemacht hat, was einen Mangel – den defizienten Modus von Nichtaufgehobenheit – zur Folge hat, der in den von Balint (1960) beschriebenen Erlebens- und Verhaltensweisen kompensiert werden muß.

25 Balint ist in der Zuordnung des ursprünglichen Erlebens- und Harmoniezustandes nicht eindeutig. Einerseits soll ihm die pränatale Situation entsprechen, die der „freundlichen Weiten", die dann durch das „Trauma der Geburt" abrupt beendet wird.

„Die Geburt ist ein Trauma, das dieses Gleichgewicht in Aufruhr bringt, sie verändert die Umwelt radikal und erzwingt unter einer echten Todesdrohung eine neue Form der Anpassung. Damit beginnt die Trennung zwischen Mensch und Umwelt" (Balint 1970, S. 82 f.).

Andererseits finden sich Aussagen wie die folgende, die auf die Möglichkeit dieses Erlebenszustandes auch in der extrauterinen Existenz und der Objektbeziehung der Primären Liebe verweisen.

„Die dritte Theorie ist die der primären Objektbeziehung oder primären Liebe, die behauptet, daß ein gesundes Kind und eine gesunde Mutter aneinander so angeglichen sind, daß dieselbe Handlung unvermeidlich beiden Befriedigung bringt. Gute Beispiele sind Saugen, Nähren, Liebkosen, Liebkostwerden usw. So fühlt ein gesundes Kind wenigstens eine Zeitlang, daß kein bedeutsamer Unterschied zwischen seinen eigenen Interessen und denen seiner Umwelt besteht; das heißt, es lebt in einer befriedigenden Verschränkung mit seiner Umwelt" (Balint 1960a, S. 54 f.).

26 Kohut hat die Neigung, seekrank zu werden, in einem Zusammenhang mit „Verschmelzung" gebracht. Er bezieht sich dabei auf die Art des Getragenseins in der Kindheit.

„Die Neigung gewisser Menschen, reisekrank (seekrank, flugkrank, etc.) zu werden ... entsteht als Folge einer erneuten Störung der sicheren Verschmelzung mit dem idealisierten Selbst-Objekt – wenn z. B. ein Mensch in einer Lage ist (etwa in einem Auto mit einem nicht einfühlenden Fahrer), die der nicht einfühlenden Art gleicht, mit der das idealisierte Selbst-Objekt das Kind getragen hat, das psychische Stabilität und Sicherheit durch Verschmelzung mit ihm erreichen wollte" (Kohut 1973, S. 171, Anm.).

Die Aussage: „das idealisierte Selbst-Objekt habe das Kind nicht einfühlend getragen", ist mißverständlich. Ein metapsychologischer Begriff wird hier deskriptiv verwendet. Getragen werden kann das Kind nur von der leibhaftigen Mutter oder einer anderen Person, nicht von einem idealisierten Objekt. Das Kind kann die Art und Weise seines Getragenseins von einem anderen verschieden erleben, etwa von einem sicheren oder unsicheren sphärischen Element getragen zu sein. Ob die spezifische Angewiesenheit auf sicheres Getragensein von einem „anderen" mit „Idealisierung" adäquat erfaßt werden kann, ist mehr als fraglich.

27 „Die irrationale Höhenangst (Akrophobie) ist, wie ich durch psychoanalytische Beobachtung von zwei Fällen feststellen konnte, wenigstens manchmal nicht nach dem Muster eines psychoneurotischen Symptoms entstanden (d. h. als symbolische Kastrationsangst als Reaktion auf die Wiederbelebung eines Inzest – Wunsches; (vgl. hierzu Bond 1952), sondern sie ist Folge der Wiederbelebung der infantilen Größenphantasie, man könne fliegen. Genau gesagt: Das unmodifizierte Größen-Selbst drängt das Ich, in die Tiefe zu springen, um durch den Raum zu fliegen oder zu schweben. Das Real-Ich reagiert jedoch mit Angst auf jene eigenen Anteile, die der lebensbedrohenden Forderung gehorchen möchten" (Kohut 1973, S. 170 f., Anm.).

28 Flugträume dieser Art werden von Kohut und Argelander allein durch die unmodifizierte Größenphantasie des Fliegenkönnens erklärt. Es wird aber dabei nur das Fliegen beachtet, nicht aber die bedrohliche und ausweglose Situation, die diesem vorangeht. Die ausweglose Situation ist jedoch der ursprüngliche Anlaß und die Motivation für die Phantasie. Ausdruck eines Grundgefühls, ohnmächtig zu sein und die Situation nicht bewältigen zu können.

29 Für Gelingen oder Scheitern der Vermittlung von Aufgehobenheit können Mütter nicht persönlich verantwortlich gemacht werden, da dies von vielen Faktoren abhängt, darunter auch solchen, die sie nicht beeinflussen können, ganz abgesehen davon, ob ihnen die Verhältnisse der Primärbeziehung bekannt sind.

Die Vermittlungsposition als solche, die unumgänglich ist, bedeutet einen erheblichen weiblichen Machtfaktor (in positiver und negativer Hinsicht), der heute weithin unterschätzt wird.

30 „Je mehr wir über die Struktur und die Funktion des Mundes im menschlichen Organismus gelernt haben, um so mehr Unzufriedenheit besteht mit unseren gängigen psychoanalytischen Formulierungen. Eines ist klar: In der Psychologie haben wir die Mund-Funktion zu isoliert betrachtet... Es gibt viele Beziehungssysteme des Neugeborenen zu seiner Umgebung, die nicht ins orale Schema passen. Viele von ihnen sind unbewußt und werden niemals bewußt, und vermutlich sind sie nicht nur durch ihre Präsenz bedeutsam, sondern ebenso durch ihre Abwesenheit [der defiziente Modus]. Es sind solche Beziehungen zwischen Mutter und Kind, welche durch taktile und akustische Empfindungen vermittelt werden und zur Bildung der Grenzen zwischen Mutter und Kind und zum Aufbau der Unterscheidungsfähigkeit zwischen innen und außen beitragen. Schließlich gibt es auch solche Beziehungen, die die Art und Weise betreffen, wie das Kind gehalten, getragen und wie mit ihm umgegangen wird, welche sich auf die Tiefensensibilität des Kindes auswirken.

Wie wollen wir diese mannigfaltigen Transaktionen zwischen Mutter und Neugeborenem mit dem oralen Schema versöhnen, was überdies zu dem Prozeß der psychischen Introjektion führen soll, die ihrerseits Identifikation bildet?" (Grinker 1957, S. 379; Übersetzung von mir).

31 Die emotionale Ebene und die ihr zugehörigen Kommunikationsmodi werden häufig zugunsten der verbalen und kognitiv-semantischen Ebene nicht beachtet, obwohl auf diese Weise wichtige und spezifische Botschaften vermittelt werden.

Bateson et al. haben auch die Verhältnisse zwischen den verschiedenen Ebenen untersucht und den wichtigen Sachverhalt einer metakommunikativen Verständigung hervorgehoben, d. h. einer Kommunikation über die verschiedenen Typen. Eine solche Verständigung ist für befriedigende Beziehungen unerläßlich (Bateson et al. 1974, S. 11–44).

32 Kohut beschreibt das Phänomen von Beruhigung und Trost in der Mutter-Kind-Beziehung mit einer seltsamen Mischung von metapsychologischen Begriffen (allmächtiges Selbstobjekt, Verschmelzung, empathische Resonanz) und phänomenologischer Darstellung.

„Ich glaube, daß wir der Wahrheit näher kommen, wenn wir sagen, daß die Ängste des Kindes, seine Triebbedürfnisse und seine Wut (d. h. seine Erfahrung der Desintegration der vorher umfassenderen und komplexeren psychologischen Einheit selbstverständlicher Bejahung) empathische Resonanz im mütterlichen Selbstobjekt hervorgerufen haben. Das Selbstobjekt stellt dann Berührungs- und/oder Sprechkontakte mit dem Kind her (die Mutter nimmt das Kind auf und spricht mit ihm, während sie es hält oder trägt) und schafft so Bedingungen, die das Kind phasengerecht als Verschmelzung mit dem allmächtigen Selbstobjekt erlebt. Die rudimentäre Psyche des Kindes hat an der hochentwickelten psychischen Organisation des Selbstobjektes teil; das Kind erlebt die Gefühlszustände des Selbstobjektes – sie werden dem Kind durch Berührung, den Ton der Stimme und vielleicht noch auf anderen Wegen vermittelt –, als wären es seine eigenen. Die relevanten Gefühlszustände – entweder die des Kindes oder diejenigen des Selbstobjektes, an denen es teilnimmt – sind, in der Reihenfolge, in der sie von der Einheit aus Selbst und Selbstobjekt erlebt werden: steigende Angst (Selbst); gefolgt von stabilisierender leichter Angst – nicht Panik, sondern Angst„signal" – (Selbstobjekt); gefolgt von Ruhe, Abwesenheit von Angst (Selbstobjekt). Schließlich verschwinden die psychologischen Desintegrationsprodukte, die das Kind zu erfahren begonnen hatte (das rudimentäre Selbst ist wiederhergestellt), während die Mutter (in den Begriffen der Verhaltensforschung und der Sozialpsychologie gesehen) das Essen bereitet, die Temperaturregelung verbessert, Windeln wechselt" (Kohut 1979, S. 84 f.).

Sieht man von der begrifflichen Problematik ab und versucht zu verstehen, was Kohut inhaltlich meint, so zeigt sich:
1) Das Kind ist auf die Mutter angewiesen. Einer Weise seiner Angewiesenheit wird dadurch entsprochen, daß eine „umfassende psychologische Einheit selbstverständliche Bejahung" bestehen muß.
2) Wenn diese „Einheit" in Frage gestellt wird – was in Kohuts Beispiel im Bereich von Versorgtheit geschieht –, gerät das Kind in Angst und primäre Wut, weil es sein Selbstgefühl ohne diese Einheit nicht aufrechterhalten kann.
3) Falls die Mutter auf das „Angst- oder Wutsignal" antwortet, indem sie das Kind beruhigt, tröstet, füttert und ihm die Angst und Wut dabei interpretiert, wird die Einheit selbstverständlicher Bejahung wiederhergestellt und damit das Selbstgefühl des Kindes, was sich darin zeigt, daß es sich beruhigt.

33 Einen Kommentar zur Auffassung Kohuts in dieser Hinsicht gibt Tolpin (1980): „Kohuts Baby, wie Freuds Baby in den ‚Drei Abhandlungen' (1905) und wie Ferenczys Baby in den ‚Stufen der Entwicklung des Wirklichkeitssinns' (1913), ist ein Baby, welches ‚jede Mutter kennt', obwohl es bislang nicht in eine überzeugende klinische Theorie integriert wurde. Von Anfang an mit seiner menschlichen Umgebung verbunden, ist es ein aktives, lebendiges Baby mit vitalen phasenspezifischen Bedürfnissen und Antrieben, mit angeborenen Fähigkeiten, sich aktiv kundzugeben ... und aktiv seine Bedürfnisse anzumelden und auf ihre Befriedigung zu bestehen (Ferenczy 1913) und mit einem inhärenten Gefühl von auffälliger und sicherer Erwartung, daß es die Macht hat, das zu bekommen und zu erreichen, was es will. Überdies ist es ein Baby, ... dessen ‚primäres Vertrauen' (Kohut 1978) ... nicht von den unvermeidlichen Frustrationen des alltäglichen Lebens ausgelöscht wird und auch nicht von kleinen Ängsten. Depressionen und Wutanfällen, die mit Frustration verbunden sind,

247

die das Los des menschlichen Kindes und aller menschlichen Wesen ist" (S. 54 f.; Übersetzung von mir).

34 „‚Kohuts Baby', wie es M. Tolpin in humorvoller Weise in der Diskussion nannte, ist nicht abhängig, anklammernd oder schwach, sondern unabhängig, selbstbehauptend und stark, – es ist psychologisch intakt, solange es den psychologischen Sauerstoff atmet, der durch den Kontakt mit empathisch antwortenden Selbstobjekten bereitgestellt wird und unterscheidet sich in dieser Hinsicht nicht vom Erwachsenen, der nur solange intakt, unabhängig und stark ist, als er sich in dieser Weise beantwortet fühlt" (Kohut 1980, S. 481; Übersetzung von mir).

35 Die Bedeutung von Grundstimmungen und ihr Verhältnis zu Wahrnehmung und Denken wird in der Wissenschaft kaum beachtet. Stimmungen werden meist als flüchtige, schillernde und überdies primitive Gefühlszustände angesehen, die sich einer präzisen Bestimmung und Einordnung entziehen. Diese Einstellung ist bei der gegenwärtigen Hochschätzung zweck-rationalen Denkens noch begreifbar. Weniger verständlich ist, daß die Psychoanalyse diesem Thema auch wenig Beachtung schenkt, obwohl Stimmungen in der psychoanalytischen Praxis eine erhebliche Rolle spielen.

Angesichts dieses Widerspruchs sagt Weinshel: „Es ist sehr erstaunlich, daß es nur relativ wenig psychoanalytische Beiträge gibt, die primär über Stimmungen handeln." (314) (Eig. Übers.) (Weinshel 1970, S. 313–320).

36 Einer der gegenwärtigen Nachfolger hat Schopenhauer in dieser Hinsicht bei weitem übertroffen, da er die Zerstörungskräfte der Atomenergie in Überlegungen einbezieht, die Schopenhauers Motto zum Ziel haben: Der Mensch ist etwas, was nicht sein soll (Horstmann 1983; vgl. dazu Lohmann 1984, S. 83).

37 Wie wichtig Vertrauen für Menschen ist, kann auch an dem Phänomen der Vertrauensseligkeit gesehen weden. Es gibt Menschen, die das Gegenteil eines paranoiden Typs zu sein scheinen. Sie gehen geradezu blindlings Beziehungen ein, lassen sich das Blaue vom Himmel versprechen und scheinen auch durch schlechte Erfahrungen in ihrer Grundhaltung nicht beeinflußt zu werden. Dies ist nur möglich, weil sie an der Illusion festhalten müssen, anderen unter allen Umständen vertrauen zu können.

Auch hier handelt es sich um eine Variante des Nicht-vertrauen-Könnens. Auch diesen Menschen fehlen grundlegende Erfahrungen von Vertrauen, was jedoch bei ihnen nicht mit einer paranoid-schizoiden Einstellung, sondern mit deren Gegenstück, der idealisierenden Einstellung, kompensiert wurde.

38 „Immerhin wuchs in den letzten zwanzig Jahren das Interesse an der Geschichte der Kindheit, und dieser Zweig der Wissenschaft hat einige Illusionen zerstört. Eine dieser Illusionen ist die, daß der Kindermord etwas mit der Entmenschlichung des industriellen zwanzigsten Jahrhunderts zu tun habe. Die Forschung zeigt, daß die gute alte Zeit noch viel ärger war. Sogar unter gebildeten und wohlhabenden Leuten rechnete man, ohne es sehr zu bedauern, mit einer sehr hohen Sterblichkeit der Kleinkinder und stand ihr machtlos und gleichgültig gegenüber. Bis in die Neuzeit waren Nahrung und Kleidung etc. sehr kostspielig, und allzuviele Kinder, die ernährt und gekleidet werden mußten, wurden unter Umständen als Belastung angesehen. Ihr Tod wurde manchmal sogar begrüßt. Michel de Montaigne schrieb zum Beispiel: ‚Ich habe zwei oder drei Kinder verloren, nicht ohne Bedauern, doch ohne großen Kummer.' Eine solche Bemerkung klingt heute vielleicht resigniert oder brutal realistisch, im sechzehnten Jahrhundert aber war sie geradezu sentimental. Das hängt wohl damit zusammen, daß der Kindermord gang und gäbe war; er galt nicht als entsetzliches Verbrechen oder pathologische Ausnahmeerscheinung, sondern als ein normales Ereignis. Kindermord gab es – und zwar zeitweise geduldet – zur Zeit der Karolinger, im

Mittelalter, in der Renaissance und den darauf folgenden Jahrhunderten bis zur Gegenwart, bis heute, also sicher während der letzten zweitausend Jahre.
In vorchristlichen Zeiten war Kindermord eine Methode zur Verhütung von Überbevölkerung, die in Griechenland und Rom geübt wurde und wahrscheinlich ebenso oder noch viel häufiger unter jenen Völkern, die noch keine Geschichtsschreibung kannten. Die umgebrachten Kinder waren fast immer Mädchen" (Piers 1976, S. 241).

39 „Die Tatsache der ‚Abtreibung' ist ein besonders wichtiger Faktor in der Beziehung zwischen Mutter und Kind. Alle Frauen der Erde kennen den künstlichen Abortus, entscheiden also letzten Endes über ‚Sein oder Nichtsein' des Kindes. (Dieser Umstand ist wohl eine der Wurzeln der Unheimlichkeit der Mutter für das Kind, dessen Leben im wahrsten Sinne des Wortes davon abhängt, ob es der Mutter genehm ist.) Auch die unleugbare Tatsache der psychogenen Unfruchtbarkeit spricht dafür, daß das geborene Kind immer auch das von der Mutter gewollte Kind ist. Die moralische Verpönung oder gar strafrechtliche Verfolgung der Fruchtabtreibung ist vermutlich eine Schutzmaßnahme gegen die gefährliche Machtvollkommenheit der Frau" (A. Balint 1966, S. 126).

40 Spitz hat in diesem Zusammenhang eine bemerkenswerte Unterscheidung gemacht. Er beschreibt eine Form der totalen Ablehnung des Kindes, die darin besteht, daß die Mutter die Mutterschaft als solche ablehnt. Das Kind wird dabei abgelehnt, bevor die Mutter eine Beziehung zu ihm aufgenommen hat. Spitz bezeichnet diese Form als *objektlose* Ablehnung:
„Ich bin der Meinung, daß sich die passive mütterliche Ablehnung nicht gegen das Kind als Individuum richtet, sondern gegen die Tatsache, überhaupt ein Kind zu haben. Das heißt, es handelt sich um eine Ablehnung der Mutterschaft, die objektlos ist" (Spitz 1985, S. 225).
Von der „totalen, mütterlichen Ablehnung" unterscheidet Spitz dann eine andere, bei der eine Beziehung der Mutter zu ihrem Kind besteht und bei der sich die mannigfaltigen Weisen von Ablehnung oder Feindseligkeit auf das *individuelle* Sein des Kindes richten:
„Diese Haltung kann nur während der ersten Wochen nach der Entbindung, höchstens jedoch während der ersten Lebensmonate bestehen. Später, wenn das Kind anfängt, seine spezifische Individualität zu entwickeln, macht sich seine Persönlichkeit stärker bemerkbar; die mütterliche Feindseligkeit wird ebenfalls spezifischer und richtet sich mehr gegen das, was ihr Kind ist: ein von allen anderen verschiedenes Individuum.
Je mehr das Kind im Lauf der Wochen und Monate körperlich wächst, desto mehr verbindet sich seine wachsende Selbständigkeit mit einer immer komplexeren Persönlichkeitsstruktur; wenn eine Feindseligkeit der Mutter besteht, wird durch die Veränderungen des Kindes der Konflikt mit der Mutter spezifischer. Als Ergebnis sehen wir eine große Vielfalt der Möglichkeiten und Varianten mütterlicher Feindseligkeit" (Spitz, S. 225).

41 „Die Geschichte von Samson beschreibt keine tatsächliche physische Ablehnung. Im Fall Ödipus gibt es eine solche in extremer Weise, wenn der drei Tage alte Ödipus, aufgehängt an seinen Fersen, im Gebirge ausgesetzt wird. *Jedoch in psychodynamischer Sicht kann es eine Ablehnung geben, welche einer Aussetzung gleichkommt, auch wenn das Kind versorgt wird und unter der Aufsicht der Mutter bleibt" (Levin 1957, S. 106; Übersetzung von mir; vgl. dazu Shengold 1963, S. 725–751).*
Benedek stellt in der bereits erwähnten Arbeit (1938) die Frage: „Warum finden wir so viele abgelehnte Kinder, so viele Erwachsene mit der Psychologie des abgelehnten Kindes?" (S. 211).

42 Bettelheim zitiert in diesem Zusammenhang zustimmend A. Freud:
„Die Mutter ist für die Neurose des Kindes nicht verantwortlich, auch wenn sie in manchen Fällen eine ‚chaotische' Entwicklung bewirkt. Indem sie zurückweist und verführt, kann sie die Entwicklung zwar beeinflussen, verzerren und entscheiden, doch eine Neurose oder Psychose kann sie nicht erzeugen. Ich glaube, wir sollten den Einfluß der Mutter in dieser Hinsicht vor dem Hintergrund der spontanen Entwicklungskräfte sehen, die im Kinde tätig sind."
und im gleichen Sinn Sarvis u. Garcia (1961):
„... alles, was dem Kind zustößt, gleichgültig ob es von innen oder außen kommt, vom Kind als Verfolgung durch die Mutter gedeutet werden kann... Da es die Mutter für seine Schwierigkeiten verantwortlich glaubt, weist es die Mutter zurück. Wir bezeichnen diese paranoide Zurückweisung als die *autistische* Position."
Diese Einstellung ist anhand der zahlreichen Fallbeschreibungen von Bettelheim, in denen die extreme Zurückweisung der autistischen Kinder und abnorme soziale Verhältnisse breit belegt sind, schwer verständlich. Bettelheim räumt überdies ein, daß die Eltern „kaum irgendwelche Rücksicht auf ihr Kind nahmen, doch war ihnen das nicht bewußt" (1983, S. 93). Die auf das Kind konzentrierte Faktorenanalyse ist allein aus einem Verständnis des Menschen begreifbar, bei dem die Angewiesenheit des Kindes auf Beziehung ausgeklammert ist.

43 In den psychoanalytischen Konzepten ist für die Unterscheidung von pathologischem und „gesundem" Narzißmus die Vorstellung eines konstitutionellen „normalen" infantilen Narzißmus die Voraussetzung. Erst dann kann von „reifen", „erwachsenen" Formen von „Narzißmus" gesprochen werden. Vgl. dazu meine Überlegungen zum „Pathogenetischen Trugschluß" (Knapp 1988b) und meine diesbezügliche Kritik an Kohut unter III.E.7.

44 Die Figur der Olimpia ist bezeichnenderweise so angelegt, daß auch Nathanael zu ihr keine lebendige Beziehung haben kann, weil sie eine mechanische Puppe ist.

45 Die Theorie der Besetzung von Objekten und das energetische Abfuhrmodell bieten ebensowenig Raum für konkrete emotionale Beziehungsphänomene wie das Konstrukt des psychischen Apparates, der seinen Zweck in der Anpassung der Triebe an die Realität hat. Wie soll ein psychischer Apparat emotionale Beziehung zu einem anderen psychischen Apparat aufnehmen? Der Begriff des Infantilen Narzißmus schließt ebenfalls alle emotionalen Beziehungsphänomene der frühen Kindheit aus.

46 Das Phänomen der prinzipiellen Anerkennung ist nicht objektivierbar. Man kann anerkennende Erlebens- und Verhaltensweisen feststellen, nicht aber die Atmosphäre der Beziehung, der sie entstammen. Der Beziehungsaspekt der Anerkennung ist paradoxerweise (in der Praxis) auch dann vorhanden, wenn er in den theoretischen Vorstellungen des Analytikers nicht vorkommt.

47 In unserer Gesellschaft fällt es offenbar sehr vielen immer schwerer, das zu sein, was sie sind, weil sie immerfort etwas anderes sein müssen und überdies davon überzeugt sind, daß sie es müssen.
Vgl. dazu die Arbeiten des Soziologen Goffmann, vor allem: „Stigma. Über Techniken der Bewältigung beschädigter Identität" (1967). Eine philosophisch- anthropologische Reflexion der „Dynamik beschämender Andersartigkeit" findet sich bei Ziegler (1987).

48 Ein Aspekt der recht verstandenen Abstinenzregel betrifft die Zurückhaltung des Analytikers, mit dem Patienten eine übliche – nicht nur sexuelle – zwischenmenschliche Beziehung einzugehen. Diese Zurückhaltung hat zur Folge, daß der Analysand zunächst keine oder eine sehr eingeschränkte Rücksicht auf die Bedürfnisse, Lebensumstände usw. eines anderen nehmen und auf sie antworten muß. Dies entspricht ei-

nerseits einem Beziehungsmodus der frühen Kindheit und ermöglicht eine Wiederbelebung desselben in der Übertragung und Gegenübertragung. Die Zurückhaltung ermöglicht aber auch, daß die gesamt Skala der (verleugneten, verzerrten) Erlebensweisen des Analysanden klar hervortreten können. Diese Zurückhaltung hat aber nichts mit einer emotionalen Distanz oder gar Beziehungslosigkeit zu tun und verhindert auch keineswegs die Entstehung von Gegenübertragungen.

49 Kernberg, der das klassische Konzept von Narzißmus seinen Theorien zugrunde legt („Im Anschluß an Hartmann definiere ich den normalen Narzißmus als libidinöse Besetzung des Selbst", S. 358), ist diese Abänderung auch aufgefallen:
„Hierzu kommt, daß Kohut den Narzißmus derart überwiegend vom Aspekt der Qualität der Triebbesetzungen her untersucht, daß man den Eindruck gewinnt, es gäbe nach seiner Auffassung zwei gänzlich verschiedene Arten von libidinösen Trieben, nämlich narzißtische und objektgerichtete, die sich vor allem durch ihre Qualität und nicht so sehr durch die Zielrichtung der Objektbesetzung (nämlich zum Selbst oder zum Objekt hin) unterscheiden" (Kernberg 1978, S. 309).

50 Der einzige (in seiner Aussage unbefriedigende) Hinweis auf diese Problematik findet sich in einer Fußnote:
„Vielleicht sagen mir einige freundliche Kritiker – was tatsächlich geschah hinsichtlich meiner zeitweiligen Anlehnung an Freuds unterscheidende Benutzung der Begriffe ‚narzißtische Libido' und ‚Objektlibido' (s. beispielsweise Freud 1923b, S. 231; s. auch Kohut 1971, S. 39 f., deutsch 1973, S. 51–53) und hinsichtlich meiner zeitweiligen Verwendung des Begriffes ‚narzißtische Übertragung' (anstelle des Begriffes ‚Selbstobjekt-Übertragung', den ich nun eingeführt habe) –, ich solle auf Ausdrücke wie ‚Exhibitionismus' und ‚Voyeurismus' verzichten und damit die Verwirrung vermeiden, die leicht aus dem Gebrauch der traditionellen psychoanalytischen Terminologie innerhalb des Rahmens der Psychologie des Selbst resultiert. Doch es gibt eine Anzahl von Gründen, die ich für wichtig halte, für die Beibehaltung der klassischen Terminologie. Erstens glaube ich, daß wir unser Möglichstes tun sollten, um die Kontinuität der Psychoanalyse zu sichern, und daher immer möglich die etablierten Begriffe beibehalten sollten, selbst wenn ihre Bedeutung sich vielleicht allmählich verändert. Zweitens erlaubt uns die direkte Konfrontation zwischen den neuen und alten Bedeutungen der etablierten Termini, ja, sie zwingt uns geradezu, die neuen Definitionen und Formulierungen, die einzuführen wir uns veranlaßt fühlen, klar und deutlich zu machen. Drittens, und das ist am wichtigsten, gibt es tatsächlich signifikante Zusammenhänge zwischen der Substanz der klassischen Befunde, von denen die alten Begriffe abgeleitet sind, und der Substanz der Befunde, mit denen wir es heute zu tun haben" (Kohut 1979, S. 150).

51 In dieser Hinsicht kritisiert auch Kernberg Kohut:
„Es gibt jedoch eine grundsätzliche Meinungsverschiedenheit zwischen Kohut und mir, die den Ursprung dieses Größen-Selbst betrifft und insbesondere die Frage, ob es sich dabei um eine Fixierung auf der Stufe eines archaischen, aber ‚normalen' infantilen Selbst handelt (so Kohuts Ansicht), oder ob wir es hier mit einer pathologischen Struktur zu tun haben, die sich eindeutig vom normalen kindlichen Narzißmus unterscheiden läßt (so meine Auffassung)" (1979, S. 304).
Kernberg erkennt zu Recht, daß „normaler infantiler Narzißmus" keineswegs als Vorbild und Fixierungsstelle für die Pathologien von „narzißtisch gestörten" Erwachsenen dienen kann, und daß bereits in der Kindheit dieser Erwachsener „pathologischer (und kein normaler) Narzißmus" festzustellen ist. Er erklärt aber dann die Pathologie in erster Linie triebbiologisch, als Folge nicht kontrollierter und integrierter oraler Destruktion.

„Normaler infantiler Narzißmus zeigt sich in der Anspruchshaltung des Kindes, die sich auf reale Bedürfnisse bezieht, während der pathologische Narzißmus sich in übermäßigen und unerfüllbaren Ansprüchen ausdrückt, die sich regelmäßig als Folge einer inneren Zerstörung der von außen erhaltenen Zufuhr erweisen.
Die Kälte und die abweisende Haltung von Patienten mit pathologischem Narzißmus, sobald sie ihren Charme nicht zur Geltung bringen können, ihre Tendenz zur Mißachtung anderer Menschen – sofern diese nicht gerade als potentielle Quellen narzißtischer Zufuhr vorübergehend idealisiert werden – und die in den meisten ihrer Beziehungen so überwiegende Verachtung und Entwertung des Objekts stehen in ausgeprägtem Gegensatz zur lustvollen Selbstbezogenheit eines kleinen Kindes. Verfolgt man diese Beobachtung während der Analyse narzißtischer Patienten in ihre Vorgeschichte zurück, so entdeckt man bei ihnen schon vom zweiten oder dritten Lebensjahr an einen auffallenden Mangel an normaler Wärme und Verbindlichkeit im Umgang mit anderen und eine leicht aufflammende Zerstörungswut und Unbarmherzigkeit, die bereits als pathologisch gelten müssen" (Kernberg 1979, S. 312).

52 Der Spiegel und die davon abgeleiteten Begriffe betonen das visuelle Element der Beziehung. Kohut scheint in seiner ersten Arbeit zum Narzißmus Bestätigung auch vornehmlich in diesem Bereich verlegt zu haben:
„Die wichtigsten Interaktionen zwischen Mutter und Kind liegen gewöhnlich im visuellen Bereich: Das Kind bietet seinen Körper der Mutter dar, und sie reagiert darauf mit einem Aufglänzen ihres Auges" (Kohut 1973a, S. 142).
In dieser Sicht kann die Bedeutung anderer sinnlicher Qualitäten (taktile, olfaktorische, akustische) als Vermittlungselement gerade der frühen Kindheit übersehen werden, in der der Gesichtssinn noch keine große Rolle spielt.
Lichtenstein bemerkt hierzu; „Ich bin der Meinung, daß der Begriff ‚mirroring‘ das visuelle Element der Erfahrung überbetont" (1961, S. 206).
Vgl. auch M. Balint (1960a, S. 102):
„Da es unwahrscheinlich ist, daß Oknophile visuelles Bildmaterial im gleichem Umfang verwenden wie Philobaten, kommen wir zu dem Schluß, daß oknophile Phantasien aus prävisuellem Material entstehen müssen. Dies prävisuelle seelische Material besteht wahrscheinlich aus Berührungs-, Wärme-, Geruchs- und Geschmacksempfindungen, also ziemlich undeutlichen, doch stark gefühlsgeladenen Empfindungen aus den Bereichen der ‚niederen Sinne‘."
M. Balint zieht in seiner Beschreibung nicht die Möglichkeit in Betracht, daß durch emotionale Frustration eine sinnliche Qualität – nämlich die visuelle (des Philobaten) - überentwickelt werden kann.

53 „Unter Mystifizierung verstehe ich sowohl den Akt des Mystifizierens als auch den Zustand des Mystifiziertwerdens. Das heißt, ich benutze den Ausdruck im aktiven wie im passiven Sinne. Mystifizieren im aktiven Sinne bedeutet, einen Vorgang vertuschen, verschleiern, verdunkeln oder maskieren, gleichviel, ob es sich um Erleben, Aktion, Prozeß oder sonst etwas handelt, das zur ‚Streitfrage‘ werden kann. Dadurch entsteht Verwirrung: Es wird unmöglich zu erkennen was wirklich erlebt oder getan wird und was vor sich geht, und es wird unmöglich, die tatsächlichen Streitpunkte festzustellen und zu unterscheiden. Die Folge ist, daß richtige Auffassungen hinsichtlich dessen, was erlebt oder getan wird (Praxis) bzw. vor sich geht (Prozeß) durch falsche Auffassungen ersetzt und Scheinfragen als die tatsächlichen Streitobjekte ausgegeben werden" (Laing 1974, S. 275).

54 Zur Rolle des Vaters in Familien von schizophrenen Patienten vgl. Weakland (1974):
„Betrachten wir nun Vater und Mutter in Beziehung zu einem Kind als besondere Dreier-Situation, die vermutlich in der Praxis höchst wichtig für die Schizophrenie ist,

so wird deutlich, daß die meisten der Faktoren, die wir für die Zweier-Situation aufgezählt haben, auch in dieser Dreieckssituation auftreten können. Klar ist, daß Eltern nach einem gegebenen Schema einem Kind widersprüchliche Botschaften geben können. Klar ist, daß es für das Kind, das in einem umfassenden oder kollektiven Sinne mehr von beiden Elternteilen abhängt als nur von einem, wichtig ist, mit den widersprüchlichen Einflüssen auf sein Verhalten fertig zu werden, indem es die Inkonsistenz dieser Botschaften bewältigt. Klar ist aber auch, daß ein Elternteil oder alle beide ebenfalls Botschaften übermitteln können, die die Widersprüchlichkeit verschleiern oder verleugnen bzw. ihre Untersuchung in ziemlich der gleichen Weise verhindern, die wir eingangs betrachtet haben" (S. 230).

55 „Unzugänglichkeit und Maskierung sind ganz regelmäßige Begleiterscheinungen der Mystifizierung in unseren Zeitläufen – etwa wenn sie durch ein auf den anderen gerichtetes Verhalten unterstützt werden: zum Beispiel, indem man den Anderen glauben machen will, seine emotionalen Bedürfnisse würden befriedigt, während sie eindeutig unbefriedigt bleiben; indem man solche Bedürfnisse als unvernünftig, hemmungslos oder egoistisch hinstellt, weil die Eltern nicht in der Lage oder nicht bereit sind, sie zu erfüllen; oder indem man dem Anderen einzureden versucht, daß er sich nur einbildet, Bedürfnisse zu haben, sie in Wirklichkeit aber nicht hat, und so weiter. Unnötig zu sagen, daß die Beziehung zwischen Mystifizierendem und Mystifiziertem *niemals im echten Sinne eine der gegenseitigen Bestätigung sein kann* [Hervorhebung von mir]. Was der Eine vielleicht bestätigt, ist eine vom Anderen aufgerichtete Fassade, ein vorfabriziertes Schema auf seiten des Einen, das der Andere mehr oder weniger zu verkörpern hat" (Laing 1974, S. 286).

56 Das Rufen beim Namen kann auf sehr verschiedene Weise erfolgen, auch in einer aberkennenden. Kohut verweist auf die Bedeutung dieses Vorganges bei der Bildung des „kohärenten Selbst". „So simpel dieser Vorgang sein mag, ist er doch, wie ich glaube, sehr wichtiger; und die verschiedenen Weisen, wie der Name des Kindes von der Mutter gerufen wird, während sie ihre Aufmerksamkeit von spezifischen Teilen seines Körpers und von spezifischen körperlichen und seelischen Funktionen des Kindes auf ‚das ganze Kind' auf die Ganzheit ‚seiner Gegenwart und seines Tuns' ... verlagert, beeinflußt entscheidend den Gefühlston der ersten Erfahrungen des Kindes von seinem kohärenten Selbst, d. h. von seinem Selbst ‚als einer körperlichen und geistigen Einheit, die räumlich zusammenhängt und zeitlich fortdauert'. Hört das Kind seinen Namen als Ausdruck der anerkennenden Freude der Mutter, während diese ihre Aufmerksamkeit auf seine totale Gegenwart richtet? Oder hört es seinen Namen nur, wenn es die Mutter geärgert hat? Oder schließlich, ruft sie es gar nicht bei seinem Namen, als äußeres Anzeichen ihres Mangels an emotional bedeutsamem Interesse für das Kind? Wie dem auch immer sei, die Behauptung, daß die verschiedenen Reaktionen der Mutter auf diesem Gebiet die Begründung des kohärenten Selbst fördern oder hemmen, kann weiter untersucht werden: sie ist eine Hilfshypothese, die durch direkte Beobachtung bewiesen oder widerlegt werden kann" (Kohut 1975, S. 257).

57 „... ihr [dieser Gruppe von Patienten] Widerstand gegen die Analyse war nicht nur auf die beeinträchtigte Fähigkeit, Objektbeziehungen aufzunehmen, zurückzuführen, sondern auch ... das fundamentaler war: ihre Grundüberzeugung, daß sie kein Recht auf ein besseres Leben hätten" (Modell 1965, S. 324).
Modell zitiert in diesem Zusammenhang Sharpe: „Ich glaube, daß die ‚Rechtfertigung unseres Daseins' (‚justification of existence') der wahre Kern unserer Probleme ist, ob wir nun an das Elend der sogenannten Normalen oder an die Symptome der sogenannten Neurotiker denken" (Modell 1965, S. 324; Übersetzung von mir).

Literatur

Abelin EL (1971) The role of the father in the separation-individuation process. In: Devitt MC, Settlage CF (eds) Separation-individuation, essays in honor of Margaret S. Mahler. Int Univ Press, New York S 229–253

Abelin EL (1975) Some further observations and comments in the earliest role of the father. Int J Psychoanal 56: 293–302

Abraham K (1924) Versuch einer Entwicklungsgeschichte der Libido auf Grund der Psychoanalyse seelischer Störungen. Neue Arbeiten zur ärztlichen Psychoanalyse, Heft 11 Int. Psychoanalytischer Verlag Leipzig Wien Zürich. (Neudruck 1971: Psychoanalytische Studien I. Fischer, Stuttgart)

Apfelbaum B (1962) Some problems in contemporary ego psychology, J Am Psychoanal Assoc 10: 526–537

Apfelbaum B (1965) Ego psychology, psychic energy, and the hazards of quantitative explanations in psychoanalytic theory. Int J Psychoanal 46: 168–182

Apfelbaum B (1966) On ego psychology: A critique of the structural approach to psychoanalytic theory. Int J Psychoanal 47: 451–475

Argelander H (1971) Ein Versuch zur Neuformulierung des primären Narzißmus. Psyche 25: 358–373

Argelander H (1972) Der Flieger – Eine charakteranalytische Fallstudie. Suhrkamp, Frankfurt am Main

Auhagen H (1975) Weiblichkeit, Mütterlichkeit und Gegenübertragung. Psyche 29: 568–581

Bach S (1975) Narcissism, continuity and the uncanny. Int J Psychoanal 56: 77–86

Bach S (1972) Notes on some imaginary companions. Psychoanal Study Child 26: 159–172

Balint A (1937) Liebe zur Mutter und Mutterliebe. Imago 23: 270–288

Balint M (1935) Zur Kritik der Lehre von den prägenitalen Libidoorganisationen. Int Z Psychoanal 21: 525–544

Balint M (1937) Frühe Entwicklungsstadien des Ich. Primäre Objektliebe. Imago 23: 270–288

Balint M (1939) Ich-Stärke, Ich-Pädagogik und Lernen. Int Z Psychoanal 25: 417–445

Balint M (1950) Changing therapeutical aims and techniques in psychoanalysis. Int J Psychoanal 31: 117–124

Baling M (1952/53) Über Liebe und Haß. Psyche 6. 19–33

Balint M (1952a) Primary love and psycho-analytic technique. Tavistock, London

Balint M (1958) The three areas of the mind. Int J Psychoanal 39: 1–16 (Dt. 1957: Die drei seelischen Bereiche. Psyche 11: 321–344)

Balint M (1959) Thrills and regressions. Hogarth, London (Dt. 1960: Angstlust und Regression. Beitrag zur psychologischen Typenlehre. Klett, Stuttgart)

Balint M (1960a) The regressed patient and his analyst. Psychiatry 23: 231–249 (Dt. 1962: Der regredierte Patient und sein Analytiker. Psyche 15: 253–273)

Balint M (1960b) Primary narcissism and primary love. Psychoanal Q 29: 6–43 (Dt. 1960c: Primärer Narzißmus und primäre Liebe. Jahrb Psychoanal 1: 3–34)

Balint M (1966) Die Urformen der Liebe und die Technik der Psychoanalyse. Huber, Bern und Klett, Stuttgart

Balint M (1968) The basic fault. Therapeutic aspects of regression. Tavistock, London (Dt. 1970: Therapeutische Aspekte der Regression – Die Theorie der Grundstörung. Klett, Stuttgart

Balint M, Balint A (1939b) On transference and countertransference. Int J Psychoanal 20: 223–230

Bateson G, Jackson DD, Haley J et al. (1969, 1974) Schizophrenie und Familie. Suhrkamp, Frankfurt am Main

Bauriedl T (1980) Beziehungsanalyse – Das dialektisch-emanzipatorische Prinzip der Psychoanalyse und seine Konsequenzen für die psychoanalytische Familientherapie. Suhrkamp, Frankfurt am Main

Bauriedl T (1982) Zwischen Anpassung und Konflikt. Vandenhoeck & Ruprecht, Göttingen

Benedek T (1938) Adaption to reality in early infancy. Psychoanal Q 7: 200–215

Benedek T (1949) The psychosomatic implications of the primary unit: mother-child. Am J Orthopsych 19: 642–654

Benedek T (1959) Parenthood as a developmental phase. J Am Psychoanal Assoc 7: 389–427 (Dt. 1960 in:. Jahrb Psychoanal 1: 35–61)

Beres D (1952) Clinical notes on aggression in children. Psychoanal Study Child 7: 241–263

Bergler E (1937) Jemand ablehnen – jemand bejahen. Imago 23: 289–303

Bergman P, Escalona SK (1949) Unusual sensitivities in very young children. Psychoanal Study Child 3/4: 333–353

Bettelheim B (1943) Individual and mass behavior in extreme situations. J Abnorm Soc Psychol 38: 417–452

Bettelheim B (1955a) Love is not enough – The treatment of emotionally disturbed children. Free Press, New York (Dt. 1970: Liebe allein genügt nicht. Klett, Stuttgart)

Bettelheim B (1955b) Truants from life – The rehabilitation of emotionally disturbed children. Free press, New York (Dt. 1973: So können sie nicht leben. Klett, Stuttgart)

Bettelheim B (1956) Childhood schizophrenia as a reaction to extreme situations. Am J Orthopsych 28: 507–518

Bettelheim B (1959) Feral children and autistic children. Am J Sociol 64: 455–467

Bettelheim B (1960) The informed heart – autonomy in a mass age. Free Press, New York (Dt. 1966: Aufstand gegen die Masse. Szcesny, München)

Bettelheim B (1967) The empty fortress. Infantile autism and the birth of the self. Free Press, New York (Dt. 1977: Die Geburt des Selbst. Kindler, München; 1983: Fischer, Stuttgart)

Bibring GL (1959) Some considerations of the psychological processes in pregnancy. Psychoanal Study Child 14: 113–121

Binswanger L (1962) Grundformen und Erkenntnis menschlichen Daseins. Reinhard, München Basel

Bittner G (1971) Über Erschrecken, Fallengelassenwerden und objektlose Reaktion. Psyche 25: 192–206

Bittner G (1972) Primär- und Sekundärprozeß. Anmerkungen zu zwei Konzepten psychoanalytischer Symbol- und Sprachtheorie. Psyche 26: 153–156

Bittner G (Hrsg) (1981) Das Selbstwerden des Kindes. Bonz, Stuttgart

Bonnard A (1961/62) Über pathologische Funktionsweisen aus der Vorstufe des Körper-Ichs. Psyche 15: 274–297

Boss M (1954) Einführung in die Psychosomatische Medizin. Huber, Bern Stuttgart

Boss M (1971) Grundriß der Medizin. Huber, Bern Stuttgart Wien

Bowlby J (1969) Attachment and loss; Vol 1: Attachment. Hogarth, London (Dt. 1975: Bindung. Eine Analyse der Mutter-Kind-Beziehung. Kindler, München)
Bowlby J (1973) Attachment and loss; Vol 2: Separation anxiety and anger. Hogarth, London (Dt. 1976: Trennung: Psychische Schäden als Folgen der Trennung von Mutter und Kind. Kindler, München)
Bowlby J (1980a) Attachment and loss; Vol 3: Loss. Hogarth, London
Bowlby J (1980b) Das Glück und die Trauer. Herstellung und Lösung affektiver Bindungen. Klett, Stuttgart
Brazelton TB (1975) Babys erstes Lebensjahr, dtv, München
Brazelton TB, Tronick E, Adamson L, Als H, Wise S (1975) Early mother- infant reciprocity (Ciba Foundation Symposion 33)
Brede K (1976) Der Trieb als humanspezifische Kategorie. Psyche 30: 473–502
Breuer KH (1984) Wahrnehmung, Emotionalität, Kommunikation in den ersten Lebensmonaten. Dissertation, Universität München
Brody S (1960) Self-Rocking in infancy. J Am Psychoanal Assoc 8: 464–491
Brody S, Axelrad S (1970) Anxiety and ego formation in infancy. Int Univ Press, New York (Dt. 1970: Angst und Ich-Bildung in der Kindheit. Klett, Stuttgart)
Buber M (1957) Die Schriften über das dialogische Prinzip. Schneider, Heidelberg
Buber M (1958) Schuld- und Schuldgefühle. Schneider, Heidelberg
Buber M (1960) Urdistanz und Beziehung. Schneider, Heidelberg
Buber M (1961) Das Problem des Menschen. Schneider, Heidelberg
Buber M (1962) Das dialogische Prinzip. Schneider, Heidelberg
Buber M (1967) Der utopische Sozialismus. Hegner, Köln
Burlingham D (1973) The preoedipal infant-father-relationship. Psychoanal Study Child 28: 23–47
Burlingham D (1980) Labyrinth Kindheit – Beiträge zur Psychoanalyse des Kindes. Fischer, Frankfurt am Main
Chasseguet-Smirgel J (1975) Bemerkungen zum Mutterkonflikt, Weiblichkeit und Realitätszerstörung. Psyche 29: 805–813
Chessik RD (1974) Defective ego feeling and the quest for being in the borderline patient. Int J Psychoanal and Psychotherap 3: 73–89
Chessik RD (1977) Intensive psychotherapy of the borderline patient. Science House, New York
Cremerius J (1977a) Grenzen und Möglichkeiten der psychoanalytischen Behandlungstechnik bei Patienten mit Über-Ich-Störungen. Psyche 31: 593–636
Cremerius J (1977b) Übertragung und Gegenübertragung bei Patienten mit schwerer Über-Ich-Störung. Psyche 31: 879–896
Cremerius J (1979) Gibt es zwei psychoanalytische Techniken? Psyche 33: 577–599
Cremerius J (1981) Kohuts Behandlungstechnik. Eine kritische Analyse. In: Die neuen Narzißmustheorien: Zurück ins Paradies? (Psychoanalytisches Seminar, Zürich) Syndikat, Frankfurt
Dawkins R (1978) Das egoistische Gen. Springer, Berlin Heidelberg New York
Deutsch H (1934) Über einen Typus der Pseudo-Affektivität. („Als ob"). Int Psychoanal 20: 323–335
Drews S, Brecht K (1975) Psychoanalytische Ich-Psychologie. Suhrkamp, Frankfurt am Main
Eidelberg L (1985) Über die innere und äußere narzißtische Kränkung. Psyche 11: 672–691
Eigen M (1980) On the significance of the face. Psychoanal Rev 67: 427–441
Elhardt S (1968) Über gesunde und „neurotische" Aggression. Z Psychosom Med Psychoanal 14: 175–187

Elhardt S (1971) Einführung in die Tiefenpsychologie. Kohlhammer, Stuttgart
Elhardt S (1974) Aggression als Krankheitsfaktor. Vandenhoeck & Ruprecht, Göttingen
Elkisch P (1957) The psychological significance of the mirror. JAMA 5: 235–244
Erikson EH (1963, ²1971) Kindheit und Gesellschaft. Klett, Stuttgart
Fairbairn WRD (1963) Synopsis of an object-relations theory of the personality. Int J Psychoanal 44: 224–226
Federn P (1927) Narzißmus im Ich-Gefüge. Int Z Psychoanal 13: 420–438
Federn P (1929) Das Ich als Subjekt und Objekt im Narzißmus. Int Z Psychoanal 393–425
Federn P (1932) Das Ich-Gefühl im Traume. Int Z Psychoanal 147–170
Federn P (1936) Zur Unterscheidung des gesunden und krankhaften Narzißmus. Int Z Psychoanal 5–39
Fenichel O (1937) Frühe Entwicklungsstadien des Ich. Imago 23: 243–269
Ferenczy S (1970) Schriften zur Psychoanalyse, 2 Bde. Fischer, Stuttgart
Feuerbach L (1846) Philosophie der Zukunft. Wigand, Leipzig
Frank A (1979) Two theories or one? Or none? JAMA 27: 169–207
Freud A (1936) Das Ich und die Abwehrmechanismen. GW Bd 1
Freud A (1958) Diskussion von John Bowlbys Arbeit über Trennung und Trauer. Teil I: Trennungsangst.
(1960) Teil II: Trauer und frühe Kindheit. GW Bd 6
Freud A (1972) Child analysis as a sub-speciality of psychoanalysis. Int J Psychoanal 53: 151–156
Freud A (1980) Die Schriften der Anna Freud – 10 Bde. Kindler, München
Freud S (1898) Die Sexualität in der Ätiologie der Neurosen. GW Bd 1. Fischer, Frankfurt am Main
Freud S (1904) Die Freudsche Psychoanalytische Methode. GW Bd 5
Freud S (1905) Drei Abhandlungen zur Sexualtheorie. GW Bd 5
Freud S (1908) Die kulturelle Sexualmoral und die moderne Nervosität. GW Bd 7
Freud S (1909) Bemerkungen über einen Fall von Zwangsneurose. GW Bd 7
Freud S (1910) Eine Kindheitserinnerung des Leonardo da Vinci. GW Bd 8
Freud S (1911a) Psychoanalytische Bemerkungen über einen autobiographisch beschriebenen Fall von Paranoia (dementia paranoides). GW Bd 8
Freud S (1911b) Die zukünftigen Chancen der psychoanalytischen Therapie. GW Bd 8
Freud S (1912a) Ratschläge für den Arzt bei der psychoanalytischen Behandlung. GW Bd 8
Freud S (1912b) Zur Dynamik der Übertragung. GW Bd 8
Freud S (1913a) Zur Einleitung der Behandlung. GW Bd 8
Freud S (1913b) Über neurotische Erkrankungstypen. GW Bd 8
Freud S (1913c) Totem und Tabu. GW Bd 4
Freud S (1914a) Zur Einführung des Narzißmus. GW Bd 10
Freud S (1914b) Erinnern, Wiederholen, Durcharbeiten. GW Bd 10
Freud S (1915a) Triebe und Triebschicksale. GW Bd 10
Freud S (1915b) Die Verdrängung. GW Bd 10
Freud S (1915c) Das Unbewußte. GW Bd 10
Freud S (1915d) Einige Charaktertypen aus der psychoanalytischen Arbeit. GW Bd 10
Freud S (1916/17) Vorlesungen zur Einführung in die Psychoanalyse. GW Bd 11
Freud S (1917) Trauer und Melancholie. GW Bd 00
Freud S (1920) Jenseits vom Lustprinzip. GW Bd. 12
Freud S (1921) Massenpsychologie und Ich-Analyse. GW Bd 13
Freud S (1922) Über einige neurotische Mechanismen bei Eifersucht, Paranoia und Homosexualität. GW Bd 13
Freud S (1923a) Eine Teufelsneurose im 17. Jahrhundert. GW Bd 13

Freud S (1923b) Das Ich und das Es. GW Bd 13
Freud S (1924) Neurose und Psychose. GW Bd 13
Freud S (1925) Die Widerstände gegen die Psychoanalyse. GW Bd 14
Freud S (1926) Hemmung, Symptom und Angst. GW Bd 14
Freud S (1927a) Fetischismus. GW Bd 14
Freud S (1927b) Die Zukunft einer Illusion. GW Bd 14
Freud S (1930) Das Unbehagen in der Kultur. GW Bd 14
Freud S (1931) Über die weibliche Sexualität. GW Bd 14
Freud S (1933) Neue Folgen der Vorlesungen zur Einführung in die Psychoanalyse. GW Bd 15
Freud S (1937) Konstruktion in der Analyse. GW Bd 16
Freud S (1938) Abriß der Psychoanalyse. GW Bd 17
Fromm E (1960) Der moderne Mensch und seine Zukunft. Eine sozialpsychologische Untersuchung. Europäische Verlagsanstalt, Frankfurt am Main
Fürstenau P (1977) Die beiden Dimensionen des psychoanalytischen Umgangs mit strukturell ich-gestörten Patienten. Psyche 31: 197–207
Fürstenau P (1979) Zur Theorie psychoanalytischer Praxis. Klett, Stuttgart
Gaarder K (1965) The internalized presentation of the object in the presence and the absence of the object. Int J Psychoanal 46: 297–302
Gebsattel E von (1954) Prolegomena einer medizinischen Anthropologie. Springer, Berlin Göttingen Heidelberg
Gedo JE (1979) Beyond interpretation. Toward a revised theory for psychoanalysis. Int. Univ. Press, New York
Gedo JE, Goldberg A (1973) Models of the mind: A psychoanalytic theory. Univ. Press, Chicago
Gehlen A (1962) Der Mensch. Seine Natur und seine Stellung in der Welt. Athenäum, Frankfurt am Main Bonn
Geleerd F (1945) Observations on temper tantrums in children. Am J Orthopsych 15: 238–246
Gerö G (1933) Zum Problem der oralen Fixierung. Int Z Psychoanal Imago 24: 240–257
Gill MM, Holzmann PS (1976) Psychology versus metapsychology. Psychoanalytic essays in memory of G. Klein. Psyschol Issues, Monogr. 36
Glauber P (1949) Observations of a primary form of anhedonia. Psychanal Q 18: 67–78
Goffmann E (1963) Stigma. Notes on management of spoiled identity. Int Univ Press, New York (Dt. 1967: Stigma. Über Techniken der Bewältigung beschädigter Identität. Suhrkamp, Frankfurt am Main)
Goldberg A (ed) (1980) Advances in self-psychology. Int Univ Press, New York
Goldfarb W (1945) Psychological privation in infancy and subsequent adjustment. Am J Orthopsych 15: 247–255
Greenacre Ph (1945) The biological economy of the birth. Psychoanal Study Child 1: 31–51
Greenacre P (1957) The childhood of the artist. Psychoanal Study Child 12: 47–71
Grinker RR (1957) On identification. Int J Psychoanal 38: 379–390
Grossmann WI, Simon B (1969) Anthromophormism. Motive, meaning and causality in psychoanalytic theory. Psychoanal Study Child 24: 78–114
Grunberger B (1976) Vom Narzißmus zum Objekt. Suhrkamp, Frankfurt am Main
Grunert U (1977) Narzißtische Restitutionsversuche im Traum. Psyche 31: 1057–1078
Grunert U (1979) Die negative therapeutische Reaktion als Ausdruck einer Störung im Loslösungs- und Individuationsprozeß. Psyche 33: 1–28
Grunert U (1982) Selbstdarstellung und Selbstentwicklung im manifesten Traum. Jahrb Psychoanal 14: 179–209

Guntrip H (1961) Personality structure and human interaction. Int Univ Press, New York
Guntrip H (1968) Schizoid phenomena, object relation and the self. Hogarth, London
Guntrip H (1971) Psychoanalytic theory, therapy and the self. Basic Book, New York
Habermas J (1976) Zur Rekonstruktion des Historischen Materialismus. Suhrkamp, Frankfurt am Main
Habermas J (1981) Theorie des kommunikativen Handelns. Suhrkamp, Frankfurt am Main
Habermas J (1983) Moralbewußtsein und kommunikatives Handeln. Suhrkamp, Frankfurt am Main
Hart HH (1947) Narcissistic equilibrium. Int J Psychoanal 28: 106–114
Hartmann H (1927) Die Grundlagen der Psychanalyse (Neudruck 1972a: Klett, Stuttgart)
Hartmann H (1950) Comments on the psychanalytic theory of the ego. Psychoanal Study Child 5: 74–96 (Dt. 1964: Bemerkungen zur Psychoanalytischen Theorie des Ichs. Psyche 18: 330–353)
Hartmann H (1970) Ich-Psychologie und Anpassungsproblem. Klett, Stuttgart
Hartmann H (1972b) Ich-Psychologie. Studien zur psychoanalytischen Theorie. Klett, Stuttgart
Heidegger M (1927) Sein und Zeit. Niemeyer, Tübingen
Heimann P (1950) On counter transference. Int J Psychoanal 35: 81–84 (Dt. 1964: Bemerkungen zur Gegenübertragung. Psyche 18: 483–493)
Heimann P (1966) Comment on Dr. Kernberg's paper. Int J Psychoanal 47: 254–260
Hendrik I (1943) Work and the pleasure principle. Psychoanal Q 12: 311–329
Hendrik I (1951) Early development of the ego: Identifications in infancy. Psychoanal Q 20: 44–61
Henseler H (1976) Die Theorie des Narzißmus. In: Kindler-Lexikon „Die Psychologie des 20. Jhdts." Tiefenpsychologie Bd 1, S 453–471, Kindler, München
Hoffer W (1949) Mouth, hand and ego-integration. Psychanal Study Child 3/4 (Dt. 1964: Mund, Hand- und Ich-Integration. Psyche 18: 81–88)
Hoffer W (1950) Development of the body-ego. Psychoanal Study Child 5: 18.
Hoffmann SO (1972) Neutralisierung oder autonome Ichenergien? Psyche 26: 405–423
Hoffmann SO (1979) Charakter und Neurose – Ansätze zu einer psychoanalytischen Charakterologie. Suhrkamp, Frankfurt am Main
Holder A, Dare CH (1981) Development aspects of the interaction between narcissism, self-esteem and object relations. Int J Psychoanal 62: 323–337 (Dt. 1982: Narzißmus. Selbstwertgefühl und Objektbeziehungen. Psyche 36: 788–812)
Horkheimer M (1967) Kritische Theorie. Suhrkamp, Frankfurt am Main
Horkheimer M, Adorno W (1969) Dialektik der Aufklärung. Fischer, Frankfurt am Main
Horn K (1968) Fragen einer psychoanalytischen Sozialpsychologie. Psyche 22: 896–911
Horn K (1970) Aspekte der Ich-Psychologie Hartmanns. Psyche 24: 166–188
Horn K (1974) Der überraschte Psychoanalytiker. Psyche 28: 395–430
Horn K (1976) Psychoanalyse und gesellschaftliche Widersprüche. Psyche 30: 26–49
Horstmann U (1983) Das Untier. Konturen einer Philosophie der Menschenflucht. Suhrkamp, Frankfurt am Main
Jacobson E (1964) The self and the object world. Int Univ Press, New York (Dt. 1978: Das Selbst und die Welt der Objekte. Suhrkamp, Frankfurt am Main)
James M (1962) Infantile narcissistic trauma. Int J Psychoanal 43: 69–79
Joffe W, Sandler J (1967) Über einige begriffliche Probleme im Zusammenhang mit dem Studium narzißtischer Störungen. Psyche 21: 152–165
Kernberg O (1966) Structural derivations of object relationships. Int J Psychoanal 47: 23–253

Kernberg O (1975) Further contributions to the treatment of narcissistic personalities: A reply to the discussion by P. Ornstein. Int J Psychoanal 56: 245–247

Kernberg O (1975) Zur Behandlung narzißtischer Persönlichkeitsstörungen. Psyche 28: 890–905

Kernberg O (1975) Borderline conditions and pathological narcissism. Jason Aronson, New York (Dt. 1978: Borderline-Störungen und pathologischer Narzißmus. Suhrkamp, Frankfurt am Main)

Kernberg O (1976) Objects relation theorie and clinical psychoanalysis. Jason Aronson, New York (Dt. 1981: Objektbeziehungen und Praxis der Psychoanalyse. Klett, Stuttgart)

Kestenberg J (1956) On the development of maternal feelings in early childhood. Psychoanal Study Child 11: 257–291

Kestenberg J (1974) Kinder von Überlebenden der Naziverfolgung. Psyche 28: 249–282

Khan MR (1960) Regression and integration in the analytic setting. Int J Psychoanal 41: 130–146

Khan MR (1963) The concept of the cumulative trauma. Psychoanal Study Child 18: 286–306

Khan MR (1971) Infantile neurosis as a fals self organisation. Psychoanal Q 40: 245–263

Klauber J (1976) Einige wenige beschriebene Elemente der psychoanalytischen Beziehung und ihrer therapeutischen Implikationen. Psyche 30: 813–827

Klein GS (1976) Psychoanalytic theory. An exploration of essentials. Int Univ Press, New York

Klein M (1928) Frühstadien des Ödipuskonfliktes. Int J Psychoanal 14: 65–77

Klein M (1962) Das Seelenleben des Kleinkindes und andere Beiträge zur Psychoanalyse. Klett, Stuttgart

Klein M, Tribich D (1961) Kernberg's object relation theory: A critical evaluation. Int J Psychoanal 62: 34–43

Kleist H von (1811, Ausg. 1964) Über das Marionettentheater. dtv- Gesamtausgabe, Bd 5. dtv, München

Klußmann R (1988) Psychoanalytische Entwicklungstheorie – Neurosenlehre – Psychotherapie. Eine Übersicht. Springer, Berlin Heidelberg New York Tokyo

Klüwer K (1974) Neurosentheorie und „Verwahrlosung". Psyche 28: 285–328

Knapp G (1969) Sprache und Wissenschaft. Wege zum Menschen 21: 77–78

Knapp G (1970) Mensch und Krankheit. Klett, Stuttgart

Knapp G (1973) Der antimetaphysische Mensch. Darwin, Marx, Freud. Klett, Stuttgart

Knapp G (1976) Begriff und Bedeutung des Unbewußten bei Freud. Kindler- Lexikon Psychologie. Tiefenpsychologie, Bd 1, S 261–283

Knapp G (1984) Naturgeschichtliche Auffassung von Kultur bei Darwin und Haeckel. In: Brackert H, Wefelmeyer E (Hrsg) Naturplan und Verfallskritik. Zum Begriff und Geschichte von Kultur. Suhrkamp, Frankfurt am Main

Knapp G (1988a) Wie heilt Psychoanalyse? Eine wenig beachtete Diskrepanz zwischen Praxis und Theorie in der Psychoanalyse. In: Klußmann R, Mertens W, Schwarz F (Hrsg) Aktuelle Themen der Psychoanalyse. Springer, Berlin Heidelberg New York

Knapp G (1988b) Der pathogenetische Fehlschluß (Im Druck)

Koff RH (1961) A definition of identification: A review of the literature. Int J Psychoanal 42: 362–370

Kohlberg L (1981) Essays of moral development. Basic Books, San Francisco

Köhler L (1978) Theorie und Therapie narzißtischer Persönlichkeitsstörungen. Psyche 11: 1001–1058

Kohut H (1959) Introspection, empathy, and psychoanalysis. JAMA 7: 759–783 (Dt. 1977:

Introspektion, Empathie und Psychoanalyse. Suhrkamp, Frankfurt am Main)
Kohut H (1960) Beyond the bounds of the basic role. JAMA 8: 567–586 (Dt. 1977: Jenseits der Grenzen der Grundregel. In: Introspektion, Empathie und Psychoanalyse. Suhrkamp, Frankfurt am Main)
Kohut H (1966) Forms and transformations of narcissism. JAMA 14: 243–272 (Dt. 1966: Formen und Umformungen des Narzißmus. Psyche 20: 561–587)
Kohut H (1969) Die psychoanalytische Behandlung narzißtischer Persönlichkeitsstörungen. Psyche 23: 321–348
Kohut H (1970) Narzißmus als Widerstand und Antriebskraft in der Psychoanalyse. (Vortrag DPV Berlin, abgedruckt 1977 in: Introspektion, Empathie und Psychoanalyse. Suhrkamp, Frankfurt am Main, S 36–49)
Kohut H (1971) The analysis of the self. Int Univ Press, New York (Dt. 1973a: Narzißmus. Suhrkamp, Frankfurt am Main)
Kohut H (1972) Thoughts on narcissism and narcissistic rage. Psychoanal Study Child 27: 360–400 (Dt. 1973b: Überlegungen zum Narzißmus und zur narzißtischen Wut. Psyche 27: 513–554)
Kohut H (1975) Die Zukunft der Psychoanalyse. Suhrkamp, Frankfurt am Main
Kohut H (1977) The restauration of the self. Int Univ Press, New York (Dt. 1979: Die Heilung des Selbst. Suhrkamp, Frankfurt am Main)
Kohut H (1980) Reflections on advances in self-psychology. In: Goldberg A (ed) Advances in self psychology. Int Univ Press, New York
Kohut H (1984) How does analysis cure? Univ Chicago Press, Chicago
Kramer P (1955) On discovering one's identity. A case report. Psychoanal Study Child 10: 47–74
Künzler E (1967) Über die Möglichkeiten einer Zusammenarbeit von Ethologie und Psychoanalyse. Psyche 21: 166–192
Künzler E (1969) Zwei Hypothesen über die Natur frühkindlicher Sozialbeziehungen. Psyche 23: 25–58
Künzler E (1980) Freuds somatisch fundierte Trieblehre in den „Drei Abhandlungen zur Sexualtheorie", 1905. Psyche 34: 280–317
Kutter P (1979) Psychoanalyse im Wandel. Akzentverlagerung in der neueren psychoanalytischen Theorie. Psyche 33: 385–395
Laing RD (1960) The devided self. Tavistock, London (Dt. 1976: Das geteilte Selbst. Rowohlt, Reinbek)
Laing RD (1961) The self and the others. Tavistock, London (Dt. 1973: Das Selbst und die Anderen. Rowohlt, Reinbek)
Laing RD (1965) Mystification, confusion and conflict, in: Boszormenyi-Nagi, Framo JL (eds), Intensive family therapy. Harper & Row, New York (Dt. 1969: Mystifizierung, Konfusion, Konflikt. In: Bateson G et al. 1969, ²1974: Schizophrenie und Familie. Suhrkamp, Frankfurt am Main)
Levin AJ (1957) Oedipus and Samson. The rejected herochild. Int J Psychoanal 38: 106–116
Lewin BD (1982) Das Hochgefühl. Zur Psychoanalyse der gehobenen, hypomanischen und manischen Stimmung. Suhrkamp, Frankfurt am Main
Lichtenberg JD (1975) The development of the sense of self. JAMA 23: 453–484
Lichtenberg JD (1983) Psychoanalysis and infant research. The Analytic Press, London
Lichtenstein L (1961) Identity and sexuality. JAMA 11: 179–260
Lichtenstein L (1964) The role of narcissism in the emergence and maintenance of a primary identity. Int J Psychoanal 45: 49–56
Limentani A (1956) Symbiotic identification in schizophrenia. Psychiatrie 19: 231–236

Limentani A (1977) Affects and the psychoanalytic situation. Int J Psychoanal 58: 171–182 (Dt. 1974: Die Affekte und die psychoanalytische Situation. Psyche 31: 660–680)
Little M (1951) Counter transference and the patients response to it. Int J Psychoanal 32: 32–40
Little M (1957) „R" – The analyst's total response to his patients needs. Int J Psychoanal 38: 240–255
Little M (1958) Über wahnhafte Übertragung (Übertragungspsychose). Psyche 12: 258–269
Little M (1960) On basic unity. Int J Psychoanal 41: 377–384
Loch W (1976) Psychoanalyse und Wahrheit. Psyche 30: 865–899
Loewald HW (1972) On motivation and instinct theory. Psychoanal Study Child 26: 91–128
Lohmann HM (1984) Buchbesprechung: Horstmann U (1983) Das Untier. Konturen einer Philosophie der Menschenflucht. Psyche 38: 83–84
Lorenzer A (1970) Kritik des psychoanalytischen Symbolbegriffs. Suhrkamp, Frankfurt am Main
Lorenzer A (1973) Sprachzerstörung und Rekonstruktion. Suhrkamp, Frankfurt am Main
Lorenzer A (1974) Die Wahrheit der psychoanalytischen Erkenntnis. Suhrkamp, Frankfurt am Main
Mahler MS (1949) Remarks on psychoanalysis with psychotic children. Q J Child Behav 1: 18–21
Mahler MS (1953) Notes on early ego disturbances. Psychoanal Study Child 8: 262–270
Mahler MS (1958a) Autism and symbiosis: Two extreme disturbances of identity. Int J Psychoanal 39: 77–83
Mahler MS (1958b) On two crucial phases of integration of the sense of identity: Separation – individuation and bisexual identity. JAMA 6: 136–139
Mahler MS (1968) On human symbiosis and the vicissitudes of individuation. Int Univ Press, New York (Dt. 1972: Symbiose und Individuation, Bd I: Psychosen im frühen Kindesalter. Klett, Stuttgart)
Mahler MS (1974) Symbiosis and individuations: The psychological birth of the human infant. Psychoanal Study Child 29: 89–106
Mahler MS (1985) Studien über die drei ersten Lebensjahre. Klett, Stuttgart
Mahler MS, Pine S, Bergman A (1975) The psychological birth of a human infant. Basic Books, New York (Dt. 1978: Die psychische Geburt des Menschen – Symbiose und Individuation. Fischer, Frankfurt am Main)
Mead GH (1934) Mind, self, society. From the standpoint of a social behaviorist. University Press, Chicago
Mertens W (Hrsg) (1981a) Neue Perspektiven der Psychoanalyse. Kohlhammer, Stuttgart
Mertens W (1981b) Psychoanalyse. Kohlhammer, Stuttgart
Mertens W (Hrsg.) (1983) Psychoanalyse. Ein Handbuch in Schlüsselbegriffen. Urban & Schwarzenberg, München Wien Baltimore
Metzger H (1979) Selbstkontrolle und Selbstsicherheit. Zu neuen Techniken der Verhaltenstherapie. Psyche 33: 29–63
Miller A (1979) Das Drama des begabten Kindes. Suhrkamp, Frankfurt am Main
Miller A (1980) Am Anfang war Erziehung. Suhrkamp, Frankfurt am Main
Modell AH (1965) On having the right to a life: An aspect of the super ego's development. Int J Psychoanal 46: 323–331
Modell AH (1971) The origin of certain forms of pre-oedipal guilt and the implications for a psychoanalytic theory of affects. Int J Psychoanal 52: 337–346
Modell AH (1975) A narcissistic defense against affect and the illusion of self-sufficiency. Int J Psychoanal 56: 275–282

Modell AH (1981) Die „bewahrende Umwelt" und die therapeutische Funktion der Psychoanalyse. Psyche 35: 788–809
Modell AH (1984) Gibt es die Metapsychologie noch? Psyche 38: 214–235
Morgenthaler R (1974) Die Stellung der Perversion in Metapsychologie und Technik. Psyche 28: 1077–1098
Morgenthaler R (1978) Technik. Zur Dialektik der psychoanalytischen Praxis. Syndikat, Frankfurt am Main
Moser T (1987) Der Psychoanalytiker als sprechende Attrappe. Eine Streitschrift. Suhrkamp, Frankfurt am Main
Müller-Pozzi H (1985) Identifikation und Konflikt. Die Angst vor Liebesverlust und der Verzicht auf Individuation. Psyche 39: 877–901
Murphy LB (1964) Some aspects of the first relationship. Int J Psychoanal 45: 31–43
Nacht S, Vidermann S (1960) Von der Präobjekt-Welt in der Übertragungsbeziehung. Psyche 14: 711–717
Nacht S, Vidermann S (1960) The pre-object universe in the transference situation. Int J Psychoanal 41: 385–389
Panken S (1973) The joy of suffering. Psychoanalytic theory and therapy of masochism. Jason Aronson, New York
Papoušek H, Papoušek M (1975) Cognitive aspects of preverbal social interaction between human infants and adults. (Ciba Foundation Symposium 33: Parent-Infant Interaction)
Parin P (1975) Gesellschaftskritik im Deutungsprozeß. Psyche 29: 97–117
Parin P (1977) Das Ich und die Anpassungsmechanismen. Psyche 31: 481–515
Peller LE (1965) Comments on libidinal organisations and child development. JAMA 13: 732–747
Peterfreund E (1978) Some critical comments on psychoanalytic conceptualisation of infancy. Int J Psychoanal 39: 427–441
Piaget J (1959) Das Erwachen der Intelligenz beim Kinde. Klett, Stuttgart
Piaget J (1974) Der Aufbau der Wirklichkeit beim Kinde. Klett, Stuttgart
Piers NW (1976) Kindesmord – ein historischer Rückblick. Psyche 30: 418–435
Plessner H (1928) Die Stufen des Organischen und der Mensch. Einleitung in die Philosophische Anthropologie. De Gruyter, Berlin
Plügge H (1965) Der sprachliche Ausdruck für unser Befinden. Psyche 19: 269–285
Pohlen M, Wittmann L (1983) Die Modernisierung der Verhaltenstherapie. Der Fortschritt der „kognitiven Wende" als Rückschritt zur Ichpsychologie. Psyche 37: 961–987
Pollock GH (1964) On symbiosis and symbiotic neurosis. Int J Psychoanal 45: 1–30
Pruiser PW (1975) What splits in „splitting"? A scrutiny of the concept of splitting in psychoanalysis and psychiatry. Bulletin of the Menninger Clinic 39: 1–46
Psychoanalytisches Seminar Zürich (Hrsg) (1983) Die neuen Narzißmus- Theorien. Zurück ins Paradies? Syndikat, Frankfurt am Main
Pulver S (1971) Can affects be unconscious? Int J Psychoanal 52: 347–353
Pulver S (1972) Narzißmus: Begriff und metapsychologische Konzeption. Psyche 26: 34–57
Rangell L (1954) The psychology of poise. Int J Psychoanal 35: 313–332 (Dt. 1976: Gelassenheit und andere menschliche Möglichkeiten. Suhrkamp, Frankfurt am Main)
Rangell L (1979) Contemporary issues in the theory of therapy. JAMA 27: 81–112
Rank O (1924) Das Trauma der Geburt. Deuticke, Wien
Reich A (1953) Narcissistic object choice in women. JAMA 1: 22–44 (Dt. 1973: Narzißtische Objektwahl bei Frauen. Psyche 27: 928–948)
Reich A (1954) Early identifications as archaic elements of super ego. JAMA 2: 218–238
Reik T (1977) Aus Leiden Freuden. Masochismus und Gesellschaft. Hoffmann & Campe, Hamburg

Richter HE (1970) Patient Familie. Rowohlt, Reinbek
Riemann F (1961) Grundformen der Angst. Pfeiffer, München
Riemann F (1970) Über den Vorteil des Konzepts einer präoralen Phase. Z Psychosom Med Psychoanal 16: 27–40
Ritvo S, Solnit A (1958) Influences of early mother-child-interaction on identification processes. Psychoanal Study Child 13: 64–91 (Dt. 1962: Auswirkungen früher Mutter-Kind-Beziehungen auf die Identifizierungsvorgänge. Psyche 16: 176–196)
Ritvo S, Solnit AJ (1960) The relationship of early ego identification to super ego formation. Int J Psychoanal 41: 295–300
Robertson J (1962) Mothering as an influence on early development. Psychoanal Study Child 17: 145–264
Robertson J (1977) Mutter-Kind-Interaktionen im ersten Lebensjahr. Psyche 31: 167
Robertson J, Robertson J (1972) Young children in brief separation. A fresh look. Psychoanal Study Child 26: 264–315 (Dt. 1975: Neue Beobachtugnen zum Trennungsverhalten kleiner Kinder. Psyche 29: 626–664)
Rochling G (1953) Loss and restitution. Psychoanal Study Child 8: 288–309
Rochling G (1973) Man's aggression. The defense of the self. Constable, London
Roheim G (1919) Spiegelzauber. Int. Psychoanal. Verlag, Wien
Rosenfeld H (1964) On the psychopathology of narcissism. A clinical approach. Int J Psychoanal 45: 332–337 (Dt. 1981: Zur Psychoanalyse psychotischer Zustände. Suhrkamp, Frankfurt am Main)
Rosenkötter L (1969) Über Kriterien der Wissenschaftlichkeit in der Psychoanalyse. Psyche 23: 161–169
Ross N (1967) The „As If" concept. JAMA 15: 59–82
Ross JM (1979) Fathering: a review of some psychoanalytic contributions on paternity. Int J Psychoanal 60: 317–327
Rothacker E (1938) Die Schichten der Persönlichkeit. Barth, Leipzig
Rothstein A (1979) Oedipal conflicts in narcissistic personality disorders. Int J Psychoanal 60: 189–199
Rothstein A (1980) Toward a critique of the psychology of the self. Psychoanal Q 49: 423–455
Rottman M (1978) Über die Bedeutung des Vaters in der „Wiederannäherungs-Phase". Psyche 32: 1105–1147
Rubinfine D (1962) Maternal stimulation, psychic structure and early objects relations. Psychoanal Study Child 17: 265–282
Sandler AM (1977) Beyond eight months anxiety. Int J Psychoanal 58: 195–207
Sandler AM (1981) Frühkindliches Erleben und Psychopathologie des Erwachsenen. Psyche 35: 305–338
Sandler AM (1983) Dialog ohne Worte. Nicht-Verbale Aspekte der psychoanalytischen Interaktion. Psyche 37: 701–715
Sandler J (1961) Sicherheitsgefühl und Wahrnehmungsvorgang. Psyche 15: 124–131
Sandler J (1974) Psychological conflict and the structural model: Some clinical and theoretical implications. Int J Psychoanal 55: 53–62
Sandler J, Sandler AM (1978) On the development of object relationships and affects. Int J Psychoanal 59: 285–296
Saperstein JL (1978) Metapsychological considerations on the self. Int J Psychoanal 54: 415–424
Saperstein JL (1978) A commentary on the divergent views between Kohut and Kernberg on the theory and treatment of narcissistic personality disorders. Int Rev Psychoanal 5: 413–423

Sarlin CN (1962) Depersonalization and derealization. JAMA 10: 784–804
Saussure J (1971) Some complications in self-esteem. Regulation caused by using an archaic image of the self as an ideal. Int J Psychoanal 52: 87–97
Schacht L (1973) Subjekt gebraucht Subjekt. Psyche 27: 151–169
Schacht L (1978) Die Entdeckung der Lebensgeschichte. Psyche 32: 97–110
Schacht L (1982) Die Spiegelfunktion des Kinderanalytikers. Psyche 36: 47–59
Schachtel EG (1963) Metamorphosis. On the development of affect, perception, attention and memory. Routledge & Kegan Paul, London
Schafer R (1968) Aspects of internalization. Int Univ Press, New York
Schafer R (1976) Internalisierung: Realer Vorgang oder Phantasie? Psyche 30: 786–813
Scheler M (1928) Die Stellung des Menschen im Kosmos. Reichl, Darmstadt
Scheler M (1960) Die Wissensformen und die Gesellschaft. GW 8. Francke, Bern München
Schmidtbauer W (1973) Biologie und Ideologie. Kritik der Humanethologie. Rowohlt, Reinbek
Schöfer W von (1968) Was geht uns Noah an? Aus dem Unbewußten der Sprache. Reinhardt, München Basel
Schöfer W von (1979) Sprache und Bewußtsein. In: Kindler-Lexikon „Die Psychologie des 20. Jhrdts." Kindler, München (Psychologie der Kultur Bd 2, S 492–498)
Schopenhauer A (1962) Über die Grundlage der Moral. GW Bd III. Wiss. Buchgesellschaft, Darmstadt
Schöpf A (1981) Das Selbst, seine innere Natur und die Anderen. In: Bittner G (Hrsg) (1981) Das Selbstwerden des Kindes. Bonz, Stuttgart
Schöpf A (1982) Sigmund Freud. Beck, München
Schuhmacher W (1970) Bemerkungen zur Theorie des Narzißmus. Psyche 24: 1–22
Schultz-Hencke H (1940) Der gehemmte Mensch. Thieme, Stuttgart
Schur M (1966) The Id and the regulatory principles of mental functioning. Int Univ Press, New York (Dt. 1973: Das Es und die Regulationsprinzipien des seelischen Geschehens. Fischer, Frankfurt am Main)
Schwaber E (1979) On the „Self" within the matrix of analytic theory – some clinical reflections and reconsiderations. Int J Psychoanal 60: 467–479
Searles HF (1959) Das Bestreben, die andere Person zum Wahnsinn zu treiben – ein Bestandteil der Ätiologie und Psychotherapie von Schizophrenie. In: Searles HF (1974) Der psychoanalytische Beitrag zur Schizophrenie-Forschung. Kindler, München
Segel PS (1961) Narcissism and adaption to indignity. Int J Psychoanal 62: 465–476
Shengold L (1963) The parent as sphinx. JAMA 11: 725–751
Shengold L (1974) The methaphor of the mirror. JAMA 22: 98–115
Singer M (1977) The experience of emptiness in narcissistic and borderline states: I. Deficiency and ego defect versus dynamic defensive models. II. The struggle for a sense of self and the potential for suicide. Int Rev Psychoanal 4: 459–479
Spitz RA (1935) Frühkindliches Erleben und Erwachsenenkultur bei Primitiven. Imago 21: 367–387
Spitz RA (1945a) Hospitalism: An inquiry into the genesis of psychiatric conditions in early childhood. Psychoanal Study Child 1: 53–74
Spitz RA (1945b) Diacritic and coenesthetic organizations. Psychoanal Rev 32: 146–162
Spitz RA (1946a) Hospitalism: A follow-up report. Psychoanal Study Child 2: 113–117
Spitz RA (1946b) Anaclitic depression: An inquiry into the genesis of psychiatric conditions in early childhood, II. Psychoanal Study Child 2: 313–342
Spitz RA (1950) Anxiety in infancy. Int J Psychoanal 31: 138–143
Spitz RA (1959) Nein und Ja. Klett, Stuttgart

Spitz RA (1965) The first year of life. Int Univ Press, New York. (Dt. 1967, ²1985: Vom Säugling zum Kleinkind – Naturgeschichte der Mutter-Kind-Beziehungen im ersten Lebensjahr. Klett, Stuttgart)
Spitz RA (1972) Das Leben und der Dialog. Psyche 26: 249–265
Spitz RA (1973) Die Evolution des Dialogs. Psyche 27: 697–718
Spitz RA (1974) Der Dialog entgleist. Psyche 28. 135–157
Spitz RA (1976) Vom Dialog. Klett, Stuttgart
Stern D (1979) Mutter und Kind. Die erste Beziehung, Klett, Stuttgart
Stone L (1961) The psychoanalytic situation. Int Univ Press, New York (Dt. 1973: Die psychoanalytische Situation. Fischer, Frankfurt am Main)
Stork J (1976) Die seelische Entwicklung des Kleinkindes aus psychoanalytischer Sicht. Kindler-Lexikon Psychologie – Tiefenpsychologie Bd 2, S 131–195
Stork J (1983) Frühe Triangulation. In: Mertens W (Hrsg) Psychoanalyse.
Stolorow R (1979) Defensive and arrested developmental aspects of death, anxiety, hypochondria and depersonalization. Int J Psychoanal 60: 201–213
Stolorow R, Lachmann F (1975) Early object loss and denial. Developmental considerations. Psychoanal Q 44: 5966–611
Stolorow R, Lachmann F (1980) Psychoanalysis of developmental arrests. Theory and treatment. Int Univ Press, New York
Strzyz K (1978) Sozialisation und Narzißmus. Akademische Verlagsgesellschaft, Wiesbaden
Sullivan HS (1953) The interpersonal theory of psychiatry. Norton, New York (Dt. 1980: Die interpersonale Theorie der Psychiatrie. Fischer, Frankfurt am Main)
Szasz TS (1957) Pain and pleasure. A study of bodily feelings. Basic Books, New York
Teichholz JG (1978) A selective review of the psychoanalytic literature on theoretical concepts of narcissism. JAMA 26: 831–861
Tolpin M (1971) On the beginnings of a cohesive self. Psychoanal Study Child 26: 316–352
Tolpin M (1978) Self-objects and oedipal objects. A crucial developmental distinction. Psychoanal Study Child 33: 167–184
Tolpin M (1980) Discussion of „psychoanalytic developmental theories of the self: An integration" by Morton Shane and Estelle Shane. In: Goldberg A (ed) Advances in Self-psychology. Int Univ Press, New York
Thomä H (1977) Identität und Selbstverständnis des Psychoanalytikers. Psyche 31: 1–42
Thomä H (1980) Auf dem Weg zum Selbst. Psyche 34: 221–245
Thomä H (1981) Schriften zur Praxis der Psychoanalyse. Vom spiegelnden zum aktiven Psychoanalytiker. Suhrkamp, Frankfurt am Main
Thomä H, Kächele H (1985) Lehrbuch der psychoanalytischen Therapie. Springer, Berlin Heidelberg New York
Wahl H (1985) Narzißmus? Kohlhammer, Stuttgart
Wangh M (1983) Narzißmus in unserer Zeit. Einige psychoanalytische Überlegungen zu seiner Genese. Psyche 37: 16–41
Weigert E (1960) Loneliness and trust – basic factors of human existence. Psychiatrie 23: 121–131
White RW (1959) Motivation re-considered: The concept of competence. Psychol Rev 66: 297–333
Wilson EO (1979) Biologie als Schicksal. Die soziobiologischen Grundlagen menschlichen Verhaltens. Ullstein, Berlin
Winnicott DW (1951) Hate in the counter-transference. Int J Psychoanal 320: 69–75
Winnicott DW (1953) Transitional objects and transitional phenomena. Int J Psychoanal 34: 89–97

Winnicott DW (1960) The theory of the parent-infant relationship. Int J Psychoanal 41: 585–595

Winnicott DW (1965a) Familie und individuelle Entwicklung. Kindler, München

Winnicott DW (1965b) The maturational processes and the facilitating environment. Hogarth, London (Dt. 1974: Reifungsprozesse und fördernde Umwelt. Kindler, München)

Winnicott DW (1979) Vom Spiel zur Kreativität. Klett, Stuttgart

Wolf ES (1983) Empathy and counter-transference. In: Goldberg A (ed) The future of psychoanalysis. Int Univ Press, New York, pp 309–325

Wurmser L (1983) Plädoyer für die Verwendung von Metaphern in der psychoanalytischen Theorienbildung. Psyche 37: 673–701

Zagermann P (1985) Ich-Ideal, Sublimierung, Narzißmus. Die Theorie des Schöpferischen in der Psychoanalyse. Wiss. Buchgesellschaft, Darmstadt

Zepf S (1985) Narzißmus, Trieb und die Produktion von Subjektivität. Stationen auf der Suche nach dem verlorenen Paradies. Springer, Berlin Heidelberg New York Tokyo

Zetzel S (1974) Die Fähigkeit zu emotionalem Wachstum. Klett, Stuttgart

Ziegler WU (1986) Die Dynamik beschämender Andersartigkeit. Eine philosophisch-anthropologische Studie zur Struktur des Mit-Seins. Unveröffentlichte Magisterarbeit, Universität München

Zilmanowitz J (1971) David Rapaports gesammelte Schriften. Psyche 25: 400–410

Autorenregister

Abelin EL 131, 255
Abraham K 23, 150ff, 255
Adler A 201
Apfelbaum B 18, 239, 255
Argelander H 143ff, 147, 246, 255
Aristoteles 2, 46, 47, 54, 67
Atkinson IJ 151
Auhagen H 255

Bach S 190, 255,
Balint A 83, 142, 242, 249, 255
Balint M 2, 3, 12, 14, 28f, 131, 132, 138ff, 141f, 148, 150, 153, 185, 215, 244f, 252, 255, 256
Bateson G 227, 246, 256
Bauriedl T 18, 256
Benedek T 127, 185ff, 244, 249, 256
Beres D 175, 256
Bergler D 256
Bergman P 256
Bettelheim B 1, 186, 194f, 202f, 250, 256
Bibring GL 256
Binswanger L 53, 256
Bittner G 256
Bonnard 256
Boss M 53, 256
Bowlby J 28, 29, 177, 257
Brazelton TB 257
Bredek 257
Breuer KH 257
Brody S 257
Buber M 52, 225, 257
Burlingham D 131, 257

Chasseguet-Smirgel J 257
Chessik RD 257
Cremerius J 215, 243, 257

Darwin 47, 95
Dawkins R 49, 257
Descartes 22, 51, 85

Deutsch H 14, 257
Drews S 18, 257

Eidelberg L 257
Eigen M 208, 257
Eissler 152
Elhardt S 257, 258
Erikson EH 160, 184f, 258
Elkisch P 207, 258

Fairbairn WRD 28, 29, 258
Federn P 242, 258
Fenichel O 258
Ferenczy S 127, 139, 142, 242, 247, 258
Feuerbach L 51, 258
Frank A 14, 258
Freud A 14, 21, 33, 239, 250, 258
Freud S 9, 12, 17, 19, 20f, 23, 28f, 32, 33, 35, 38f, 46ff, 49ff, 63, 65, 67, 69, 71f, 90ff, 93, 95, 118f, 128, 145, 150f, 154, 159, 169ff, 172f, 177, 188, 196ff, 199, 201, 214ff, 221f, 236, 243, 258f
Friedrich II 1, 77
Fromm E 54, 55, 259
Fürstenau P 18, 259

Gaarder K 259
Gebsattel E von 240, 242, 259
Gedo JE 259
Gehlen A 54, 259
Geleerd F 259
Gerö G 259
Gill MM 9, 259
Glauber P 259
Goethe 81
Goffmann E 250, 259
Goldberg A 259
Goldfarb W 259
Greenacre Ph 259
Grinker RR 246, 259
Grossmann WI 10, 259

Grunberger B 134, 141, 148, 239, 243, 259
Grunert U 142, 259
Guntrip H 28, 29, 260

Habermas J 9, 75, 78, 260
Hart HH 260
Hartmann H 18, 19, 20ff, 33f, 50, 90, 92f, 239, 251, 260
Hegel GW 48, 49, 51, 260
Heidegger M 52, 53, 260
Heimann P 15, 215, 260
Hendrik I 260
Henseler H 40, 260
Herder 81, 260
Hobbes 201
Hoffer W 260
Hoffmann SO 19, 239, 260
Holder D 260
Horkheimer M 52, 260
Horn K 260
Horstmann U 248, 260

Jacobson E 93, 94, 260
James M 260
Joffe W 37, 38, 239, 260
Jones E 241
Jores A 240

Kant I 51, 67
Kernberg O 30, 31, 158f, 169, 198, 244, 251f, 260f
Kestenberg J 261
Khan MR 178, 261
Kierkegaard S 49
Klauber J 261
Klein GS 9, 261
Klein M 12, 27, 176, 187f, 198, 243f, 261
Klein M, Tribich D 31, 261
Kleist H von 209, 261
Klüwer K 261
Klußmann R 261
Knapp G 47, 128, 222, 240, 250, 261
Köhler L 244, 261
Koff RH 261
Kohlberg L 75, 261
Kohut H 15, 31f, 34, 82, 90, 96ff, 142ff, 148, 169f, 187, 218-224, 243, 244ff, 247, 251ff, 261f
Kramer P 262
Kubie LS 240

Künzler E 241, 262
Kütemeyer W 240
Kutter P 262

Laing RD 118, 196, 228, 252f, 262
Levin AJ 249, 262
Lewin BD 151f, 262
Lichtenberg JD 262
Lichtenstein L 18, 22, 252, 262
Limentani A 262
Little M 127, 215, 244, 263
Loewald HW 263
Lohmann HM 248, 263
Lorenz K 241
Lorenzer A 17, 240, 263

Mahler MS 21, 30f, 55, 127, 163, 176, 177, 180, 187, 198, 240, 244, 263
Marx K 17, 46, 47, 58f
Mead GH 35, 263
Mertens W 14, 239, 263
Metzger H 263
Miller A 263
Modell AH 14, 253, 263f
Montaigne ME 248
Morgenthaler R 121, 264
Moser T 264
Müller-Pozzi H 264

Nacht S 264
Nietzsche F 48, 51, 117, 201

Panken S 264
Papousek H 264
Parin P 264
Peller LE 264
Peterfreund E 264
Piaget P 75, 264
Piers J 248, 264
Platon 46, 47, 67
Plessner H 54, 264
Plügge H 243, 264
Pohlen M 264
Pollock GH 264
Pruiser PW 264
Psychoanalytisches Seminar Zürich 264
Pulver S 37, 264

Rado S 152
Rangell L 215, 237, 264

269

Rank O 233, 264
Rapaport D 21, 239
Reich A 264
Reich W 111
Reik T 264
Richter HE 265
Riemann F 265
Ritvo S 265
Robertson J 265
Rochlin G 265
Roheim G 207, 265
Rosenfeld H 265
Rosenkötter L 265
Ross JM 131, 265
Ross N 265
Rothacker E 54, 265
Rothstein A 265
Rottmann M 131, 265
Rubinfine D 265

Sandler AM 265
Sandler J 265
Saperstein JL 265
Sarlin CN 266
Sarvis MS 250
Saussure J 266
Schacht L 266
Schachtel EG 111, 119, 266
Schafer R 9, 26, 266
Scheler M 54, 67, 266
Schmidtbauer W 241, 266
Schöfer W von 243, 266
Schöpf A 266
Schopenhauer A 37, 48, 51, 193, 248, 266, 301
Schuhmacher W 266
Schultz-Hencke H 160, 266
Schur M 266
Schwaber E 266
Searles HF 266

Segel PS 266
Sharpe E 253
Shengold L 249, 266
Siebeck R 240
Singer M 266
Smith R 151
Spitz R 1f, 14, 30, 81, 127, 131, 169ff, 173f, 195, 249, 266
Stern D 267
Stolorow R 267
Stone L 215, 267
Stork J 131, 243, 267
Strzyzk 267
Sullivan HS 28, 267
Szasz TS 119, 267

Teichholz JG 267
Thomä H 215, 267
Thomä H, Kächele H 14, 267
Tolpin M 247f, 267

Wahl H 239, 267
Wangh M 267
Weakland JH 252
Weber M 117
Weigert E 267
Weinshel EM 248
Weizsäcker V von 240
White RW 267
Wilson EO 49, 267
Winnicot DW 12, 28f, 81, 131f, 137f, 153, 160, 177ff, 181, 244, 267f
Wolf ES 268
Wurmser L 10, 268

Zagermann P 268
Zepf S 268
Zetzel S 268
Ziegler WU 250, 268
Zilmanowitz J 21, 268

Sachregister

Abgrund (Bodenlosigkeit) 146
Abhängigkeit 33, 60, 77, *83*, 161, 177, 241
Abstammung 56
Abstinenzregel 172, 250
Absturz 145, 242
Abtreibung 249
Abwehr 66, 91
Affektive Momente (Aufgehobenheit)
  130ff, 137
  –In-sich-Aufnehmen 155
Aggression 4, 15, 18, *121 f*, 158, 201, 230f,
  244
Alleinsein 88, 181
Allmachtsphantasien 142ff, 147ff, 198
Alter 80, 118
Alter Ego 207
Alterego-Übertragung 219
analytische Situation 134
analytischer Prozeß 10f
Anerkennung 31, 80, 137, 196ff, 200, 201ff,
  222, 223f, 224ff, 247, 250, 253
Anerkennung, gesellschaftliche 58, 80,
  112, 212
Angewiesenheit 1, 49, 59, 76ff, 80, *83*, 137f,
  150, 161, 167, 173, 234, 241f, 250
Angewiesenheit – paranoid-schizoides
  Syndrom 191, 250
Angst 69, 70, *87*, 173, 191
Anpassung 17, 18, 21, 55, 95, 109f
Anthropologie 45f, 54
Anthropologie, biologische 45, 115
Anthropologie, medizinische 240
Antimetaphysik 47, 48
Anwesenheit 176ff
Arbeitsteilung 57ff
Archetyp 145
Athmosphäre, sphärisches Element
Aufgehobenheit 61, 72, 76, *82*, 136ff, 149,
  164
Aufgehobenheit v. Flugphantasien 144ff,
  149

Aufgehobenheit v. Oralität 150ff, 155
Autismus 30, 194, 202
Autonomie 51

Befindlichkeit 102, 108, 133, 136
Beruhigung und Trost 172ff, 247
beschatten 180
Bewußtmachung 71
Bewußtsein 51, 62, 64, 71
Bewußtsein, moralisches 75
Beziehung 4f, 11, 28, 30, 34, 51, 53, *72*, 77
Beziehung, affektive Momente 130
Beziehung, Ich-Du- 51ff
Beziehungsaspekt 4, 32
Beziehungsbedürfnisse 51, 199, 200
Bindungsverhalten 177, 241
böse Blick 206

Chirurgenvergleich 215

Daseinsanalyse 53
Depersonalisation 35, 85, 242
depressiv 84, 85, 136, 151
Derealisation 35, 85, 242
Destruktionstrieb 19, 20, 158, 244
diakritisch 81, 170ff
Dialektik zwischen Aufgehobenheit u.
  Selbst-sein 61, 104, 162ff, 241
Dialog, früher 101ff, 104, 114, 129, 200
Dialogische Struktur 50, 52, *72ff*, 75f, 81,
  100ff, 129, 216
Dreimonatskolik 171ff

Echo 208
Egoismus 33, 37, 201
Eifersucht 189
einverleibt-werden 150ff, 160ff
Einverleibung 25, 150ff
Emanzipation der Frau 58
emotionale Erfahrung 5, 72, 76, 104, 144ff,
  164, 167

271

emotionale Erfahrung – Anerkennung 231f
emotionale Erfahrung, Vertrauen 191
emotionale Zufuhr 1, 12, 169
Empathie 31, 82, 169f, 216
energetisches Konzept 3, 10, 12, 18, 32f, 37, 92, 94
Entwicklungstheorien 75, 93
Erde 133, 143
Erinnerung 64f, 76, 106, 110
Erwachsener 58
ES 90, 235
Etwas-Bewirken-Können 202
Evolution 17, 55, 109
Exhibitionismus 207, 219, 222, 251
Existentialphilosophie 53
Existenz 53

Fallen (Absturz) 142ff, 145ff, 149f, 242, 244
Fallen-Lassen 152
Fetischismus 122
Flugphantasie 142ff, 145, 148ff
Flugträume 142ff, 145ff, 246
Folter 216

Gefühl der Leere 85, 136
Gefühl des Lebendigseins 84, 86, 88
Gefühl, kein Recht auf Leben zu haben 197, 231
Gefühle 69, 199f, 238
Gefühle, Umgang mit 117
Gefühlsabwehr 118
Gegenübertragung 215, 217, 251
genetischer Aspekt 33, 38, 53, 101
Gerechtigkeit, soziale 58
Geschlechtsunterschied 52, 58f, 114, 116f, 226
gesellschaftlicher Produktionsprozeß 17, 46
Gesicht 208
gleichschwebende Aufmerksamkeit 82, 217
Größenphantasie 39, 130, 142ff, 148ff, 201, 219, 237, 246
Größenselbst 39, 97f, 142ff, 201, 219ff, 222ff, 251
Grundbegriffe 5, 14, 15
Grunddifferenz 129, 161
Grundstimmungen 138, 192f, 248
Grundstimmung – paranoide 192
Grundwiderspruch (Grundkonflikt) (siehe auch: Dialektik) 161f,
»Gutes« (In-sich-Aufnehmen) 159f

Halt 78, 86, 120, 124, 136f, 147
Haß, primärer 156ff, 167, 199, 230f
Höhenangst 143
holding environment 2, 137f, 177ff
Hospitalismus 2, 195
humanspezifisch 48, 49, 50, 53f, 56, 63, 67, 113
Hybris 149
Hypochondrie 190f

Ich 16, 18, 25, 27
Ich, Funktionsfähigkeit des 91, 93, 107ff, 109ff
Ich, pathisches 90
Ich, primäre Autonomie 18, 21, 50, 71, 95
Ich, primäre Triebfindlichkeit des 21, 239
Ich, Relation zum Es 20, 95, 243
Ich-Entwicklung 166
Ich-Funktion 13, 31, 33, 90
Ich-Identität 35, 36, 184
Ich-Kontrolle 21, 168
Ich-Psychologie 18, 20ff, 31, 33, 71, 98, 157
Ichspaltung 91, 101
Ich-Stärke 20, 90
Ich-Struktur 19, 21, 30, 50, 83, 95, 166
Ideale 40, 78
Ideale, Halt- und Sicherheit bietende Funktion 78, 120
idealisierte Elternimago 97, 142, 222
Idealisierung 39, 40f, 98, 135, 246
Idealismus 54
Idee, angeborene 145, 151
Identifikation, primäre 25, 102, 105
Identifizierung 24, 150f, 246
Identität 35, 36, 62, 85f, 184
Identitätsgefühl 184
Ikarus 149
Individuation 28, 62, 182
In-sich-Aufnehmen 153ff, 158ff
Instanzenmodell 3, 66, 91
Intrauterinexistenz 142ff, 144, 152, 239
Introjekt 24ff, 27, 151
Introjektion 25, 27, 102, 151, 154, 160, 246

kannibalisch 150f
Kannibalismus 151, 175
Kastrationsangst 25, 151f
kindliche Bedürfnisse, Norm der 128f, 164
kindliches Dasein 58, 59
Kindsmißbrauch 23

Kindsmißhandlung 196
Kindstötung 196, 248
Klima, affektives 1, 131ff, 137f, 147, 170, 182, 230, 234, 236, 243
Klischee 69, 241
Körpergedächtnis 106, 110f
Körpergefühl 118, 209
Körper – Seele 48, 115
Körpersprache 107, 111
Kommunikation 170ff
 -kognitive Ebene 171
 -emotionale Ebene 171
Kommunikationstheorie 227f, 246
Kompensation 66, 165, 204
Konstanz 85f, 184f, 186
kontraphobisch 204
Kreativität 12, 69
KZ-Häftlinge 202

Lampenfieber 206
Leben 14, 17, 54, 72f, 100
Lebensmuster 123
Lebenspraxis 57, 63
Lebensreproduktion 57
lebenszerstörend 204
Leistungsprinzip 117, 238
Libido 18, 37, 91
Liebe,primäre 29, 244f
Liebe und Haß 74, 77, 158
Luft 2, 133, 143
Lust,autoerotisch 154
Lustprinzip 19, 67, 69, 95, 118ff, 121
Lustqualität-Verbundenheit 155, 163f, 234
 -Trennung Selbstsein 155, 163f, 234
Lutschen 150, 154f, 173ff

Machtverhältnisse 59, 74, 217, 246
magisches Denken 142
marxistische Position 17, 73
Materialismus 54
Medium 102f, 133, 145, 243
Menschenbild 47, 109
Menschenverständnis, biologisches 17, 95, 115, 109
Menschenverständnis, dualistisches 145
Metaphysik 47, 50
Metapsychologie 9, 10
Mißtrauen 188ff, 194
Modifikation (Trieb) 235, 244
monologische Sicht 3, 23, 74, 75, 105, 216

Moral 55, 112, 150, 196, 232
Motivation, primäre 29, 30, 66
Motivation, unbewußte 11, 12, 15, 66
Mütterlichkeit, primäre 81, 162, 179
Mütterlichkeit, triebhafte 83
Mutter 98, 113, 130f, 179, 243
Mutter, Schuldzuweisung 230, 246, 250
Mutter, symbiotische 131
Mutter-Kind-Beziehung 127, 130, 165, 243
Mutualismus 242
Mystifizierung 228f, 252f

Narzißmus 4, 5, 14f, 22, 31ff, 34ff, 39, 41, 61, 74, 91, 144, 203
Narzißmus als abgeleitetes Phänomen 5, 130
Narzißmus-Anerkennung 201ff, 205
Narzißmus-Definition 203ff
Narzißmus als normale Entwicklungsphase 5, 222ff
Narzißmus, ichpsychologische Definition 33f, 92, 251
Narzißmuskonzepte 4, 34, 169
Narzißmus – normaler, gesunder 204, 250
Narzißmus, primärer 2, 30, 32f, 38, 40f, 74f, 96, *128*, 143ff, 146ff, 152f, 222
Narzißmus,sekundärer 33
Narzißmus, selbstpsychologische Definition (Kohut) 95ff, 222
Narzißmus-Spiegelung 218ff
Narzißmus u. Trieb 15, 34f, 169, 222
Narziß-Mythos 32, 74, 208
narzißtisch 54, 130, 141
narzißtische Bedürfnisse 34, 36, 97, 143, 161, 220
narzißtische Kränkung 36, 96, 97, 111, 117, 167, 197f, 203f, 212
narzißtische Libido 33, 91, 97, 251
narzißtische Objektbeziehung 40, 98, 219, 221, 251
narzißtische Spiegelung 208, 210ff
narzißtische »Wunde« 142, 167, 197, 204
narzißtische Wut 159
narzißtische Zufuhr 2, 34, 134, 169
narzißtisches Gleichgewicht 36, 96, 220
narzißtisches Paradies 32, 39, 40, 141, 144ff, 147, 233, 239
Natur, erste 17
Natur, dialogisches Verhältnis zur 81
Natur – Geist 16, 21, 45ff, 48, 119, 145

Naturbeherrschung 80, 168
Naturmoment 15, 16f, 18, 46, 69
Naturwissenschaft, Methode der 9, 10, 49
negative therapeutische Reaktion 198
Neutralisierung 19, 25
Nichtanerkennung 36, 196f, 199ff, 202, 203, 217f, 224, 229, 249
Nichtsein-(Können) 78, 87, *89*

Objekt 5, 14, 22, 28
Objekt, bedürfnisbefriedigendes 29, 68, 75, 129, 146f
Objekt, erkanntes 27, 68, 75, 129, 146f
Objekt, gebrauchtes 22, 27
Objekt, inneres 24, 26, 32
Objektbeziehung 28, 29, 30
Objektbeziehung, Nieveau der 29, 30, 34
Objektivierung 9ff, 12, 49, 52f, 70
Objektkonstanz 28, 177, 182
Objektlibido 33, 96, 251
Objektlosigkeit 146
Objektrepräsentanz 93
Ödipus 196, 249
Ödipus-Komplex 24, 151f, 197f
Ohnmacht 202
oknophil 138ff, 252
Omnipotenz 105, 130, 142ff, 222, 237
Ontogenese 68, 74, 113, 150
Oralerotik 152, 172
Oralität 34, 150ff, 152, 169, 172ff, 246
Oralsadismus 38, 156, 158f, 198
ozeanisches Gefühl 142, 148, 243

Paranoia 188
paranoid- schizoid 188f, 236
paranoid-schizoides Syndrom 191ff, 236
pathogenetischer Fehlschluß 128, 222, 250
Pessimismus 193
Phantasie 23f, 27, 150
philobatisch 138ff, 244, 252
Phobie 88
Phylogenese 68, 150
Primärbeziehung 2f, 5, 29, 59ff, 64f, 69, 76, 79, 117, 127ff
Primärbeziehung, adäquate Qualität 81
Primärbeziehung, Begriff der 129f
Primärbeziehung u. analytische Situation 134f
Primärprozeß 67f, 170
Prinzip Hoffnung 113

projektive Identifizierung 93, 198
Psychischer Apparat 3, 14, 67, 98
Psychosen, kindliche 164, 194f

rationales Denken 57, 69, 106
Rausch 164
Realität 23, 68f, 71, 236
Realitätsprinzip 19, 67
Realitätsprüfung 192
Religion 78
Rückzug 164, 203

Scham 85, 207, 237
Schautrieb, autoerotischer 207f
Schizophrenie, infantile 202
Schlaf 32, 152f
Schuldgefühl 151, 159, 202, 237
Schweigen 172
Sein und Nichtsein 76, 81, *84ff*, 111, 122
Seinkönnen 89
Sein-lassen 216
Seinsprinzip 118ff, 121, 123f
Seinsübernahme (Funktionsübernahme) 56ff, 59ff, 62, 74, 77, 104, 112, 124, 134, 163, 175
Sekundärprozeß 67
Selbst 5, 26, 49, 57, 86
Selbst, Aufbau des 3, 102ff
Selbst, Begriff des 90ff, 100ff
Selbst, Defizienz 3
Selbst, als Kernselbst 102ff, 107ff, 110ff
Selbst, Konstitution des 94, 100, 105f, 112, 203
Selbst, kreatürliches 113, 115ff
Selbst, potentielles 64, 77, 100ff, *112ff*, 114, 130, 164f
Selbst, regulative Aspekte des 118ff
Selbst, soziales 73
Selbst, Stabilität des 32, 98
Selbst, Verfassung des 3, 66, 100, 107ff, 112, 124, 127, 234f
Selbst als Verhältnis 100ff
Selbstaktualisierung 180, 205, 231, 234f, 244
Selbstbehauptung 187, 204f, 231, 244
Selbstbefriedigung 158
Selbstbewußtsein 64, 85
Selbstbezogenheit 32, 74, 183, 207
Selbstdestruktion 175, 193

Selbstgefühl 5, 40, 61, 66, 67, 72, 76, 79, *84ff*, 108, 111, 242f
Selbstgefühl, Anerkennung 224f
Selbstgefühl, Aufrechterhaltung des 120ff, 123f, 133, 172, 179, 237
Selbstgefühl, beim Kind 82, 179
Selbstgefühl, Mangel des 136, 203f
Selbstliebe 4, 32, 34, 37, 40, 91f
Selbstmord 124
Selbst-Objekt 31f, 96ff, 187, 219ff, 245, 247
Selbstobjektbeziehung 31, 96ff
Selbst-Objekt-Differenz 28, 30, 34, 91, 94
Selbst-Psychologie 32, 95ff, 222, 251
Selbstrepräsentanz 85, 93f
Selbstsein 61, 76, 79, 89, 108, 114f
Selbstsein, Bedrohung des 162, 166f
Selbststimulation 174f
Selbstverachtung 85
Selbstverhältnis 57, 59, 64, *100ff*, 115f
Selbstvertrauen 187f, 237
Selbstwertgefühl 35ff, 85, *86*, 98, 108
Sexualität 15, 52, *121*, 201
Sicherheit 79, 84, 85ff, 108, 120, 124, 137, 147, 191
Sicherheitsgefühl 35, 37, 38, 86, 108, 139, 141, 143ff
Sich-herzeigen 207, 230
Soziale, das 73
Spaltung 66, 105, 198
sphärisches Element (siehe auch Klima) 70, 131ff, 140, 216, 243, 246, 250
Spiegel 205ff, 252
Spiegel, Selbstbezogenheit 208
Spiegel, Selbsterkenntnis 208, 214ff
Spiegelmetapher 214ff, 217f, 244
Spiegeln 2, 169, 200
Spiegelübertragung 213, 218ff
Sprache 170
Stimmung 84, 88, 108, *133f*, 136f, 170, *192*, 248
Stimmung, depressive 88, 108
Stimmung, paranoide 88, 192
Stimulation 117, 174f
Strukturbildung 165ff
Subjekt-Objekt-Relation 75, 76
Subjektivität 33, 49, 62, 75
Subjektivität, Konstitution von 53, 94
Sublimation 235
Sucht 124, 164
Symbolbegriff 240

Symbole, Überindividualität 241
symbolisch 70
symbolischer Interaktionismus 35, 36

Theoriekrise 14
therapeutische Veränderung 106
Tier-Mensch-Vergleich 116
Tod 87
Todestrieb 12, 19f, 119, 123, 175, 188, 198
Todeswünsche 197
Tragen, Getragen-Sein 136ff
Tragling 136
Trauma 40, 140, 197
Trauma der Geburt 40, 233ff, 245
Trauma, kumulatives 178
Traumatheorien 140, 233
Trennung 131, 167, 176f
Trennungsangst 28, 176
Triangulation 130
Trieb 5, 12, 14, 16, 18, 51, 99, 119
Trieb, Diskrepanz zw. Trieb-Triebbefriedigung i. d. Realität 24, 27
Trieb, Einheit von Ich und Es 20
Trieb, oraler 34, 83, 102, 169, 244
Triebabfuhrmodell 172ff, 250
Triebkonflikt 12, 19f, 198, 235
Triebkonzept 3, 17, 39, 91, 99, 169, 177, 188, 222
Triebobjekt 23, 28
Triebschicksal 16
Triebverzicht 21

Übergangsobjekt 153, 175
Über-Ich 66
Überstimulation 230
unbewußt 65, 70
Unbewußte 65f, 72
Unbewußte, kollektives 145
Unbewußtsein 62
Urelemente 103, 133
Urmißtrauen 184f
Urphantasien 151
Ursache und Grund 12
Urvertrauen 184
Urverunsicherung 141, 146

Vater 98, 104, 130f, 151, 165ff, 243, 252f
Verbundenheit versus Trennung 129, 161
Verdichtung 68, 69
Verdrängung 66

Verführungsphantasie 24
Verhaltensbeobachtung 82
Verinnerlichung 25, 96, 102
Verlustangst 176
Vernichtungsangst 87, 138, 157, 164, 168, 180, 194, 202, 244
Versagung, phantasierte 158
Versagung, reale 38, 158f, 166ff, 233ff
Verschiebung 68
verschlingen 156ff, 182
Verschmelzung 161, 198, 219, 220, 245
Versorgung 77, 83, 177
Verstehen (Verstehensstruktur) 62f, 65f, 71f, 79, 153
Verstehen und Erklären 10, 67
Verstehensform 57, 64, 67, 70
Verstehensform, primäre 67f, 70f, 81f, 101, 106
Vertrauen 184ff, 187ff, 190ff, 248
Vertrauen, angeboren 187, 247
visuelles Element 206, 252

vorbewußt 65, 69
Vorsokratiker 133
Vorverständnis 64
vorverstanden 63, 65
Voyeurismus 207f, 251

Wahrheitsanspruch 10, 16, 49, 69
Wahrnehmung 63, 68
Wasser 133, 143
Weltanschauung 78
Wiederannäherungskrise 163, 177
Wiederholungszwang 12, 124, 197f
Wiegen 174f
Wille zur Macht 201
Wohlbefinden 35, 37, 84, 139, 143, 179
Wut, primäre 138, 157, 168, 247

zönästetisch 81, 170ff
zwanghafte Abwehr 168, 186
zwanghafte Kontrolle 186